뉴스 스토리 내러티브 기사의 작법과 효과

NEWS
STORY

How to Write Narrative News

뉴스 스토리: 내러티브 기사의 작법과 효과
News Story: How to Write Narrative News

초판 1쇄 인쇄 / 2020년 11월 20일
초판 1쇄 발행 / 2020년 11월 27일

지은이 / 박재영
펴낸이 / 한혜경
펴낸곳 / 도서출판 異彩(이채)
주소 / 06072 서울특별시 강남구 영동대로 721, 1110호(청담동, 리버뷰 오피스텔)
출판등록 / 1997년 5월 12일 제16-1465호
전화 / 02)511-1891
팩스 / 02)511-1244
e-mail / yiche7@hanmail.net
ⓒ 박재영 2020

ISBN 979-11-85788-23-4 93070 / CIP제어번호: CIP2020050118

뉴스 스토리 내러티브 기사의 작법과 효과

NEWS STORY

How to Write Narrative News

박 재 영

이채

기사를 영역하면 뉴스 아티클(news article)이다. 하지만, 미국에서 이 말을 들어본 적이 없다. 학교와 언론사에서 심지어 시민들도 뉴스 스토리(news story)라고 말했다. 기자들은 그것도 길었는지 그냥 스토리라고 했다. 미국 사람들은 '뉴스는 곧 스토리'로 알고 있다. 스토리는 이야기이고, 이야기를 다른 말로 하면 내러티브다. 저널리즘의 원조 미국에서 당연한 이 사실을 한국에서 15년 넘게 떠들고 다녔다.

2000년대 초부터 한국언론진흥재단의 수습기자 기본교육과 중견기자 글쓰기 과정에서 내러티브 기사를 가르쳤다. 여러 신문사에서 특강 부탁도 많이 받았다. 한 신문사는 기자 전원이 들을 수 있도록 똑같은 강의를 10회나 해달라고 했다. 이후에 그 신문은 중견기자 10여 명과 함께 실제로 내러티브 기사를 만드는 8주짜리 워크숍을 요청했고, 결국 그런 워크숍을 세 번 했다. 한 뉴스통신사도 똑같은 내용의 내러티브 강의를 12회 해달라고 했는데, 두 번은 에디터 대상이었으며 나머지는 기자 대상이었다. 내러티브 기사에 대한 언론계의 수요는 예상외로 많았다. 문제는 노하우였다.

이 책은 기사를 새롭게 써보려는 기자들의 욕구와 열정에 답하고자 기획됐다. 내러티브 강의를 위해 틈틈이 모았던 국내외 기사와 메모 노트를 모두 쏟아부었다. 이 분야를 공부하면서 알게 된 여러 책에서도 내용을 뽑아내어 여기에 인용했다. 예를 들어, 〈소설보다 더 재밌는 논픽션 쓰기〉(Hart, 2011/2015), 〈진짜 이야기를 쓰다〉(Kramer & Call, 2007/2019), 〈기막힌 이야기 기막힌 글쓰기〉(최수묵, 2011), 〈한국 기획기사와 미국 피처스토리 비교 분석〉(남재일·박재영, 2007)에서 다수의 기사를 발췌했다. "말하지 말고 보여주라"(Show, don't tell!)라는 내러티브 글쓰기의 지침을 따라, 이 책도 내러티브를 말로 설명하기보다 기사 사례로 보여주려고 했다.

이 책은 기사의 처음과 끝, 또는 중간 어디라도 쉽게 구사할 수 있는 내러티브 장치부터 기사 전체를 소설처럼 구성하는 내러티브 논픽션까지 아우른다. 기자는 물론이며 매력적인 글쓰기에 관심 있는 일반인들도 내러티브를 쉽게 배울 수 있도록 배려하였다.

언론학자 셔드슨(Schudson, 1981/2019)은 명저 〈뉴스의 발견〉에서 "희망과 야망이 저술의 과정을 이끌어 간다"라고 했다(xi쪽). 하지만, 나는 오직 탈고할 수 있다는 희망만 지닌 채 먼 길을 달려왔다. 그것도 여러 사람이 도와주었기에 가능했다. 우선, 저술의 기회를 준 표완수 한국언론진흥재단 이사장에게 감사드린다. 민병욱 전 이사장은 마감 날짜를 지정해줌으로써 지칠 만할 때 힘을 낼 수 있게 해주었다. 김철훈 이사가 가끔 농담처럼 툭 던졌던 한마디는 위안이 되고 격려가 됐다. 눈이 따갑도록 꼼꼼하게 원고를 검수한 한혜경 도서출판 이채 대표에게도 진심으로 감사를 드린다.

내러티브 기사를 먼저 개척했던 최수묵 한양대 미디어커뮤니케이션학과 겸임교수는 2011년 저서에 "이제는 뉴스도 이야기다"라고 썼다(24쪽). 근 10년이 흘러가지만, 또다시 그 말을 강조하고 싶다.

2020년 11월 27일
박재영

| 목 차 |

12장 내러티브 기사의 실행 ··· 417

일러두기

−이 책의 외국어 표기는 국립국어원의 외래어 표기법을 따랐다.
−이 책에 사용된 외국 기사는 매체 이름과 게재 날짜를 괄호 안에 밝히고 인용했다. 해당 기사가 원문이
  나 국문으로 타 문건에 소개되어 있으면, 그 문건도 두 번째 괄호 안에 밝히고 인용했다.

1장
기사 비교

1. 교통사고 미담

몇 년 전에 광주광역시 광산구에서 차량 충돌사고로 불이 났고, 차 안에 갇혔던 운전자를 시민과 경찰이 구해낸 일이 있었다. 연합뉴스는 그 사고를 이렇게 보도했다.

> 불타는 승용차에 갇힌 운전자를 시민과 경찰관이 힘을 합쳐 구조했다.
>
> 24일 광주 광산경찰서에 따르면 전날 오후 8시 20분께 광산구 운남동 한 교차로에서 송모(26·여) 씨가 몰던 모닝 승용차와 여행사 버스가 충돌했다.
>
> 이 사고로 다리를 다친 송 씨가 차 안에 갇힌 사이 승용차 엔진룸에서 불길이 솟아올랐다. 사고를 목격한 시민 4~5명이 불타는 승용차로 달려붙어 송 씨를 구하고자 찌그러진 차 문을 잡아당겼다.
>
> 때마침 주변을 순찰하던 광산경찰서 교통안전계 소속 경찰관도 소화기를 챙겨 현장으로 달려왔다. 인근 상점과 자신의 승용차에서 소화기를 들고 온 시민도 합세해 불길이 운전석까지 번지지 않도록 막았다.
>
> 송 씨는 불길이 차체를 집어삼키기 직전 뒷좌석과 연결된 트렁크를 통해 구조됐다.

시민이 상체를, 경찰관이 하체를 붙들고 재빨리 송 씨를 끄집어냈다. 송 씨는 119구급대에 의해 병원으로 옮겨졌으며 생명에는 지장이 없다. (연합뉴스 2018.11.24.)

이 사고는 시민과 경찰의 선행(善行)이 없었다면 보도되지 않았을 것이다. 연합뉴스도 선행을 주제로 잡았지만, 기사에서 물씬 느껴지지는 않는다. 미담 기사의 관건인 인간적 흥미(human interests)를 유발하지 못했다. 오히려 이런 궁금증이 생긴다.

- 사고 장면은 얼마나 끔찍했을까?
- 구조 현장은 얼마나 긴박했을까?
- 차 안에 갇혔던 운전자의 심경은 어떠했을까?
- 차 쪽으로 달려가던 시민들의 마음은 또 어떠했을까?
- 시민들은 운전자를 구조할 때 불이 겁나지 않았을까?
- 시민들은 누구일까?
- 운전자가 크게 다치지는 않았을까?

이런 정보들이 있었다면, 기사의 맛은 살아나고 독자는 감동했을 것이다. 그렇지 않았기 때문에, 과연 얼마나 많은 언론사가 연합뉴스를 받아서 보도했을지, 그리고 보도했더라도 얼마나 많은 독자가 기사를 읽었을지 의문이다. 독자가 기사를 읽지 않는다면, 기자는 헛일을 한 셈이다.

이런 사고와 선행은 어디나 있다. 미국 오리건주에서도 과속 트럭에 부딪힌 승용차에 불이 나자 현장에 있던 경찰이 차 안의 운전자를 구해낸 일이 있었다. 일간지 오리거니언(The Oregonian)은 그 사고를 이렇게 풀어나갔다.

픽업트럭이 시속 130km로 쌩하니 지나갔다.
　　포틀랜드의 보충경찰관 제이슨 맥거원은 사우스이스트 142번가에 세워둔 순찰차 안에서 그 트럭이 급선회하며 주행하는 차량들 사이로 끼어들었다 나오는 것을 보았다.
　　포틀랜드의 여느 보충경찰관처럼 맥거원은 차량을 추적하지 못하게 돼 있다. 하지만, 그는 신호등에서 그 운전자를 잡을 수 있다고 생각했다.

그러나 맥거원이 경광등을 켜기도 전에 픽업트럭은 마주 오는 차 쪽으로 방향을 틀더니 사우스이스트 148번가 모퉁이에서 닷지 승용차와 충돌했다. 월요일 오전 8시 직전의 일이다.

"치명적이라는 생각이 들었어요." 맥거원은 이렇게 회상했다. "받힌 쪽 사람은 살아남지 못하겠구나." (The Oregonian 2004.10.13.) (Hart, 2011/2015, 134쪽)

도심을 폭주하는 트럭을 경찰관이 봤으니 무언가 일이 터질 조짐이다. 기자는 한껏 궁금증을 유발해놓고도 곧장 해소해주지 않는다. 오히려 카메라를 반대편으로 옮겨서 충돌 장면을 한 번 더 보여준다.

프로비던스 헬스 시스템스의 고객센터에서 일하는 캐런 웹은 칼스 주니어[패스트푸드 체인점]의 드라이브스루 줄에 정차해 있었다. 그녀는 픽업트럭이 길 건너 세븐일레븐 쪽으로 향하던 닷지를 들이받는 장면을 목격하고 심장이 철렁 내려앉았다. 트럭과 승용차가 도로 옆 공중으로 붕 날아올라서 길가의 교통 표지판과 화단에 떨어졌다.

"그 사람은 브레이크를 밟지 않았어요." 나중에 웹은 이렇게 말했다.

그레섬 주민으로 운전 및 마약 위반으로 몇 차례 전과가 있는 25세 픽업트럭 운전자 타이슨 포트너는 픽업트럭 위쪽으로 빠져나와 절름거리며 도망쳤다.

영화처럼 장면이 확 바뀌었다. 위 대목은 그런 효과뿐 아니라 또 다른 목격자를 동원하여 가해 상황을 객관화하는 기능도 한다. 이어서 기사는 경찰이 가해 운전자를 쫓아가서 붙잡아 시민들에게 맡겨놓았다고 적었다. 이제 경찰은 사고 현장으로 돌아와 피해 차량의 운전자를 구조한다. 아래가 그 대목이다.

맥거원이 연기 나는 사고 자동차로 돌아와 보니 사우스이스트 포틀랜드 주민인 19세 에번 레이 왜거너는 자동차 시트에 핀으로 꽂힌 듯 의식이 없고 움직임도 없었다.

화염은 자동차 후드 밑에서 올라오고 있었다.

31세 맥거원은 화재를 조금 아는 편이었다. 그는 3년 전 그레섬 지역 소방대장으로서 불이 난 가정집 지하실에서 동료들과 함께 세 살배기 여자애를 구해내 상을 받았다.

맥거원은 순찰차 트렁크에서 소화기를 꺼내 불타는 닷지를 향해 뛰었다. 소화기가 바닥날 때까지 분말을 화염에 쏟아부었다. 불은 잠시 주춤하다가 다시 타올랐다.

충돌의 위력으로 왜거너와 운전석 시트는 뒷자리 승객석 쪽으로 처박혔다. 그녀는 비틀어지고 구부러진 잔해에 둘러싸인 채 안쪽으로 꽂혀버린 상태였다.

순찰차 2대가 더 도착했다. 리치 스타인브론과 존 섀드런은 소화기를 들고 닷지로 달려가 끝까지 쏟아부었다. 불은 멈칫하는가 싶더니 되살아났다. 한 시민이 세븐일레 븐으로 뛰어가서 소화기를 들고나와 차에 퍼부었다. 하지만, 차는 계속 불탔다.

그때 왜거너가 움직였다. 놀라운 일이었다. 맥거원은 생각했다. 그녀는 살아 있다.

그녀가 사이렌 소리를 들었던 것일까? 그는 자문해보았다. 소방관들이 그녀를 차에 서 빼내려고 달려오고 있었으니까.

결국, 왜거너는 소방관들이 조스 오브 라이프(Jaws of Life)로 자동차 문의 틈새를 열어젖힌 덕에 구조될 수 있었다. 이제 기사는 막바지로 가는데, 해소되지 않은 궁금 증이 남아 있다. 왜거너는 얼마나 다쳤을까? 생명에 지장은 없을까? 자기를 도와주었 던 경찰관을 만났을까? 기사는 아래와 같이 마무리된다.

몇 분 뒤, 에번 왜거너는 오리건대학병원으로 이송됐다. 맥거원은 픽업트럭 운전자 타 이슨 포트너를 태운 구급차를 타고 병원으로 갔다.

맥거원은 병원에서 왜거너 가족을 만났다. 화요일에는 왜거너의 골반 세 곳이 골절 되었고, 왼쪽 다리뼈에 금이 갔으며 오른쪽 다리와 턱부위에 상처를 입었다는 것을 알 게 되었다. 족히 석 달은 꼼짝없이 누워서 여러 차례 수술을 받아야 할 것이다.

이 사건은 멀트노마 지검으로 송치되었다.

에번 왜거너는 빨리 약혼자를 만나고 싶다고 말했다. 오리건주 방위군으로 복무 중 인 왜거너의 약혼자 제임스 칼킨스 일병은 현재 텍사스주에 있으며 내년에 이라크로 파병된다고 한다.

구조자와 구조된 사람인 맥거원과 왜거너는 화요일에 기분 좋은 말을 주고받았다. 맥거원은 왜거너가 "정말 침착한 사람이며 살아 있어서 좋다. 멋진 사람이 행운을 얻 어서 멋지다"라고 말했다. 침대에 누워 있는 왜거너는 병원 대변인을 통해 "저 경찰관

┃ 이 아니었다면, 나는 여기에 없었을 것이라고 모든 사람에게 알려 달라"라고 말했다.

연합뉴스 기사와 오리거니언 기사는 모두 전문(全文)의 4분의 3쯤 된다. 두 기사의 내용을 거의 모두 읽은 셈인데, 분위기는 매우 다르다. 연합뉴스 기사는 딱딱하고 오리거니언 기사는 부드럽다. 연합뉴스 기사는 꼭 필요한 정보만 사용했으며 오리거니언 기사는 주변 정보도 넉넉하게 넣었다. 그래서 오리거니언 기사가 연합뉴스 기사보다 길다. (오리거니언 기사는 화요일 상황을 포함하므로 월요일 사건 발생 후 하루 더 취재하여 보도됐음을 알 수 있다.[1]) 무엇보다도, 오리거니언 기사는 기자가 나에게 교통사고를 이야기해주는 것 같은 느낌을 준다. 그래서 몇몇 독자는 오리거니언 기사를 더 좋아할지 모른다. 그러나 많은 기자는 오리거니언 기사에 대해 이렇게 되물을 것이다.

- 이 아이템이 그렇게 공들여서 쓸 만한 것인가?
- 마감이 급한데 그렇게 취재할 시간이 있는가?
- 과연 독자는 이 기사를 읽고 무엇을 얻는가?
- 이렇게 쓰면 기사가 길어져서 독자가 안 보는 것 아닌가?
- 에디터가 이런 기사를 잘 받아주겠는가?

2. 가출 청소년 기획

당장 위 질문에 답하는 대신에 사례를 하나 더 제시한다. 위와 마찬가지로, 비슷한 사안을 다루는데 분위기는 매우 다른 한국 기사와 미국 기사의 예다. 가출 청소년 문제를 다룬 한국일보 기사는 아래와 같이 시작한다.

---

1) 오리거니언의 글쓰기 코치(writing coach) 잭 하트(Jack Hart)는 사건 정보를 접한 후에 이 사건을 내러티브 스타일로 재구성하자고 제안했으며 취재기자는 하루 더 취재하면서 정보를 보강했다.

민수(가명·19)는 일곱 살 때 첫 가출(家出)을 했다. 술만 마시면 사정없이 때리던 친아버지를 벗어나 새로운 가정으로 입양된 지 40여 일 만이었다. 민수는 "새 부모님을 만나면 매를 맞지 않아도 될 줄 알았는데 양부모님은 '네가 친아버지를 닮았다, 나쁜 버릇을 없애주겠다'며 때렸다"며 "매를 맞다가 죽고 싶다는 생각이 들었을 때 처음으로 집을 나갔다"고 말했다.

〈중략〉

거리에 나온 민수는 친구를 가족처럼 여겼다. 고등학교를 자퇴하고, 마음이 맞는 친구 몇몇과 함께 '가출팸(가출한 학생들이 이룬 무리)'을 꾸렸다. 택배 상하차 아르바이트를 해서 번 돈으로 월세방을 마련하고 생활비와 술, 담뱃값도 벌었다. 친구들과 끈끈한 관계를 맺고 싶어 돈이 생길 때마다 옷과 신발을 사주거나 오토바이 기름값을 대신 내주기도 했다. 그러다 돈이 떨어지면 구걸도 하고 노숙도 했다. 가정을 벗어났지만, 민수는 여전히 마음이 공허하고 우울감에 시달린다고 털어났다. "밖에서 만난 친구들은 제 돈만 쪽쪽 빨아 먹더라고요. 지금까지 제대로 된 친구도 가족도 곁에 없어요."

(한국일보 2019.6.4.)

대개 기사가 사례로 시작하면, 사례의 의미를 설명하는 주제문이 그다음에 나온다. 이어서 기사는 곧장 주제문을 증빙하려고 하는데, 가장 간명한 방법은 통계자료를 들이대는 것이다. 가출 청소년들에게 도움이 필요하다는 말도 빼놓지 않아야 한다. 이런 내용을 한데 담으면, 아래와 같은 주제 문단이 만들어진다.

폭력·학대·방임과 가정 해체 등의 이유로 가정을 떠나 거리를 맴도는 청소년들이 열악한 생활 환경과 정서적 어려움에 고통받고 있다. 전문가들은 민수처럼 가정 밖 청소년이 될 위험도가 높은 청소년(9~18세 기준)을 약 5만 6,000명으로 추정하고 있다. 하지만 우리 사회는 이들에게 '가출(비행)청소년'이라는 낙인을 찍고 원가정 복귀에만 치중할 뿐, 이들이 건강한 성인으로 성장하도록 자립을 돕는 데는 별로 관심을 기울이지 않고 있다.

이어서 이 기사는 청소년들의 가출 시기와 원인을 설명하고, 가출 후의 고충을 민수의 코멘트로 전달했다.

> 한국청소년정책연구원이 청소년 쉼터와 회복지원시설의 만 15세 이상 청소년 730명을
> 조사한 결과를 토대로 지난해 발간한 '가정 밖 청소년 실태와 자립지원 방안 연구' 보
> 고서에 따르면, 가정 밖 청소년들은 평균 15.6세에 첫 가출을 경험했다. 청소년들이 집
> 을 나온 주된 이유(74.2%)는 가족 간 갈등과 폭력이었다. 특히 1년 이상 가정 밖에서 생
> 활한 이들의 경우 아버지, 어머니와의 관계가 나쁜 편이라는 응답이 각각 58%, 41.2%
> 로, 한 달 미만 가출자(44.3%, 29.4%)보다 월등히 높았다. 가정 내 문제가 심각할수록
> 거리 생활이 길다는 얘기다.
>
> 〈중략〉
>
> 실제로 기자가 만난 청소년들도 공통적으로 '마음의 병'을 호소했다. 몇 달 전부터
> 경기 지역의 청소년 단기 쉼터에서 지내며 고등학교 검정고시를 준비하고 있는 민수도
> 만성적인 우울증으로 단체 생활에 어려움을 겪고 있다고 털어놨다. 그는 "(쉼터에선)
> 사람들이랑 친해지려면 웃어야 하는데, 나는 우울하지만 웃고 있는 가면을 써야 하니
> 어려울 때가 많다"고 했다.

기사는 아래와 같이 전문가 코멘트로 끝난다.

> 김희진 한국청소년정책연구원 선임연구위원은 "현재는 가정 밖 청소년에 대한 법적
> 개념도 모호하고, 가출을 일시적 비행으로 여기다 보니 이들을 위한 지원은 단순 보호
> 에 치중돼 있다"며 "가정 밖 청소년도 보호종료아동처럼 단순 보호보다 자립 지원으로
> 정책의 초점을 옮겨야 한다"고 지적했다.

위 기사는 도식적이다. 사례에 이어 주제를 제시한 다음에 통계로 주제를 뒷받침하
고 원인과 대책을 소개했다. 원래의 모양대로 하면, 주제가 사례 앞에 위치하여 '주제
＋실태－원인－대안의 3단계'가 된다(남재일, 2004). 한국 기획 기사의 전형적인 구조
다. 주제가 서두에 배치되는 이 모델이 바로 역피라미드(inverted pyramid) 구조다. 한
국 기자들은 이렇게 기사를 적기 위해 아래와 같이 취재한다.

- '똘똘한' 사례 3개 모으기: 가출 청소년을 만나거나 전화 인터뷰
- 원인 분석: 행정부처, 시민단체, 전문가를 만나거나 전화 인터뷰, 통계 수집
- 대안 제시: 행정부처, 시민단체, 전문가를 만나거나 전화 인터뷰

이런 취재와 기사도 좋지만, 이렇게 함으로써 놓치는 것이 있다. 보도의 목적이 가출 청소년 문제를 환기하는 것이라면, 먼저 가출 청소년과 그들의 문제가 입증되어야 한다. 즉 가출 청소년들의 사례가 충분히 소개되어 독자가 "이 정도면 정말 문제네"라고 수긍해야 한다. 문제를 인지하고 거기에 동의해야 그다음 단계인 원인과 대안으로 넘어갈 수 있다. 논리적으로도 실태가 규명되지 않았는데 원인이나 대안을 논할 수 없다. 위 기사는 실태를 통계수치로 증빙하는 수준이어서 충분히 독자의 공감을 끌어내지 못한다. 더구나, 기사에 원인 분석과 대안 제시까지 넣다 보니 실태를 보여줄 공간이 부족하다. 취재 시간도 실태 쪽에 많이 할애되지 않았을 것이다. 실태를 적나라하게 밝히지 않은 상태에서 그다음 단계로 넘어간 점이 아쉽다.

사안의 문제점을 가장 잘 웅변하며, 그래서 공분을 유발하는 것은 원인이 아니라 실태다. 따라서 실태를 세밀하게 취재하고 적나라하게 보여주는 데 취재역량을 쏟아야 한다. 기자의 전문성은 현장성에서 나온다는 점에서 보더라도, 취재의 핵심은 현장 즉 실태를 관찰하는 것이다. 실태를 잘 파악하면, 원인을 짐작할 수 있으며 대안도 떠오를 수 있다. 한마디로, 기사의 요체는 실태다.

가출 청소년은 미국에서도 심각한 사회문제여서 언론에 종종 보도됐다. 아래는 일간지 새크라멘토 비(The Sacramento Bee) 기사의 앞부분이다.

> 니키 골드풋에게 지금 가장 중요한 문제는 골목 어귀에 세워진 흰색 푸조 승용차에 올라타는 것이다. 이 일이 성공한다면 그는 50달러를 벌게 될 것이다.
>
> 5주 전 샌프란시스코에 도착했을 때부터 18세 니키는 돈이나 마약을 얻기 위해 27번이나 몸을 팔았다.
>
> 유명 관광지인 샌프란시스코에는 또 하나의 특징이 있다. 바로 가출 청소년이다. 니키는 살아남기 위해 자신의 몸과 마약을 파는 2,000여 명의 가출 청소년 중 한 명이다.
>
> 관계기관에 따르면 샌프란시스코는 로스앤젤레스나 뉴욕처럼 가출 청소년에게 가

장 좋은 도피처가 되고 있다.

가출 청소년 문제는 누구도 해결책을 모르는 채 샌프란시스코시의 부담을 가중하고 있다. 이 도시에는 가출 청소년을 위해 응급 침상 37개가 마련돼 있을 뿐이며 이마저도 늘 가득 차 있다. 여름이 오면서 학교에 다니지 않는 가출 청소년의 문제는 더 커질 것이라고 관계자들은 예측한다.

문제는 그들이 성인이 아니기 때문에 정부의 지원을 받지 못한다는 점이다. 그들은 어린이로 간주되므로 그들을 보살필 법적 책임은 여전히 수천 마일 떨어진 곳에 사는 부모들에게 있다.

"살아남는 것이 문제죠."

니키의 친구인 17세 키코는 왼쪽 귀에 다이아몬드 징을 박고 손가락과 손목에 조잡한 갱단 문신을 한 차림으로 "돈이 없으면 아무것도 얻지 못해요"라고 말했다.

샌프란시스코의 가출 청소년들은 포크 거리 주변의 중심가 블록 6개에 모여 있는데, 이곳에선 16세가 넘어서 몸을 파는 남자아이들은 늙은이로 불린다. (The Sacramento Bee 1988.6.13.)

기사는 니키 골드풋 사례로 시작하여 주제문을 제시하고, 왜 가출 청소년이 보도할 만한 중요한 사안이며 이 사안의 문제점은 무엇인지 간명하게 설명했다. 니키는 가출 청소년 2,000여 명의 한 사례로 지칭되었고, 그의 친구 키코가 등장하여 매춘이 생존을 위한 선택임을 강조했다. 이야기를 전개할 바탕을 마련한 다음에, 기사는 여러 주에서 가출한 아이들이 샌프란시스코의 몇몇 지역에 집중되어 있으며 이들을 집으로 되돌릴 방안이 마땅치 않다고 설명했다.

그들이 일할 수 있게 도와주거나 정신치료를 통해 집으로 돌아갈 수 있게 유도하는 프로그램은 드물고, 아이들은 여전히 길에 방치될 뿐 대안을 찾을 수 없다.

정부가 무언가를 해야 하지만, 청소년 자신과 부모의 책임도 크다. 기사는 그 부분도 놓치지 않고 지적했다. 하지만, 니키와 가족의 처지를 고려하면, 니키가 어쩔 수 없는 상황임을 알게 된다.

샌프란시스코의 라킨 거리 청소년센터에 따르면 집으로 돌아가고 싶어 하는 아이들을 위해 집에 전화를 걸면 3분의 2는 "아이들을 그냥 내버려 두세요"라는 똑같은 대답이 돌아온다고 한다.

갈색 눈에 스포츠머리의, 키 크고 마른 니키도 "부모님께 수신자 부담 전화를 걸면 언제나 반갑게 받아주신다"라고 말한다.

니키의 부모는 자신의 아이가 '가운데 한 줄만 남겨둔 머리 모양에 마약을 거래하고 사탄 숭배 경향이 있는, 창부 도둑 기짓말쟁이 그리고 무모한 아이'라는 사실을 거리낌 없이 받아들인다.

30년간 포드 자동차의 정비공으로 일한 53세의 아버지 네이선 씨는 "우리는 언젠가 그런 날이 올 것을 준비하고 있다"라며 "늦든 이르든 누군가가 '그가 죽었다'라는 소식을 우리에게 전해 줄 것"이라고 말했다.

42세의 로레인 골드풋 씨는 매번 전화할 때마다 아들에게 "도둑질하지 말고, 잘 챙겨 먹고, 늘 조심하길 당부한다"라고 하면서 "원할 땐 언제든지 전화하라고 말한다"라고 했다.

그들의 통화는 언제나 니키의 "사랑해요"라는 말로 끝난다. 그들의 답변 또한 "우리도 너를 사랑한다"이다.

많은 가출 청소년처럼 니키도 소년원을 도망쳤다. 그는 거리에서 가명을 사용한다. 그의 진짜 이름은 찰스다. 구속영장은 그가 잡힐 때까지 유효하다. 오리건주 소년교도소와 매클래런 소년원에 갇혀 있다가 대청소를 틈타 탈출했다.

니키는 포틀랜드까지 히치하이킹을 했고, 세 친구와 함께 차를 훔쳐 샌프란시스코로 와서 차를 버렸다.

어떤 면에서든 골드풋 가족은 서로 사랑하고 의지하며 서로에게 친절하다. 이들은 친밀하게 서로를 아낀다.

니키와 그의 부모에 따르면 문제는 10여 년 전으로 거슬러 올라간다.

태어난 지 3일 만에 입양된 니키는 네이선과 로레인 부부의 첫 아이였다. 로레인의 아버지는 유명한 포틀랜드 유대교회의 주창자로, 그녀는 수십 마리의 양떼가 뛰놀고 블루베리 숲이 우거진, 4와 2분의 1에이커나 되는 큰 농장에서 살았다.

니키는 11살이 됐을 때 학교에 잘 가지 않았다. 그는 담배를 피우고 술을 마시며, 창녀와 거지로 가득한 지저분한 포틀랜드 82번가를 가끔 배회하는 아이가 돼 있었다.

니키의 기억에 따르면 그의 첫 번째 성행위는 12살 때였다. 검은색 코르벳 승용차를 탄 사업가가 니키에게 차에 탈 거냐고 물었다.

"그는 내게 말했어요. '입으로 성행위를 해주면 50달러를 줄게.' 속으로 '미친놈'이 라고 생각했죠. 난 그러기 싫었지만 그만큼 또 [성행위를] 해보고도 싶었어요. 난 돈을 위해 그럴 필요까지는 없었지만, 그 자리에 누웠죠."

그 일이 끝나자 그 사람은 주머니에서 한 뭉치의 돈을 꺼냈다.

니키가 말했다. "나는 그를 휴대용 라디오로 때리고 600달러를 빼앗아 댄스 클럽으로 내달렸어요. 정말 흥분해서 뛰었죠. 그건 정말 짜릿했어요. 나는 돈을 다 세어보고는 그걸 양손에 나눠 들었죠. 마치 거짓말 같았어요."

1984년 아버지가 수집한 동전들을 훔치자, 그의 부모는 니키를 경찰에 신고했으며 그는 정신치료 시설이 갖춰진 매클래런 소년원으로 보내졌다. 그 후 그는 집에서 살기 싫을 때마다 가출했다. 15살 때는 두 달간 포틀랜드 거리에서 살았다. 그는 매춘으로 많은 돈을 벌었고 아파트를 얻었다.

부모들도 그 사실을 알고 있었다. "우리는 니키와 이야기해보려고 찾아갔고 음식을 가져다줬어요. 그를 집으로 데려오기도 했지만, 다음날 역시 그는 가출했죠. 우리는 그가 원하는 대로 할 수밖에 없다는 것을 깨달았어요." 로레인 골드풋이 말했다.

니키는 가짜 신분증으로 차를 샀으며 몇 달간 포틀랜드와 시애틀을 오가며 마약을 운반하기도 했다.

니키는 전기자전거를 훔친 죄로 구속되면서 오리건주 정선시의 투웰브 베드하우스 등 여러 주의 소년원에 3년간 갇혀 있었다. 그곳의 감독관 해럴드 헤이그는 "니키는 누구나 바랄 만큼 똑똑하고 건전했다"라고 말했다.

헤이그는 "니키는 머리를 하얗게 물들인 채 펑크록 차림을 하고 이곳에 왔다"며 "내가 그 차림을 보고 '작은 농장에서 도시에 온 것 같다'고 하니 머리를 한 줄만 남긴 스타일로 바꿨다가 나중엔 아예 다 깎아버렸다"고 말했다.

그는 마약소지죄로 다시 붙잡혔고 매클래런 소년원의 강도 높은 감시를 받게 됐다. 그리고 지난해 4월 그곳을 도망쳤다.

니키는 "나는 동성애자가 아니며 단지 돈을 위해 게이가 될 뿐"이라고 말했다. 그는 매춘을 그만둬야 한다는 것을 알고 있지만, 아직 준비가 안 돼 있었다.

"돈이 너무 좋아요. 여기서 돌아다니다 보면 재킷이나 신발 등 갖고 싶은 것들을 많이 발견하게 될 거예요. 이것들을 갖기 위해선 밤에 두세 시간만 일하면 되거든요."

최근의 금요일 밤에도 니키는 포크 거리에서 손님을 찾고 있었다. 그때 유리를 검게 선팅한 뷰익 승용차가 골목으로 들어왔다. 니키는 거리를 따라 잠시 걷다가 차문을 열고 올라탔다. 15초간의 협상이 끝난 후, 30세쯤 되어 보이는 그 남자와 니키는 옷을 벗었다.

"넌 아무런 감정도 느끼지 않아도 돼. 넌 좀비일 뿐이야." 다음 날 아침, 니키는 스스로 그렇게 말했다.

이어서 기사는 가출 청소년 통계자료를 보여주고, 레온이라는 또 다른 인물을 등장시킨다.

세븐스앤마켓 거리 근처의 버스정류장이나 퍼스트앤미션 거리 근처의 트랜스베이 환승 터미널에서 가출 청소년들은 자신을 돌봐주겠다고 말하는 사람들을 만나게 된다. 그들은 아이들을 잘 대접할 것이며 이틀 정도 지나면 이렇게 말할 것이다.

"난 너에게 잘 대해줬다. 어떤 사람이 이 도시에 들렀는데 네가 그를 즐겁게 해줘야겠다."

2년 전에 새크라멘토의 집을 나온 17세 레온은 "내가 매춘을 할 줄은 생각도 못 했다"라고 말했다. 그러나 샌프란시스코에 도착한 지 열흘 만에 남은 돈 140달러를 모두 써버린 상황에서 그는 "다른 선택이 없었다"라고 말했다.

지금 그는 25세 누드 댄서와 17세 창녀, 그리고 17세 남창과 함께 텐더로인 호텔에 묵고 있다.

기사는 막바지에 이르러 가출 청소년 통계자료를 한 번 더 보여주면서 사안의 중대성을 부각한다.

어떤 때는 2만~2만 5,000명의 가출 청소년이 캘리포니아주를 거쳐 간다. 새크라멘토에서 가출 청소년과 부모를 연결하는 단체의 운영자인 웜슬리 레드는 "이런 아이들이 1년에 약 40만 명에 이른다"라고 말했다.

한 달에 800여 건의 전화를 받는 그녀는 "14~16세였던 가출 청소년의 연령층이 12~13세로 낮아졌다"라고 말했다.

기사는 니키로 되돌아와 아래와 같이 끝난다.

처음에 이 쉼터에 머물렀던 니키는 매춘을 다음 달까지만 하고 이 거리를 떠날 생각이다. 그는 지금 33세 여장남자와 함께 살고 있다. 니키는 올여름 포틀랜드에서 여기로 올 여자친구 타미와 함께 지낼 아파트를 빌리는 데 충분한 돈을 벌 때까지만 일할 생각이다.

"그녀가 오면 이 일을 그만둘 거예요." 니키는 꿈꾸듯이 말했다. "우리는 결혼해서 애를 낳을 것이고 부모님은 우리를 자랑스러워하시겠죠."

지금 니키는 포르노 영화 빌려주는 일을 하는 50세 단골손님을 갖고 있다. 매주 니키를 찾아올 때마다 100달러를 주지만, 성행위는 하지 않는다고 한다.

니키는 "지금 이곳을 떠나지 않는다면, 영원히 떠날 수 없을 것"이라고 인정했다. 하지만, 그는 "돈, 돈, 돈, 지금은 그것만 생각해요"라고 말하며 바로 앞에 보이는 푸조 승용차에 올라타기 위해 달려갔다.

새크라멘토 비 기사는 여러 면에서 한국일보 기사와 다르다.

- 기사가 주제, 실태, 원인, 대안 식으로 덩어리져 있지 않다. 오히려 경계 구분 없이 뒤섞여 있다. 예컨대, 실태는 기사의 처음과 끝에, 그리고 중간에도 등장한다.
- 한 사례에 대한 설명을 한 곳에 몰아서 하지 않고, 기사 여러 곳에 흩어 놓았다. 그래서 독자가 잊을 만하면 그 사례가 다시 등장한다.
- 통계수치를 앞세워 주제를 증빙하려 하지 않는다. 오히려 통계수치를 기사 뒤쪽에 배치했다.
- 원인 분석이나 대안 제시에 급급하지 않다. 원인 분석은 매우 적고, 대안 제시는

아예 없다.

- 기사의 대부분을 차지하는 것은 사례다.
- 사례는 개요를 설명하는 정도가 아니라 내막을 보여주는 수준으로 소개한다.
- 사례들은 병렬되지 않으며 위계적으로 제시된다. (니키는 크고 중요한 사례이고, 레온은 중간 사례이며 키코는 작은 사례다.)
- 기사는 가장 크고 중요한 사례를 중심으로 전개되며 나머지 사례들은 곁다리다. (니키는 주인공이고, 레온은 조연이며 키코는 엑스트라다.)
- 주인공에 해당하는 사례는 주인공뿐 아니라 그의 주변도 취재한다. (니키뿐 아니라 니키의 부모도 취재했다.)
- 전문가가 등장하지 않으며 그들의 코멘트도 없다. 코멘트의 대부분은 사례 인물들의 목소리다.
- 마지막 문장이 "~~해야 한다"라는 식으로 규범적이지 않다.
- 기사는 마지막에 이르러 서두의 인물로 되돌아가는 수미쌍관 구조다.

새크라멘토 비 기사의 전체적인 인상은 다음과 같다. 사례, 현장, 코멘트, 통계수치 등이 지그재그로 엮이면서 버무려졌다. 니키가 주인공처럼 느껴지고, 그의 이야기를 읽은 것 같다. 인물, 개인사, 문제의 현황, 사회적 여건 등이 종합적으로 어우러졌다. 기사가 덜 도식적이다. 위의 한국일보 기사는 200자 원고로 21.5매이며 새크라멘토 비 기사의 국문 번역본은 28.8매다. 한국일보 기사의 분량을 고려하면, 지면 부족 때문에 새크라멘토 비 기사처럼 쓰기 어렵다는 말은 통하지 않는다. 그렇다 하더라도, 아래와 같은 궁금증이 생긴다.

- 미국 기자들은 대부분 이렇게 취재하고 기사를 쓰는가?
- 주제 영역(정치, 경제, 사회, 스포츠 등)이나 사건의 속성(발생 사건, 발표, 행사, 준비된 기획 등)과 관계없이 이렇게 기사를 쓸 수 있는가?
- 그저 읽는 재미를 더하자고 이렇게 쓰는가, 아니면 더 깊은 뜻이 있는가?
- 이렇게 쓰면 기사의 품질이 좋아지는가?

- 어떻게 하면 이렇게 기사를 쓸 수 있는가? 그러려면 무엇을 배워야 하는가?
- 한국 기자나 언론사는 이렇게 기사를 쓰는 것에 얼마나 관심을 가지는가?
- 관심은 있는데 이런 기사가 잘 나오지 않는다면, 이유는 무엇인가?
- 과거 한국 기사 가운데 이런 기사는 없는가?
- 이런 기사가 있었다가 사라졌다면, 이유는 무엇인가?
- 이런 기사는 한국의 미디어 환경에 안 맞는 것 아닌가?
- 한국 독자는 한국일보 기사와 미국 기사 가운데 어느 것을 더 좋아하는가?

이 질문들은 모두 내러티브(narrative)를 향한다. 내러티브는 소설, 영화, 드라마의 필수요소이며 저널리즘에도 오래전에 도입되어 다양한 형태로 발전했다. 이 책은 기사에서 내러티브를 어떻게 구현할 수 있으며 내러티브 기사의 가치와 의미는 무엇인지 알아본다. 그 과정에서 위 질문들에 대한 답을 얻을 수 있을 것이다.

2장

내러티브 대 역피라미드

1. 차이

기자는 자기가 알게 된 바를 남에게 전하는 일을 한다. 1장의 연합뉴스 기사는 그런 전달의 한 방식이다. 정확하게 말하면, 한 방식일 뿐이다. 한국 기자는 좀처럼 그 교통 사고를 연합뉴스와 다르게 전하지 못하지만, 오리거니언 기자는 매우 다르게 전달했다. 새크라멘토 비의 기자가 가출 청소년 문제를 전달했던 방식도 한국일보 기자와 매우 달랐다. 어디, 오리거니언이나 새크라멘토 비 기자뿐이겠는가? 뉴욕타임스, 르몽드, 아사히신문 기자도 자기 나름의 또 다른 전달 방식을 사용할지 모른다. 그렇다면, 한 사건을 다룬 기사의 버전(version)은 상당히 많아진다. 사건 현장에 기자 수십 명이 달려들어 몸싸움까지 하며 취재하고서도 정작 대동소이한 기사를 만들어내는 한국 언론으로서는 상상하기 힘든 일이다. 내러티브를 이해하려면, 일단 한 사건을 매우 다르게 보도할 수 있음을 염두에 두어야 한다. 기사 쓰기에 정답이라는 것은 없다. 기사는 기자가 자기 스타일대로 쓰는 것이다. 그것이 정상이다. 단, 저널리즘 글쓰기의 원칙을 지키기만 하면 된다.

학술적으로 내러티브의 개념은 복잡하지만, 실무적으로는 '이야기' 정도로 이해해도 충분하다. 내러티브는 개념적으로 파악하기보다 감각적으로 받아들이는 것이 더 중요하다. 기사를 읽고 이야기 느낌이 난다면, 내러티브 기사라 할 수 있다. 위의 예에서 이야기 느낌은 분명히 미국 기사에서 더 많이 났다. 사람이 하는 말은 모두 내러티브라는 점에서, 한국 기사도 내러티브의 일종이다. 하지만, 일반적으로 사람들은 한국 기사처럼 말하지 않는다. 소설이나 영화를 한국 기사처럼 만드는 경우는 정말 없다. 그렇게 하면, 아무도 안 볼 테니까….

1장에서 보았던 미국 기사는 내러티브 기사이며 한국 기사는 역피라미드 기사다. 역피라미드 기사는 매우 정형적이다. 주제를 제시한 다음에 주제와 관련한 정보를 중요도의 순서에 따라 배열한다. 하지만, 내러티브 기사에서 정보 배열의 순서는 딱히 정해져 있지 않다. 그 순서는 기사의 내용에 따라 달라진다. 역피라미드 기사의 모양은 이름 그대로 역삼각형이지만, 내러티브 기사의 모양은 특정할 수 없을 정도로 다양하다. 역삼각형 이외의 모양으로 된 기사는 모두 내러티브 기사라 할 수 있다. 이 주장은 내러티브의 대명사인 소설을 떠올리면 수긍할 수 있다. 소설가마다 글쓰기가 다르며 한 소설가도 작품마다 글의 모양새가 다르다. 저널리즘은 소설과 다른데도 불구하고 이렇게 자유로운 글쓰기를 강조하는 것은 한국의 기사가 지나치게 역피라미드 구조로 고착됐기 때문이다.

2003년의 특정한 일주일간 조선일보에 게재된 전체 기사 641건의 약 75%는 역피라미드 구조였으며 사건·사고를 다룬 스트레이트 기사는 거의 모두 역피라미드 구조였다(신명선·박재영, 2004). 2006년 1~10월 경향신문, 동아일보, 조선일보, 중앙일보, 한겨레의 1면 머리기사 중 94.1%는 역피라미드 구조였다(박재영, 2006). 2000년대 이전에도 역피라미드 구조는 압도적으로 많이 사용됐다. 1990~2007년 국내 10개 종합일간지 1면 기사 중 역피라미드 기사는 97.5%였다(박재영·이완수, 2007). 이 분야의 최신 연구가 없는 것은 재조사해봐야 별다른 결과를 얻지 못하기 때문일 것이다.

역피라미드 구조는 마감 시간과 지면 제약이라는 극도의 제한적인 여건에서 기자들이 고안해낸 가장 효율적인 글쓰기 방식이다. 따라서 여타 글쓰기와 뚜렷하게 구별되는 장점이 있다. 한국 기자와 에디터는 아래와 같은 장점을 언급했다(박재영·이완수, 2008a).

- 정보를 압축해서 간결하게 전달하는 '단순명쾌한 요점설명형'이다.
- 기자의 뉴스 생산 및 에디터의 첨삭과 편집에 유용하다.
- 내용이 일목요연해서 독자가 기사를 읽고 이해하기 쉽다.
- 특히 요점만 보는 속독의 독자와 아침에 바쁜 독자에게 편리하다.

하지만, 기자와 에디터는 여러 가지 단점도 지적했다(박재영·이완수, 2008a).

- 단조롭고 지루하여 글 읽는 재미가 없으며 감동을 주지 못한다.
- 리드(lead, 기사의 첫 부분)만으로도 내용을 알 수 있으므로 기사 본문은 눈에 잘 안 들어온다.
- 긴 기사를 역피라미드 구조로 쓰면, 독자는 끝까지 읽지 않을 것이다.
- 사안을 분석적, 다면적으로 보여주지 못하며 내용을 피상적으로 전달한다.
- 역피라미드 구조는 기자가 독자를 일방적으로 가르치는 양식이다.
- 역피라미드 구조 때문에 기사가 천편일률적인 양상을 보인다.
- 형식이 획일적이어서 기자의 개성적인 문체를 살리기 어렵다.

남재일(2004)은 한국 신문에서 발견되는 역피라미드 구조의 기획 기사는 과도한 '리드의 초점화'로 인해 리드의 각에서 벗어나는 정보를 기사에 담지 못한다고 지적했다(192쪽). 기획 기사는 주제에 적합한 사례만 최소한으로 수집하며 사례와 통계수치를 편의적으로 접합하며 사례들을 무리하게 범주화하고, 사안과 직접 관련이 없는데도 전문가라는 이유로 그의 권위를 활용하기 위해 코멘트를 인용한다.

코바치와 로젠스틸(Kovach & Rosenstiel, 2007/2014)은 기사의 흡인력 측면에서 역피라미드 구조의 단점을 아래와 같이 지적했다(302쪽 참조).

- 역피라미드 기사에는 인물이 빠져 있다. 취재원은 기사의 형식 요소로 포함된 것이지 (이야기의) 인물이 아니다.
- 시간적인 배경이 고정돼 있다.
- 다수의 다양한 독자나 시청자들이 아니라 한정된 사람들을 겨냥한 정보가 담겨

있다.

- 기사가 사안의 더 큰 의미를 조명하지 못한다.
- 스토리텔링이 예측 가능하고 정형화돼 있다.
- 플랫폼은 새로워졌는데 콘텐츠는 옛날 방식 그대로다.

　역피라미드 구조가 기사의 흡인력에 제한적이라는 것은 기사의 완독률을 떨어트리고 감동을 주지 못한다는 것과 직결된다. 이 약점은 역피라미드 구조의 태생적 한계다. 역피라미드 구조는 미국에서 탄생하여 1900년쯤 기사 작성의 표준으로 정착됐다(박재영·이완수, 2008b).[2] 전신 사정이 불안정했던 시대에 갑자기 전신이 끊기더라도 기사의 주요 내용은 전달되도록 하려고 리드에 주제를 담는 식으로 개발됐다. 분량에 따라 전송비를 물어야 했으므로 기사를 되도록 짧게 압축적으로 써야 했다. 역피라미드 구조는 편집자가 신문 지면의 사정에 따라 기사의 끝을 마음대로 잘라내기에도 편했다. 애초부터 역피라미드 구조는 기사의 완독이나 감동과 무관했다. 한국 언론은 미국 언론을 통해 역피라미드 구조를 배웠다. 한국의 신문 기사는 1930년대까지도 시간 흐름에 따른 기술이 주를 이루며 기자의 판단과 주관적 감정이 드러나는 경우가 많았다(이재경, 2001). 이 시기의 문체는 대체로 이야기 형식의 서사체였다. 한국 신문에서 역피라미드 기사는 1940년대에 50%를 넘었으며 1950년대에는 70%를 넘었다. 한국일보가 무당파적 객관주의를 주창하며 창간된 즈음인 1950년대 중반에 역피라미드 구조는 한국에 완전히 정착했다(이재경, 2001).

　역피라미드 구조의 탄생과 한국 정착의 역사를 돌이켜보면, 과연 역피라미드 구조가 이 시대에 적합한 글쓰기 방식인지 의문이 든다. 요즘 사안들은 과거와 비교할 수 없을 정도로 복잡하고 방대해서 역피라미드 구조와 같이 단선적이고 틀에 박힌 글쓰기에 담기 어렵다(Kramer & Call, 2007/2019). 역피라미드 구조가 사안의 발생을 알리는 데 유용하다지만, 그런 기능을 담당할 매체는 무수히 많다. 따라서 주류 매체는 사안의 발생보다 사안의 역사성과 배경 등 맥락 전달에 주력해야 하는데, 역피라미드 구

---

2) 역피라미드 구조의 탄생 배경은 기술적 요인, 정치적 요인, 교육적 요인, 경제적 요인 등 4가지로 나뉜다(Pötteker, 2003).

조는 그 목적에는 역부족이다. 예를 들어, 역피라미드 기사는 갈등 사안을 다룰 때, 갈등 집단의 찬반론을 맞붙이며 흔히 찬반론은 양극단에 치우쳐 있으므로 기사는 갈등을 조율하기는커녕 증폭한다. 또한, 대부분의 사안은 독자와 밀접히 관련되어 있는데도 역피라미드 기사는 육하원칙의 필수 정보만 기계적으로 나열하므로 독자가 사안을 간접적으로 체험할 수 있도록 도와주지 못한다(신명선·박재영, 2004). 이런 이유에서 코바치와 로젠스틸(Kovach & Rosenstiel, 2007/2014)은 역피라미드 구조를 저널리즘의 위기를 초래한 원인 중 하나로 지목했다.

하지만, 희망적인 신호도 있다. 신명선과 박재영(2004)은 조선일보 기사의 약 75%가 역피라미드 구조라는 점과 함께 나머지 25%의 기사에서 새로운 기사 구조 9개를 찾아냈다. 이런 모형은 역피라미드와 달리 피라미드형, 사다리꼴, 역사다리꼴, 마름모형, 수미쌍관형, 단순나열형, 두괄식, 미괄식, 중괄식 등으로 구분될 수 있었다. 이들은 이것을 새로운 기사 스타일을 찾고자 하는 조선일보 기자들의 '도발적인 씨앗'으로 평가했다(신명선·박재영, 2004, 11쪽). 내러티브 기사에 대한 한국 기자와 에디터들의 평가도 긍정적이다. 아래는 기자와 에디터가 꼽은 내러티브 기사의 장점이다(박재영·이완수, 2008a).

- 글 읽는 재미가 있고 가독성이 높다.
- 자기만의 개성적인 문체를 구사할 수 있으며 장문의 기사에 유용하다.
- 리드를 자유자재로 구성할 수 있어서 독자를 꼬이는 데 유리하다.
- 풍부한 묘사가 가능하다.
- 단편소설처럼 독자를 몰입시켜 감동을 자아낼 수 있다.
- 인터넷의 짧고 얄팍한 글에 식상한 고급독자를 확보하는 데 유용하다.
- 현장감 있고 인간적이며 그림을 보듯이 글을 읽을 수 있어서 기자와 독자의 공감대 형성에 좋다.
- 사안을 다각적이고 심층적으로 전달할 수 있다.
- 내러티브 기사는 독자가 한번 흐름을 타면 끝까지 읽게 되고, 완독하면 역피라미드 구조보다 더 강렬한 느낌을 받게 되므로 정보전달력도 더 강하다.

한 가지 강조할 것은, 역피라미드 구조는 한국에 안착하면서 미국과 조금 다른 양상을 보였다는 점이다(남재일·박재영, 2007). 첫째, 역피라미드 구조는 한국 언론계에서 기사 작성의 거의 유일한 전범(典範)으로 인식되지만, 미국 언론계에서는 그렇지 않다. 미국 언론도 기본적으로 역피라미드 구조를 활용하지만, 그와 다른 구조의 기사도 많다. 둘째, 역피라미드 구조는 한국에 도입된 후 천편일률적으로 정형화했다. 한국의 역피라미드 기사는 사실상 정보의 기계적 조립이며 조립의 기준은 기자나 언론사와 관계없이 표준화되어 있다. 이에 비해 미국의 역피라미드 기사는 상당히 유연하며 내러티브 분위기를 풍기는 하이브리드 형태도 많다. 말하자면, 한국의 역피라미드 기사는 미국의 원형에 비해 다소 왜곡된 형태라 할 수 있다.

위에 언급했듯이, 역피라미드 구조는 독보적인 장점을 갖고 있으므로 마냥 거부할 필요가 없다. 이 책은 역피라미드 구조가 잘못됐다고 지적하기보다 너무 천편일률적으로 만연하다는 점을 문제시한다. 이 책이 중시하는 내러티브 스타일은 만병치료제가 아니다. 역피라미드의 대안 중 하나일 뿐이다.

2. 내러티브 기사의 여러 차원

내러티브는 인간의 희로애락을 이야기한다. 사랑과 미움, 갈등과 고통, 역경과 좌절, 승리와 환호, 불굴의 의지, 고난 극복, 인간애 등이 내러티브의 주 메뉴다. 소설이나 영화, 인간 다큐멘터리에서 흔히 볼 수 있는 것들이다. 기사도 이런 본령을 주제로 잡아서 한 편의 소설 같은 내러티브 논픽션을 만들어낼 수 있다. 하지만, 언제나 사건이 희로애락 요소를 포함하는 것은 아니다. 또한, 뉴스는 사건을 잘 전하기만 해도 되므로 억지로 소설적 구성을 만들어내려고 애쓸 필요가 없다. 말하자면, 사건을 조금 더 매력적으로 전달한다는 소박한 차원에서 내러티브를 구사해도 훌륭하다.

이런 소박한 목적에 꼭 맞는 내러티브가 나노 내러티브(nano narrative)다. 나노 내러티브는 기사의 앞이나 뒤에, 또는 중간의 어느 곳에 이야기 맛을 내는 대목을 삽입하는 것이다. 그런 대목을 기사의 어디에 어떻게 삽입할 것인가가 관건인데, 이 책은 많은 기사 사례를 통해 이를 설명할 것이다. 이에 비해, 내러티브 논픽션(narrative non-fiction)은 기사를 기승전결의 완결구조를 갖는 소설이나 영화처럼 쓰는 것이다. 처음부터 끝까지 정밀하게 짜인 구도 속에서 사안의 스토리를 완성형으로 전한다. 동아일보에서 7년간 일하다가 미국 UC버클리대학교 저널리즘스쿨로 유학했던 이샘물 기자는 '기사 구조'(Story Structures)라는 과목이 개설된 것을 보고 놀랐다. 학생들에게 기사 작성의 기초는 가르쳐야겠지만, 굳이 기사의 구조를 따로 교육할 필요가 있는지 궁금했다. 한국에서 일할 때 기사는 그저 군더더기 없이 빨리 쓰기만 하면 됐지, "이 사안에 어떤 구조의 글이 어울릴까?"라고 고민해본 적이 한 번도 없었기 때문이다. 내러티브 논픽션은 바로 이 부분 즉 '이야기하는 기술'(story craft)을 다룬다.

나노 내러티브가 내러티브의 부분 요소라면, 내러티브 논픽션은 한 편의 완성형 내러티브다. 나노 내러티브라는 도구를 잘 활용하면, 내러티브 논픽션을 더 잘 쓸 수 있다. 물론 이 양극단의 중간에 여러 다양한 유형의 내러티브가 있다. 따라서, 유연한 태도가 무엇보다도 중요하다. "기사는 이렇게 써야 한다"라고 고집하기보다 글 쓰는 방식에 개방적인 태도를 지니면 좋다. 그렇게 격식에 얽매이지 않고 기사를 쓰다 보면, 자연스럽게 내러티브를 경험하게 될 것이다.

위에서 '소박한' 내러티브라고 했지만, 그것을 구현하는 일은 전혀 소박하지 않으며 쉽지도 않다. 한국 기자들에게 내러티브를 가르친 경험에 비춰볼 때, 기자들에게 제일 먼저 필요한 것은 '캐릭터' 감각이다.

1. 몇 가지 개념

한국 기자들은 기획 기사의 3요소로 사례, 통계, 전문가 코멘트를 꼽지만, 미국 기자들은 기사에서 '캐릭터'를 가장 중요하게 생각한다. 캐릭터는 주제 인물 또는 중심 인물을 뜻한다. 한국 언론계에 이에 상응하는 상용어는 없다. 한국 기자에게는 그런 인식 자체가 없다는 뜻이다. 한국 기자들이 가장 중시하는 개념은 '야마'(やま)다.

'야마'와 넛

야마는 평평하다가 갑자기 위로 솟구쳐 오른 것을 뜻하는 일본어다. 주변의 평평함과 대비되어 돌출되어 있다는 뜻이니 기사로 따지면 이례적이고 일탈적이라는 의미다. 기자들이 "야마가 뭐냐?"라고 말할 때는 기사가 무엇을 다루는지 즉 뉴스 가치가 있는 정보가 무엇인지 묻는 것이다. 야마는 주로 기사의 리드에 배치되며 거기에서 기사 제목이 뽑힌다. 야마는 곧 기사 주제다. 야마에 해당하는 미국 언론계 용어는 알맹이라는 뜻의 넛(nut)이다(이샘물·박재영, 2020). 넛이 담긴 문단(paragraph)이 주제 문단인데, 그것을 넛 그래프(nut graf)라고 부른다. 한마디로, 야마와 넛은 "기사가 무엇을 다루는가?"에 대한 것이다. 한국 기자들은 이 '무엇'을 절대적으로 여기며 그 이상을 잘 생각하지 않지만, 미국 기자들은 그렇지 않다. 무엇의 다음 단계는 그 무엇을 어떻게 다룰 것인가이다. 이 '어떻게'와 관련된 개념이 앵글(angle)이다.

앵글

미국 기자들은 넛보다 앵글을 더 자주 말한다. 미국 기자가 "너의 앵글이 무엇이냐?"라고 물을 때는 "과연 너는 이 기사를 어떻게 쓸 것이냐?"를 묻는 것이다. "다른 기자들이 생각하지 못한 방식으로 앵글을 잡아라", "수많은 경쟁자 사이에서 어떻게 눈에 띄는 앵글로 기사를 쓸 것인지 고민하라"도 비슷한 취지의 말이다. 그러니 앵글은 "기사를 어떤 식으로 전개하여 차별화할 것이냐?"를 뜻한다(이샘물·박재영, 2020, 261쪽). 넛은 똑같더라도 앵글이 다르면, 기사는 달라진다. 미국 기자들은 '나의 앵글', 더 정확하게 말하면 '나만의 앵글'을 중시하기 때문에 여러 명이 한 사안을 취재해도 서로 다르게 기사를 쓴다. 기사의 차별화가 발생하는 지점이 바로 앵글이다(이샘물·박재영, 2020). 야마는 "무엇을 보도할 것인가?"인 반면에 앵글은 "어떻게 보도할 것인가?"이다. 한국 언론계에 앵글을 지칭하는 용어가 없다는 것은 한국 기자들은 야마(무엇)에 갇혀서 그 이상(어떻게)을 고민한 적이 없다는 뜻이기도 하다(박재영·이재경·김세은·심석태·남시욱, 2013).

앵글은 두 가지 의미를 지닌다. 첫 번째는 "누구를 중심으로 기사를 쓸 것인가?"라는 의미다. 다르게 말하면, "이 사안을 누구의 눈으로 또는 누구의 관점에서 보여줄 것인가?"이다. 두 번째는 "이 사안에서 어떤 의미를 뽑아내어 주제로 삼을 것인가?"라는 뜻이다.[3] 첫 번째 의미에서 말하는 '누구'가 바로 캐릭터(character)다.

캐릭터

미국 기자들은 종종 서로 걱정하는 마음으로 "캐릭터를 잡았어?"라고 묻는다. 여기서 캐릭터는 주제를 전해줄 인물 또는 이야기의 주인공을 뜻한다. 1장에서 보았던 새크라멘토 비의 기사는 샌프란시스코의 가출 청소년 문제를 전하기 위해 니키 골드풋

---

3) 이와 관련된 내용은 본서 10장 참조.

이라는 소년을 주인공으로 설정했다. 기사는 니키의 성장 배경, 가출 이력, 매춘 경험, 현재의 고민과 미래 계획을 소개했으며 독자는 니키의 스토리를 읽으면서 가출 청소년의 세계를 접하게 됐다. 캐릭터는 기사 주제를 내러티브로 풀어내는 '매개물'이다. 새크라멘토 비의 기자는 니키를 발굴했지만, 또 다른 기자는 새로운 인물을 캐릭터로 잡을 수 있다. 한 사안도 누구를 주제 인물로 잡는가에 따라서 완전히 다른 기사로 쓸 수 있다. 캐릭터는 앵글의 필수요소다. 캐릭터의 차이는 앵글의 차이를 낳고, 앵글의 차이에서 기사의 차별화가 이루어진다.

내러티브 기사는 주제를 관통하는 캐릭터를 중심으로 펼쳐진다(Hart, 2011/2015). 캐릭터는 스토리의 원동력이다. 미국 기자들에게 넛은 기사 발제의 초기 단계일 뿐이며 발제가 최종 승인을 얻으려면 캐릭터가 결정되어야 한다. 그래서 캐릭터 찾기는 '취재의 절반'이라 할 수 있을 정도로 중요하다. "독자의 기억에 오래 남을 주인공을 찾아낸다면, 내러티브는 이미 절반쯤 성공했다고 할 수 있다. 이는 명작으로 평가되는 소설 속 주인공이 수십 년이 지나도록 우리의 뇌리에 생생히 살아 있는 것과 마찬가지다"(최수묵, 2011, 64쪽).

개인화

캐릭터로 이야기를 전개하는 것을 개인화(personalization)라고 한다(Kennedy, Moen, & Ranly, 1993, 105쪽). 새크라멘토 비의 기사는 니키 골드풋라는 개인을 통해 가출 청소년 문제라는 사회적 사안을 보여주었다. 개인화는 사물의 부분이나 특징을 통해 전체를 나타내는 대유(代喩)와 비슷하다. 독자는 이 개인과 교감하면서 자기의 감정을 일깨우고, 개인의 삶을 통해 사안을 간접 경험한다.

미국에서 방송사를 방문했을 때, 에디터와 대화하던 중에 에디터가 취재 현장으로 달려 나가는 기자를 불러 세워서 다급하게 지시하는 말을 들었다. 딱 한 단어였는데, 그것은 "Personalize!"였다. 사안을 잘 보여줄 수 있는 인물을 찾아내어 그의 스토리로 뉴스 리포트를 만들라는 뜻이었다. 이 책은 신문을 염두에 두고 내러티브를 논하지만, 내러티브의 원조는 신문이 아니라 방송이다.[4] 방송뉴스 리포트를 역피라미드 구조로 만들면, 기자나 취재원이 하는 말로 사안을 설명할 수밖에 없다. 방송의 언어는 영상이며 영상으로 메시지를 전달할 때 커뮤니케이션의 힘을 발휘할 수 있는데, 역피라미드 구조의 뉴스 리포트는 사실상 정지영상의 연속이다. 시청자들이 채널 돌리기 딱 좋게 해주는 셈이다. 개인화와 관련하여 몇 가지 주의할 점이 있다.

- 인물은 사안을 대표할 수 있어야 한다. 사안의 많은 측면을 설명해줄 수 있는 사람을 중심인물로 잡는 것이 좋다. 예를 들어, 비혼 기사라면, 결혼을 고려하지 않게 된 배경이나 원인을 되도록 많이 간직한 사람을 중심인물로 선택하면, 그 한 사람을 통해 비혼의 여러 측면을 한꺼번에 설명할 수 있다.
- 그렇다고 해서 인물 한 명으로 기사를 쓰라는 뜻이 아니다. 오히려 기사에 여러 명이 등장해야 한다. 미국의 가출 청소년 기사에는 니키뿐 아니라 그의 친구 레온과 키코가 등장했다. 단, 인물들은 동급으로 병렬되는 것이 아니라 중심인물과 주변 인물로 구분되어야 한다.
- 국내 신문사에 "사람 기사를 쓰라"라는 좋은 말이 있는데, 이 말을 개인화와 혼동해서는 안 된다. "사람 기사를 쓰라"를 액면 그대로 해석하면 개인화와 별 차이 없지만, 한국 기자들이 그렇게 말할 때의 의미는 "재미있는 사람을 발굴하여 기사로 쓰라"라는 것이다. 개인화는 그저 재미있는 사연을 지닌 인물을 보도하는 것이 아니라 그의 사연을 통해 사회적 사안을 드러내는 것이다. 그의 사연은 수단에 가까우며 사회적 사안이 목적이라 할 수 있다.
- 사람을 통해서만 사안을 드러낼 수 있는 것은 아니다. 특정한 상황을 통해서도 사안을 드러낼 수 있다. 일종의 '상황 매개물'이다. 이때의 기사는 별도의 중심인물 없이 전개된다.[5]

---

4) "방송사는 원래 '스토리텔링 기관'이다. 다큐, 드라마는 물론 예능 프로그램까지 갖가지 스토리텔링 기법을 이미 구현하고 있다. 오직 예외가 있으니 보도국 기자들이다. 스토리텔링 기관에 있는 '스토리텔링 제로' 인력이다. 이야기가 없으면 공감할 수 없다. 인간의 말글 형태 가운데 이야기가 아닌 것은 고작해야 역피라미드 기사, 판결문, 학술논문 정도다. 일상의 대화는 물론 신화, 경전, 역사, 문학에 이르기까지 절대다수의 말글은 이야기의 구조를 따른다. 그런 이야기 생산 능력을 갖춘 방송기자는 드물다. 그들은 무색무취한 짧은 리포트를 양산하는 쪽으로 진화(또는 퇴화)했다. 그들은 스토리텔링으로 무장한 각종 뉴미디어 콘텐츠에 제대로 대응하지 못한다. 페이스북이나 트위터를 활용하는 방송기자조차 희귀하다. 이야기를 잘 못하는, 교감하지 않으려는 일체의 것을 사람들은 싫어한다. 그것이 대통령이건 방송이건 기자이건 상대하지 않는다"(안수찬, 2014, 17쪽).

새크라멘토 비의 가출 청소년 기사는 기획형이므로 기자가 니키 골드풋 같은 인물을 발굴할 시간적 여유가 있었을 것이다. 하지만, 사건이나 사고를 당장 보도해야 하는 상황에서도 기자는 개인화를 시도할 수 있을까? 이런 경우에 거의 모든 기자는 역피라미드 스트레이트 형식을 선택할 것이다. 아래 중앙일보도 그랬다.

> 아이돌 걸그룹 야외공연 중 지하주차장 환풍구 덮개가 무너지면서 위에 있던 관객 27명 중 25명이 지하 18.7m 바닥으로 떨어져 16명이 사망하는 사고가 일어났다.
>
> 17일 오후 5시 53분 경기도 성남시 분당구 삼평동 판교테크노밸리 유스페이스 옆 광장에서 걸그룹 포미닛이 공연하던 도중 지하주차장 환풍구 철제 덮개 8개 가운데 3개가 무너졌다. 이로 인해 환풍구 위에서 공연을 보던 25명이 지하 4층 주차장 바닥으로 추락했다. 이 사고로 18일 0시까지 윤철(35)·홍석범(29) 씨 등 16명이 숨졌다. 또 천재웅(41)·김소연(20·여) 씨 등 주차장 바닥에 떨어진 9명과 환풍구 턱에 매달린 2명 등 11명이 다쳐 분당차병원과 분당제생병원, 분당서울대병원 등 인근 병원에서 치료를 받았다. 구조에 나선 경기소방본부는 "몇몇 부상자는 폐와 목 등을 다쳐 상태가 위중하다"고 전해 사망자는 더 늘어날 것으로 보인다.
>
> 사고를 목격한 유선순(58·여) 씨는 "현장에서 10여m 떨어진 곳에서 공연을 보고 있는데 갑자기 뭔가 푹 꺼지는 듯한 소리가 들리면서 흙먼지가 날렸고, '으악!' 하는 여성의 비명 소리가 들렸다"고 말했다. (중앙일보 2014.10.18.)

위 기사는 사고 기사의 모범이라 할 만하다. 주제 리드 → 육하원칙의 사건 개요 → 인명 피해(사망자) → 인명 피해(부상자) → 목격자 진술로 이어지는 기사 전개는 교과서에 실려야 할 정도로 정석적이다. 흠잡을 데가 거의 없는 이 기사를 어떻게 다르게 쓸 수 있을까? 미국의 보스턴글로브는 이런 사건 기사의 새로운 버전을 보여준다. 아래가 기사 리드다.

▍ 살이 타는 냄새 이전에, 앞다투어 나가려는 발길질에 그의 무릎이 피가 나기 이전에,

---

5) 이와 관련된 내용은 본서 65쪽 참조.

환호성이 알아들을 수 없는 비명으로 변하기 이전에, 사람들의 불타는 머리와 반쯤 녹아내린 얼굴들을 보기 전에는 모든 것이 달랐다.

크리스토퍼 트래비스는 픽업트럭에서 노래를 부르던 중이었다.

공연을 기다리던 지난달, 트래비스는 공사장을 오가며 그레이트 화이트의 CD를 최고 볼륨으로 들었다. 그가 처음으로 그레이트 화이트의 콘서트에 갔던 것은 1986년이었다. 파티를 즐기던 20살 때였다. 그 이후로 결혼과 이혼, 금주 등 많은 일이 있었지만, 아직도 '데저트 문'의 전주를 들을 때처럼 흥분되는 일은 없었다.

트래비스가 턱수염을 면도하고 있을 때, 에린 푸치노는 자기가 일하는 셸 주유소의 금전 등록기 앞에서 시계를 확인하고 있었다. 같은 시각, 마이크 리카디(19)는 자기가 학교에서 진행하는 라디오 쇼 '짐과 마이키의 파워 아워'에 쓰려고 그레이트 화이트의 리드 싱어 잭 러셀을 인터뷰하고 있었다.

다음 날 아침, 이 세 사람은 미국 역사상 가장 참혹했던 화재 사고의 생존자가 된다. 이 사고에서는 최소 96명이 사망했다. (The Boston Globe 2003.2.22.)

위 기사는 콘서트장에서 불이 나 96명이 사망한 전형적인 사건 기사다. 사고가 초대형이니 시커멓게 제목을 뽑고 싶은 욕심이 날 것이다. 그러려면, '96명 사망'이라는 정보를 제일 먼저 써야 한다. 하지만, 이 기사는 그렇게 하지 않았다. 기사의 첫 문장은 "모든 것이 달랐다"로 끝나, 기사 주제를 요약해주기는커녕 주요 정보를 숨겼다. 리드에서 일부러 문맥을 쪼갬으로써 독자의 궁금증을 유발하려고 했다. 96명 사망이라는 핵심 정보는 한참 뒤에 나온다. 육하원칙의 주요 정보를 기사 앞부분에 한꺼번에 제공하는 역피라미드 구조와 정반대다.

기사는 뜬금없이 크리스토퍼 트래비스를 등장시키고, 에린 푸치노와 마이크 리카디를 소개한다. 이 세 사람의 관계는 아직 알 수 없지만, 순서나 분량상 트래비스가 더 중요해 보인다. 트래비스가 주인공이라면 푸치노와 리카디는 조연이라 할 수 있다. 기사는 위 발췌 부분 이후에 발화 과정과 화재 상황을 설명하고, 이 세 사람은 물론이며 공연장 웨이터, 대학생 관람객, 주민, 병원으로 이송된 환자를 진료한 의사, 심지어 부상자가 이송된 모텔의 여자 종업원의 목격담을 적었다. 기사는 맨 마지막에 트래비스로 되돌아와서 끝난다. 국문 번역 후 200자 원고지 20매 분량인 이 기사는 화재 사고에 연관된 사람들의 이야기로 채워졌다. 트래비스가 중심인물이다. 보스턴글로브는 촌각을 다투는 상황에서도 개인화를 시도했다.

대형 기획은 기자 여러 명이 수 주 이상 취재하여 여러 날에 걸쳐 기사를 시리즈물로 보도한다. 기사 준비시간이 충분히 있으므로 캐릭터를 발굴하고 이야기 구도를 짜볼 여유가 있다. 그런 대형 기획의 대표적인 예로 '한국 조선업의 몰락'을 들 수 있다. 국가적 중대사인 만큼 거의 모든 언론사가 이 사안을 시리즈물로 보도했다. 아래는 2015년 조선일보 기획 시리즈물의 첫 번째 기사로서 1면에 보도된 기사의 리드다.

> 10일 오후 경북 포항시 남구 송동리 동국제강 포항 공장. 총면적 83만 7,860㎡에 제강·형강·봉강·후판 등 공장 4곳과 연구 시설 한 곳이 모여 있는 동국제강의 주력 공장이다. 그중 후판 공장은 생산 직원 600여 명이 조선·건설용 두꺼운 철판을 연간 190만t 생산하던 곳이다. 하지만 이날 후판 공장 철문은 굳게 닫혀 있었다.
>
> 동국제강은 조선 산업 불황과 후판 공급 과잉을 견디다 못해 지난 8월 이 공장을 폐쇄했다. 일부는 다른 공장으로 전환 배치됐지만, 사내 협력업체 직원 300여 명을 포함한 상당수는 졸지에 일자리를 잃었다. 다른 일자리를 찾지 못한 직원들이 대리기사 시장으로 몰려나오면서 요즘 포항은 대리기사가 넘친다. 이 지역 A대리기사 업체 관리 담당 이용화(51) 씨는 "올 초만 해도 포항 대리기사 수가 500명 안팎이었는데, 지금은 1,000여 명에 이른다"고 말했다.
>
> 울산은 거제와 함께 국내 최고 부자 도시로 꼽히던 곳이다. 하지만 조선·석유화학·자동차 3대 축이 깊은 불황에 빠지면서 지역 경제가 휘청거리고 있다. (조선일보 2015.12.11.a)

기사는 1문단에 동국제강 포항 공장의 굳게 닫힌 철문을 보여주고, 2문단에 동국제강의 사정을 소개한 다음에 3문단에 주제를 제시했다. 기사가 사례로 시작했다가 곧바로 주제를 제시하는 '변형된' 역피라미드 구조다. 위 기사는 1면 기사라서 스트레이트 형식으로 작성됐을 것이다. 그렇다면, 신문 속 면의 기사는 어떠했을까? 조선일보는 3면에 아래와 같은 '관련 기사'를 실었다.

10일 오후 경남 통영항 건너편. 2000년대 후반만 해도 신아SB, 21세기조선 등 중·소형 조선사 3곳에서 직원 수천 명이 밤에 불을 밝혀 가며 작업했다. 하지만 신아SB는 작년 4월 마지막 배를 인도한 지 1년 반 만인 지난달 파산했다. 21세기조선도 2013년 파산 후 문을 닫았다. 현재 이곳에서 건조 중인 배는 한국야나세 통영조선소(옛 삼호조선)의 3,500t급 석유화학 제품 운반선이 유일하다.

조선소가 망해 근로자가 빠져나가면서 인근 봉평동 일대 원룸촌은 과거 보증금 500 만 원, 월세 50만 원 하던 방이 200만 원에 20만 원 수준으로 반토막 났다. 한 현지 주민 은 "주민들조차 조선소가 살아난다는 기대는 접었고 그 자리에 워터파크 같은 위락 시 설이 들어오기를 기대할 뿐"이라고 말했다.

한국 경제의 엔진이던 조선·철강·석유화학 등 중후장대(重厚長大) 제조업이 '성장 절벽'에 부딪히면서 곳곳에서 위기 경보가 울리고 있다. (조선일보 2015.12.11.b)

위의 3개 문단은 구조와 내용 측면에서 1면 기사의 3개 문단과 똑같다. 1면과 3면 기사를 합치면, 200자 원고지 20매다. 이렇게 넓은 지면을 이런 중복형 기사로 낭비한 이유를 알 수 없다. 이 기사에 '전국 산업현장 르포'라는 문패가 붙어 있지만, 르포 느 낌은 전혀 나지 않는다. 이 기사 1년 후인 2016년에 한겨레도 이 사안을 대형 시리즈 물로 보도했다. 아래는 1면 기사의 리드다.

"채무자 신아에스비 주식회사-위 채무자는 2015년 11월 17일 창원지방법원 제1파산 부로부터 파산선고를 받고 본인이 파산관재인으로 선임됐습니다."

지난 21일 오후 6시께 경남 통영시 도남동 신아에스비(SB) 조선소 출입구에 법원의 공고문이 붙어 있었다. 대형 골리앗 크레인은 멈춰 있고, 출입문은 굳게 잠겨 있었다. 15만 5,300㎡ 규모의 작업장에 인적은 없고 '카악카악' 하는 까마귀 소리만 들려왔다.

신아에스비는 6년여에 걸친 긴 구조조정 끝에 지난해 11월 법원의 파산선고로 문을 닫았다. 1,300여 명 노동자는 대부분 사표를 내고 떠났다. 〈중략〉 1946년 멸치잡이용 어선을 만드는 회사로 출발한 신아에스비는 2000년대 중·후반 세계 10대 조선소로 커 나갔다. 그러나 2008년 세계 금융위기로 신규 수주가 중단되면서 경영위기에 빠졌고, 2010년 워크아웃(기업개선작업)에 들어갔지만 정상화에 실패했다. 지난해 4차례에 걸친 매각 시도가 모두 무산되면서 결국 파산 절차를 밟았다.

　　2013년 삼호조선과 21세기조선에 이어, 신아에스비까지 중·소형 조선소 3곳이 잇따라 쓰러지자 주변 상권은 직격탄을 맞았다. 조선소 노동자들이 구내식당처럼 드나들던 공장 바로 앞 돼지국밥집은 문을 닫았다. (한겨레 2016.4.25.a)

한겨레 1면 기사는 신아에스비 사례에 이어 주제를 제시함으로써 전개 방식이 조선일보 1면 기사와 똑같다. 한겨레도 속 면에 관련 기사를 실었는데, 아래는 5면 기사의 리드다.

　　조선업 불황은 대형 조선소까지 번진 상태다. 현대중공업과 대우조선해양, 삼성중공업 등 대형 조선 3사가 지난해 해양플랜트 사업에서 8조 5,000억 원의 적자를 입은 데다 '수주 절벽'이 들이닥쳤기 때문이다. 〈중략〉 현대중공업만 2억 달러(3척)를 따냈을 뿐 대우조선해양과 삼성중공업은 올해 들어 단 한 척도 수주하지 못했다. 현재 건조 중인 해양플랜트 인도가 6월부터 시작돼 올해 중에 마무리되면 2만여 명이 일자리를 잃을 것이라는 전망이 나오고 있다.

　　실직은 하청노동자부터 시작될 것이다. 대형 조선 3사에서 근무하는 사내 하청노동자는 3월 말 현재 9만 5,000명가량이다. 원청 생산직 노동자 한 명당 하청노동자 3.5명이 일한다. (한겨레 2016.4.25.b)

5면 기사는 위 발췌 부분 이후에 노동자 1명의 사례를 세 문단에 걸쳐 소개하고, 또 다른 노동자 3명의 인터뷰 코멘트를 실었다. 한겨레 1면 기사와 5면 기사는 구조와 내용에서 거의 똑같다. 한겨레 역시 '르포 통영·거제·울산 조선소를 가다'라는 문패를 달았지만, 전혀 르포 느낌이 나지 않는다. 1면과 5면 기사를 합쳐 200자 원고지 24매인데 기사는 내내 이런 식으로 전개된다. 조선일보 기사와 한겨레 기사는 모든 면에서 사실상 똑같다. 두 신문은 상당히 긴 시간 동안 이 사안을 기획했음에도 기사를 전형적인 역피라미드 구조로 작성했다. 정치적 논조는 정반대인 두 신문이 어떻게 이토록 똑같이 기사를 쓸 수 있는지 신기하다.

여느 국가도 산업의 몰락을 겪었다. 미국의 철강 산업은 세계를 석권하다가 곤두박

질했는데, 미국 언론은 그것을 아래와 같이 다루었다.

매리 타이스는 드문드문 서 있는 낡은 가게들과 허름한 스트립 클럽, 번지르르한 비디오 게임방이 있는 중심가를 따라 차를 몰았다. 그녀의 마음은 온통 남편 래리에게 가 있었다.

"망했어." 남편은 전화로 우물거리며 말했다. 그녀는 대체 무슨 일이냐고 물었지만, 그는 대답하지 않았다. 집에 오면 말해주겠다며 전화를 끊었다. 그녀는 다시 전화를 걸었지만 래리는 받지 않았다.

"그냥 바빠서 못 받았을 거야"라며 그녀는 자신을 안심시켰다. 남편은 시어머니 집의 온수기를 고쳐주러 간다고 말했었다. 그러나 그녀는 마음을 진정시킬 수 없었다. 결국, 이웃에게 전화를 걸었다. '래리의 픽업트럭이 도로 가에 세워져 있다'라고 전해준 이웃.

마을 외진 구석에 오래된 공장이 하나 서 있다. 강철 골판을 생산하는 넓고 공허한 공장 단지는 한때는 민트 그린색을 하고 있었지만, 이제는 모두 흐려졌고, 줄무늬 모양의 녹까지 슬었다. 부서진 콘크리트 벽과 가시철망 뒤의 주차장은 텅 비었고, 공장의 굴뚝은 차갑게 식어 있다. 이끼가 몇 에이커 길이의 지붕에 기울어진 잔재 위로 붙어 있고, 무릎 높이의 잡초들이 홈통에서부터 자라고 있다.

매리는 그 어떤 것도 알아차리지 못했다. 한때 '동부의 야수'로 불리던 세계 일류의 철강 회사 와이어턴이 오래전부터 죽어가고 있다는 사실을…….

낮게 걸린 구름은 눈을 뿌릴 듯이 차가웠고, 매리는 그녀의 작은 흰 집을 향해 언덕의 굽은 길(녹색이라기보다는 회색에 가까운 낙엽 진)로 차를 꺾었다. 길가에 세워진 래리의 트럭 옆에 차를 세우면서 매리의 걱정은 두려움으로 변했다. 개들이 집 안에 있는지, 개 짖는 소리는 들리지 않았다.

봄날
래리와 매리는 이 마을에서 태어나고 자랐다. (The Associated Press 2006.7.23.) (동아일보 미디어연구소, 2010)

기사는 뜬금없이 매리 타이스로 시작하여 남편 래리에게 무슨 일이 일어났음을 암시하고(1문단), 기사의 공간적 배경인 마을 외진 곳의 철강회사 와이어턴 공장을 보여준다(4문단). 이어서 주제를 넌지시 던지고(5문단), 다시 매리로 돌아온다(6문단). 이렇게 리드를 만든 후에 기사는 장(章)을 바꾸어서 래리와 매리의 과거를 짚는다(7문단). 여기까지 정보로 볼 때, 래리에게 무슨 일이 일어났으며 매리는 그런 래리를 걱정한다. 그 배경에 세계 일류의 철강회사 와이어턴의 몰락이 있다. 산업의 몰락이라는 주제 사안은 비슷한데, 미국 기사는 조선일보나 한겨레와 완전히 다르다. 기사의 첫 부분이 이렇게 다를 뿐 아니라 마지막까지도 그렇다. 가격경쟁력을 내세운 일본과 한국 기업의 부상으로 세계 철강 산업의 판도가 바뀌었는데도 와이어턴은 변화에 둔감했다. 매출이 급감하고 공장이 매각됐으며 근로자들은 해직됐다. 위험한 작업도 마다하지 않던 불굴의 전사 래리는 이 거대한 파고를 넘지 못한 채 좌절감에 시달리다 자살한다. 이 기사는 래리의 자살을 모티프로 삼아 미국 철강 산업의 몰락, 구조조정의 한파, 그리고 노동자의 비극을 그렸다. 기사는 래리라는 캐릭터를 주인공으로 삼아 사안을 개인화했다. 이 기사는 철강 산업의 통계나 수치를 나열하지 않았으며 회사나 정부의 실패를 정색하며 분석하지 않았다. 대안을 제시하지 않았으며 전문가를 동원하지도 않았다. 정말 놀라운 사실은 이 기사가 AP 기사라는 점이다. 뉴스통신사가 왜 이렇게 기사를 쓰는지, 어떻게 이런 기사를 쓸 수 있게 됐는지 궁금하다.

캐릭터가 될 만한 사람은 다차원적 인물이면 더 좋다(Kramer & Call, 2007/2019). 발전적 인간(Hart, 2011/2015)이나 입체적 인간(최수묵, 2011)도 이와 비슷한 뜻인데, 모두 성격이 고정되어 있지 않고 변하는 인간이다.

> 입체적 인간은 이야기가 전개될수록 성격이 변화한다. 〈중략〉 이들은 강인한 정신력을 갖고 있다가도 험난한 갈등을 겪으면서 약해지기도 하고, 반대로 심약했던 성격이 갈수록 강해지기도 한다. 즉, 환경의 변화 때문에 내면의 갈등을 겪으면서 점차 인생관과 세계관이 바뀌는 사람들이다. 이로 인해 늘 긴장과 갈등 관계에 놓이게 되고 이야기를 더욱 드라마틱하게 이끄는 역할을 한다. (최수묵, 2011, 55쪽)

미국 철강 산업의 몰락을 다룬 기사에서 주인공 래리는 불굴의 산업 전사였지만, 결국 좌절하여 비극적으로 생을 마감한다. 이런 굴곡진 인생이 스토리를 풍성하게 만든다. 인물의 성격이 좋게 변하든 나쁘게 변하든 상관없다. 바뀐다는 사실이 중요하다. 기자들은, 소설이 아니라 기사인데 그런 입체적 인간을 구하기가 쉬우냐고 말할지 모르지만, 인간은 누구나 입체적이고 발전적이다. 예를 들어, 한국 언론은 미담의 주인공을 으레 태어날 때부터 의인이었던 것처럼 보도하지만, 이런 프레임은 비현실적이다.

일반적으로 사람은 이기적이고 겁이 많다. 그런 인간이 보편적이며 정상적이다. 독자가 바로 그런 사람들이다. 미담의 주인공이 원래부터 의인이었다면, 독자는 그를 존경할 수 있겠지만 친근하게 받아들이지는 못한다. 가슴에 와닿지 않기 때문이다. 심지어, 독자는 그가 정말 의인인지 의심할 수도 있다. 평생을 의인으로 사는 사람은 없다. 오히려 조지 오웰의 말처럼 누구나 인생의 75%는 굴욕이고 굴종이다. 의인 프레임은 감동 유발에도 제한적이다. 그가 원래 의인이라면, 성스러운 일을 한 것은 전혀 놀랄 일이 아니다. 만일 그가 그저 그런 평범한 사람이었거나 개차반이었다면 어땠을까? 그런 사람이 의로운 일을 했다면 독자는 그의 드라마 같은 변화에 감동할 것이다. 이런 경우가 원래 의인인 경우보다 훨씬 더 많을 것이다. 따라서 미담의 주인공이 지닌 어두운 면을 애써 가릴 필요가 없다. 그 반대로, 투명하게 드러내야 보편적 인간인 독자와 가까워지고 감동도 배가된다. 개과천선이 훨씬 더 독자의 흥미를 끌며 독자를 감동하게 한다. 다시 말하지만, 사람은 누구나 발전적 인간이다. 기자는 매일의 사안에서 이런 인물들을 만나지만, 그의 변화에 주목하지 않았다. 그 반대로, 기자는 언제나 그들을 아래와 같이 다루었다.

> 27일 낮 김현상(가명·62) 씨는 새벽부터 주운 파지 30kg을 집 근처 ㅁ 고물상에 넘기고 kg당 90원씩, 모두 2,700원을 받았다. 동네 마트를 좀 더 훑으면 빈 박스야 더 얻을 수 있겠으나, 지긋지긋한 퇴행성 관절염은 김 씨한테 그 이상의 노동을 허락하지 않았다. 하루치 노동은 컵라면 한 개(1,100원)와 막걸리 한 통(1,200원), 그리고 100원짜리 동전 네 개를 남겼다. 서울 종로구 돈의동의 0.8평짜리 '쪽방'에 사는 김 씨한테 가난은 현실이자 미래다. 그는 "한 달 임대료 23만 원을 제때 내지 못해 길거리로 내쫓길 때가 많다"고 말했다.
> 서울 동대문구의 한 요양원에서 요양보호사로 일하는 최차혜(가명·56·여) 씨의 형

편은 조금 낫다. 최 씨는 이달 월급으로 129만 원을 받았다. 아직 변변한 일자리를 얻지 못한 두 딸과 생활하기엔 빠듯한 수입이다. 2008년까지 간병인으로 일할 땐 월급(100만 원 안팎)이 더 적었지만 병원에서 숙식을 해결해 돈을 좀 모을 수 있었다. 최 씨는 "(경기) 의정부시의 집에서 오가는 데 드는 교통비와 통신비, 난방비 등 생활비를 대느라 겨우 버티는 수준"이라고 말했다. 김 씨나 최 씨나 '내일'이 없기는 마찬가지다.

저소득층이 중산층으로, 중산층이 고소득층으로 올라가는 '계층 상승'이 갈수록 어려워지고 있는 것으로 나타났다. 국무총리실 산하 국책연구기관인 한국보건사회연구원(보사연)이 27일 발표한 〈2014년 한국복지패널 기초분석 보고서〉를 보면, 저소득층의 계층상승률 곧 저소득층 가구가 중산층 이상으로 올라선 비율은 지난해 조사에서 역대 최저치(22.64%)를 기록했다. (한겨레 2015.1.28.)

위의 1, 2문단에 인물 사례를 소개하고 3문단에 주제를 제시하는 것은 징그러울 정도로 천편일률적인 한국 언론의 기사 전개 방식이다. 거의 모든 기사에서 인물의 용도는 여기서 끝난다. 기사 주제처럼 저소득층의 가난 탈출이 얼마나 어려운지 증빙하려면, 그들의 일상을 통해 경제적 어려움의 '속살'을 보여주어야 하지만, 기사는 통계나 전문가 코멘트로 주제를 설명할 뿐이다. 1, 2문단의 두 사례는 기사의 맨 처음에 등장하는 제일 중요한 사례이며, 이 기사의 유일한 저소득층 취재원인데도 모두 가명(또는 익명)으로 인용됐다. 이런 일은 이제 놀랍지도 않다. 최수묵(2011)은 이런 식의 사례 인용을 두고, 한국 언론이 인물을 철저하게 '투명 인간'으로 다룬다고 했다(182쪽).

신문에는 매일 수많은 무명씨들이 등장한다. '김모 씨' '이모 씨'와 같은 익명의 인물들인데, 이들은 이야기의 주인공이 되기에는 너무나 형식적이다. 특정한 주제나 이야기를 대변할 대표성도 없고 상징성도 떨어진다. 이런 '추상적 인물'이 빈번하게 등장하는 이유는 하나다. 기자들이 등장인물보다는 줄거리에 더 무게를 두기 때문이다. 예를 들어 '비행기가 건물에 충돌했다. 그래서 건물이 무너졌고 100명이 사망했다'라는 사건의 전개과정에만 무게를 두기 때문에 그 사건 안에 등장하는 인물에는 관심을 두지 않는 것이다. 특히 이렇게 익명으로 인물을 등장시키는 것은 길거리에서 만난 사람을 1~2분 정도 면접한 뒤 대하드라마의 주인공 역으로 뽑는 것처럼 경솔한 짓이다. 이렇

이런 경향은 노숙자, 철거민, 강제 퇴직자, 재해 피해자 등 각종 사회경제적 약자를 다루는 기사에서 흔히 발견된다. 이들이 불쌍하니 도와주자는 식의 전제를 깔아놓고 쓰므로 기사는 기자의 일방적인 주장으로 비치고, 심할 경우에는 눈물 짜내기나 앵벌이로 여겨진다. 그래서 독자의 공감을 얻기는커녕 반감을 산다. 이들이 억울한 피해자라면, 기자는 정말 그러한지 검증해야 하며 그러려면 이들을 깊이 파고들어야 한다. 기사는 자연스럽게 그들의 이야기 즉 내러티브가 된다.

미국 철강 산업의 몰락을 다룬 기사에서 래리는 산업 위기의 희생자이므로 언론은 그의 죽음이 지니는 사회적 의미를 뉴스로 기록할 만하다. 하지만, 죽음은 그렇게 의미를 확장하지 않더라도 그 자체로 사람들의 큰 관심사다. 가족이 죽었다면, 더욱 그럴 것이다. 갑자기 가족이 죽으면, 남은 사람은 도대체 어떤 상태가 될까?

미국은 세계 곳곳의 전쟁에 개입되어 있어서 전사자도 자주 발생한다. 장병이 죽으면 당연히 가족에게 알려야 하는데, 미국 해병대에서 이러한 일을 하는 사람을 CACO(Casualty Assistance Calls Officer)라고 한다. 전사(戰死) 메신저다. 가장 슬픈 임무를 수행하는 군인이며 누구도 만나고 싶어 하지 않는 군인이다. 영화에서 CACO는 깔끔하게 제복을 차려입고 한적한 마을의 집을 찾아가 초인종을 누르는 장면으로 곧잘 등장한다. 문을 연 가족은 CACO를 보자마자 오열한다. 일반적으로 이렇게 알고 있지만, CACO는 이보다 훨씬 더 중요하면서도 고통스러운 일을 한다. 전사자의 시신이 공항에 도착하면 가족에게 인도하고 유품을 수습하며 장례를 도와준다. 자녀의 시신을 부모에게, 남편의 시신을 아내에게 전달하는 일이란 과연 어떤 것일까? 그것이 직업인 사람만큼 인간의 죽음이 무엇인지 잘 아는 사람은 없을 것이다. 미국 일간지 로키마운틴뉴스(Rocky Mountain News)는 한 CACO를 캐릭터로 삼아 인간의 죽음을 뉴스로 그려냈다. 다음 기사에서 제임스 캐시 소위는 2005년 8월 21일 이라크에서 폭사했으며 아내 캐서린은 임신 만 5개월 상태였다. 기사는 그해 11월 11일 마지막 경례(Final Salute)라는 제목으로 보도됐으며 캐서린은 12월 22일 아들을 출산했다. 임신한 아내가 남편의 죽음을 맞이하는 이 무거운 주제를 기사는 다음과 같이 전개했다.

공항 활주로에 주차된 리무진 안에서 캐서린 캐시는 청명한 하늘을 쳐다보며 태동을 느꼈다.

"그가 움직여"라고 그녀가 말했다. "이리 와서 그를 느껴봐. 그가 움직여."

그녀와 절친 2명이 부드러운 시트 위로 몸을 기울여 그녀의 배에 손을 얹었다.

"느껴져." 한 친구가 말했다. "느껴져."

바깥에서는 비행기 제트 엔진의 윙윙거리는 소리가 더 커졌다.

"아, 자기야." 그녀의 친구가 말했다. "저게 그의 비행기인 것 같아."

젊은 세 여인이 선팅된 차창 밖을 응시하는 와중에 캐서린은 태아와 똑같은 이름이 새겨진 군번줄의 인식표를 꽉 움켜쥐었다.

제임스 J. 캐시(James J. Cathey).

"이런 식으로 돌아와서는 안 되는데." 그녀는 목걸이에 남편의 결혼반지와 함께 걸려 있는 인식표를 더 힘껏 손에 쥐며 말했다.

세 여인은 뒤쪽 창문으로 밖을 바라봤다. 그리고 23살 난 그녀는 자기의 임신한 허리 위로 손을 올려놓았다.

"나를 행복하게 해줬던 모든 것이 저 비행기에 타고 있네." 그녀가 말했다.

공항 직원들이 6명의 침통한 해병대원들을 따라 컨베이어 벨트를 비행기 뒤편으로 갖다 대는 것을 그들은 지켜보았다.

캐서린은 차창에서 고개를 돌려 눈을 감았다.

"지금이 밤인 게 정말 싫어. 지금이 낮이었으면 좋겠어." 그녀가 말했다. "나는 내 남은 삶이 낮이면 좋겠어. 밤은 정말이지 너무 힘들어."

갑자기 차 문이 열렸다. 흰 장갑을 낀 손이 바깥에서 리무진의 문을 열었다—똑같은 흰 장갑의 손은 5일 전에도 브라이튼에 있는 캐서린의 집 문을 두드렸다.

짙푸른 제복을 입은 남자는 무릎을 꿇고 그녀와 눈을 맞추며 부드럽고 단호한 목소리로 말했다.

"캐서린." 스티브 벡 소령이 말했다. "시간이 됐습니다." (Rocky Mountain News 2005.11.11.)

기사는 드넓은 활주로에서 임신한 아내가 남편의 시신을 실은 비행기를 바라보는

Beck supports Katherine after she breaks into tears at the sight of her husband's casket at the Reno airport. When Beck knocked on Katherine's door in Brighton to notify her of her husband's death, she had cursed him, then refused to speak to him for more than an hour. Over the next several days, Beck helped her deal with her grief. By the time they reached the airport, she wouldn't let go.

When he first donned the Marine uniform, Beck had never heard the term "casualty assistance calls officer." "He certainly never expected to serve as one.

As it turned out, it would become the most important mission of his life.

Each door is different. But once they're open, Beck said, some of the scenes inside are inevitably the same.

"The curtains pull away. They come to the door. And they know. They always know," he said.

"You can almost see the blood run out of their body and their heart hit the floor. It's not the blood as

cations back home to keep rumors from reaching the family before the notification officers.

Still, the pressure is palpable. The call often comes in the middle of the night. Officers must retrieve vital information from headquarters — the Marine's next of kin, the basic circumstances surrounding the death, addresses and phone numbers — and there is no room for error.

With each step, they get closer to the door.

dant extends his deepest sympathy to you and your family in your loss."

When he began the job as site commander at Marine Air Control Squadron 23, Beck knew that death notification was a possibility. The previous commander already had supervised three funerals in the region that includes Colorado and parts of Wyoming, Kansas, South Dakota and Nebraska.

Until that first call, however, Beck had plenty of other worries.

From their base among the top-secret radar installations at Buckley, Beck and his Marines are highly

〈그림 1〉 로키마운틴뉴스의 '마지막 경례' 기사에서 스티브 벡 소령과 캐서린 캐시

장면으로 시작한다. 그리고 이 상황을 부정하고 싶은 아내에게 현실을 받아들여야 한다고 말하는 벡 소령을 등장시킨다. 벡 소령이 CACO다. 여기까지 읽었는데 벌써 가슴이 미어진다. 다음 장면이 어떠할지 상상하는 것은 괴로운 일이다. 그래서 여기까지만 읽고 그만두기를 여러 번 했다. 2006년 퓰리처상 피처(Feature Writing) 부문 수상작다운 숨 막히는 도입이다. 다행히(?) 기사는 아내 캐서린 캐시와 전사한 남편 제임스 캐시, 이 두 사람 사이에 있는 스티브 벡 소령의 이야기로 이어진다. 독자라면 당연히 캐서린과 제임스의 만남과 사랑, 제임스의 파병과 전투, 양가 부모, 그리고 벡 소령에 대해 궁금할 것이다. 기사는 영어 12,300단어 분량의 중간쯤에 이르러 다시 공항 활주로로 돌아온다. 다음이 바로 그 장면이다.

리노의 비행장 활주로에 있는 리무진 안으로 흰 장갑이 쑥 들어왔지만, 캐서린 캐시는 움직일 수 없었다.

"캐서린." 벡 소령이 말했다. "시간이 됐습니다."

"나는 이 상황을 맞을 준비가 안 됐어요." 그녀가 말했다. "난 절대 준비할 수 없을 거예요."

친정어머니가 차 안으로 몸을 숙여 딸에게 말을 건넸다.

"캐서린." 어머니가 말했다. "짐[제임스]은 네가 봐주기를 원할 거야."

캐서린은 어머니를 쳐다보다가 이내 스티브 벡 소령에게 눈을 돌려 그의 손을 잡았다. 그녀는 차에서 내린 후 몸을 가누고 벡 소령과 팔짱을 꼈다. 그러고는 비행기를 바라보았다.

캐서린은 성조기로 감싼 관을 보고는 가슴 깊이 농축된 전염성 강한 슬픔을 못 이겨 날카로운 비명을 맥없이 내질렀다.

"안 돼! 안 돼! 안⋯돼⋯요. 제임스가 아니에요. 아⋯니⋯에⋯요."

그녀는 관이 천천히 컨베이어 벨트에 내려질 때까지 비명을 질렀다. 그녀는 벡 소령의 목을 움켜잡고 다리에 맥이 풀린 채 거의 쓰러질 때까지 울부짖었다.

전사자가 발생하면, 가족은 장례를 치르기 전에 짧은 시간이나마 관 옆에서 시간을 보낸다. 사랑하는 사람과 함께 있는 마지막 시간이다. 기사는 그 모습을 이렇게 전하였다.

짐[제임스] 캐시의 부모님과 여동생은 성조기를 어루만지고 추억하며 관 옆에서 시간을 보냈다. 짐의 어머니 캐롤라인은 그가 유아용 침대에서 기어 나와 안기곤 했던 아기 시절을 생각했다. 그의 아버지 제프는 황량한 곳 근처에서 기나긴 수렵 여행을 함께하며 그의 아들이 소년에서 남자로 성장해가는 것을 바라보던 시간을 추억했다. 그의 여동생인 조이스는 자기의 보호자가 되어주었던 남자아이를 기억했다. 오빠의 죽음을 알게 된 다음 날, 그녀는 자기의 목 뒤에 그의 얼굴을 문신으로 새겼으며 "그가 항상 내 뒤를 봐줄 것"이라고 여겼다.

독자 누구나 가족과 함께 보냈던 소중한 시간이 있을 것이며 죽은 가족을 생각할 때 그 아련한 시간을 추억할 것이다. 이 대목을 읽으면, 캐시 가족의 슬픔이 눈앞에 그려지다가 불현듯 자기 가족이 떠오른다. 그래서 독자도 캐시 가족과 함께 제임스 캐시를 기리게 된다. 누구나 가지고 있는 가족에 대한 기억, 가족과 함께한 경험을 이렇게 담담하게 적었을 뿐인데 독자는 그런 글에 공감하고 빙의하게 된다.

스티브 벡 소령은 얼마나 강심장일까? 도대체 어떻게 한 가족을 완전히 무너지게 만드는 비보를 전할 수 있으며, 또 그들이 다시 일어설 수 있도록 도와줄 수 있는가? 아니, 이렇게 비통한 상황에서 벡 소령은 캐서린에게 무슨 말을 할 수 있을까? 어떤 말로도 위로가 될 수 없을 것 같은데…. 기사는 좀처럼 이 궁금증을 풀어주지 않다가 마지막에 가서야 해소해준다.

> 그는 가장 최근의 장례식을 떠올려봤다—브라이튼에서 초인종을 누르려고 했던 그 순간부터 "조의를 표하는 국가를 대신하여…"라고 시작하는 말과 함께 성조기를 캐서린에게 건네기 전까지.
>
> "아시다시피, 모두가 항상 제가 하는 말이 무엇인지 알고 싶어 해요." 그가 말했다. "저는 모든 사람이 들을 수 있을 정도로 크게는 말하지 않죠."
>
> 이럴 때 따라야 하는 지침은 있다. 하지만 벡 소령은 그 각본을 매번 따를 필요는 없다는 것을 익히 알고 있었다.
>
> "저는 그저 그의 어머니, 아버지, 배우자의 눈을 바라보며 모든 사람이 그들과 함께 있다는 것을 알려줄 뿐입니다." 그는 말했다. "하지만 그 모든 말은 국기 하나가 지니는 의미에 비할 바가 못 되지요."

한국 언론은 유명인사의 죽음은 훌륭한 사건 뉴스로 간주하지만, 죽음 그 자체로는 뉴스가 안 된다고 보는 것 같다. 하기야 제임스 캐시의 죽음을 역피라미드 기사로 쓴다고 상상해보니 그런 입장이 이해 안 되는 것도 아니다. 하지만, 사람들이 가장 궁금해하는 것이 삶과 죽음 아닌가? 죽음은 최고의 뉴스 상품이자 킬러 콘텐츠의 훌륭한 재료다. 그것을 어떻게 풀어낼 것인지가 관건일 뿐이다. 대학생 기자 박수지는 위 기사가 지닌 내러티브의 힘을 다음과 같이 평가했다.

[이 기사는] 우리가 흔히 생각하는 기사와 조금 다르다. 죽은 군인 남편의 관을 보는 아내의 심정을 '통곡했다', '울음바다로 변했다', '말을 잇지 못했다'와 같은 서술어를 쓰지 않은 채 전달하고 있다. 직접적인 서술어의 역할을 말줄임표가 대신한다. 만약 기자가 말줄임표 대신 '캐서린이 남편의 믿기지 않는 죽음에 오열했다'고 표현했다면 그녀의 암담한 심정이 독자에게 고스란히 전달될 수 있었을까? 내러티브 기사의 힘이다.
(Story of Seoul 2010.7.8.)

스티브 벡 소령은 CACO로서 많은 전사자와 가족을 만날 수 있었으므로 그를 통해 인간의 죽음을 보여주기에 유용했다. 죽음을 담아내기에 좋은 매개물이다. 한국 기자들에게 내러티브를 가르치면서 그런 매개물을 발굴해보라고 했더니 한 기자가 아래 기사를 제출했다.

문이 열릴 때마다 나는 종소리와 '뚜~뚜~뚜~' 전화벨 소리가 끊임없이 들린다.

부서가 바뀌면서 정진호 씨는 한국은행 미래설계센터장 직을 맡았다. 다음 날부터 그의 삶은 20대 중반, 처음 입사해 영업사원으로 뛰어다니던 시절처럼 바빠졌다. 하루에도 수십 통씩 전화벨이 울렸고 수십 명이 사무실로 찾아왔다. 그들과 함께 하루에 보통 스무 잔 정도의 믹스커피를 마셨다. 하루 종일 다양한 연령층의 사람들과 상담을 해야 했다. 모두 각자 필요해서 찾아왔지만, 그를 만나고 돌아가는 사람들 대부분은 늘 우울한 표정과 허탈한 발걸음으로 건물을 빠져나갔다. 처음에는 안쓰러워 보이던 그들의 축 처진 어깨가 이제는 정 씨에게 익숙한 일상이 돼버렸다.

〈중략〉

며칠 전 찾아왔던 강태호 부장(56)이 꼭 그랬다. 그의 발걸음은 당당했다. 깊게 팬 주름살, 굵은 목소리, 쭉 처진 눈과 사람을 대하는 태도로 봤을 때 누가 봐도 대기업의 오너 아니면 중간간부급으로 보였다. 상담소 주소가 적힌 종이를 셔츠 주머니에 구겨 넣으며 그가 말했다. "안녕하세요, 제 와이프가 자꾸 미래설계를 받아보라고 해서 왔습니다. 저는 노년 준비가 다 되어 있는데 그래도 자꾸 가서 들어보라고 박박 긁어대서…… 혹시 시간 되십니까?" 그의 태도와 말투는 자신만만했다. "6억 원짜리 집과 20년 동안 받을 수 있는 총 수령액 2억 규모의 국민연금, 퇴직금 1억 원, 자녀 유학비 용도로 모아둔 1억 원 등 퇴직 후 활용 가능한 자산이 10억 원 정도 된다"는 게 그의 설명이었다. 그 정도면 족히 30년이라도 버틸 수 있지 않겠냐고 물었다.

물론 남들 보기엔 억 소리 나는 큰돈을 가지고 있음이 분명했다. 그러나 정 씨의 눈엔 그렇지 않았다. "많이 준비하신 것처럼 보이지만 현재 삶을 (은퇴) 이후에도 유지하기에는 부족한 금액입니다." 강 부장의 눈동자가 흔들렸다. 마시던 커피를 내려놓고 센터장을 똑바로 쳐다보기 시작했다.

한국 사회가 명퇴 시대에 접어들면서 누구나 일찌감치 노후를 걱정하게 됐다. 여윳돈이 있든 없든 마음을 졸이기는 마찬가지다. 돈을 얼마 정도 갖고 있으면 안심할 수 있는지, 돈을 어떻게 운용해야 하는지 모두 궁금해한다. 그렇다고 정색을 하고 노후 상담을 해주는 식으로 기사를 쓰면 생활 정보이지 기사가 아니다. 기사 접근방식을 바꿔야 한다. 은행 미래설계센터장은 명퇴자를 상담하는 사람이므로 그들의 불안감을 효과적으로 담아내기 좋은 매개물이다. 위 기사는 가상의 정보를 포함하고 있지만, 상당히 창의적인 접근을 보여준다.

캐릭터와 개인화에 대한 상상력을 키우는 데 이용건(2011) 매일경제신문 기자의 석사학위 논문이 도움을 줄 수 있다. 그는 한 사안을 두 가지 버전의 기사로 만들어 독자 효과를 측정했다. 아래는 역피라미드 기사 버전이다. 내용이 미국 메이저리그 월드시리즈 최종 7차전이므로 기자라면 당연히 역피라미드 스트레이트 형식으로 쓰려고 할 것이다.

애리조나 다이아몬드백스(디백스)가 뉴욕 양키스의 아성을 무너뜨렸다. 디백스는 5일 홈구장 뱅크원 볼파크에서 벌어진 2001년 메이저리그 월드시리즈 7차전에서 극적인 9회 말 끝내기 안타로 양키스를 물리치고 감격의 우승을 안았다. 이로써 애리조나는 창단(1998년 내셔널리그 참가) 후 최단기간 내 월드시리즈 우승 기록을 세웠다. 양키스는 월드시리즈 4연패의 문턱에서 분패했다.

이날 경기는 픽션보다 더 드라마틱한 논픽션이었다. 클라이맥스는 디백스가 양키스에 1-2로 뒤진 상태에서 맞은 9회 말 마지막 공격. 양키스 마운드에는 지난 4년간 포스트시즌 38경기에서 23세이브(블론 세이브 0), 방어율 0.64를 기록하고 있는 마리아노

리베라가 버티고 있었다. 리베라는 8회에 등판해 디백스의 중심타자 3명을 모조리 삼진으로 처리했었다.

9회 말 디백스의 첫 타자 마크 그레이스는 배트가 부러지면서도 중전안타를 치고 나갔다. 뒤이어 데미안 밀러의 희생번트 때 양키스 투수 리베라의 2루 악송구, 디백스는 무사 1, 2루의 기회를 잡았다. 제이 벨의 희생번트 실패로 원아웃. 드디어 디백스의 1번 타자 토니 워맥이 타석에 들어섰다. 워맥은 리베라의 주무기인 컷 패스트볼을 공략, 배트가 부러졌지만 엄청난 집중력으로 우익선상에 떨어지는 2루타를 작렬했다. 2-2 동점, 1사 주자 2, 3루 상황에서 양키스는 디백스의 카운셀을 고의사구로 내보내고, 강타자 루이스 곤잘레스와의 승부를 선택했다.

월드시리즈에서 리베라에게 3타수 무안타(2삼진)였던 곤잘레스는 리베라의 날카로운 투구에 볼카운트 2-1로 몰렸다. 계속 안쪽 낮게 깔렸던 리베라의 공이 4구째에 바깥쪽 약간 높게 들어오자, 곤잘레스는 이를 놓치지 않고 휘둘러 양키스 유격수 데릭 지터를 넘기는 역전 결승타를 만들어냈다. 곤잘레스의 배트 역시 부러져, 묘하게도 디백스의 9회 말 3안타는 모두 배트가 부러지면서 나왔다.

"공을 제대로 맞추었지만 좀 허전한 느낌이 들었어요. 배트가 부러졌다는 것을 직감적으로 알았죠." 곤잘레스는 "두 명이나 배트가 부러지면서도 안타를 쳐냈는데, 동료들의 그 기운이 나에게까지 이어진 것 같다"라고 말했다.

이날 경기는 양키스 선발 로저 클레멘스와 디백스 선발 커트 실링이 무실점으로 호투하며 팽팽한 투수전을 이뤘다. 균형이 깨진 것은 6회 말. 디백스는 스티브 핀리의 안타와 대니 바티스타의 적시타로 선취점을 냈다. 하지만 바티스타의 무리한 주루플레이로 후속 찬스를 살리지 못했다. '위기 뒤의 찬스'라는 속설을 재확인하듯 양키스는 7회 초 공격에서 티노 마르티네스의 적시타로 1-1 동점을 만들었다. 기세가 오른 양키스는 8회 초 알폰소 소리아노가 월드시리즈 세 번째 선발등판으로 구위가 약해진 디백스의 커트 실링을 두들겨 역전 솔로홈런을 뽑아냈다.

조 토레 양키스 감독은 "리베라라면 충분히 1점차 승리를 지킬 수 있다고 판단하여 8회 말에 투수를 교체했다"라고 말했다. 조 토레 감독의 자신감은 그러나 디백스 선수들의 놀라운 집중력을 당해내지 못했다. 9회 말 역전의 물꼬를 튼 그레이스는 "패색이 짙었다고 생각한 사람들이 많았겠지만, 디백스 선수들은 이길 수 있다는 자기최면을 걸었고 결국 성공했다"라고 말했다. 실링은 "한마디로 우리는 끈질기다"라고 말했다.

월드시리즈 세 번의 선발등판에서 23이닝 동안 단 4실점한 커트 실링과 7차전 구원승을 포함해 3승을 올린 랜디 존슨 등 2명의 디백스 선수들이 공동 MVP를 수상했다. 이들은 정규시즌 중 43승을 합작하며 디백스의 포스트시즌 진출을 이끌었다.

TV 해설자 출신인 밥 브렌리 디백스 감독은 부임 당시 팬들의 신임을 받지 못했지만, 데뷔 첫 해에 월드시리즈를 우승하며 스타로 떠올랐다. "실력과 경험을 겸비한 노련한 선수들이 팀의 핵심입니다. 이들의 의견을 존중하는 것이 나의 리더십입니다." 밥 브렌리 감독의 말이다. (이용건, 2011, 81쪽)

스포츠 기사를 쓰는 방식은 거의 공식처럼 정해져 있다. 큰 경기는 더 그렇다. 리드에 대회 명칭과 경기 결과 등 육하원칙의 정보를 쓰고, 경기의 가장 결정적인 장면을 먼저 소개한 다음에 두 번째로 중요한 장면을 이어 붙인다. 그 후에 경기의 처음으로 되돌아가서 전반적인 흐름을 설명하고, 그날의 수훈 선수와 감독의 인터뷰 코멘트로 기사를 끝맺는다. 위 기사는 더할 수 없이 모범적이다. 하지만, 내러티브 버전을 구상한다면, 당장 캐릭터부터 찾아야 한다. 즉 누구를 통해 드라마보다 더 드라마틱했던 이날 경기를 전할 것인가?

월드시리즈 7차전, 2-2 동점에 9회 말 1사 만루. 루이스 곤잘레스는 어릴 때부터 이런 상황을 상상하며 한 방의 홈런을 꿈꿔왔다. 그러나 오늘 타석에서 바라본 마운드는 너무 높아 보였다.

곤잘레스는 정규시즌에서 무려 57개의 홈런을 날린 애리조나 다이아몬드백스(디백스)의 해결사였지만, 정작 월드시리즈 챔피언을 결정짓는 7차전에선 철저히 침묵했다. 더구나, 이 순간 그가 상대해야 할 투수는 뉴욕 양키스의 마리아노 리베라였다.

리베라는 최근 4년간 포스트시즌 38경기에서 23세이브, 방어율 0.64를 기록하며 양키스의 월드시리즈 3연패를 완성했다. 그는 양키스에겐 '제국의 수호신'이었고, 상대 팀에겐 '악마'였다. 리베라는 동점까지 내준 상태였지만 곤잘레스와의 대결을 즐기려는 듯 여유가 있어 보였다.

디백스의 마크 그레이스는 "7차전에서 우리는 정말 리베라를 만나고 싶지 않았다"

라고 말했다. 그러나 운명은 종종 기대를 배반한다. 디백스는 6회 선취점을 뽑고도 7회에 곧바로 추격당해 1-1 동점을 이루었다. 디백스의 선발투수 실링은 그때까지 잘 던졌지만, 월드시리즈 세 번째 등판으로 구위가 떨어진 상태였고, 결국 8회 초 양키스의 소리아노에게 역전 솔로 홈런을 맞았다.

8회 2-1 리드 상황은 양키스가 '제국의 승리 공식'을 가동할 적기였다. 조 토레 감독은 "2이닝 동안 1점차 리드를 지켜줄 가장 믿음직한 투수는 리베라였다"라고 말했다. 리베라는 그렇게 8회 말부터 마운드에 등장했다.

리베라는 8회 말 디백스의 네 타자 중 3명을 삼진으로 잡았다. 곤잘레스도 그중의 한 명이었다. "악령이 디백스의 홈구장을 덮친 것 같았어요." 곤잘레스의 말이다.

9회 초 양키스의 공격을 막아낸 디백스는 총공세에 나섰다. 선두타자 그레이스가 밀어 친 공이 배트가 부러지며 중전안타가 됐다. 그다음, 밀러의 희생번트는 예상된 것이었다. 그러나 바로 전 타자인 그레이스의 기분 나쁜 안타를 잊지 못했기 때문일까? 밀러의 타구를 잡은 리베라가 2루에 악송구, 무사 1, 2루가 됐다. 제이 벨의 번트 실패로 1사 1, 2루에서 토니 워맥이 동점 2루타를 작렬했다. 워맥의 안타 역시 배트가 부러지며 나왔다. 양키스 조 토레 감독은 디백스의 카운셀을 고의사구로 내보내 만루작전을 폈다. 이 위기의 국면에서 토레 감독이 제물로 삼고 싶었던 희생양이 곤잘레스였던 것이다.

"양키스가 나를 선택했어요. 난 계속 크게 휘둘렀고 결과가 나빴으니 당연한 선택이었죠." 곤잘레스가 회상했다. 리베라는 곤잘레스를 볼카운트 2-1로 몰아세우며 건재를 과시했다. "세 개의 공이 모두 내가 좋아하는 몸쪽이었어요. 하지만 포수의 미트에 닿을 때쯤엔 쳐내기 어려운 공이 돼요." 곤잘레스는 삼진을 당했던 8회와 달리 리베라의 악마적 유혹에서 벗어나 있었다. 더구나 그는 거포임에도 불구하고 처음부터 배트를 짧게 잡았다. 동료들이 어떻게 안타를 만들어냈는지 잘 알고 있었기 때문이다.

"우승에 필요했던 것은 어린 시절 꿈꾸던 역전 끝내기 홈런이 아니었어요." 곤잘레스는 리베라의 4구째 공이 바깥쪽 조금 높게 들어오자, 슬며시 밀어 쳤다. 좋아하는 코스도 아니었고 몸에 익은 타법도 아니었다. "그는 몸쪽 공을 공략하기 위해 극단적인 오픈 스탠스 자세를 취하는 타자예요. 곤잘레스가 밀어 치다니…." 디백스의 밥 브렌리 감독은 놀라지 않을 수 없었다.

그 때문이었을까? 곤잘레스는 공이 배트에 맞았을 때 좀 허전한 느낌이 들었다. 또다시 배트가 부러졌던 것이다. "내가 친 공이 그렇게 오랫동안 공중에 머물러 있는 것처럼 느껴졌던 적이 없었어요." 곤잘레스는 말했다. 더그아웃에서 그 타구를 지켜보던 밥 브렌리 감독도 "그 순간이 너무 길었다"라고 말했다.

곤잘레스의 타구는 양키스 유격수 데릭 지터 쪽으로 이미 하강하기 시작했다. 세 번의 행운이, 그것도 한 이닝에서 과연 나올 수 있는가? 정말 기대하기 어렵지만, 이 타구는 양키스 유격수를 넘어 역전 결승타가 됐다.

디백스는 창단 후 최단기간 내 월드시리즈 우승 기록을 세웠고, 양키스는 4연패의 문턱에서 분패했다. 그레이스는 "패색이 짙었다고 생각한 사람들이 많았겠지만, 우리들은 이길 수 있다는 자기최면을 걸었고 결국 성공했다"라고 말했다. 랜디 존슨과 월드시리즈 공동 MVP를 수상한 실링은 "한마디로 우리는 끈길기다"라고 말했다.

디백스의 브렌리 감독은 메이저리그 감독 데뷔 첫 해에 월드시리즈를 우승하며 스타로 우뚝 섰다. "실력과 경험을 겸비한 노련한 선수들의 의견을 존중하는 것이 나의 리더십입니다." 브렌리 감독은 곤잘레스가 바로 그런 선수라고 말했다.

"배트가 부러지면서 나온 3개의 안타는 결코 행운이 아니에요. 디백스 선수들의 기운이 만들어낸 안타죠." 곤잘레스는 "배트가 네 번째 부러졌더라도 안타가 됐을 것이다"라고 말했다. (이용건, 2011, 84-85쪽)

이용건 기자는 루이스 곤잘레스를 캐릭터로 선정했다. 결승타를 쳤으니 좋은 매개물이 될 만하다. 이제 기사는 곤잘레스라는 주인공의 이야기가 된다. 곤잘레스 혼자 등장했다면 답답하고 단조로웠겠지만, 상대 투수 리베라 덕분에 이야기는 주연-조연 구도로 짜이면서 흥미진진해졌다. 내러티브를 가르치면서 기자들에게 이 기사를 보여주고 자기가 잡고 싶은 또 다른 캐릭터가 있느냐고 물어보았다. 한 기자가 디백스의 브렌리 감독을 거명했다. 감독은 그라운드의 선수보다 더 크고 넓게 경기를 조망하고 예측하므로 선수보다 더 좋은 매개물일 수 있다. 또 다른 기자가 제안했던 매개물이 그날 수업의 하이라이트였다. 양키스의 패전 투수 마리아노 리베라! 이 이름을 들었을 때, 이런 획기적인 역발상이 아름답다는 생각마저 들었다. 이뿐이겠는가? 양키스 조토레 감독도 매개물이 될 수 있으며 관중석의 무명씨도 대안이 될 수 있다. 양키스 팬

이든 디백스 팬이든….

앞의 첫 번째 기사는 2001년 월드시리즈 7차전에서 디백스가 1 대 2로 뒤지다가 9회 말에 3 대 2로 역전승한 실제 경기 내용에 가공의 정보를 약간 추가했다. 이 기사는 당시에 이 경기를 보도했던 국내 신문 기사와 구조 및 분량 면에서 거의 똑같다. 두 번째 기사는 연구 목적에 맞도록 내러티브 스타일로 작성된 허구의 기사다. 첫 번째 기사는 200자 원고지 9.6매이며 두 번째 기사는 12.1매이다. 두 번째 기사처럼 발상을 바꾸고 취재도 할 수 있다면, 현재의 지면 여건에서도 내러티브를 충분히 시도해볼 수 있다.

2. 상황 매개물

사람만 내러티브의 매개물이 되는 것은 아니다. 상황도 된다. 즉 개인화에 상황도 일종의 캐릭터로 활용될 수 있다. 단, 주제를 대변하거나 주제의 다양한 측면을 전해야 하므로 간단한 한 장면이 아니라 일련의 장면이 나올 수 있는 상황이면 더 좋다. 월스트리트저널이 음악 저작권료 인상을 그렇게 보도했는데, 이 기사를 보기 전에 한국 신문이 이 사안을 어떻게 다룰지 예측해보자. 음악저작권협회가 음악 저작권료를 인상한다고 발표했다면, 기사는 〈그림 2〉와 같이 구성될 것이다. 언뜻 보아도 역피라미드 구조다.

이렇게 구성된 기사에 다양한 사람들이 등장하여 상반되는 의견을 말할 것이다. 음악 저작권료 인상에 찬성하는 쪽은 해당 협회, 음반 제작사, 음반 및 음원 유통회사, 작곡가, 가수 등일 것이며 반대하는 쪽은 일반 시민과 시민단체 또는 그에 동조하는 또 다른 기관일 것이다. 누가 등장하든 기사는 결국 찬성과 반대 의견을 맞붙이는 형태로 작성된다. 기자는 사실을 그대로 적었고, 서로 다른 입장을 모두 전했으므로 객관적 보도의 임무를 완수했다고 자평할 것이다. 사실, 그 이상으로 무엇을 어떻게 더 잘 할 수 있을지 난감하기도 하다. 하지만, 기사를 읽을 사람의 입장에 서보면 그렇지 않다.

학생들에게 이와 같은 전개를 설명하고, 그런 기사를 읽는다면 어떤 반응을 보일지

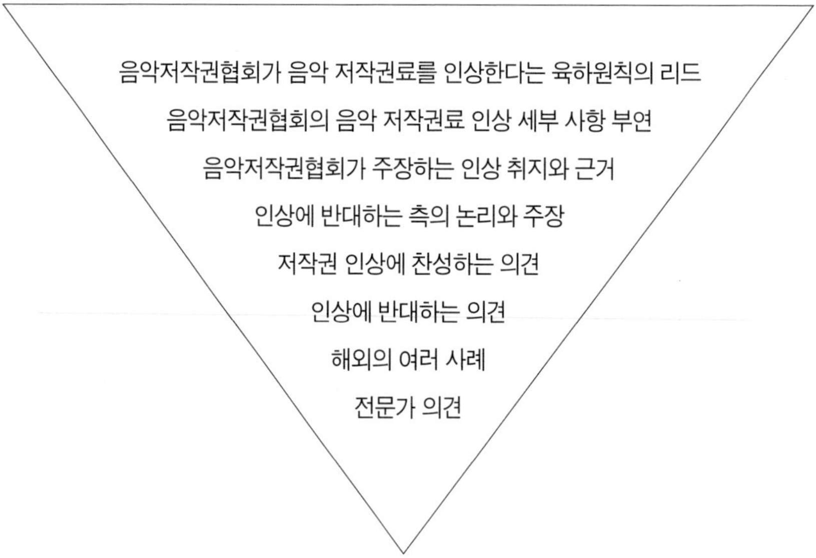

음악저작권협회가 음악 저작권료를 인상한다는 육하원칙의 리드

음악저작권협회의 음악 저작권료 인상 세부 사항 부연

음악저작권협회가 주장하는 인상 취지와 근거

인상에 반대하는 측의 논리와 주장

저작권 인상에 찬성하는 의견

인상에 반대하는 의견

해외의 여러 사례

전문가 의견

〈그림 2〉 역피라미드 구조의 기사 모양과 구성

물어보았다. 다시 말하지만, 위 기사는 독자에게 음악 저작권료 인상에 대한 찬성 의견과 반대 의견이 무엇이며, 의견이 다른 사람들이 얼마나 치열하게 다투는지 잘 설명했다. 그런 목적이 제대로 전달된 덕인지 몰라도 한 학생이 다음과 같이 답했다. "쟤들 또 밥그릇 싸움하네~." 이런 냉소적인 반응이 나온 것은 근본적으로 기사가 음악 저작권료 인상으로 인해 갈등하는 주요 집단을 중심으로 작성됐기 때문이다. 음악 저작권료라는 사안의 '사회적 접촉면'을 생각해보면, 이 사안과 관련된 가장 중요한 사람은 일반 시민이다. 최다수를 차지하는 관계자이기도 하다. 말하자면, 음악 저작권료 인상은 결코 음악저작권협회, 음반 제작사, 음반 및 음원 유통 회사, 작곡가, 가수, 시민단체에 국한된 사안이 아니다. 일반 시민들의 일상을 바꿀 수 있는 중대한 사안이다. 아래 월스트리트저널 기사가 그것을 잘 보여준다.

> 올해 '디아블로의 날' 캠프는 뭔가 허전했다. 오후 3시 오클랜드 인근 숲에서 걸스카우트 214명은 여름을 축복하는 마카레나 춤을 열정적으로 연습하고 있었다. 팔짱을 낀 채 엉덩이를 흔들고 깡충깡충 뛰면서 손뼉으로 박자를 맞추었다. 그렇게 2분간 돌고

혼들고 뛰어다녔다. 음악도 없는 가운데.

　　침묵 속에서 캠프를 진행하던 자원봉사자 티지 킹은 "음악을 틀고 연습하면 고소당할 수 있다고 학생들에게 어제 알려줬어요"라고 말했다. 킹 부인은 율동하는 학생들의 무언의 시선을 바라보며 머리를 내저었다. "너무 이상해 보여요. 음악 없이 마카레나를 춘다는 게…." (The Wall Street Journal 1996.8.날짜 미상) (Wells, 2002, 26쪽)

　위의 리드는 이 기사가 사안을 한국 신문과 전혀 다르게 풀어갈 것임을 예고한다. 기자는 대뜸 걸스카우트 행사장의 한 장면을 보여주며 독자가 기사의 주제를 감지할 수 있도록 도와준다. 그런 다음에 아래와 같이 사안의 계기를 설명했다.

　　작가와 출판사로 구성된 미국작곡가협회는 올여름부터 협회 소속 6만 8,000여 회원들의 저작권이 있는 곡 400만 개가 캠프에서 사용되면 비용을 내야 한다고 공고했다. 그런 곡들을 공공장소에서 틀거나 불러도 위법이라고 경고했다.

　　식당, 호텔, 주점, 가게, 클럽 등이 저작권 곡에 대해 이미 비용을 내고 있듯이 걸스카우트 같은 비영리 캠프도 돈을 내야 한다는 것이다. 녹음된 음악을 트는 것뿐 아니라 함께 노래를 불러도 그렇다.

　　"창작활동을 위해서는 종이나 실, 풀을 삽니다. 마찬가지로 음악도 구입해야 하지요."(①) 미국작곡가협회 운영위원 존 로프루멘토의 말이다. 비용을 지불하지 않고 음악을 사용한다면 "필요한 경우, 고소할 수 있다"고 그는 말했다.

　　"'에델바이스'는 이제 더는 무료가 아닙니다. 'This Land Is Your Land'도 마찬가지죠." 미국작곡가협회 대변인은 "'캄바야'는 저작권 곡으로 등록되어 있지 않지만, 'God Bless America'는 저작권 보호를 받고 있다"라고 말했다.

　음악 저작권료를 요구하는 쪽의 주장이 합리적이어서 거부감을 주지 않는다(①번 문장). 하지만, 이 요구는 아래와 같이 상당히 강력한 효과를 내고 있다.

　　모든 행사 일정이 자원봉사로 이루어지는 '디아블로의 날' 캠프는 여학생들에게 1주일 참가비용으로 44달러를 책정했지만, 올해 캠프의 규모와 기간에 따라 591달러를 미국

작곡가협회와 밥 딜런의 곡 'Blowin' in the Wind'의 저작권을 가진 세삭(SESAC) 사에 지불해야 할 처지다.

지금까지 뉴욕의 걸스카우트연맹 본부는 로열티 지불 요구에 응하지 않는 듯한 입장을 취하고 있다. 그러나 여러 스카우트캠프를 거느리고 있는 미국캠핑협회는 그런 요구를 수용한 상태다. 오클랜드 디아블로 지역의 걸스카우트 위원회는 자금 부족으로 인해 추가 비용을 부담할 수 없다고 결정했다. 법정 분쟁의 위험을 피하기 위해 모든 캠프의 프로그램에 담겨 있는 노래 중 저작권이 있는 곡들을 모두 지우라고 통보한 것이다.

"처음에는 장난인 줄 알았어요." 프로그램 상담원장 셔런 코시는 말했다. "노래를 할 수 없다고요? 하지만 5,000달러의 벌금과 6일간의 구금은 꽤 위협적이긴 하네요."

그래서 캠프 책임자는 일정을 유심히 살펴보았고, 가장 유명한 곡들을 검은색 마커로 지우기 시작했다. 미국작곡가협회는 저작권 보호를 받는 곡의 전체 목록을 아직 배포하지 않았기 때문에 걸스카우트들은 현재 몇 곡밖에 알지 못한다. 그러나 400만 곡에 달하는 전체 목록은 7만 쪽의 문건으로 인터넷에 올려놓았다는 것이 미국작곡가협회의 설명이다.

리드만 제외하면, 한국 신문 기사도 이 사안을 이와 비슷하게 쓸 것 같다. 하지만, 월스트리트저널은 이 이후에 음악 저작권료 인상이 도대체 어떤 사안인지 적나라하게 보여준다. 아래 문단처럼 카메라를 줌인하여 '디아블로의 날' 행사 속으로 쑥 들어갔다.

핫도그 점심을 먹은 후 어린 걸스카우트를 돕는 고학년생 '엘프'들은 캠프 책임자와 둥글게 앉아서 어떤 노래를 부를지 고민했다.

"'Row, Row, Row Your Boat'라는 노래는 저작권이 있나요?"라며 14살의 홀리 포스터가 사뭇 즐거운 표정으로 물었다. "그 곡은 괜찮을지 몰라. 하지만 'Puff the Magic Dragon'은 안 된단다"라며 책임자는 답했다. "'Ring around Rosie'는요?"라고 다른 엘프가 묻자, 책임자는 "안 된다"라고 말했다. "우리는 'Underwear'를 부르고 싶었어요. 하지만 이 곡이 저작권법에 걸리는지 몰라서 그냥 안 부르기로 했어요." 캠프 진행자 킹이 말했다.

어떤 노래를 불러야 할지 결정하는 것보다 어린아이들에게 이 상황을 설명하는 것이 더 힘든 일이라고 진행자가 말했다. 14살의 엘프 데비 크왈리나는 "학생들은 저작권이 나쁜 것인 줄 알아요"라고 말했다. 홀리의 설명방식은 이렇다. "노래를 만든 사람이 노래의 주인이에요. 동그라미 안에 C가 들어 있는 표시, 그것에 알람이 달려 있어요. 그 노래를 부르면, '빵!' 하고 터진답니다."

이런 설명이 항상 통하는 것은 아니다. 8살 앨리사 피셋은 'Puff the Magic Dragon'을 부를 수 없다고 했을 때 코를 찡그렸다. 친구들에게 물병의 물을 뿌리며 "그 동그라미 안의 C를 빼면 안 되나요?"라고 말했다. 미국작곡가협회의 로프루멘토는 "작곡가들은 자영업자이고 작곡을 하며 생계를 유지한다"라고 말했다. "그리고 그 수입으로 그들의 자녀들도 걸스카우트 캠프에 가죠."(②)

이제 독자는 이 사안이 간단치 않음을 알게 됐다. 기사 속의 걸스카우트 같은 아이를 둔 독자는 아이가 다니는 유치원의 행사를 떠올릴지 모른다. 거기에서도 아이들이 항상 노래를 부르는데, 이제 그것을 못 하게 된다면? 어색하고 찝찝하며 걱정도 될 것이다. 기사는 그러면서도 음악 저작권료 인상을 요구하는 사람들의 의견을 다시 한 번 설득력 있게 달아놓았다(②번 문장). 그리고 아래와 같이 그 요구를 더 구체적으로 보여준다.

연방 저작권법은 저작권이 있는 곡이 공공장소에서 공연되면 작곡가와 음악사가 사용비용을 받을 수 있도록 하고 있다. '가정 단위 이상의 상당수가 모인 곳에서의 연주'가 법에 정해진 공공장소에서의 공연이다. 이 법은 1909년 발효되었지만, 미국작곡가협회가 호텔 등 큰 단체에서 비용을 받기 시작한 것은 얼마 되지 않으며 최근 들어서야 작은 단체에도 비용을 요구하고 있다. 올해 협회는 미국캠핑협회가 지불해야 하는 연회비를 257달러로 낮추어주었다. 하지만 디아블로처럼 미국캠핑협회에 가입되어 있지 않은 작은 단체들은 연간 308~1,439달러를 지불해야 한다. 캠프 기간이 2주 이내인 작은 캠프들은 특별가로 77달러를 내야 한다.

이를 이행하지 않을 경우 불이익은 상당하다. 벌금 2만 5,000달러 또는 1년 이하의 징역형이 법에 명시되어 있다. 미국작곡가협회의 로프루멘토에 따르면, 그간 식당과 상점, 개인 클럽 들을 '성공'적으로 고발했다고 한다. 이 법이 캠프에도 적용되고 있는 이상, 어린 여자아이들도 패소할 수 있다는 것이 저작권 전문 변호사의 말이다.

"걸스카우트 캠프를 예외로 인정하는 판결을 받게 되면 그것은 실질적인 선례가 될 것입니다." LA의 저작권 전문 변호사 러셀 프레크먼은 "그런 특수한 상황을 인정받게 되면, 미래에 거꾸로 당신에게도 그렇게 적용될 수 있습니다"라고 말했다.

미국작곡가협회는 그들이 오랫동안 스카우트 활동을 지원해왔다고 강력히 주장하고 있다. 실제로, 1940년 어빙 벌린은 'God Bless America'의 저작권을 뉴욕시 보이스카우트와 걸스카우트에게 양도했다. 그러나 로프루멘토가 인정하듯이 현재 스카우트들은 비용을 지불하지 않으면 노래를 부를 수 없는 상황이다.

기사의 막바지는 맨 처음의 걸스카우트 행사장 장면으로 되돌아온다. 월스트리트저널 글쓰기의 징표인 수미쌍관 기법이다. 행사장 장면은 기사 맨 처음과 중간쯤에도 있는데, 마지막에도 나온다면 구조는 더 안정적으로 비춰질 수 있다. 두 번째 장면의 소도구였던 '검은색 마커'가 기사 마지막 부분을 이끈다.

검은색 마커로 되돌아가보자.

노래 부르기 스케줄에서 마카레나가 끝나자, 한 학부모가 오늘은 캠프 봉사자의 아들 데이비드 워넥의 생일이라고 속삭였다. "우리는 '생일 축하합니다'를 부를 수 있다는 허락을 받지 못했다"고 진행자 데비 젠슨이 알려주었다.

진행자는 엘프들과 논의 후 새 아이디어를 냈다. 생일축하곡을 다른 노래의 곡조에 맞춰서 바꿔 부르기로 한 것이다.

하지만 젠슨은 여전히 초조해하며 걱정했다. "저 노래는 저작권 보호를 받지 않는 곡이어야 하는데…."

이 기사를 처음 읽었을 때, 대학에 몸담은 사람으로서 당장 학생들이 생각났다. 대학생들은 환영회나 동창회 등 건수만 있으면 캠핑과 MT를 가는데, 음악 저작권료 때문에 노래를 부르지 못할 수 있을 것 같아서 걱정됐다. 대학교의 스포츠 대항전 같은 큰 행사는 가관일 것이다. 학생 수천 명이 스타디움에 모여 서로 어깨를 걸고 율동을 하면서 응원하는데, 노래는 부를 수 없는 상황을 상상하기 쉽지 않았다. 음악 저작권 료 인상에 영향을 받을 사람이 대학생뿐일까? 직장인들에게도 이 사안은 큰 뉴스다. 부서 회식 후에 곧잘 가는 노래방의 이용료가 오를 것이기 때문이다. 월스트리트저널 기사는 이 사안이 관련 당사자들의 밥그릇 싸움이 아니라 시민 모두의 현안임을 상기 하게 해준다. 그런데 곰곰이 생각해보면, 바로 그 점 때문에 이 사안이 뉴스가 됐던 것 아닌가? 관련 당사자 몇몇이 아니라 전 국민과 관련된 사안이라는 점…. 월스트리트 저널이 개인화의 매개물로 잡았던 것은 사람이 아니라 행사 '디아블로의 날'이었다. 이 기사의 분량은 국문 번역 후 200자 원고지 18매이니 한국 신문도 한번 시도해볼 만 하다.

위 기사에는 '월스트리트저널 1면 미들 칼럼'(The Wall Street Journal Front Page Middle Column)이라는 애칭이 붙어 있다. 칼럼은 종이신문의 지면을 세로로 나누는 칸이다. '7칼럼 체제'는 월스트리트저널처럼 신문 지면을 세로 7칸으로 나누어 편집 한다는 뜻이다. 미들 칼럼은 7칼럼의 정중앙 즉 네 번째 칼럼을 뜻한다. 월스트리트저 널은 1면의 이 네 번째 칼럼에 기사 1개를 실었다. 매일 그랬기 때문에 거기에 실린 기 사를 '1면 미들 칼럼'이라고 부르게 됐다. 일종의 고정코너다. 그 의미는 그렇다 하더 라도, '디아블로의 날' 같은 기사가 월스트리트저널의 1면에, 그것도 정중앙에 실린다 는 것이 자못 궁금하다.

블룸버그 통신이 나오기 전까지 미국 월가(Wall Street)의 금융인들은 아침에 출근 하여 제일 먼저 월스트리트저널을 보고 두 번째로 뉴욕타임스 경제섹션을 보았다. 월 스트리트저널은 세계적인 경제전문지이므로 기사의 수준은 두말할 필요가 없을 것이 다. 하지만, 미들 칼럼에는 대머리의 빗질과 헤어스타일, 움직이는 것은 모두 잡아먹 는 중국인의 식탐, 일본의 골프 홀인원 보험상품, 평생 만화책이나 곤충을 모은 기인, 성인이 되어도 부모 집에 얹혀사는 '어른 소년'[6]의 이야기가 실렸다. 안 그래도 머릿 속이 복잡한 금융인들을 위해 월스트리트저널은 골치 아픈 경제 금융 정보뿐 아니라 휴식도 주고자 했다. 숫자와 그래프만 본다고 돈을 더 잘 버는 것은 아닐 것이다. 때때

---

6) 이와 관련된 내용은 본서 236쪽 참조.

로 일보다 휴식이 업무를 증진한다. 월스트리트저널이 귀중한 1면에 미들 칼럼을 두었던 것은 독자들이 신문을 보면서 머리를 식히고 자기와 다른 세계를 볼 수 있도록 도와주려고 했기 때문이다. 미들 칼럼은 그저 흥미롭고 기이한 주제를 보도하는 데 그쳤던 것이 아니라 훌륭한 조사와 연구를 바탕으로 주제를 현란한 문체로 풀어냈다. 월스트리트저널은 개별 기사의 글쓰기는 물론이며 지면 편집의 흐름에서도 빼어난 내러티브를 선보였다.

사례 연구

월스트리트저널의 '디아블로의 날' 기사를 보면, 내러티브 기사는 일종의 사례 연구임을 알 수 있다. 작은 사례에서 큰 이슈로 이야기를 확대하는 방식이다(Kramer & Call, 2007/2019). 개인이나 지역사회의 일화에서 시작하여 큰 어젠다로 연결 짓는 것이 내러티브다(Freedman, 2006/2008, 200쪽). 사례 중심의 접근은 '근거리 촬영'이라 할 수 있다(이샘물·박재영, 2020, 229쪽). 스토리를 작게 만들어서 인물을 통해 사안을 현실감 있게 보여주다가 인물에게서 빠져나오면서 사안의 큰 그림이 손에 잡히게 만드는 방식이다. 그래서 내러티브는 '작아짐으로 인해 커지는 것'(going big by going small)이라 불린다(이샘물·박재영, 2020, 230쪽). 독자들은 자기와 멀리 떨어진 담론이 아니라 현실에서 누군가가 겪는 인간적인 삶에 더 큰 관심과 흥미를 느낀다. 거대 담론이나 통계, 전문가의 지적은 중요하고 의미 있지만, 독자의 피부에 와 닿지 않는다.

3. 월스트리트저널 이야기 공식

월스트리트저널은 경제전문지로 이름났을 뿐 아니라 수준 높은 글쓰기로 유명하다. 미국의 많은 신문은 '기자의 신문'(reporter's paper)이지만, 월스트리트저널은 '에디터의 신문'(editor's paper)이다. 전자는 기자가 중심인 신문이며 후자는 에디터가 주도하는 신문이다. 미국 언론 특히 신문에서 기자의 위상이나 입김은 대단하다. 여기서 기자는 현장 취재기자를 의미한다. 하지만, 월스트리트저널 같은 에디터 신문은 에디터가 힘이 더 막강하다. 예를 들어, 1면에 기사가 나가려면 1면 에디터의 집요한 검증을 통과해야 한다. 온갖 팩트 체킹(fact checking)과 첨삭이 이 단계에서 이루어진다. 그래서 정말 시급한 사안이 아닌 한, 기사 제출 후 게재까지 수 주일이 걸리기도 한다. 글이 안 좋아질 수 없다. 이런 월스트리트저널 기자들이 구축한 내러티브의 전범이 있으니 그것이 월스트리트저널 이야기 공식(The Wall Street Journal Story Formula)이다(Mencher, 1994). 월스트리트저널이 이런 글을 얼마나 잘 썼으며, 또한 얼마나 많은 언론사가 그 글쓰기를 추종했으면 '공식'이라는 말까지 붙었을까? 그 전형적인 예는 위의 '디아블로의 날' 기사에서 이미 보았다. 새크라멘토 비의 미국 가출청소년 기사도 이 공식을 충실하게 따랐다. 월스트리트저널 이야기 공식은 아래와 같이 전개된다(Mencher, 1994, 106쪽 참조).

- **에피소드 리드(Episode Lead)**
  주제를 감지할 수 있거나 주제로 반전시킬 수 있는 일화나 장면, 상황 등의 소프트 리드(soft lead)로 기사를 시작한다. 전체적으로, 구체적인 사항에서 일반적인 현상으로 옮겨가는 구조다.
- **주제 쪽으로 문맥 전환(Transition to the Theme)**
  문장 1~2개로 된 주제문을 배치하여 기사가 어떤 내용이며 왜 중요한지 간명하게 설명한다.
- **스토리 라인(Storyline)**
  이야기의 줄거리를 암시한다.
- **독자 애태우기(Tease the Reader)**
  정보를 줄 듯 말 듯 애태우며 호기심을 불러일으킨다.
- **세부 정보 제공(Provide Details)**
  사안의 세부 정보를 제공한다.
- **마무리(Closing)**
  리드의 에피소드로 회귀하는 수미쌍관을 시도한다. 리드에 소개된 인물, 일화, 상황이나 새로운 사례를 이용하여 주제를 재강조한다.

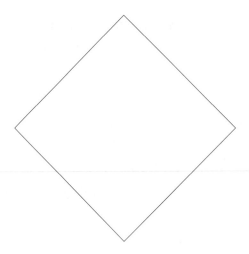

〈그림 3〉 월스트리트저널 이야기 공식의 기사 모양

월스트리트저널 이야기 공식은 사례로 시작해 사회적 맥락으로 문맥이 확대됐다가 사례로 회귀하는 구조다. 일반적으로, 리드의 사례는 기사의 중심인물 즉 캐릭터이며 이 캐릭터는 기사 곳곳과 끝부분에도 등장한다. 그래서 전체적으로 캐릭터를 통해 주제가 드러나도록 설계된다. 월스트리트저널 이야기 공식의 모양은 마름모꼴이다(〈그림 3〉 참조). 리드 사례에서 출발해 맥락이 넓어졌다가 다시 사례로 모이게 되기 때문이다.

4. 내러티브 기사의 특징

지금까지의 논의를 바탕으로 내러티브 기사의 특징을 요약하면 아래와 같다.

• 내러티브 기사는 캐릭터 중심이다. 역피라미드 스트레이트 기사는 모든 사실을 사건 구조로 바라보지만, 내러티브 기사는 모든 사실을 인물(캐릭터) 구조로 바라본다(안수찬, 2020a). 내러티브 기사는 캐릭터를 통해 주제가 불거지도록 만드

는 대유의 구조다. 따라서 캐릭터를 찾는 것이 취재의 일차적인 관건이며 제일 중요한 일이다.

- 내러티브 기사는 시민의 눈으로 사안을 바라본다. 역피라미드 기사의 중심인물은 정부 관계자나 주요 기관의 유력 인사이지만, 내러티브 기사의 주인공은 보편적인 시민이다(안수찬, 2020a). "누구를 중심으로 기사를 쓰는가?"는 결국 "누구의 눈을 통해 사안을 바라보는가?"와 관련된다. 내러티브 기사는 철저히 시민의 관점을 따른다.

- 내러티브 기사는 실태의 속을 파헤친다. 역피라미드 기사는 실태, 원인, 대안을 모두 중시하지만, 내러티브 기사는 오직 실태를 중시한다. 실태는 사례를 통해 드러나게 되므로 결국 사례가 내러티브 기사의 핵심이다. 이에 비해 역피라미드 기사에서 사례는 구색 맞추는 차원에서 추가된다. 내러티브 기사는 사례의 속을 깊이 파헤치는 사례 연구다.

- 내러티브 기사는 현장 중점적이다. 내러티브 기사는 오직 실태를 중시하므로 현장감과 생동감을 극대화할 수 있다. 이런 이유에서 내러티브 기사는 기자를 독보적인 직업인으로 만드는 데 기여한다. 기자가 전문성을 주장하려면 끝까지 현장을 붙들어야 한다. 원인 분석이나 대안 제시는 학자도 할 수 있지만, 실태 보여주기는 오직 기자가 가장 잘할 수 있다.

- 역피라미드 기사의 목표가 정보 전달이라면, 내러티브 기사의 목적은 감동 유발이다. 내러티브 글쓰기의 최종 목적지는 '마음을 움직이는 글'이다(임정섭, 2014, 58쪽). 사람을 기쁘고 슬프고 애달프게 만드는 글이 위대한 글이다(안수찬, 2013). 무릇 기자는 그런 글을 쓰려는 욕심을 가져야 한다.

- 역피라미드 기사는 결과를 중시하지만, 내러티브 기사는 과정을 중시한다. "입시를 소재로 하는 이야기라면 각 고등학교가 서울대나 명문대학에 몇 명의 학생을 입학시켰는가와 같은 결과에만 관심을 두지 않는다. 그보다는 과정에서 의미와 가치를 찾는 데 집중한다. 예를 들면 공부를 해야 하는 이유, 비인간적인 경쟁 같은 주제에 집중한다. 과정을 중시해야만 이야기를 완성할 수 있기 때문이다"(최수묵, 2011, 271-272쪽).

- 종합적으로, 내러티브 기사는 정보의 일방적 전달이 아니라 공감과 몰입을 유발

하며, 설명하지 않고 이야기하며, 나열하지 않고 구성하며, 주장하지 않고 생각하게 만든다.[7]

5. 내러티브 기사에 대한 오해

각론으로 넘어가기 전에 내러티브 기사에 대한 몇 가지 오해를 짚는다.

- 개인의 사연을 전한다고 해서 내러티브 기사가 되는 것은 아니다. 개인의 사연을 사회적 맥락으로 확대하는 것, 개인을 입구로 삼아 사회적 문제를 대유하는 것이 내러티브의 핵심이다. 따라서 개인 자신뿐 아니라 개인을 둘러싼 환경 즉 가족, 일터, 동료, 지역사회를 함께 보여주어야 한다. 내러티브 기사는 보통의 기획 기사나 탐사 기사처럼 사회적 문제의식이 강한 가운데 주제를 전달하는 방식이 다를 뿐이다. 기본적으로, 내러티브 기사는 하드 이슈(hard issue) 즉 사회적으로 의미 있는 무거운 사안을 다룬다.
- 사례로 시작한다고 해서 내러티브 기사가 되는 것은 아니다. 국내 신문의 많은 기사는 사례나 스케치로 시작했다가 곧바로 역피라미드 구조로 회귀한다. 그 때문에 도입부의 사례나 스케치는 기사를 끌어가는 뼈대로 기능하지 못한다. 또한, 사례로 기사를 뒤덮는다고 해서 내러티브 기사가 되는 것은 아니다. 내러티브 기사는 사례를 통해 사회적 의미를 전달해야 한다.
- 내러티브 기사는 신파조의 기사가 아니다. 즉 애틋한 사연으로 연민을 자아내거나 온정적, 시혜적 분위기로 눈물을 짜내는 기사(tear jerking news)가 아니다. 그간에 기자들은 입양아, 장애인, 외국인 노동자, 기지촌 여성 등 소수자를 취재하면서 이들의 생애를 소략한 채 평소에 쓰지 않는 미사여구를 동원해 감동을 불러일으키는 '최루성 미담 기사'나 '감성팔이 싸구려 기사'를 양산했다(안수찬,

---

7) 이문영 한겨레 기자의 2019년 3월 18일 한국언론진흥재단 '고스트 스토리' 특강 내용.

2015c, 46쪽). 그 사연이 오죽 슬펐으면 기자가 취재원에 빙의했을까마는 바로 그런 이유로 내러티브 기사에서 '대상과 거리 두기'는 특히 긴요하다. 내러티브 기사는 "처음부터 끝까지, 단어부터 문장까지, 철저히 담담하게 써야 한다. 울리고 싶은가. 울지 마라. 웃기고 싶은가. 웃지 마라. 필자가 먼저 감정을 드러내거나, 감정이입을 부추기는 문장을 쓰면, 독자는 울고 싶다가도 눈물을 거두고, 웃고 싶다가도 미소를 지운다"(안수찬, 2013, 55쪽). 내러티브 기사는 담담한 글을 통해 독자의 몰입과 감정을 유발해야 하므로 글쓰기의 난도가 역피라미드 기사보다 훨씬 더 높다.

- 내러티브를 구사하기에 적합한 사안이 따로 있지 않다. 기자가 다루는 모든 아이템을 내러티브 기사로 쓸 수 있다. 한국 기자들 생각에 내러티브로 쓰기 어려울 것 같은 아이템을 내러티브로 써내는 것이 진정한 내러티브 기사일지 모른다. 정상회담이나 테러 사건이 그런 예인데, 미국 기자들이 매우 좋아하는 내러티브 아이템이다.

- 내러티브 기사에서도 주관성은 금물이다. 내러티브 기사에서 종종 발견되는 형용사와 부사 때문에 내러티브 기사는 주관적이어도 괜찮다고 생각한다면, 그것은 오해다. 우선, "주관적 표현을 쓰지 마라"라는 말은 국내 언론에서 잘못 이해된 측면이 있다. 그 말이 원칙인 것은 맞지만, 그 말을 방패 삼아 깊이 취재하지 않는 관행이 문제다. 한국 언론은 사건의 속살과 인물의 내면을 취재하지 않는다. 기자가 인물 자신보다 인물을 더 잘 안다면, 주관적으로 비춰질 수 있는 표현도 충분히 입증 가능한 선에서 사용할 수 있을 것이다. 단, 이 주관적인 표현과 일반적으로 말하는 주관적인 표현은 서로 다르다. 전자는 취재에 기초하여 증거가 수반되는 주관적인 표현이지만, 후자는 그저 기자의 주관이 개입된 표현이다. 그간에 한국 언론이 주관적인 표현에 알레르기 반응을 보였던 것은 객관주의 원칙을 지키기 위해서이기도 했지만, 그런 표현을 쓸 자신이 없었기 때문이기도 하다. 말하자면, 그만큼 깊이 취재하지 않았다는 뜻이다.

많은 기자는 역피라미드 구조가 객관주의 저널리즘을 구현하는 방식이라고 알고 있다. 하지만, 한국 언론은 이 객관주의를 편의적이고 기계적이며 다소 기만적인 방식으로 활용한 탓에 언론 불신이 팽배했다. 한 예로, 기자는 취재원의 다양한 코멘트 가운데 자기 입맛에 맞는 것만 선택적으로 사용한다. "한국 언론이 같은 사실과 정보를 놓고도 보수와 진보로 나뉘어 서로 다른 해석을 벌이면서 싸우는 것도 이런 '객관의 옷을 입은 주관적인 글' 때문이다"(최수묵, 2011, 263쪽). 한국의 역피라미드 기사는 형식적 사실주의와 기계적 객관주의에 빠져 객관을 가장한 편파를 낳는 도구로 전락했다(남재일, 2004; 유선영·이오현, 2001).

이런 비판론을 고려하면, 내러티브 기사는 오히려 객관적이다. 역피라미드 기사는 기계적 균형과 외형적 객관성을 맞추는 것으로 만족하지만, 내러티브 기사는 사안으로 쑥 들어가서 훨씬 더 깊은 내면을 보여준다. 역피라미드 기사는 기자가 주제 메시지를 명시적으로 전달하지만, 내러티브 기사는 독자가 주제를 느끼고 스스로 판단할 수 있도록 도와준다.

> 내러티브는 코멘트('○○가 ~라고 말했다'는 식의 인용)를 거의 사용하지 않는다. 그보다는 등장인물 간의 대화를 있는 그대로 보여주고, 가치 판단을 독자에게 맡긴다. 주인공들 사이에 오간 말들을 가감하지 않고, 있는 그대로 중계하는 사실적 묘사를 원칙으로 삼는다. 이것은 객관성을 유지하는 데 매우 중요한 차이점이다. 녹화중계와도 같은 역삼각형 문체는 인용문을 '편집'해 의도를 개입시키지만, 생중계에 해당하는 내러티브 기사는 대화를 직접 보여줌으로써 의도의 개입을 최소화하기 때문이다. (최수묵, 2011, 263쪽)

• 내러티브의 목적은 의미를 발굴하는 것이다. 사건의 발생을 보도하는 것은 당연히 중요하지만, 내러티브 기사는 사건의 의미를 다루는 데 더 주효하다. 예컨대, 'n번방' 사건 자체도 보도해야 하지만, 왜 이 시대 한국 사회에 그런 사건이 터지게 됐는지, 어떻게 한국 사회가 그런 괴물을 잉태하게 됐는지를 내러티브 기사로 풀어내야 한다.

> 뉴스 기사는 뉴스이면서 하나의 이야기다. 〈중략〉 기자라는 직업은 의미를 생산하는 것이다. 수많은 사실을 시간적인 순서에 따라 배열해놓은 것은 이야기도 아니고 뉴스 기사도 아니다. 기자는 사실의 목록이나 사실 발생 순서를 가지고 이야기를 만들어야

한다. 독자나 시청자가 이야기를 이해하기 위해서는 이야기에 포함된 종합적인 사실을 인지해야 할 뿐만 아니라 사실 간의 관계도 파악해야 한다. (Schudson, 2011/2014, 210쪽)

단, 내러티브의 이런 의미(meaning) 발굴을 의견(opinion) 전파와 혼동하면 안 된다(Kramer & Call, 2007/2019). 기자는 자기 자신이나 자기가 속한 언론사의 가치를 전달하는 수단으로 내러티브를 활용하면 안 된다. 그것은 역피라미드 기사가 객관주의 외피를 입고서 주관성을 전파하는 것과 똑같다. 또한, 독자는 기자가 사건의 의미를 전달하는 것을 주관적인 보도라고 오해하면 안 된다. 즉 독자도 의미와 의견을 명확하게 구분하는 지혜를 발휘해야 한다.

모든 사건에는 나름의 의미가 있는 법인데, 이 의미를 의견과 혼동해 의미 자체를 전달하지 않게 되면 더 큰 문제를 낳는다. 이야기의 의미를 발굴해 독자들에게 널리 알리는 것은 언론의 당연한 역할인데, 이것을 하지 않는다면 책임 방기가 된다. 더구나 이야기의 의미 해석을 '사견私見'이라고 규정하는 것은 문제를 더욱 심각하게 만든다. 이런 분위기가 지속된다면 기자들은 갈수록 의미를 파악하려는 문제의식 없이 정보전달에만 치중하게 된다. 그것은 결국 기자들로 하여금 생각 있는 보도보다는 단순 정보전달에만 치중하도록 만드는 역효과를 낳게 될 것이다. 독자들은 기사를 보면서 그것이 기자의 사견인지, 사건의 의미를 왜곡 포장한 것인지를 지혜롭게 구분할 줄 안다. 독자들이 그것을 구별하지 못하고, 기자의 이야기를 곧이곧대로 믿을 것이라고 여기는 것은 언론의 착각이며 오만이다. (최수묵, 2011, 265쪽)

- 일인칭 글쓰기는 내러티브와 무관하므로 자제하는 것이 좋다. 국내 기사에서 일인칭 글쓰기는 두 가지 형태로 나타난다. 첫째, 취재원을 '나'로 표현하는 경우인데, 이것은 일인칭 시점의 소설과 똑같다. 한겨레21의 역작 '고스트 스토리'를 쓴 이문영 기자는 지인도 없이 문서로만 남은 무연고 사망자들의 사연을 삼인칭 시점으로 풀어내기가 정말 어색해서 기자 자신이 이들의 입장이 되어보자는 취지로 일인칭 시점을 사용했다고 말했다.[8] 그러나 바로 그 점 때문에 기사가 저널리

즘에서 벗어났다는 인상을 주었다. 오히려 삼인칭 시점으로 썼더라면, 기사의 수
준과 가치는 훨씬 더 높아졌을 것이다. 둘째, 기자들은 종종 자기 체험을 일인칭
시점의 기사로 쓴다. 기자의 자기 체험도 기사로 쓸 수 있으며, 그 경우는 일인칭
시점이 자연스럽다. 하지만, 저널리즘은 기본적으로 기자 자신 이외의 대상을 관
찰하는 것이므로 기자의 체험 기사는 극도로 제한되어야 한다. 체험은 도저히 다
른 취재 방법을 찾을 수 없을 때 시도해야 저널리즘으로 인정받을 수 있다. 예를
들어, 기자 자신이나 가족에게 터진 사건은 기자 일인칭으로 보도할 수 있다
(Kramer & Call, 2007/2019). 미국의 한 기자는 딸이 강간당한 후에 딸과 가족에
게 어떤 충격이 왔는지를 일인칭 기사로 썼으며, 다른 기자는 자신의 손가락이
썩어가는 희귀병에 걸린 경험담을 일인칭 기사로 썼다.[9] 그런 점에서, 최근에 국
내에서 기자의 체험 기사가 유행처럼 번지고, 독자들이 거기에 솔깃해하는 것은
안타까운 일이다.

• 인물 기사가 곧 내러티브 기사는 아니다. 인물 기사는 기본적으로 인물의 인생
역정을 다루므로 내러티브 스타일로 적는 것이 자연스럽지만, 한국 신문 기사는
별다른 주제나 줄거리 없이 인물의 사연을 늘어놓기만 한다. 이런 이유에서, 인
물에 관한 기사를 곧 내러티브 기사라고 오해하지 말라는 것이다. 특히, 기자와
인물의 문답 형식으로 된 인터뷰 기사는 저널리즘 측면에서 심각한 문제를 내포
하고 있다(박재영, 2019a 참조). 인물 내러티브 기사는 별도로 프로파일(profile)
이라고 불린다.[10]

---

8) 이문영 한겨레 기자의 2019년 3월 18일 한국언론진흥재단 '고스트 스토리' 특강 내용.

9) 이와 관련된 내용은 본서 259쪽 참조.

10) 이와 관련된 내용은 본서 265쪽 참조.

이제 내러티브 글쓰기의 각론에 들어가서 기사 부분별로 내러티브를 어떻게 구사할 수 있는지 알아본다. 2장에서 간단하게 언급했던 나노 내러티브의 여러 가지 종류를 여기에 소개할 것이다. 나노 내러티브는 일종의 부품이므로 기사 곳곳에 그대로 또는 변형하여 활용하면 좋다. 기사에서 제일 중요한 부분은 기사의 첫 부분인 리드다. 앞의 여러 예에서도 보았듯이, 내러티브 기사는 리드부터 역피라미드 기사와 완전히 다르다. 리드의 나노 내러티브만 잘 활용해도 기사에 내러티브 분위기를 한껏 낼 수 있다. 우선, 아래에 모든 유형의 내러티브 리드에 적용되는 두 가지 대원칙을 적어놓았다. 별도로 부연하지 않더라도, 이 책을 읽어가며 스스로 그 의미를 터득할 수 있을 것이다.

- "리드는 기사의 주제, 의미, 상징성 또는 숨겨진 큰 그림 같은 것을 함축해야 한다"(Freedman, 2006/2008, 201쪽).
- "첫 장면을 쓴다는 것은 글쓰기의 준비를 마쳤다는 의미다. 첫 장면을 쓸 때는 이미 끝 장면이 준비되어 있어야 한다"(방현석, 2013, 38쪽).

1. 주인공 도입

　내러티브 기사의 특징 중 하나는 기사가 뜬금없이 사람의 이름으로 시작한다는 점이다. 이 인물은 대개 기사의 주인공이지만, 그렇지 않은 때도 있다. 국내 신문에 아무런 신원 정보 없이 사람 이름으로 시작하는 기사는 거의 없다. 기사를 그렇게 쓰면 잔뜩 욕만 먹는다. 내러티브는 이야기 형식이므로 처음에 불쑥 사람이 등장하는 것이 어색하지 않으며 오히려 당연하다. 미국 플로리다주 북부의 작은 마을에서 연쇄살인 사건이 발생하여 마을이 통째로 혼란에 빠진 모습을 그린 '인질로 잡힌 마을'은 리드에 마을 주민 앤을 등장시켜 연쇄살인범에 의해 주민들과 마을이 하나의 거대한 인질로 변한 상황을 상징적으로 보여준다.

> 앤-플로리다대학교 2학년생-은 낯선 사람에게 자기 이름을 알려주거나 지난밤에 무엇을 하며 지냈는지 말하지 않는다.
> 　대학 캠퍼스 근처 거리에 있는 조의 델리에서 터키 샌드위치를 기다리는 동안 그녀는 교양 있어 보이기보다는 그냥 하나의 인간 같았다. 그녀는 겁이 많았으며 낯선 사람을 피했으며 눈을 가만히 두지 못했다.
> 　그녀는 스스로 표적이 된 여자라고 불렀다.
> 　"나는 범죄심리 분석가다. 나는 아주 작고 맵시 있고 이상적인 여성이다. 나는 남서부 지방에 있는 아파트에 산다. 나는 바로 그가 찾고 있는 사람일 것이다."
> 　지난주에 매일 새로운 희생자의 시신이 나왔다. 처음에는 크리스티나 포웰과 소냐 랠슨, 그다음엔 크리스티나 호잇, 그다음엔 마누엘 타바오다와 트레이시 이네즈폴스. 앤은 겁에 질려서 자기의 아파트를 떠났다. 범죄의 공포라는 단어가 확산하면서, 앤은 머리를 다치고 유두가 잘리고 여러 번 찔려서 죽는 꿈을 꾸기도 했다.
> 　목요일에 그녀는 여전히 두려워하고 있었지만, 두려움 이상의 분노가 있었다. 그 남자가 누구건 간에 자기의 삶을 망쳐버린 그에게 화가 나 있었다.
> 　"그 남자가 누구인지 모르지만, 나는 그 남자의 볼모가 되었습니다. 이 마을의 모든 사람이 그러하니, 이것은 완전히 공포입니다." (The Tampa Tribune 1990.9.2.)

2. 주제 쪽으로 문맥 전환

기사를 인물(또는 사례, 에피소드)로 시작한 후에는 문맥을 주제 쪽으로 전환할 필요가 있다. 이 전환은 그 인물이 주제의 많은 부분을 대표한다는 것을 설명함으로써 이루어진다. 아래 USA 투데이(USA Today) 기사에서 핼턴이 4천3백만 장애인의 전형적인 사례가 아니라면, 그녀는 기사의 초점이 될 수 없다(①번 문장).

> 어느 엄마들처럼 신시아 핼턴은 자기의 9살 난 아들이 10개의 핀을 쓰러트리는 스릴을 만끽하길 바라고 있다.
>
> 그녀의 소망을 가로막고 있는 것은 볼링장 입구에 있는 높이 13cm의 연석이다.
>
> 23년간 휠체어에 의지하고 있는 핼턴에게 그 연석은 에베레스트산과 같다. 아들을 볼링장 안으로 데려가기 위해 연석을 오르는 것은 그녀에게 불가능한 일이다.
>
> "모든 게 그렇게 되어 있기 때문에 저는 차별받고 있습니다." 핼턴은 말했다. "내 말을 곧이곧대로 믿지 않아도 좋아요. 어느 동네든 직접 가서 장애인들에게 물어보세요. 장애자용 경사로가 없는 곳에 가고 싶어 하는지를."
>
> 핼턴과 미국의 4천3백만 장애인들은 언제나 날림으로 제정된 법에 의지한 채 자기들을 주류 사회에 편입시켜주려는 타인의 선의에 기댄 채 살고 있다.(①) (매체·날짜 미상) (Kennedy, Moen, & Ranly, 1993, 110쪽)

바로 앞에서 살펴본 '인질로 잡힌 마을' 기사도 리드 직후에 "플로리다 북부의 이 마을에는 수감되지 않은, 공포에 잡혀 있는 인질이 12만 5,000명이나 있다"라고 하면서 주제 쪽으로 문맥을 확대한다.

문맥 전환은 두 가지 용도로 이루어진다. 첫 번째는 위에서 보았던 것처럼 리드의 인물이 주제 사안의 대표자임을 설명하는 용도다. 두 번째는 사안의 배경을 알려주는 용도인데, 아래 기사의 ①번 문장이 바로 그런 예다.

> 피닉스 교외의 총기 판매상 창문에는 "긴급! 당장 행동하라! 총기 금지를 저지하라!"라는 핏빛 글씨가 적혀 있었다. 가게 안의 사람들은 AK-47 소총 등 여러 가지 총기를 뒤

적이면서 탄원서에 서명하고, 지역 '변절자'인 상원의원 데니스 드콘치니를 향해 분노를 터뜨렸다.

늘어가는 탄원서 서명자 명단 위에 "우리는 반자동 총기류 규제에 항의하기 위해 의회에 탄원하고 있습니다"라는 문구가 적혀 있었다. "정부가 어떤 형태로든 총기규제를 묵인하면 그것은 우리가 유지하고 지녀야 할 헌법상의 기본권을 위반하는 것입니다."

표적이 된 드콘치니 의원은 오랫동안 총기규제안에 반대하다가 최근 갑자기 태도를 바꾸어 공격용 무기 판매를 금지하는 9개 법안 중 1개를 후원하고 나섰다. "저는 오직 한 가지 이슈만 보는 유권자이며 드콘치니를 몰아내기 위해 모든 일을 할 것입니다." 목발을 짚은 건장한 체구의 조지 하이어스는 자기가 사냥하러 간 사이 부인이 스스로 자신을 지킬 수 있도록 반자동 엽총을 사줄 것이라고 말했다.

드콘치니에 대한 공격의 배후에는 격분한 전미총기협회(NRA)가 있다.(①) '강력한 총기 로비 집단'인 NRA는 지난 3년간 엄청난 조직 침체를 회복하기 위해 지금 안간힘을 쓰고 있다. 의회와 주 입법기관은 NRA의 반대를 넘어서 방탄조끼를 관통하는 총알, 금속탐지기를 통과하는 플라스틱 총, 범죄에 자주 사용되는 권총을 금지하는 법률을 제정해왔다. (매체·날짜 미상) (Kennedy, Moen, & Ranly, 1993, 107쪽)

3. 회상: 결정적 장면의 재현

내러티브 스타일의 글을 잘 쓰려면, '장면'이라는 단어와 친숙해져야 한다. 글이 잘 안 써질 때는 자기가 보았던 장면이나 취재원에게서 들었던 장면을 떠올리면 좋다. 그 장면을 글로 옮기면 그것이 곧 내러티브다. 단, 여기서 글로 옮긴다는 것은 장면을 설명하는 것이 아니라 장면을 그대로 그려준다는 의미다.

취재원이 기억해낸 과거의 일을 글로 옮긴 것이 회상(flashback)이다(Kennedy, Moen, & Ranly, 1993). 인물의 옛 기억 중에서도 가장 인상적이거나 극적인 장면을 리드에 소개하면 독자의 주목 효과는 더 커진다. "인물 중심적 이야기는 종종 그가 결정적인 행동에 돌입하는 시점에서 시작될 때 가장 효과적이다. 그다음에 그 사람이 어찌다 이런 상황에 이르렀는지 설명한 뒤 과거로 거슬러 올라가는 것이다"(Kramer & Call, 2007/2019, 287쪽). 아래 기사에서 데보라는 네 번째 아이를 낙태하려고 병원에 갔는데, 때마침 낙태 반대론자가 나타나 총격을 가했지만 겨우 목숨을 건진다. 기사는 바로 그 장면에 대한 데보라의 회상으로 시작한다. "인상적 도입과 그럴듯한 마무리를 결정짓는 것은 수려한 문장이 아니라 '결정적 장면'"임을 잘 보여준다(안수찬, 2013, 56쪽).

데보라 게인즈는 아직도 그의 모습을, 검은 곱슬 머리카락이 드리운 얼굴과 짙은 눈썹을 본다. 그는 모순된 존재다. 사악하면서도 자비롭다. 살인자지만 구원자기도 하다. 낙태 시술 병원에 총을 들고 나타난 그의 얼굴은 여전히 그녀의 머릿속을 맴돌고 있다.

그녀는 그 병원에서 도망쳐 나오던 12월의 추운 아침을 기억한다. 그는 반자동 소총을 난사하며 환자인 그녀를 뒤쫓고 있다. 총탄이 그녀의 주위에 빗발치고 그녀가 열고 도망가려는 철문에도 쏟아진다. 달아나기 위해 필사적으로 문을 잡아당기고 있는 그녀의 모습을 그는 바라보고 있다. 그는 그녀로부터 고작 90cm 떨어진 곳에 서서 그녀를 향해 총을 쏜다. 총탄이 검은 철문에 부딪치며 '팅팅' 소리를 낸다.

"젠장, 당신을 곤경에 빠뜨리게 해서 미안해"라고 중얼거리는 그의 목소리를 그녀는 듣는다.

그녀는 계속해서 철문을 잡아채며 열어젖히려 하고 있다. 마침내 문이 열리고, 그녀는 목숨을 구하기 위해 달아났지만, 그것은 뱃속에 있는 7주 된 태아의 생명을 구하기 위한 것은 아니었다.

그녀는 달리고 또 달린다. 울타리를 타다가 등 쪽으로 땅바닥에 떨어지기도 한다. 다시 일어선다. 어찌 된 영문인지는 모르지만, 자신이 두 발로 달리고 있음을 깨닫는다. 뒤돌아보지 않아도 그 검은 머리의 남자가 쫓아오고 있다는 것을 안다. 그녀는 길 건너편 아파트 건물에 들어서서 모든 집의 초인종을 미친 듯이 누르며 도움을 받을 때까지 도망치는 것을 멈추지 못한다.

그녀가 도망쳐 나온, 보스턴 교외 브루클린의 '프리덤 헬스 서비스 병원'의 바닥에는 피가 흐르고 있었다. 존 샐비 3세라는 이름의 열렬한 낙태 반대론자가 병원 직원 3명을 총으로 쏘아 그중 한 명인 접수창구 직원 리 앤 니콜스는 사망했다.

그날 그곳에서 운명이 뒤바뀌었다. 한 죽음을 대가로, 축복받지는 못했으나 훗날 비비안 게인즈라는 이름을 얻게 되는 아이는 생명을 건질 수 있었다.

데보라 게인즈는 1994년 12월 30일을 마치 한 시간 전의 일처럼 기억한다. 그녀는 벌꿀 빛깔의 뺨을 가진 딸을 바라볼 때마다 그때를 떠올린다. 지금은 매우 사랑하지만, 당시에는 양육비를 마련하지 못해 낙태하려 했던 딸이다. (The Washington Post 1998.9.27.)

아래 기사는 또 다른 예다. 이 기사는 약사가 무장 강도를 총으로 쏘아 죽인 내용으로 미국 소도시의 평범한 시민들이 겪는 일상의 위험을 고발하고 있다. 이 약사는 8년 전에도 무장 강도를 경험했으며 그로 인해 총을 준비하게 된다. 기사는 8년 전 약사가 처음 무장 강도를 겪었을 때의 기억으로 시작한다.

"모두 땅에 엎드려! 움직이면 머리를 날려버리겠어!" 총을 든 한 남자가 소리 질렀다.

순식간이었다. 데니스 그렐과 동료 직원은 반사적으로 엎드렸다. 먼지투성이의 검은색 타일 바닥의 찬 기운이 얼굴에 바로 느껴졌다. 총구는 그렐의 머리 뒤를 겨누고 있었다.

"이봐 아저씨들, 우리 제발 신사답게 끝내자고. 나도 당신을 쏘고 싶진 않아." 또 다른 강도가 위협했다. 정말 지우고 싶은 기억이다. 타일에 반사된 작은 빛들이 아롱거렸다. 무력감에 빠진 채 온몸은 무뎌져 갔다. (The Wall Street Journal 1998.1.20.)

4. 장면 재구성

회상은 주로 취재원 자신의 기억에만 의존하는 반면에 장면 재구성은 취재원의 기억뿐 아니라 사건 당시의 관련 자료까지 취합하여 종합적으로 작성된다. 그래서 장면 재구성은 객관적 관찰의 분위기가 더 강하게 난다. 이때도 회상의 경우처럼 가장 극적인 장면을 정밀하게 재현하는 것이 일반적이다. 국내 신문도 종종 '사고 10분 전'과 같이 사고 직전의 극적인 상황을 재구성하여 보도한다. 국내에도 크게 보도됐던 조승희의 버지니아 공대 총격 사건을 로스앤젤레스타임스는 아래와 같이 시작했다.

> 첫 번째 소리가 멀리서 들렸지만, 모두 대수롭지 않게 생각했다. 건설업체 인부들이 211호의 창문 밑에서 몇 주간 해머와 드릴 작업을 하고 있었고 조슬린 코투르 교수는 강의를 계속했다. 그 소리는 이내 총소리로 변했고 높은 폭발음이 되었다. 소리가 마치 홀에서 나는 것처럼 매우 가깝게 들렸다.
>
> "저 소리가 내가 생각하는 그런 것은 아니겠지?" 코투르 교수가 말했다. "그냥 해머 소리예요." 한 학생이 그녀를 안심시켰다.
>
> 교수는 문을 열어 밖을 살짝 엿보다가 곧바로 쾅 닫았다. 그녀의 얼굴이 공포로 하얗게 질려 있었다.
>
> "뒤로 가세요! 책상 밑으로 들어가세요!" 코투르 교수가 소리쳤다.
>
> "911을 불러!" 에밀리 하스는 강의실 뒷벽에 기대어 눈을 질끈 감았다.
>
> 그녀의 여학생클럽 친구인 앨리슨 쿡이 옆에서 몸을 웅크렸다.
>
> "문을 책상으로 막아요!" 학생들이 방바닥에 흩어져 있거나 책상 뒤에 숨어 있을 때 교실 뒤에 있던 클레이 바이올런드가 소리쳤다. 교수는 금속과 플라스틱으로 만들어진 가벼운 책상 몇 개를 문 앞으로 밀었다. 그녀는 벽에 기대어 서 있었다. 바이올런드 앞에 누워 있는 콜린 고다드는 190cm나 되는 거구를 책상 아래로 숨겼지만, 사지가 밖으로 튀어나왔다. 그는 911 버튼을 눌렀다. "노리스홀 211호." 그는 교환원에게 말했다. 그는 창문 밖으로 뛰어내릴 생각도 했지만, 창문은 레버로 돌려야만 열리는 구조이며 그럴 만한 시간도 없었다.
>
> 고다드는 총알이 문을 뚫고 들어오는 것을 보았다. 911 교환원은 아직도 말을 하고 있었다. 그는 총기를 휘두르는 자의 부츠와 바지를 보았다. 그러나 그의 얼굴을 보지는 못했다. (Los Angeles Times 2007.4.25.) (동아일보 미디어연구소, 2010)

위 기사를 분석했던 동아일보 미디어연구소는 보고서에 이런 해제를 붙여놓았다. "어떤 리드를 사용하더라도 두 가지 기능을 반드시 해야 한다. 첫째는 '무엇에 관한 이야기인가?'를 보여줘야 하고 둘째는 '긴장과 의문을 유지해야 한다'는 것이다." 위 리드는 범인(조승희)을 철저하게 숨긴 채 공포만 보여줌으로써 이 두 가지 기능을 훌륭하게 수행했다. 범죄 영화의 첫 장면으로도 손색이 없다.

장면 재구성은 '사건 그 후' 식의 기사에서 자주 발견된다. 큰 사건이 터진 한 달 후나 10년 후에 사건의 당사자가 어떻게 됐는지 또는 사건 이후로 상황이 어떻게 변했는지 보도하는 경우다. 미국 신문은 해고가 부당하다며 청원을 냈다가 사장의 총격을 받고서도 극적으로 살아난 여직원의 기사를 아래와 같이 열었다. 1년 전 사건 당시의 결정적인 장면을 리드에 새구성했다.

> 첫 번째 총알은 그녀의 팔뚝 뼈를 부수고 근육을 찢으며 관통했다. 그 충격으로 그녀의 몸은 뮤직박스의 발레리나처럼 회전했다.
>
> 두 번째 총알이 등을 큰 망치로 때리듯이 박히자 그녀는 풀썩 쓰러졌다. 그 후에도 많은 총알에 맞았다. 너무 많이, 너무 빨리 일어난 일이어서 그녀는 몇 발을 맞았는지 알 수 없었다. 의사들은 5개의 총알을 발견했다.
>
> 인도에 쓰러져 몸을 뒤틀고 있을 때, 그녀는 필사적으로 달아나는 사람들을 보며 소리쳤다. "도와주세요, 도와주세요."
>
> 그녀의 목소리는 너무 작고 아득해서 마음껏 소리칠 수 없었던 어릴 적 악몽과 같았다. 어떤 소리도 나오지 않았다.
>
> 그리고 그녀는 자기에게 성큼성큼 다가오는 범인의 발소리를 들었다. 섬뜩한 고요함 속에서 그가 38구경 리볼버를 그녀의 가슴에 겨누며 발사하는 장면을 올려다보아야 했다. 마지막 총알로 양쪽 폐는 멎었고 총알이 박힌 뼛조각은 척주를 짓눌러 하체를 마비시켰다.
>
> 빅토리아 샌도는 그러나 여전히 의식이 있었다. 그녀의 긴 금발 머리는 땅바닥에 부채처럼 펼쳐졌다. 맑고 푸른 두 눈은 충격 때문에 더 크게 떠진 상태였다.
>
> 응급실에서 싹둑싹둑하는 가위 소리와 함께 자기의 붉은 실크 드레스가 벗겨지는 것이 그녀의 마지막 기억이었다. 머리 위로 하얀빛이 눈부셨지만, 그녀는 불안했다.
>
> "너무 겁이 나서 눈을 감을 수 없었어요." 그녀는 당시의 기억을 되살리며 말했다. "정말 이상하게도 고통이 느껴지지 않았어요. 고통이 전혀 없었지요." (매체·날짜 미상) (Kennedy, Moen, & Ranly, 1993, 102쪽)

위의 글을 읽으면 여직원이 길거리에 쓰러진 장면을 그릴 수 있을 정도로 묘사가 사실적이다. 소름 돋는 시각화가 아닐 수 없다. 희생자의 극적인 재기도 독자에게 흥미롭겠지만, 불의의 총격만큼 충격적이지는 않을 것이다. 기사는 바로 그 장면을 재구성하여 독자의 몰입을 유도했다. 이 신문은 1년 전 사건 당시의 기사에서도 위와 같은 리드를 사용했을 수 있다. 사용했더라도 그것은 이번 기사와 아무런 상관이 없다. 이 사건을 아는 사람은 위 리드를 읽으면서 옛 기억이 되살아나 오히려 더 충격받고 분노할 것이다. 그러기 위한 전제조건은 총격 장면이 독자의 기억을 초월할 정도로 사실적이어야 한다는 점이다. 위 리드가 그렇다.

위와 비슷한 사건의 피해자를 한국 신문도 '사건 그 후' 식으로 보도했다. 밀린 임금을 달라고 소송을 낸 여직원에 앙심을 품은 사장이 직원들을 시켜 얼굴에 황산을 뿌린 사건이다. 이 테러는 2009년에 발생했으며 조선일보는 2년 후인 2011년에 아래와 같은 기사를 보도했다.

> "화장만 하면 이제 집 밖에도 나갈 수 있을 것 같아요."
>
> 지난 11일 오후 서울 신사동의 가가성형외과. 얼굴 전체를 가렸던 마스크를 내린 박선영(29) 씨는 거울에 비친 자기 얼굴을 보며 흥분을 감추지 못했다. 박 씨의 눈가엔 이내 눈물이 고였다. 화상(火傷) 후유증이 아직은 남아 있지만 2년 전 '그 사건'의 악몽에서 드디어 벗어날 수 있게 된 것이다.
>
> 그동안 박 씨는 자기 얼굴을 잊고 살았다. 박 씨는 2009년 6월 8일 오전 경기도 성남시에서 일어난 '황산(黃酸) 테러사건'의 피해자다. 여느 날처럼 출근하던 박 씨는 갑자기 다가온 낯선 사람들이 끼얹은 황산에 얼굴과 목덜미, 가슴, 팔 등 온몸의 4분의 1에 3도 화상을 입었다.
>
> 끔찍한 일을 저지른 사람은 박 씨가 잠시 다니던 회사의 사장 이모(30) 씨와 사장의 지시를 받은 직원들이었다. 박 씨가 사장을 상대로 밀린 임금 등 4,000만 원을 달라며 소송을 내자 직원들을 시켜 황산액 800mL를 끼얹은 것이다.
>
> 생명은 건졌지만 고왔던 얼굴과 몸은 새까맣게 탔다. (조선일보 2011.6.14.)

위 기사는 사건 그 후를 다루었음에도 여전히 사건 스트레이트 기사 분위기를 준다. 이 사건이 매우 중요했던지 조선일보는 위 기사 4년 후에, 그러니까 사건 발생 6년 후에 한 번 더 피해자의 근황을 보도했다. 아래 기사가 그것이다.

> 2009년 6월 8일 오전 6시쯤 경기 성남시의 한 주택가 골목. 누군가 박선영(33) 씨 출근 길에 뛰어들어 얼굴 오른쪽에 공업용 황산 800mL를 끼얹었다. 박 씨가 2년 전 다니던 IT 회사를 그만두면서 체납된 임금을 달라고 소송을 건 데 앙심을 품은 이 회사 대표가 직원을 시켜 테러한 것이었다. 박 씨는 얼굴, 두피 등 신체 표면의 25%에 3도 화상을 입었다. 피부 이식수술을 스무 번 넘게 받았다. 하지만 흉터는 지워지지 않았고 녹아내 린 오른쪽 귀는 되찾을 수 없었다.
> '20대 직장 여성 황산 테러'로 세상을 놀라게 한 이 사건 이후 박 씨는 세상에서 숨어 버렸다. 사람과 세상이 무서워 혼자 고통스러운 날을 보낸 박 씨를 최근 본지가 만났 다. 박 씨의 지난 6년은 범죄 피해자가 겪는 가장 고통스러운 행로였다. 하지만 박 씨 는 최근 세상을 상대로 새로운 도전에 나섰다. 최악의 범죄 피해를 겪은 그는 범죄 피 해자를 돕는 단체에서 상담사로 일하며 범죄 피해자의 심리를 연구하기 위해 대학원에 서 공부를 시작했다. (조선일보 2015.10.14.)

미국 사건과 한국 사건은 사실상 똑같은데, 양국의 '사건 그 후' 기사는 판이하다. 조선일보의 2011년 기사와 2015년 기사가 사실상 똑같은 것이 더 놀랄 만한 일이다. 이렇게 일관적일 수 있는지 의문이 들기까지 한다. 언제 쓰든 누가 쓰든 기사가 이런 식이라면, 그런 글쓰기가 기사 작성의 정답으로 인식되고 있다고 봐야 한다. 내러티브 감각은 전혀 없는 셈이다. 이런 혹평은 조선일보에만 해당하지 않는다. 아래 동아일 보도 마찬가지다. 아래 기사는 별도의 설명이 필요 없을 정도로 조선일보 기사와 유사 하다. 이런 동질성이 신기할 따름이다.

> 절대 울지 않겠다고 했다. 애써 웃음 지으며 가파른 산길을 올라 딸의 묘비 앞에 섰다. 그리곤 맨손으로 차가운 묘비를 연방 문질렀다. "이틀 전에 와서 깨끗이 닦았는데, 비 가 와서 다시 더러워졌네요." 이내 말을 잊었다. 울지 않겠다던 약속도 지키지 못했다. 눈에서는 굵은 눈물이 뚝뚝 떨어졌다. 묘비에 새겨진 딸의 이름을 몇 번이나 손가락으

로 따라 써 내려갔다. 한참을 울던 그는 힘겹게 일어나 딸의 묘비를 등지고 내려왔다. "미안합니다. 이게, 어떤 기분인지 아세요?" 그는 길게 한숨을 내쉬었다.

10일 경기 의왕시 청계공원묘지에 묻힌 딸을 찾았던 이창근 씨(48). 지난해 3월 11일 토막 살해된 채 발견돼 전 국민에게 충격을 줬던 이혜진 양(당시 10세)의 장례를 치른 지 1년이 됐다.

"조금 나아졌느냐"는 질문에 이 씨는 고개를 가로저었다.

"요즘도 혜진이가 집에 있는 꿈을 꿉니다." (동아일보 2009.3.12.)

아래에 극적인 장면을 사실적으로 재현한 또 다른 미국 기사가 있다. 10대 청소년 3명이 애정의 삼각관계를 풀지 못해 고민하다가 가출하여 동반 자살한 사건을 다룬 기사다. 남학생 2명과 여학생 1명은 막다른 길에 이르렀을 때 함께 자살하기로 계획했는데, 리드는 바로 그 순간을 재구성했다.

주(州) 경찰의 푸른 불빛이 백미러에서 번쩍거렸다. 펙은 속도를 높였고 조시는 리볼버를 잡았으며, 뒷좌석에서 조시 옆에 웅크리고 있던 제니는 광기 어린 듯 뒷창문을 내다봤다.

그들은 집에서 멀리 떨어진 아칸소주의 황량한 고속도로를 달리고 있었다. 그 한밤중에 가장 친한 친구들이 약속을 이행할 때가 다가왔다. 경찰에게 붙잡힌다면 열다섯밖에 되지 않은 소년들과 열두 살 먹은 제니는 자살할 것이었다.

그들은 며칠 전에 모든 걸 계획했다. 혹은 계획했다고 생각했다. 조시는 먼저 제니를 쏠 것이다. (제니는 자살할 용기가 없었는데, 만약 죽을 거라면 조시가 자신을 쏘기를 원했다.) 그다음, 그는 펙을 쏘고 자살하려고 했다.

그들은 훔친 그랑프리를 타고 시속 100마일 이상으로 질주하고 있었다. 경찰이 가까워졌다. 펙은 아직 건설 중인 도로의 유일한 통로를 커다란 굴삭 트럭이 가로막고 있는 걸 봤다.

그들은 갇혀버린 것이다. 때가 됐다.

펙은 트럭에 20피트 못 미친 곳에 천천히 차를 세웠다.

조시가 총을 발사할 준비를 하면서 제니 쪽으로 돌아 그녀의 녹색 눈동자를 깊숙이

들여다보았다.

"사랑해." 그는 이렇게 말하고서 제니에게 키스했다.

"눈을 감아." (The Associated Press 1996.6.2.)

이 기사를 본 사람들에게서 가장 많이 들었던 반응은 "소설 같다"라는 것이다. 그렇다면, 이 기사의 내러티브는 성공적이다. 한국 기자들은 온갖 이유를 대며 이렇게 기사를 쓸 수 없나고 하거나 기사를 이렇게 쓰면 안 된다고 말할 것이다. 한국 기자들의 사정은 있겠지만, 어쨌든 미국 기자들은 이렇게 기사를 쓴다. 그 이유는 단 하나, 독자를 사로잡기 위해서다. 이 기사가 AP 기사이며 무려 24년 전의 기사임을 알게 되면, 미국 기자들의 도전정신과 실험정신을 존경하게 될지 모른다.

장면 재구성은 어떤 기사에도 유용하다. 비행기 추락을 목격하는 기자는 거의 없으므로 기자가 하는 모든 일은 사실상 재구성이다. 무거운 주제를 장시간 취재한 기획 기사도 예외가 아니다. '아메리칸 드림'처럼 '코리안 드림'이라는 말이 생겨난 지도 오래됐다. 아메리칸 드림을 성취하기 어렵듯이 코리안 드림을 이루기도 쉽지 않다. 두 경우를 기사로 다룬다면, 내용은 매우 유사할 것이다. 먼저, 아래에 '아메리칸 드림의 죽음'이라는 미국 기사가 있다.

그 금요일 아침은 오전 9시밖에 되지 않았는데 벌써 87도가 될 정도로 무척 뜨거웠다. 부부는 자신들의 1973년식 임팔라를 타고 창문을 모두 내린 뒤 샌안토니오의 남쪽에 있는 산업단지의 황량한 거리로 차를 몰았다.

루스벨트 거리에 차를 세운 남편은 트렁크를 열고 사냥용 라이플총을 꺼냈다. 그는 부인의 관자놀이를 겨냥하고 방아쇠를 꽉 쥐었다. 부인의 몸은 앞좌석의 다 해진 비닐 속으로 구겨져 들어갔다. 남편은 총 개머리판을 가랑이 사이에 끼우고 자신의 이마를 조준한 다음에 앞을 바라보고 방아쇠를 당겼다.

그의 바지 주머니에는 54센트와 구겨진 종이가 남겨 있었다. 종이에는 다음과 같이 글자가 휘갈겨져 있었다.

"내 아내 케이와 나는 거의 거지 같은 상태로 떨어질 때까지 힘들게 일했다. 우리는 샌안토니오에 일을 하려고 왔지 죽으러 온 것이 아니다. 그러나 레이건의 경제정책은 우리에게 아무것도 주지 못했다. 나는 레이건과 후버를 비교하면서 울 수밖에 없었다."

케이와 토니 가자에게는 자신들을 돌봐줄 친구와 가족이 있었다.(①) 결혼 후 23년째인 케이와 토니는 각각 50살과 53살이었으며 여전히 서로 사랑하고 있었다. 일한다는 것은 다른 어떤 것보다도 그들에게 중요했다.

8월 13일 벌어진 이 동반 자살의 이유가 전국의 신문 1면 톱을 장식했다.(②) 가자의 행동은 미국적인 비극이었다는 점과 야심과 성공을 바랐지만 꿈을 잃고는 살 수 없었던 두 사람을 다룬 기사다.

가자 씨는 5년 전 오하이오 콜럼버스 교외 약 2만m²의 산림지역에 위치한 집을 사고 디자인하기 위해 17만 5,000달러를 대출받았다. 가자 씨는 오하이오에서 유명한 지도 회사를 만들 계획을 갖고 있었다. 그의 부인은 중서부 지방에서 가장 재능 있는 지도 제작자 중의 하나였다.

그러나 5년 후에 그들의 소유물은 모두 차 뒷좌석에 실렸다. 소유물을 담은 상자 안에는 옷가지, 연장 도구, 전기 팬, 간이침대, 개밥이 들어 있었다. 파산 서류는 잡동사니 함에 있었다. 54센트는 그들이 가진 돈 전부였다.

가자 부부의 실패는 그들의 일에 대한 무능력 탓도 있지만, 실직한 이후에도 수천 달러의 돈을 짜내는 경제구조에도 기인했다.(③) 직장을 잃은 뒤에 부부는 고용의 기회가 열려 있는 선벨트로 갔다. 그러나 텍사스조차도 그들을 위해 약속해줄 수 있는 것은 아무것도 없었다.

모리스 화이트 형사는 가자 부부를 발견할 때까지 샌안토니오의 남쪽 지역을 배회하고 있었다.

110kg나 되는 가자 씨의 몸은 45kg 이상이 안 돼 보이는 그의 부인의 작고 연약한 몸 위에 걸쳐 있었다. 15년 된 44구경 라이플총은 부부의 시체 위에 놓여 있었다.

화이트 형사는 구급차와 지원 경찰을 불렀다. 구급차가 도착했을 때 구조요원들은 가자 씨가 현장에서 숨졌다고 밝혔다. 부인은 병원으로 가는 도중 숨졌다. (The Dallas Morning News 1982.10.24.)

가장 결정적인 장면인 자살 장면을 리드에 활용한 것은 내러티브 글쓰기의 정석이다. 그 이후의 내용은 사건의 줄거리를 매우 효율적으로 요약했다. 이제 독자는 국문 번역으로 200자 원고지 77매나 되는 긴 기사를 읽을 준비가 됐다. 무엇이 어떻게 되었기에 가자 부부가 저토록 끔찍한 방법으로 자살했을까? 독자는 부부의 자살 장면을 머리에 각인한 채 기사를 읽어나갈 것이다.

이 기사에는 리드 외에도 몇 가지 주목할 대목이 있다. 기사는 1문단에 '부부', 2문단에 '남편'이라고 표현하면서 주인공을 숨기다가 4, 5문단에 와서야 이름을 밝힌다. 전형적인 정보 늦춰 주기(delayed identification) 전략이다(Brooks, Horvit, & Moen, 2020, 167쪽). 이들이 주변의 도움도 받을 수 없는 극한의 상황이어서 자살했다면, 아메리칸 드림이라는 주제의 힘은 뚝 떨어진다. 오직 일거리가 없다는 이유 때문이어야 이들의 자살은 주제와 함께 더 강하게 정당화된다(①번 문장). 기사는 부부의 자살을 정부 정책과 같은 외부 요인으로만 돌리지 않고, 그들 자신에게도 문제가 있었음을 알려준다(③번 문장). 모든 것이 정부 탓이라는 주장은 비논리적이고 비합리적이다. 당연히 당사자 개인에게도 문제가 있다. 그것을 명확하게 밝히는 것이 주제를 더 설득력 있게, 거부감 없이 전달한다. 사건은 8월에 발생했는데 기사는 10월에 보도한 것도 눈에 띈다(②번 문장). 이 신문은 사건 발생 당시에도 기사를 썼겠지만, 그 이후 두 달간의 추가 취재로 사건을 입체적으로 재구성했다. 미국 기자는 보통 이렇게 일하지만, 한국 기자는 그렇게 일하는 경우가 거의 없다.

위 기사에 조응하는 한국 기사는 서울신문의 '코리안 드림의 배신'이다. '아메리칸 드림의 죽음'보다 더 세련된 제목이다. 내용도 그랬으면 좋겠다. 이 기사는 신문 1면과 2, 3면에까지 관련 기사로 실린 대형 기획이었다. 예상할 수 있듯이, 1면에 사안을 종합한 스트레이트 기사가 실렸으며 2면에는 분석 기사가, 3면에는 사례들이 실렸다. 큰 그림에서 작은 그림으로 좁혀 들어간 방식이다. 작은 데서 큰 데로 확대되는 내러티브 전략과 정반대다. 아래는 1면 기사의 리드다.

> 사망자 10명 중 3명이 스스로 생을 마감했다. 지난 10년(2009~2018년) 동안 한국에서 숨진 네팔인들이 남긴 믿기 힘든 숫자다. 사망자 대부분은 비전문 취업비자(E9)를 받고 일손이 부족한 공장과 농장 등에서 일하던 이주노동자다. 의문의 죽음이 매년 되풀이되는데도 우리 정부는 얼마나 많은 이주노동자가 극단적 선택을 하는지 파악조차 못

하고 있다.

　22일 서울신문이 주한 네팔대사관을 통해 입수한 자료에 따르면 2009년부터 2018년 사이 한국에서 숨진 네팔인은 모두 143명이었는데 이 중 30.1%(43명)가 자살이었다. 반면 미얀마 노동자는 2011년부터 2019년 8월까지 51명이 사망(E9 노동자 기준)했는데 7.8%(4명)가 스스로 목숨을 끊은 사건이었고, 베트남 이주노동자는 2017년부터 2019년 8월까지 14명이 숨졌는데 자살자는 없었다. 사망자 수는 각 대사관에서 확인했다. (서울신문 2019.9.23.a)

첫 문장은 자못 비장하기까지 하다. 문장은 고작 7개인데, 숫자는 그보다 더 많아서 기사가 숫자로 도배된 것처럼 보인다. 기사 내용이 독자의 눈에 들어올 리 없다. 잔뜩 힘을 주어야 하는 1면 스트레이트 기사이므로 위와 같이 적었을지 모른다. 미국 기사와는 비교조차 할 수 없을 정도로 다르다. 2면 기사에 기대를 걸어볼 수밖에 없다. 아래는 그 리드다.

　무엇이 네팔 노동자들을 벼랑 아래로 떠밀었을까. 지난 10년간 국내 공장·농장 등에서 일하던 네팔 이주노동자의 자살이 끊이지 않자 국내외 노동·의학단체들은 그 이유를 두고 머리를 싸맸다. 정영섭 이주공동행동 집행위원은 "한 가지 동기만으로는 설명하기 어렵다"고 말했다. 서울신문은 자살의 '방아쇠'를 찾기 위해 원진재단 부설 녹색병원 노동환경건강연구소, 이주노조와 함께 국내 네팔 이주노동자의 '스트레스 및 정신건강 실태조사'를 했다. 국내 언론사 최초의 시도다. 지난 8월 네팔 출신 141명이 참여해 자신의 이야기를 털어놨다. 또 네팔 정부의 '2018년 이주 노동 현황 보고서'와 국제노동기구(ILO)의 '네팔 노동자의 실패' 보고서(2016년), 주한 베트남·네팔·태국·미얀마 대사관 등에서 입수한 자국 노동자 사망·자살 통계 등도 분석했다. 연구·취재 결과 네팔인들을 극단적 선택으로 내모는 방아쇠는 모두 네 가지였다. ▲기대감의 상실 ▲닫혀 버린 탈출구 ▲주변의 기대 ▲무너진 가족·연인 등이다. 네 원인은 서로 뒤엉켜 이주노동자를 흔들다가 삼켜 버린다. 그들의 죽음은 사회적 타살일 수 있다는 얘기다. (서울신문 2019.9.23.b)

2면 기사는 다짜고짜 원인을 분석한다. 외국인 근로자 자살의 실태가 밝혀지지 않았는데, 당장 원인을 분석하려고 달려들었다. 서울신문은 그 원인을 찾기 위해 외국인 노동자들을 조사했다. 죽은 사람이 따로 있고 그 원인을 말하는 사람은 또 따로 있다. 기사는 위 리드 이후에 기자들이 찾은 원인 4개에 해당하는 사례를 나열했다. 예를 들어, 첫 번째 원인인 '기대감 상실'에 해당하는 사례로 네팔 최고 대학인 트리부반대에 다니다가 한국의 버섯농장 등에서 3년째 일하고 있는 가명의 사람이 "네팔에 있을 때는 '한국에 가면 월 200만~300만 원은 벌 수 있다'는 기대감에 들떴을 뿐 노동자들이 어떤 생활을 하는지는 누구도 알려주지 않았다"라고 한 말을 기사에 썼다. 한편, 3면 기사는 네팔 카트만두와 동카르카, 포카라에서 만난 유가족 등 40여 명이 전해준 사연으로 작성됐다. 세 노동자 가족의 사연이 거의 균등하게 배분되어 있다. 이렇게 기사를 3개 면에나 실었지만, 기억에 남는 인상적인 정보는 별로 없고 감동도 없다. 이 기사의 성격은 1면에 적어놓은 아래 '편집자주'가 결정했다고 볼 수 있다.

> 인구절벽 시대의 '구세주' 또는 고용·결혼절벽 시대의 '침략자'. 이주민을 바라보는 한국 사회의 시선은 이중적이다. 한국 정부의 허가를 받아 현재 국내 체류 중인 이주노동자와 결혼이주여성, 그들의 아들딸인 이주아동 등은 모두 242만 명으로 10년 새 125만 명이 늘었다. 이주노동자 없이는 성수기 공장, 농장이 돌아갈 수 없지만 반대편에선 '부족한 일자리를 가로채는 존재'로 낙인찍는다. 한국인과 외국 태생 배우자가 꾸린 다문화가정 가구원은 지난해 인구의 2%(100만 명) 수준이 됐지만 '진정성 없는 혼인으로 한국에 들어오려는 이들'이라는 꼬리표를 붙인다. 서울신문은 특별기획 '2019 이주민 리포트: 코리안 드림의 배신' 시리즈를 시작한다. ▲이주노동자 ▲결혼이주여성 ▲이주아동이 한국에 오기 전후 겪는 현실을 추적하고 이들을 향한 의심과 비난이 근거 있는지 검증할 예정이다. 1회에서는 코리안 드림을 꿈꿨다가 사망한 사연 등을 토대로 이주노동자가 겪는 여전한 차별과 제도적 허점을 짚었다.

위 편집자주의 끝에서 두 번째 문장에 '검증'이 나오는데, 언론은 당연히 사안을 검증해야 하지만, 한국 기자들이 흔히 생각하는 통계조사가 기사의 검증 방식은 아니다. 마지막 문장에 있는 '제도적 허점'을 짚는 것도 좋지만, 이 역시 학자들이 연구하듯이 문제점을 분석하려고 하면 안 된다. 그저 '이주민들의 실상을 담담하게 보여주자'라는 소박한 목적이었더라면, 기사는 많이 달랐을 것이다. 참고로, 일반적으로 편집자주는 불필요하다. 기자들은 독자 서비스 차원에서 편집자주를 단다고 말하지만, 편집자주가 없다고 해서 독자가 서비스를 못 받는 것은 아니다. 오히려 독자는 서비스를 받지 못함으로써 더 기사에 매달리게 된다.

5. 복선, 전조

내러티브 기사를 '이야기'라고 말할 수 있는 결정적인 단서 가운데 하나는 기사에 깔아놓은 복선이다. 복선은 앞으로 발생할 사건을 암시해주는 장치다(이샘물·박재영 2020). 어떤 일이 생길 기미나 조짐을 뜻하는 전조(foreshadowing)와 동의어다. 복선이나 전조는 기사의 처음이나 중간에 삽입되어 독자가 호기심을 갖고 그다음 내용을 기대하게 만드는 미끼 역할을 한다(Kennedy, Moen, & Ranly, 1993). 하지만, 복선은 예기치 못한 어떤 사건의 발생만 암시할 뿐이지 그 내용을 알려주지는 않는다. 따라서 어지간히 눈여겨 기사를 읽지 않으면 놓치기 쉽다. 그 때문에 기사를 읽는 맛이 있다. 아래 미국 기사의 리드 세 곳에 복선이 깔려 있다.

> 로버트 힐더 판사가 판사실에 앉아 있을 때 이런 상황이 있을지 미처 예상하지 못했다. "일보(一報)부터 보고드리자면," 법원 서기가 말했다. "폴 웨이먼트의 행방이 아직 보고되지 않았습니다. 아직 그를 찾지 못했다고 합니다…." 힐더 판사는 불안함을 느꼈다. 이날 아침에 웨이먼트의 징역형이 시작하기로 돼 있었다.
>
> 52세의 판사는 서밋 카운티 법정으로 천천히 걸어갔다. 정신이 멍한 상태에서 재판 일정이 지나갔다. 법원 서기가 판사실로 그를 불러내 웨이먼트에 대한 새로운 소식이 있는지 알려줬다. 힐더 판사는 웨이먼트가 차를 몰고 나타나길 기대하면서 몇 번씩 교도소 쪽으로 난 창문을 바라봤다. 점심시간 때 그는 혼자 생각하고 싶었다. 식사를 하기 위해 파크 시티로 향했다.

그는 검사들이 그 '무책임한 아버지'[폴 웨이먼트]를 교도소에 보내길 원하지 않았음에도 웨이먼트에게 징역형을 선고했다. 힐더는 그래야 한다고 느꼈다. 웨이먼트의 과실로 그의 어린 아들이 죽었기 때문이다. 분명히 법적인 결론이 나와야 한다고 그는 믿었다.

이제 그가 의도했던 것보다 더 큰 일이 벌어졌다.

점심 식사를 마치고 돌아오는 길에 그는 자동차 라디오를 껐다. 뉴스를 듣고 싶지 않았다. 항상 그렇듯이 여섯 살배기 아들의 그림과 고장 난 레고 장난감이 그의 토러스 자동차 바닥에 널브러져 있었다. 법원 복도를 걸어 들어가 유리 벽으로 된 사무실을 스쳐 갔다. 법원 서기가 일어나서 그에게 들어오라고 손짓을 했다. 그녀의 얼굴에는 걱정이 어려 있었다. 그는 문으로 다가가 마음을 다잡았다. (Los Angeles Times 2001.12.30.)

복선은 1문단의 "힐더 판사는 불안함을 느꼈다"와 4문단의 "이제 그가 의도했던 것보다 더 큰 일이 벌어졌다", 그리고 5문단의 "그녀의 얼굴에는 걱정이 어려 있었다"이다. 기사 첫머리에 세 번이나 전조를 보였으니 정말 큰 일이 있는 모양이다. 이 기사는 아버지 웨이먼트가 산에서 네 살배기 아들을 차에 놔둔 채 사슴을 쫓는 동안 아들은 차를 벗어나 숲을 헤매다가 동사한 시체로 발견된 사건을 다루었다. 힐더 판사는 부주의로 아들을 죽게 한 웨이먼트에게 가벼운 징역형을 내렸고, 웨이먼트는 그 처벌을 달게 받는가 싶더니 사라지고 만다. 선량한 사람으로 소문났던 웨이먼트는 죄책감을 못 이겨 결국 자살했다. 형이 시작하는 날, 시간이 지나도 웨이먼트가 나타나지 않자, 힐더 판사의 걱정은 커진다. 위 세 문장은 바로 웨이먼트의 자살을 암시하는 대목이다.

이 사건이 났을 때, 마을 주민들은 사건과 무관한 의혹을 들먹이며 웨이먼트를 난도질했다. 그의 가정 문제, 불규칙한 취업 경력, 사냥에 대한 과도한 몰입 등이 언론에 보도되었고, 그의 실수를 용납하지 않았던 주민들은 그를 맹렬히 비난하기 시작했다. 급기야, 이혼한 전처가 아들의 양육권을 갖지 못하도록 하려고 웨이먼트가 아들을 감추어두고 자작극을 벌인다는 말까지 나돌았다. 그런 여론재판의 와중을 기사는 다음과 같이 전했다. ①번 문장이 복선이다.

웨이먼트는 그러한 관심에 진저리가 났다. 그는 금욕주의 속으로 더 깊이 물러섰다. 그는 집을 나서길 주저했다. 그는 누이[밸러리]에게 전화를 걸어 가라앉은 목소리로 그날 무슨 기사가 났는지 물었다. 어느 날 아침 브렌다[전처]의 언니가 그를 또다시 가정폭력 문제로 고발한 기사가 나왔다. 그는 참을 수 없었다. 살인자로 불리는 것을 견딜 수 없었다.

"왜 그들은 나를 미워하는 거지?" 그는 밸러리에게 물었다.

친구에게 보낸 이메일에서 그녀는 이렇게 적었다. "나는 그가 자살을 한 다음에야 이런 상황이 멈추지 않을까 생각해."(①)

앞의 '회상: 결정적 장면의 재현'에서 소개했던 약사의 무장 강도 사살 기사에도 복선이 있다. 8년 전에 무장 강도를 당했던 약사 그렐은 또다시 강도를 당한다면 총으로 쏴 죽이겠다고 마음먹었는데, 그런 일이 정말 일어났다. 아래는 리드 직후의 내용이며 ①번 문장이 복선이다.

그 사건은 1990년 11월에 발생했다. 강도들은 아무도 잡히지 않았다.

사건 직후 그렐 씨는 아버지에게 물려받은 32구경 베레타 자동권총을 창고에서 꺼냈다. 그는 출퇴근길에 항상 총을 휴대했다. 가죽 케이스에 총을 넣고 허리 뒤쪽에 차고 다녔다. 쓸 일이 있으면 주저 없이 총을 뽑겠다고 다짐했다.

그렐 씨는 그렇게 앤서니 윌리엄스를 맞닥뜨렸다. 총을 쏘겠다는 그의 다짐이 진심이었는지 확인하는 순간이었다.(①) (The Wall Street Journal 1998.1.20.)

이 기사는 위와 같이 시작했다가 중간쯤에 강도를 죽이겠다는 그렐의 의지가 더 강하게 묘사된다. 아래 문단은 그의 다짐을 더욱 분명하게 느끼도록 만드는 복선으로서 그가 두 번째 무장 강도를 사살했을 개연성을 높여준다.

그렐 씨에게는 강도 사건에 대응하는 추가 임무가 있다. 그가 머릿속으로 수 천 번을 연습한 것이다. 지난번처럼 강도가 든다면 스스로 어떻게 대응해야 하는지 생각에 생각을 거듭했다. 몇 가지 시나리오까지 염두에 두었다. 그에 따르면, '300번의 이미지

▎트레이닝'을 했을 정도다.

 복선은 기사의 문맥을 주제 쪽으로 강하게 전환하는 도구로 활용되기도 한다. 즉 앞으로 일어날 일뿐 아니라 주제를 암시하는 기능도 한다. 아래 기사는 남부 수단의 내전으로 난민이 된 청소년 수 천 명이 미래의 꿈을 싣고 미지의 땅 미국으로 향하지만, 미국에 도착해서 전혀 예상하지 못했던 문화 충격과 부적응에 시달리는 상황을 고발한다. 미국은 달콤하지만, 그들이 살기에 적당한 땅은 아니다. 아래 리드의 마지막에 있는 ①번 문장이 복선이다.

 12월 17일, 한 무리의 10대 소년들은 케냐 평야의 진흙 움막집을 떠났다. 그들이 막연히 꿈꾸던 새로운 삶을 찾기 위해서다. 그들은 생전 처음 동력으로 움직이는 이동 수단을 탔다. 처음으로 비행기를 탔고, 처음 서쪽으로 눈을 돌린 순간, 누군가 그들에게 '메사추세츠'라는 단어를 알려줬다.

 갈라진 땅과 회색빛의 아카시아가 있는 북서쪽 케냐의 한복판에서는 노스다코타주에 대한 말이 무성하게 오갔다.

 소년들은 무리 지어 UN기지를 둘러쌌다. 그곳에는 그들이 가게 될 새로운 가정이 있는 미국 도시들의 목록이 있었다. 나이가 제법 있어 보이는 한 소년은 노스다코타가 나이로비보다 훨씬 춥다고 주장했지만 확인할 길은 없었다. 다른 아이는 '알바니'에 대한 생각으로 황홀해하고 있었다. 꿈꾸듯이 '알바니, 뉴욕, 알바니, 뉴욕'이라는 구절을 반복했다. 그는 그곳이 100만km, 아니 아마 200만km 떨어져 있다고 추정했다.

 17살 존 뎅의 마음은 이미 시카고에 가 있었다. 그는 시카고가 황소가 많은 곳이라는 것도 알고 있었다. 대대손손 딩카 족의 소몰이 목자로 자라난 그에게 (그는 아직도 황소의 뿔에 대한 찬양가를 부를 정도다) 시카고는 무척이나 흥미를 끄는 곳이다.

 뎅은 "시카고 불스라고 적힌 티셔츠를 본 적이 있다"라며 "시카고에서 많은 황소를 기를 수 있을 것으로 믿는다"라고 말했다. BBC 아나운서와 비슷한 영어를 사용하는 그가 벌어진 이빨을 드러내며 환하게 웃었다.

 그러나 몇 시간 후에 뎅은 아마 소를 전혀 볼 수 없는 낯선 곳인 메사추세츠 애링턴이라는 지명을 듣게 될 것이다. 그에게는 아무런 의미가 없는 그런 곳이다.(①)

미국행 비행기는 매일 뜬다. 오렌지색 먼지 구름 숲을 뚫고 굉음을 내면서 말이다.
(The Boston Globe 2001.1.7.)

6. 호기심 유발

기사가 리드에서 극도로 호기심을 유발할 수 있다면 대성공이다. 아래 기사는 끊임
없이 궁금증을 자아내는 방식으로 독자가 계속 기사를 읽도록 만든다.

2002년 여름, 한 UC버클리 법대생이 이상하리만치 비밀스러운 전화를 받았다. 톰 베
닉슨인가요? 전화를 건 사람이 물었다.

네.

칼로타 랜스버그라는 이름의 할머니를 두고 있었나요?

마찬가지로, 네.

전화를 건 사람은 잠재적으로 어떤 가치가 있는, 할머니가 소유했던 그림의 위치를
알려줬다.

베닉슨은 1938년에 할머니와 당시 10대였던 엄마 에디스가 나치를 피해 베를린을
떠났다는 것을 알았다. 그들은 은행 사업에 연결된 꽤 부유한 유대인 가족의 일원이었
다. 두 여성은 그들을 숨겨준 친구들과 낯선 이들의 도움을 받아 1년의 여정 동안 스위
스, 프랑스, 스페인, 아르헨티나를 거쳐 마침내 뉴욕시에 정착했다. 거기서 에디스는
결혼해 톰을 낳았다. 베닉슨의 부모는 그가 어렸을 때 세상을 떠났고, 1994년 세상을
떠난 할머니는 본국을 떠난 것이나 그곳에 남겨둔 것에 대해 아주 조금만 언급했을 뿐
이었다.

그리고 이제 전화를 건 사람은 제목과 예술가는 아직 공개할 수 없지만, 그의 할머니
가 가치 있는 그림 한 점을 소유했다고 말하고 있었다. 베닉슨은 낌새를 챘다. "저는
그들이 '우리에게 1만 달러짜리 수표를 보내주면, 그림을 복원하기 위해 할 수 있는 모
든 것을 하겠어요'와 같은 것을 말하기를 기다리고 있었어요." 그는 회상했다.

그런데 사기가 아니었다. 전화는 도난당한 작품의 복원을 추진하는 국제 대행사인 아트 로스 레지스터(Art Loss Register)에서 온 것이었다. 주요한 구매를 고려하는 수집가들은 자기가 사려고 하는 것이 깨끗한 이력을 지니고 있는지 그곳과 상의할 수 있었다. 만약 그렇지 않다면, 대행사는 원소유주나 그들의 후손을 추적하여 합의금을 협상한다. [전화가 왔을] 당시의 잠재적인 구매자는 'Femme en Blanc'(Lady in White)이라는 제목이 붙은 1922년 파블로 피카소 유화의 출처를 재확인하기 위해 그곳에 접근한 것이었다. 현재 문의하는 가격은 1,000만 달러 이상이었다. (East Bay Express 2004.8.4.) (이샘물·박재영, 2020, 249-250쪽)

국내 신문에도 독자의 호기심을 자아내는 수작이 있다. '초미니 시골학교의 야무진 뒤집기'라는 제목의 중앙일보 기사다.

2005년 7월, 경기도 안성시 서운면 산평리 일대에 흉흉한 소문이 돌았다. "산평초등학교가 없어진대요." "학생 수가 모자라 강제 폐교당한대요." "당장 내년부터 두 학년 합쳐 16명이 안 되면 무조건 한 교실에 밀어 넣는대요." 사실이었다. 당시 산평초등학교 학생 수는 51명. 폐교 기준이 100명이냐 60명이냐 말들이 많았지만, 어쨌거나 살아남긴 그른 것처럼 보였다. 몇몇 교사, 학부모, 동문 들이 머리를 맞댔다. 누군가 "앉아서 당할 순 없다"고 했다. "마을의 심장 같은 학교를 이리 쉽게 뺏길 수는 없다"고 했다. "학교도 살리고 아이들도 살리고, 마을도 살려야 한다"며 목을 곧추세웠다. 2006년 7월, 산평초등학교는 살아남았다. 앞으로도 쭉 잘 살 수 있는 기반을 마련했다. 학생 수는 71명으로 늘었다. 전학 문의도 계속되고 있다. 지난 1년, 하늘 아래 온통 포도밭뿐인 이 동네에 무슨 일이 있었던 걸까. (중앙일보 2006.7.20.)

정말 무슨 일이 있었는지 궁금해진다. 그래서 기사는 하나씩 보여주기 시작한다. 우선, 주민 설문조사를 했다고 한다.

"제일 먼저 시작한 게 학부모 설문조사였어요. '학교가 없어져도 좋다'는 의견이 꽤 많을 수도 있는 거잖아요."

> 어머니회장 김용순(35) 씨의 말이다. 그만큼 자신이 없었다. 무슨 수로 살리나, 과연
> 똘똘 뭉칠까, 다들 학교를 사랑하긴 하는 걸까.

독자도 그 결과가 궁금하다. 과연, 어떻게 나왔을까?

> 결과는 분명했다. 학부모 51명 중 49명이 '학교를 반드시 지키겠다'고 답하였다. 동문
> 과 학부모, 지역인사 들은 바로 행동에 들어갔다. '학교를 사랑하는 모임'(학사모)을
> 만들었다. 2005년 8월 1일 첫 회의를 했다. 학교운영위원장인 박용갑(43) 씨가 회장이
> 되었다.

학교를 어떻게 살렸을지 궁금하기도 하지만, 도대체 왜 그렇게 하려는지도 정말 궁
금하다.

> 산평초등학교는 1963년 설립됐다. 그 뒤 40여 년이 넘는 세월 동안, 학교는 서운면 남
> 부 일대의 유일한 '관공서'였다. 주민의 85%가 농업에 종사하는 작은 마을에서 그나마
> 번듯한 건물, 넓고 잘 다듬어진 잔디 운동장이 있는 소중한 공간이었다. 지역의 구심점
> 이자 이웃과 이웃을 잇는 마음의 다리였다. 학교 살리기에 교사나 학부모뿐 아니라 지
> 역 주민 대다수가 적극적으로 나선 이유다.

이제 이야기를 펼칠 준비가 됐다. 기사는 위 문단에 이어서 "학사모 회원들의 활약
이 시작됐다"라는 문장과 함께 주민들의 학교 살리기 작전을 전개했다.

아래는 '쓰레기 제로'에 도전하는 독일 오리기날 운페어팍트(Original Unverpackt)
슈퍼마켓을 보도한 기사다. 리드만으로는 기사가 무슨 내용을 다루는지 도무지 알 수
없지만, 첫 장면이 상당히 매력적이다. 두 문단이나 되는데도 핵심 정보를 주지 않으
며 독자의 호기심을 잔뜩 유발한다. 내용 전개도 리드미컬하다. 일단 성공이다.

> "세계에서 제일 불편한 슈퍼마켓인데 무슨 취재할 게 있겠어요?" 지난달 10일 독일 베
> 를린의 한 슈퍼마켓. 점원에게 한국에서 온 기자라고 밝히고 가게 안을 둘러보며 촬영

하고 싶다고 하자, 옆에서 듣던 손님이 참견하며 말했다. 점원도 맞장구를 쳤다. "당신이 필요한 물건이 없을지도 몰라요." 취재를 하라는 것인가 말라는 것인가.

자신을 근처에 사는 대학생이라고 밝힌 오지랖 넓은 손님 바스티안 크루거는 점원의 말을 유쾌하게 받았다. "하지만 한 가지는 확실합니다. 이 가게에는 모든 것은 없지만, 올바른 것은 있죠. 그래서 여기에 와요. 좀 불편하지만." 크루거는 점원을 돌아보며 말했다. "그러니까 빌어먹을 야채 좀 제발 가게에 많이 가져다 놔요. 내가 더 자주 올 테니까." (뉴스1 2019.11.30.)

오리기날 운페어팍트 슈퍼마켓은 모든 제품을 포장 없이 판매한다. 예를 들어, 곡물이나 샴푸를 사려면, 손님은 자기의 용기를 가져와서 직접 담아야 한다. 용기는 플라스틱 박스, 유리병, 종이봉투, 비닐 등 어떤 것도 상관없다. 제품이 600여 종이나 되는데 모두 그런 식으로 판매한다. 황당한 슈퍼마켓이다. 가격을 어떻게 매기는지가 당장 궁금하다. 손님은 우선 자신이 들고 온 용기를 저울에 올려 무게를 재고, 커다란 통에 담겨 있는 곡물이나 샴푸를 그 용기에 필요한 만큼 덜어서 담는다. 용기를 계산대에 가져가면, 점원은 전체 무게에서 용기 무게를 뺀 만큼에 가격을 매긴다.

이 기사는 세계가 플라스틱 공포에 휩싸이면서 환경의 중요성을 환기하려고 기획됐다. 주제를 인상적으로 전달할 수 있는 '상황 매개물'을 잘 찾아냈다. 3장 '상황 매개물'에서 월스트리트저널이 걸스카우트 '디아블로의 날' 행사를 통해 음악 저작권료 문제를 보여주었던 것처럼, 이 기사는 오리기날 운페어팍트 슈퍼마켓 매장에서 벌어지는 장면들을 통해 주제를 보여주면 된다. 손님이 직접 자기 용기에 제품을 담는 장면이나 계산을 하는 장면은 주제를 강렬하게 전달하기에 아주 좋은 재료다. 그러면서 무포장 슈퍼마켓 아이디어를 낸 사람은 누구이며 그런 제품을 공급하는 사람은 누구인지 등을 곁들일 수 있을 것이다. 이런 장면과 정보가 이어질 것으로 예상하면, 위의 리드는 정말 빛난다. 하지만, 이 기사는 그렇게 전개되지 않았다. 200자 원고지 18.7매의 긴 기사에서 장면이라 할 수 있는 부분은 위 리드뿐이며 나머지는 모두 기자의 설명문이다. 월스트리트저널이 '디아블로의 날' 행사 속으로 쑥 들어가서 음악 저작권료 인상이 어떤 이슈인지 보여주었던 것처럼, 이 기사도 오리기날 운페어팍트 슈퍼마켓 속을 쑥 들어가서 환경보호가 어떤 이슈인지 보여줄 수 있었다. 하지만, 기자는 그렇게 하지 않았다. 내러티브 기사는 멀리 있지 않으며 만들기에 어렵지도 않다. 기자들이 취재 과정에서 보거나 만나는 것 중에 캐릭터나 매개물이 있다. 그것을 포착하는 좋은 눈과 그것으로 이야기를 엮어내는 내러티브 감각이 필요할 뿐이다.

7. 긴장감 조성

평범한 사건·사고도 처음에 피해 규모를 알려주기보다 긴장감을 조성하는 방식으로 작성하여 기사를 계속 읽고 싶게 만들 수 있다. 아래는 로스앤젤레스타임스가 보도한 산불 기사의 리드다.

> 타야 하트는 지갑을 쥐고 차에서 뛰어내렸다. 그녀는 언덕 위에 있는 고속도로에서 도망쳐 나왔다. 심장이 빠르게 뛰었다. 몸은 흔들렸다.
>
> 16세 타야는 엄마에게 전화했다.
>
> "엄마, 사랑해." 그녀가 말했다. "그런데 아주 큰불이 났어."
>
> 금요일 오후, 타야와 축구 팀원들이 케이존 패스에서 화재를 마주했을 때, 그들은 토너먼트 경기에 참여하려고 라스베이거스 집에서 15번 고속도로에 있는 샌디에이고로 가기 위해 남쪽으로 향하던 중이었다
>
> 불은 오후 2시 반 이후에 시작했는데, 순식간에 1,400만m²로 번져 양쪽 고속도로를 막아버렸다. 불은 저녁까지 차량 20대와 집을 최소한 네 채 파괴했고, 산악지대 마을 쪽으로 접근하고 있었다. 15번 고속도로에 있는 대부분의 차선은 대부분 토요일 오전까지 재개했지만, 소방관 수백 명이 여전히 현장에 있다. (Los Angeles Times 2015.7.17.) (이샘물·박재영, 2020, 31-32쪽)

8. 핵심적 한 문장

아주 간명한 한 문장으로 리드를 쓸 수 있다면 최고다. 당연히 그 문장은 기사의 핵심 정보를 포함하면서 주인공을 소개하고, 그와 동시에 다음 문장으로 독자를 유도할 수 있어야 한다. 쉽지 않은 한 문장이지만, 아래 미국 기사의 첫 문장이 바로 그런 문장이다.

만약 그가 목욕만 했다면. 맨발의 비참한 피고 윌리엄 노웰은 배심원들이 법원을 나가면서 웃고 떠드는 것을 지켜봤다. 그들이 마치 칵테일파티에 있는 것 같다고 생각했다. 그의 삶이 부서지는 것은 전혀 신경 쓰지 않았다. 그는 울기 시작했다. 배심원단은 평결을 내렸다. 그는 나쁜 냄새가 난다는 이유로 퇴거당했다.

노웰은 냄새가 난다. 심지어 본인도 인정한다. 그런데 정확히 얼마나 나쁜 냄새가 나는지는 논의해볼 문제다. 8월에 노웰이 살던 건물의 화려한 위층 주인들이, 그가 허락받아 주거하던 바로 그 아파트에서 그를 쫓아내기 위해 법정으로 데려가면서 이것은 법적인 토론이 되었다.

노웰은 지난 20년간 길거리에서 살았고, 그렇게 보인다. 그는 매일 입는 옷 하나만 소유하고 있다. 허리의 불룩한 곳까지 말려 있는 너무 크고 낡은 검정 추리닝 바지, 검은색 후드 추리닝이다. 양말은 없다. 신발은 없다. 어떤 미친 동물처럼 꾀죄죄하게 꼬여 머리 뒤에 붙어 있는 커다란 머리카락 아래로 맹렬한 푸른 눈이 엿보고 있다.

작년에 그는 모든 불운한 노숙자가 꿈꾸는 것을 받았다. 그가 쓰고 싶은 대로 쓸 수 있는 20만 달러의 합의금을 갑작스럽게 횡재로 받은 것이다. 그는 새로 시작하기로 했다. 집을 찾고 청소하는 것이다.

"저는 언제나 제가 원하는 장소를 그려왔어요." 그가 말한다.

스프링가 650번지에 있는 빌딩은 꼭 들어맞는다. 이것은 그 지역에서 가장 큰 고층 건축업자인 SB 프라퍼티스가 중심가에 소유한 8개의 빌딩 중 하나다. (LA Weekly 2012.11.8.) (이샘물·박재영, 2020, 242-243쪽)

9. 장면 대조

리드에 상반되는 두 장면을 보여줌으로써 독자의 시선을 끌 수 있다. 아래 기사의 첫 번째와 두 번째 단락이 그런 경우다.

중국 산업의 중심에 있는 이 마을은 낮만큼은 모든 게 정상적으로 보였다. 아이들은 마당에서 뛰어놀고, 유니폼을 입은 청소부들은 말끔하게 정돈된 거리를 청소하고 있었다. 초등학교 건물 정면에는 중국 경제성장의 영웅인 덩샤오핑의 대형 초상화가 걸려 있고, 그 위로 오성홍기가 자랑스럽게 휘날리고 있었다.

그러나 밤이 찾아오면서 으스스한 정적이 마을을 휘감았다. 1분에 1대씩 지나치는 자동차를 자세히 보면 그 안에 타고 있는 사람은 모두 경찰임을 알 수 있었다. 정복을 입은 경우도 있지만 사복을 입은 경우도 있었다. 만일 주민을 발견해 따라갈 수만 있다면 그런 느낌을 확실히 느낄 수 있을 것이다.

"어둠이 오기 전에 돌아가는 게 좋을 거요."

한 주민은 이방인에게 이렇게 말했다. "경찰이 금세 어디로부터인가 튀어나와요. 밤에는 아무도 밖에 나가려 하지 않습니다."

평온한 농촌이었다가 지금은 난개발된 산업지역인 이 마을은 지난주 엄청난 정신적 충격을 받았다. 주민들의 시위를 전기충격봉으로 무장한 경찰이 강제진압하면서 13세 소녀를 포함해 2명이 살해됐기 때문이다. 〈중략〉 이 같은 저항과 소요는 경제성장에서 소외된 중국의 각 지역으로 확산되고 있다. 저항이 커질수록 당국의 과잉진압도 강해지고 있다. 이곳에서 차로 2시간 거리인 둥저우에서는 지난달 인민해방군이 총을 발사해 주민 최소 30여 명이 사망한 것으로 알려졌다. (The New York Times 2006.1.19.)

(동아일보 편집국 심의팀, 2005)

10. 영화의 한 장면

내러티브 기사에서 발견되는 장면들은 대부분 그대로 옮겨서 영화 장면으로 만들어도 될 정도로 시각화가 훌륭하다. 기사가 영화 장면 같은 리드로 시작한다면, 처음부터 글 읽는 재미가 한껏 날 것이다. 그래서 내러티브 전문가들은 영화를 떠올리며 글을 쓴다. 신문기자가 다큐멘터리를 만든다는 생각으로 글을 쓰면 자연스럽게 내러티브가 살아날 것이다. 글을 쓰다가 막히면, 장면을 떠올리려 애써보라(Kramer & Call, 2007/2019). 해당 부분의 서사를 상징하는 특징적인 장면으로 무엇이 좋을지 고민하는 것도 좋다(안수찬, 2013). 한마디로, "영화적으로 사고하라!"(Kramer & Call, 2007/2019, 476쪽).

아래 기사는 자부심으로 똘똘 뭉친 사복경찰관 2명이 새벽 순찰 중에 마약 거래장소에서 총격을 받아 한 명이 중상을 입은 사건을 다루었다. 전날 자정쯤 두 사람이 순찰을 떠나기 위해 출동하는 장면을 리드에 담았다. 이 경쾌한 분위기 몇 시간 후에 그 사건이 발생한다.

> 조 페렌지는 방탄조끼 위에 검은 티셔츠를 입고 폭이 넓은 검은색 경찰 벨트를 허리에 꽉 조였다. 그는 배낭에서 총을 꺼내 권총집에 넣었다. 그가 가지고 있는 총은 검은색과 은색으로 되어 있고 탄창 13개가 장착된 9mm SIG-Sauer P22로 업무수행 중 한 번도 발사된 적이 없었다. 그는 손에 쥐어지는 느낌이 좋아서 경찰학교 시절 그 총을 선택했다.
>
> 페렌지는 안내데스크 근처에 있는 보관소에서 무전기를 인수했다. 그는 노트북 컴퓨터를 집었다. 그는 자신과 신참 파트너 마이클 시리얼이 운전하게 될 흠집 없는 차에 열쇠를 꽂았다.
>
> 그리고 그는 시리얼을 보았다.
>
> 그 덩치 큰 경찰은 입이 귀에 걸리도록 웃었다. 머리카락은 아직 젖어 있었고 얼굴은 상쾌하게 면도가 되어 있었다. 시리얼은 회색 티셔츠 아래 성 크리스토퍼 메달이 달린 가느다란 금목걸이를 걸고 있었다.
>
> "늦잠을 잤어." 시리얼이 말했다.

"괜찮아. 주말이잖아. 바쁘지도 않을 거야." 페렌지가 가볍게 대답했다. (Chicago Tribune 1999.8.15.)

11. 신속한 장면 전환

영화는 장면을 통해 관객과 대화한다. 사건의 흐름을 내레이터가 설명해주는 것이 아니라 장면의 변화로 알 수 있게 해준다. 장면 변화가 빠르면, 관객의 시각적 긴장감은 지속해서 유지된다. 기사에 영화의 장면 전환을 활용하면, 사건을 속도감 있게 전할 수 있다. 아래 기사는 최악의 노동조건에서 일하던 가선공이 부주의로 감전되어 전주 꼭대기에 매달린 채 죽은 내용을 다룬다. 기사는 가선공의 아버지가 아들을 마지막으로 본 과거의 순간(①번 문단)에서 시작하여 비보를 접한 아버지가 현장에서 아들의 주검을 목격하는 현재의 장면(②번 문단)으로 신속히 이어진다.

① 폭풍이 전력선을 하루 동안 끊어놓았고 브랜트 처칠이 부모님의 집 앞을 지나면서 늘 그랬던 것처럼 경적을 울렸을 때, 그는 거의 이틀 밤을 자지 못한 상태였다. 창문으로 그의 아버지가 그를 보았다. 아들은 누군가를 위해 전기를 복원하러 가는 길이었다.

"그는 분명히 매우 지쳐 있었어요." 글랜든 처칠[아버지]이 말했다.

그의 아내, 딸, 손자는 크리스마스트리에 장신구를 꾸미며 아무 말이 없었다. 브랜트에게 장시간 노동은 일상적이었다. 얼음 폭풍이 있었던 2년 전에도 그들은 몇 주 동안 브랜트를 보지 못했다. 그가 남겨두고 간 것은 몇 가지 잡동사니 가방들뿐이다.

② 30분 후 전화벨이 울렸다. 그때 그의 아버지는 운전 중이었다. 반짝이는 불빛들을 지나고, 그를 세우려고 하는 사람을 지나서….

"아~, 아~." 그가 말했다. "저건 내 아들이야." 그는 아들이 멜빵에 의지한 채 전신주의 꼭대기에 매달려 있는 것을 발견했다.

"오, 하느님! 어서 그를 내려주세요." 처칠이 말했다. (Sun Journal 2000.3.12.)

12. 연대기

연대기(chronology)는 사건이 일어난 순서에 따라 이야기를 구성한다(Kennedy, Moen, & Ranly, 1993). 따라서 사건의 핵심 정보는 기사의 마지막에 배치된다. 이 방식은 독자가 기사의 리드부터 관심을 가졌을 때 더 효과적이다. 기사의 처음부터 끝까지 연대순으로 전개되는 경우는 드물지만, 기사가 처음부터 독자를 끌어당길 만큼 충분히 매력적이라면 연대기를 활용해볼 만하다. 아래는 그런 예다.

어머니의 날을 겨우 이틀 남겨둔 지난 5월 맑은 오후, 브루클린의 베일 리지 구역에 있는 하워드와 조앤 킵의 2층 벽돌집에 소포가 하나 도착했다. 그 소포는 뉴욕공립학교 생활지도 주임인 54세 조앤에게 온 것이었다. 킵 부인은 부엌에 서서 갈색 봉투를 뜯었고, 빠르고 맛있게 요리할 수 있는 전문가 요리책을 발견했다. 그녀는 덮개를 열었다. 그러자 갑자기 폭발이 있었고, 2개의 22-cal. 총알이 그녀의 가슴을 찢었다. 하워드가 방으로 뛰어 들어와 바닥에서 피를 흘리고 있는 아내를 발견하고는 숨이 막힐 정도로 놀라서 "폭탄! 폭탄!"이라고 외쳤다. 3시간 뒤 그녀는 죽었다.

폭탄은 정교하게 장치되었다. 요리책의 두께는 3.8cm밖에 안 됐지만, 어떤 사람이 거기에 구멍을 내고 그 안에 화약과 총알 3개에 철사로 연결된 6볼트짜리 건전지를 달아놓았다. 동네 이웃인 경찰은 당혹스러워했다. 누가 킵 부인에게 해를 입히고자 했을까? 상냥하고 유명한 조앤 킵은 장성한 자식이 2명 있고, 베이 리지 공동체위원회의 회계 담당으로서 다음 달에 부회장이 될 것으로 기대되었다. 비탄에 잠긴 그녀의 27세 아들 크레이그는 기자들에게 말했다. "이것은 무책임하고 폭력적인 행위이며, 전혀 말이 되질 않습니다."

더 나쁜 것이 있었을까? 위장 폭탄이 들어 있던 책에는 기분 나쁜 메모가 적혀 있었다. "친애하는 하워드 씨, 당신의 죽음/ 그러나 처음엔 조앤/ 크레이그는 다음/ 도린 또한/ 더 이상 게임은 없다." 경찰은 즉시 가족 모두를 보호하기 시작했다. 폭탄이 우편으로 왔기 때문에 연방 범죄이며 조사는 미국 우편검열 서비스로 넘겨졌다. 한 조사원이 말했다. "그 폭탄을 만들기 위해서는 많은 것을 알아야 합니다."

초여름까지 그들은 200명 정도의 사람을 심문했다. 그리고 마침내 중단되었다. 필적 전문가가 용의자 중 한 명의 필체가 책에 적힌 메모의 필체와 일치한다는 것을 알게 되었다. 경찰은 용의자의 양말 한 짝을 갖고 와서 훈련된 독일 셰퍼드가 냄새를 맡게 했다. 그리고 개를 4개의 복제품과 실제 폭탄의 잔여물이 있는 방에 풀어주었다. 개는 곧바로 용의자의 양말 냄새가 나는 쪽으로 향했다. 어머니의 날 91일 후인 지난주, 경찰은 범인을 자신의 브루클린 아파트 밖에서 체포했고 그의 엄마에게 죽음의 소포를 보낸 혐의로 그를 고발했다. 피의자는 크레이그 킵이었다. 실직한 선박기술자인 크레이그의 범행 동기는 알려지지 않았다. 크레이그의 아버지는 아들의 무죄를 소리 높여 주장했으며 보석금 30만 달러를 지불하기 위해서 돈을 마련했다. (Time 1982.8.23.)
(Kennedy, Moen, & Ranly, 1993, 116-117쪽)

13. 병렬 구조

리드를 의문문으로 시작하는 경우가 종종 있다. 곧장 답을 줘도 좋고, 나중에 줘도 좋다. 답을 곧장 준다면 독자와 문답하는 형태인데, 이것도 내러티브 효과를 유발하는 좋은 장치다. 비슷한 내용의 문답이 여러 번 나열된다면, 읽는 사람은 뭔가 심상치 않다는 느낌을 받을 수 있다. 아래 기사는 그런 효과를 노린다.

미국 아이오와주의 불공정한 비과세 정책을 고발한 기사는 자격 없는 개인이나 기관들이 석연치 않은 이유로 자신들의 사유지와 건물에 대해 비과세 혜택을 받고 있음을 지적한다. 이 기사의 리드는 사례 3개를 병렬 구조로 묶었으며 사례별로 독자에게 질문을 던지고 기자가 답하는 형식이다. 사례가 계속되면서 터무니없는 비과세 혜택에 대한 독자들의 분노는 점증한다.

당신은 엘우드 근처에 수목이 환상적으로 어우러진 모르텐센가를 운전해본 경험이 있는가? 감정평가사인 리처드 혼은 약 1만 2,000m²에 이르는 그 멋진 장소의 가치를 19만 6,900달러로 매겼다. 주거지에 대한 새로운 세법에 따르면 그 땅을 소유하고 있는 의사 마수드 샤히디는 세금 4,228달러를 물어야 한다. 그러나 현실은 그렇지 않다. 샤히디는 그 토지에 대해 단 한 푼의 세금도 내지 않는다.

당신은 아이오와주 축산협회(IPA)의 본부를 방문해본 적이 있는가? 그곳은 이스트링컨가 535번지에 있는 아담하지만 멋진 건물이다. 혼은 그 건물을 12만 8,400달러로 감정했다. 이곳 역시 재산세 4,085달러를 내야 하지만, 협회는 한 푼도 내지 않는다.

당신은 엘크스 클럽에 가본 적이 있는가? 혼은 도서관 건너편 더글러스가에 있는 이 클럽의 건물이 31만 7,000달러의 가치가 있다고 평가한다. 상법상 그와 비슷한 건물의 레스토랑들이 내는 재산세는 1만 87달러이지만 엘크스 클럽 역시 전혀 세금을 내지 않는다.

샤히디, IPA, 그리고 엘크스는 에임스시에서 재산세 전액 공제를 받은 116개의 빌딩이나 토지 중에서 일부를 소유하고 있을 뿐이다. 다른 114개의 집이나 빌딩들-데일리 트리뷴[The Daily Tribune, 이 기사를 게재한 신문사]도 포함해서-의 주인들은 부분적인 공제를 받았다. 이 230개의 건물 또는 집이 받은 총 공제액은 5,297만 4,895달러에 달한다. 이들에게 부과한 연간 세금(주민세와 법인세)은 167만 6,936달러에 지나지 않는다.

이 모두는 법적으로 아무런 문제가 없다. 그러나 대단히 불공정하다. (The Daily Tribune 1995.8.2.)

병렬 구조의 리드는 과거와 현재를 교차하면서 구성할 수도 있다. 미국 연방정부의 과도한 조직 팽창과 그로 인한 관료주의의 폐해를 지적한 아래 기사는 200여 년 전 과거와 현재를 교차시키면서 정부의 거대화를 꼬집었다.

우리는 200년의 차이를 두고 살았던 두 미국인이 똑같은 이유로 분노에 차서 다시 만난다는 상상에서 시작했다.

한 사람은 이렇게 말했다. "그는 사람들을 괴롭히고 재산을 빼앗기 위해 새 관청을 수없이 세우고, 일단의 정부 관리들을 이쪽으로 보냈다."

다른 사람은 이렇게 말했다. "정부는 나를 바보로 몰아갔다. 서류 양식들은 너무 복잡해서 단지 그걸 알아보기 위해 시간당 35달러를 주어야 하는 회계사나 시간당 125달러를 지불해야 하는 변호사를 불러야 했다."

후자는 메릴랜드주에서 샌디 스프링스의 건설을 담당하는 로저 그레고리가 말한 것이다. 그는 평소에 온화한 성격의 소유자다.

전자는 버지니아주 몬티첼로에 살았던 토머스 제퍼슨이 했던 말이다. 미국 혁명을 촉발했으며 영국에 대항하자는 세부 조항들을 담은 독립선언서에서 그렇게 말했다.

거대하고 오만한 정부에 대한 깊은 혐오감에서 탄생한 이 나라가 이제 스스로 '영원히 빛나는 크고 오만한 정부'가 된 데 대해 불평하게 된 것은 역사의 아이러니 중 하나이다.

토머스 제퍼슨과 로저 그레고리 사이의 시간 속에서 무엇인가가 미국의 성장 호르몬에 문제를 일으켰다. 이제 40번째 대통령이 된 로널드 레이건은 상상할 수 없는 크기와 식욕과 편재(遍在)성과 복잡성을 지닌 브론토사우루스[연방정부를 은유하는 공룡 이름]에 안장을 씌우고 길들이기 시작했다. (The Associated Press 1981.6.14.)

위 기사는 미국 기사로는 이례적으로 '편집자주'를 달았다. 일반적으로 미국 신문의 편집자주는 기사에 대한 호기심을 유발하는 목적으로 작성되어, 읽어보면 기사의 내용이 자못 궁금해진다. 기사 개요를 한꺼번에 설명해주는 우리의 편집자주와 판이하다.

편집자주: "미국 정부는 너무 커서 어디서 시작되고 어디서 끝나는지 아무도 말할 수 없다. 모든 사람의 소유이지만 누구에 의해서도 관리되지 않는다." 이 말은 역대 대통령들을 좌절시켜왔으며 그랬던 경우는 이루 다 말할 수 없다. 이것은 현재 대단한 논쟁거리이기도 하다. 정부가 어떤 세력에 의해 형성되는지의 과정을 보는 것은 진기하고 매혹적이며, 때로 고상해 보이고 때로 화가 나기도 한다.

14. 가상 시나리오

사실에 기반을 둔 채 시나리오 형식을 취하는 리드도 있다. 아래 기사는 기발한 방법으로 능숙하게 사기를 치는 보험 사기꾼과 그에 속수무책인 보험사들의 고민, 그로 인해 선량한 보험가입자들이 피해를 보는 사회적 문제의식을 환기한다. 모두 9건의 사례가 등장하는데, 리드는 한 보험 사기꾼의 개연성 높은 시나리오로 구성되어 전체 내용을 박진감 있게 조망한다.

> 바에 앉아 있는 그 남자는 인사과 직원이다. 그는 잘 정돈된 듯하며 깨끗하고, 마치 한 잔의 물처럼 특이한 개성이 없는 외모를 갖고 있다. 이런 외적 특징은 그의 부업에 큰 도움이 된다. 바로 허위로 보험을 청구해 보험회사들을 속이는 것이다.
>
> W.T. 스테드(타이태닉호 승객의 이름을 빌려 쓴 그의 예명)는 그 일에 매우 능했다. 그는 지난 몇 년간 15건의 연출된 실패와 의도적인 자동차 사고로 약 6만 달러의 보험료를 갈취했다. 그는 전혀 뉘우치는 기색 없이 "나는 모든 의미에서 공산주의자다. 만약 많은 돈을 지불할 수 있는 부유한 보험회사에 가입했다면, 가입자들은 보험회사에서 그 돈을 받아야 한다"라고 말한다.
>
> 슈퍼마켓의 바닥에 포도 한 송이가 떨어져 있다면? 스테드는 여직원들 앞에서 그것을 밟고 미끄러져 엉치등뼈의 고통을 호소할 것이다. 그리고 슈퍼마켓의 보험사가 주는 후한 수표가 그 고통을 덜어줄 것이다. 아이들을 가득 태워 정신이 산만한 여성이 운전하는 왜건 차량이 산타모니카 고속도로를 달리고 있는가? 스테드는 갑자기 차선을 바꿔 그녀의 차 앞으로 끼어들어 자기의 차 뒷부분을 들이받게 할 것이다. 물론 경미한 충돌이지만 그의 목 골절은 틀림없이 심각하다. (The Wall Street Journal 날짜 미상) (Blundell, 1988, 50쪽)

이제 리드 이후의 나노 내러티브를 살펴본다. 아래의 장치들은 기사의 중간 어느 곳이든 활용할 수 있다. 중간 장치 중에서 가장 중요한 묘사부터 살펴본다.

1. 묘사

묘사의 정의

묘사는 내러티브의 필수 장치다. 기사의 어느 한 곳에라도 묘사가 없다면, 내러티브 기사라 할 수 없다. 한국 언론사에서 에디터는 취재하러 나가는 기자에게 "현장에 가면 주변을 한번 둘러보면서 스케치도 하고…"라고 말한다. 이때의 스케치가 묘사다. 하지만, 'sketch'는 한국 언론사가 편의적으로 쓰는 말이며 영미 언론사에서는 묘사를 'description'이라고 한다.

묘사는 그릴 묘(描)와 베낄 사(寫)의 결합이다. 묘사는 특정 대상이나 현상 등을 직접 보고 그대로 그려내는 행위다. 어떤 대상을 놓고 모양, 빛깔, 감촉, 소리, 냄새 등을 마치 눈앞에 있는 것처럼 그려내는 것, 대상이나 현상을 오감으로 표현하는 것이 묘사다. 원래 묘사는 문학 용어다. 아래는 조해일의 소설 '매일 죽는 사람'에 나오는 묘사의 한 예다. 닳아빠진 구두끈을 이렇게 정밀하게 그릴 수 있을까?

> 오른쪽 구두의 양 날개를 잡아매기 위하여 좌우 세 개씩의 구멍을 엇지르며 나란히 꿰어져 나간, 실로 짠 구두끈의, 오른쪽 두 번째 구멍과 닿아 있는 부분이 닳아빠져서 끊어지기 직전에 있었다. (조해일, 1995, 302쪽) (방현석, 2013, 88쪽)

묘사는 기사 문장 가운데 중요한 위치를 차지한다. 기사 문장은 묘사문, 인용문, 설명문의 세 종류로 나눌 수 있다.[11] 기자가 본 바를 적은 것이 묘사문이며 들은 바를 적은 것은 인용문이다. 이 둘을 제외한 문장은 설명문이다. 인용문은 흔히 말하는 인터뷰 코멘트로서 직접 인용문과 간접 인용문으로 구분된다. 직접 인용문은 큰따옴표가 붙으므로 외형상 명확하게 구분되며 간접 인용도 문장의 술어를 통해 쉽게 알 수 있다. 문제는 묘사문과 설명문의 구분이다.

설명 대 묘사

기자가 본 바를 적은 문장이 묘사문이라고 했지만, 정확하게는 기자가 본 바를 '그대로' 적어야 묘사문이다. 기자가 본 바를 적더라도 이해하기 쉬운 표현으로 풀어쓴 문장은 묘사문이 아니라 설명문이다. 아래의 예를 보면 설명과 묘사의 차이를 금세 알 수 있다. 첫 번째 예가 설명이며 두 번째 예가 묘사다.[12]

- 도시는 폭탄의 폭발로 엄청난 피해를 입었다.
- 불에 탄 피해 지역으로 들어서자, 길바닥에 유리 조각에 햇빛이 반사되어 얼굴을 똑바로 들고 걸을 수가 없었다. 시체 썩는 냄새는 어제보다 조금 약해졌으나 집

---

11) 박성호(2017)는 기사 문장을 직접 인용문, 간접 인용문, 행태 보고 문장, 정보 전달 문장, 묘사 문장, 해설 문장, 평가 문장, 질문 문장, 기타 문장으로 나누었다.

12) 참고로, 서술은 묘사와 서사를 포함하는 개념이다. 묘사는 정적인 설명 즉 움직이지 않는 대상을 서술하는 것이고, 서사는 동적인 설명 즉 움직이는 대상을 서술하는 것이다.

들이 무너져 기왓장이 산더미처럼 쌓인 곳에는 악취가 진동하고 파리들이 새까맣게 떼 지어 붙어 있었다. 거리를 정리하고 잔해를 치우던 구호반에는 후속부대가 보충된 듯했다. 색은 바랬지만 아직 땀과 오물로 얼룩지지 않은 구호복을 입은 사람들이 섞여 있었다. (Rozelle, 2005/2011, 118쪽)

한마디로, 설명은 '말해주기'이며 묘사는 '보여주기'다(Rozelle, 2005/2011, 113쪽). 내러티브의 금언 중 하나인 '말하지 말고 보여주라'(Show, don't tell!)는 설명하지 말고 묘사하라는 뜻이다(Ellis, 2009/2016, 35쪽). 한국의 대표 미녀 김태희를 직접 본 사람은 "다른 세계에 사는 사람을 만난 느낌"이라거나 "레벨이 다르다"라고 말한다. 그의 아름다움을 어떻게 다른 사람에게 전달할 수 있을까? "김태희는 예쁘다"라고 아무리 말로 설명해봐야 정보는 전달될지 몰라도 정서는 전달되지 않는다. 독자에게 그 의미를 보여주어야 한다. 기자가 김태희의 특징을 자기의 지식으로 일반화하거나 유형화하지 말고, 그의 모습을 구체적으로 그려야 한다. 예를 들어, "예쁜 옷을 입었다"라고 쓰지 말고, 어떤 색깔과 디자인의 옷을 입었는지 적어야 한다. 소설가는 "김태희는 예쁘다"라는 일곱 글자의 설명문을 700자나 7,000자짜리 묘사문으로 바꿀 수 있을 것이다. 그리되면 "예쁘다"라는 설명이 없더라도 독자는 그의 아름다움을 느낄 수 있다. 마찬가지로, '눈물'이라는 표현이 독자를 슬프게 만드는 것은 아니다(윤태영, 2014, 151쪽). 그런 표현 없이도 눈물을 흘리게 만드는 기사라면, 세월호 사건 같은 슬픈 일을 제대로 묘사했다고 말할 수 있다.

참고로, 설명문에는 두 종류가 있다. 하나는 바로 위에서 언급했듯이 기자가 본 바를 풀어쓴 문장이며 나머지는 '접착제' 역할을 하는 문장이다(Brooks, 2011/2015, 350쪽). 접착제 문장은 묘사문, 인용문, 설명문을 연결하는 문장으로서 기자가 취재 내용을 바탕으로 만들어낸 문장이다. 물론, 묘사문들을 연결하거나 인용문들을 연결하는 문장도 접착제 문장이다. 취재 방법 가운데 사실성의 순도가 가장 높은 것은 목격과 관찰이며 그다음은 청취다. 따라서 저널리즘의 객관성 측면에서 볼 때, 가장 중요한 문장은 묘사문이며 그다음은 인용문이고 맨 마지막이 설명문이다. 묘사문의 분량이 가장 많고 인용문이 그다음으로 많으며 설명문은 되도록 적어야 좋은 기사라 할 수 있다. 과학적으로 조사한 적은 없지만, 한국 신문 기사에서 이 세 가지 문장이 차지하는 비율은 그 반대인 것 같다. 즉 설명문이 가장 많고 인용문은 중간이며 묘사문은 가장 적다.

코바치와 로젠스틸(Kovach & Rosenstiel, 2007/2014)은 퓰리처상을 받은 시사만화가 더그 말레트(Doug Marlette)의 말을 인용하여 "[많은 뉴스는] 그저 사건을 보여주기보다 쓸데없이 설명하고 훈계를 늘어놓는다"라고 했다(314쪽). 기사를 따분하지 않고 흥미롭게 만들려면, 사람들이 자기 마음속에 그림을 그릴 수 있도록 도와주어야 한다. 심상의 힘은 과학적으로도 검증됐다. "누군가에게 '당신 뒤에 뱀이 있다'고 알려주는 것이 그 사람에게 직접 뱀을 보여주는 것보다 훨씬 더 강한 공포를 유발한다"(Kovach & Rosenstiel, 2007/2014, 314쪽). 마음속의 그림을 그릴 수 있도록 도와주는 것이 바로 묘사다.

묘사는 글의 장식품이 아니며 글재주 부리는 도구도 아니다. 묘사는 기자가 본 것을 독자도 똑같이 볼 수 있도록 해주지만, 실제로 구사하기는 무척 어렵다. 학생들에게 주변의 무엇이든지 묘사하라는 과제를 냈더니 한 학생이 건물 벽의 그라피티 묘사에 도전했다. 학생은 현장에서 과제를 끝내지 못해 그라피티 사진을 찍어 강의실에까지 와서 해보려 했지만, 결국 실패했다. 볼펜 하나를 묘사하기도 생각만큼 쉽지 않다.

관찰에 의한 묘사

설명문은 간명하지만, 사안을 실감하게 해주지 못한다. 인용문은 경제적이지만, 현장 전달에 제한적이다. 묘사는 현장 전달에 가장 탁월한데도 한국 기자들이 가장 도외시했던 글쓰기 기법이다. "보여주는 글을 쓰려면 보여주기 위한 취재가 필요하다"(안수찬, 2013, 40쪽). 묘사는 '현장 직접 관찰' 없이는 사실상 불가능하다. 기자가 현장을 직접 관찰하는가 아닌가는 경기장에서 스포츠 경기를 직접 관람하는 것과 텔레비전으로 보는 것의 차이와 같다. 한국 기자들은 취재의 많은 시간을 인터뷰 코멘트를 구하는 데 사용한다. 자기가 들은 내용을 인용문이라는 형식으로 독자에게 설명하려 한다. 사실성의 순도가 낮고 전달력도 떨어지는 방식이다. 인터뷰 만능주의에서 벗어날 필요가 있다. 독자에게 말로 설명하지 말고 독자가 눈으로 확인할 수 있도록 도와주어야 한다. 취재를 나가는 학생들에게 절대로 취재원에게 질문을 하지 말고 인터뷰 코멘트를 얻지 말라고 지시했더니 자기가 본 현장의 장면들을 시시콜콜 기사에 적어 왔다.

학생들은 인터뷰 없이도 기사 주제를 훌륭하게 부각했다. 한국 기자들은 인터뷰를 자제할 필요가 있다. 최고의 취재 수단은 관찰이다. 한국 언론의 가장 취약한 부분이기도 하다.

시각화

묘사는 곧 시각화(visualization)다. 독자가 기사를 읽고 장면의 윤곽을 그릴 수 있다면, 시각화에 성공했다고 말할 수 있다. 묘사문은 독자를 현장으로 인도한다. 독자는 기자가 그린 현장을 보고 현장을 간접 체험한다. 아래 기사를 읽어보면, 떼굿판에 와 있는 것 같은 느낌이 든다. 대강의 그림을 그릴 수 있을 것 같다. 기자의 오감이 동원된 좋은 묘사문이다.

> 파도가 부서지는 바닷가에 용왕님 부르는 징소리, 북소리가 진동한다. 달집 태우고 향과 초를 사르는 매캐한 냄새가 사방에 가득하다. 수평선 위 밤하늘엔 거울처럼 보름달이 빛나고 그 곁으로 소원을 쓴 풍등들이 별처럼 떠올라갔다가 사라져간다.
>
> 대보름날인 5일 밤 보름달 휘영청한 경북 경주시 양북면 봉길리 바닷가 모래벌은 거대한 떼굿판으로 변했다. 통일 대업을 완수한 신라 문무대왕 해중릉(대왕암)이 어슴푸레 보이는 해변에 전국에서 모여든 무속인들 굿판이 삼삼오오 이어졌다. 2km 남짓한 모래벌 둔덕 위를 메운 100채 가까운 천막들은 모두 간이 신당들. 천막 안에는 제물들과 촛불, 향불을 켜놓은 굿상들로 가득하다. 상마다 돈과 재물을 끼운 짚신짝들을 얹었다. 망자를 상징하는 제물이다. 상 주위에는 파카를 껴입은 발원자들과 무속인들이 진치고 앉아 합장배례를 거듭한다.
>
> "비나이다. 비나이다. 삼재반란 막아주고, 손재수 막아주고 사업번창 장수다복 도와주시고…."
>
> 만신이 치성을 드리며 축원 담은 소지문을 읽고 불사른다. 명태, 밥과 떡, 쇠머리, 돼지머리, 과일 등을 삼지창, 칼, 짚신 등과 함께 수북이 놓은 제상 앞에서다. 새끼무당이 일어나 "용왕님이 예쁘다 하셨다"면서 엉덩이 실룩거리며 '건방춤'을 춘다. 동료 무당들과 재가 신도들이 흐뭇하게 지켜본다. 해신의 소리, '공수'를 받은 원로 만신은 통통 뛰며 살풀이춤을 춘다. 제물을 떼어 해변에 휙 던지는 '고수레'가 잇따른다. 이런 굿거

▌ 리들이 천막마다 밤새도록 되풀이된다. (한겨레 2015.3.9.)

묘사와 관련하여 몇 가지 짚어둘 점이 있다.

- 한국 기자들은 설명에 능하고 묘사에 둔하다(박재영, 2006). 기자들은 자료와 인터뷰 문답 등의 정리는 잘하지만, 관찰은 잘 못 한다.
- 묘사에서 가장 중요한 점은 '직접 목격'이다. 기자가 대상이나 장면, 상황을 직접 눈으로 보지 않고 묘사를 한다는 것은 원칙적으로 불가능하다. (물론 치밀한 검증으로 과거의 일을 그대로 묘사할 수 있다.[13]) 따라서 묘사를 시도하려면, 기자가 현장을 직접 방문할 수 있어야 한다. 그것도 자주 방문하고, 한 번 방문하면 오래 머물 수 있어야 한다. 결국, 에디터가 기자에게 그런 취재 여건을 만들어주어야 한다.
- 묘사와 관련한 고민거리 중 하나는 '무엇을 묘사할 것인가?'이다. 주제와 직접 관련 있는 것만 묘사한다(윤태영, 2014). 그렇지 않은 것도 묘사하면 묘사가 과다해지고, 독자는 주제에서 멀어져 엉뚱한 길로 빠져든다. 묘사는 현장감과 생동감 덕에 독자의 머릿속에 강하게 기억되는 정보다. 따라서 주제를 드러낼 수 있는 것만 묘사하고 나머지는 과감하게 생략한다.
- 묘사를 잘하려면, 포착력이 있어야 한다. 즉 '묘사의 포인트'를 잘 포착해야 한다. 이 포인트는 대상의 상태, 동작, 분위기의 특징적인 부분을 포함한다. 인물의 경우에는 그의 태도, 행동, 표정, 분위기 심지어 소품도 묘사의 포인트다. 안수찬(2013)은 주제나 소재의 특별함도 중요하지만, 주제와 소재를 '특별하게 드러내는 힘'이 특별한 글을 만든다고 했는데, 묘사의 포인트를 잘 포착하면 그런 힘을 발휘할 수 있다(40쪽).
- 묘사 문장은 사실 정보(facts)로 구성된다. 묘사는 추상적인 개념이나 용어가 아니라 구체적인 사실로 보여주는 것이다.
- 대상을 구성하는 사실의 상태, 움직임, 분위기를 전달하는 것을 '객관적 묘사'라

---

13) 이와 관련된 내용은 본서 162쪽 참조.

고 한다. 이에 비해 대상을 본 취재원이나 기자 자신의 느낌을 묘사할 수도 있는데, 이것을 '주관적 묘사'라고 한다. 하지만, 이때에도 표현의 개연성이 높아야 하며 지나치게 주관적 표현은 자제한다.

- '어떤 기사에 묘사를 시도할 것인가?'도 고민거리다. 취재영역으로는 문화부 기사나 인물 기사에 적당할 것 같고, 기사 유형으로는 르포에 적합할 것 같다. 하지만, 위의 기사 예에서 보았듯이, 내러티브 기사를 사안과 관계없이 쓸 수 있는 것처럼 묘사 역시 어떤 기사에도 사용할 수 있다.

- 묘사는 담담하게 해야 효력을 발휘한다(윤태영, 2014). 기자는 슬픈 일을 다룰 때 슬퍼하지 않아야 하며 기쁜 일을 다룰 때 기뻐하지 않아야 한다. 즉 기자는 언제나 서늘한 마음으로 담담해야 한다. 미국 기자들이 케네디 대통령 피격이나 9·11 테러를 실황 중계하면서 감정의 동요를 최대한 절제했듯이 한국 기자들도 월드컵 4강이나 세월호 침몰을 보도하면서 최대한 건조한 문장을 구사해야 한다. 메시지를 강요하는 문장은 묘사문이 아니다.

이제 아래에서 묘사의 여러 양태를 살펴본다.

공간 묘사

기사에서 공간은 주제와 연관된 중요한 정보를 지닌다. 한국 기자들에게 공간이라는 단어는 조금 낯설다. 공간보다 장소라는 단어가 더 익숙하다. 국내 기사에서 장소는 다음과 같은 형식으로 등장한다.

> ① 토요일인 7일 오후 3시 서울 서초구의 한 카페. 전국 고교 학생회장들의 모임인 한국고등학교학생회 집행부 회의에서는 고성이 오갔다.
>
> ② 8일 오후 7시쯤 서울 여의도의 한 방송국 스튜디오 입구. 짧은 갈색 머리의 여자아이가 지나는 사람들에게 방긋 웃으며 손을 흔들고 있었다.
>
> ③ 17일 낮 1시께 서울 동대문구 광장시장 안 음식거리. 메르스 사태 전엔 내외국인들

이 온종일 붐볐지만, 이날은 점심시간인데도 손님이 뜸했다.

④ 지난 6일 오후 강원도 양양군 손양면 양양국제공항. 연면적 2만 6,130m² 크기의 여객터미널은 승객 하나 없고 난방도 나오지 않아 찬바람만 불고 있었다.

①과 ②는 장소로서 아무런 의미가 없는 곳이다. ①번 기사는 알파걸(자신감과 성취욕이 넘치는 여성)을 보도하려고 학생회 집행부 회의장을 취재했는데, 회의장이 서초구의 카페이든 종로구의 카페이든 주제와는 아무 관련이 없다. ②번 기사는 '비혼맘'의 일상을 보여주려고 그의 직장을 찾은 것이지만, 역시 그 장소가 방송국이든 학교든 아무 상관없다. 이에 비해 ③번과 ④번은 주제 연관성이 높다. ③번은 기사 주제를 잘보여줄 수 있는 장소 중 하나며 ④번은 장소 자체가 기사 주제다. 하지만, ③번과 ④번기사는 첫머리에 이렇게 장소를 언급하기만 할 뿐이지 이후의 내용은 주로 설명 정보와 취재원 코멘트로 채워져 있다. 즉 한국 기사는 주제와 관련 없는 장소인데도 그 정보를 제일 중요한 문장인 첫 문장에 버젓이 적거나 주제와 관련 있는 장소임에도 지명을 언급하는 선에서 그칠 뿐 장소를 그리면서 주제를 부각하려 하지 않는다. 한국 기자들은 공간을 육하원칙의 한 요소 정도로 인식한다. 심하게 말하면, 꼭 필요하다고하니 적어주는 것 같다. 자기가 정말로 그 장소에 갔다는 것을 강조하는 용도이기도하다. 그러다 보니 아무런 의미가 없는 정보가 돼버렸다.

[기사를] 'OO시 OO분, OO군 OO을 OO리'같이 숫자로 시작하는 것은 이야기를 하는 자세가 아니다. 일상적인 대화에서 이렇게 말하는 사람은 없다. 더욱 중요한 것은 시간과 행정구역 명칭만으로 현장의 상황을 이해할 수 있는 독자가 국내에 몇 명 되지않는다는 점이다. 이보다는 차라리 그 시간에 그곳에만 나타나는 독특한 현상을 시각적, 감각적으로 보여주는 것이 바람직하다. 숫자에 연연하거나, 행정구역을 표기하는것은 결국 글쓴이가 현장에 없었다는 것을 자백하는 꼴이 될 수도 있다. (최수묵, 2011, 186쪽)

공간 정보를 그렇게 의미 없이 사용하기는 너무 아깝다. 공간은 주제와 연관된 곳일 뿐 아니라 묘사의 좋은 대상이다. 앞에서 영화 장면을 생각하며 기사를 쓰면 내러티브를 잘 살릴 수 있다고 했는데, 주제 장소로 접근하는 장면을 묘사한다면 바로 영화의 한 장면이 된다. 미국 책에 소개된 아래 기사가 그런 예다.

> 알래스카의 어느 가을 아침, 코가 뾰족한 소형 헬기 한 대가 약속 장소로 가는 길에 페어뱅크스에서 승객 3명을 태우고 남쪽으로 향했다. 누런 흙탕물이 세차게 흐르는 타나나강을 건넌 헬기는 검은 전나무로 뒤덮인 저지대를 따라 두두두 날아갔다. 일일이 이름을 댈 수 없을 만큼 많은 개울이 그물처럼 펼쳐졌다. 어느덧 지표면이 높아지는가 싶더니 알래스카 산맥으로 접어들자 길쭉한 계단형 지형과 들쭉날쭉 배열된 산봉우리가 이어졌다. (매체·날짜 미상) (Hart, 2011/2015, 161쪽)

위 기사는 카메라가 이동하며 전경을 보여주었는데, 렌즈를 줌인하면 특정 부분으로 빨려 들어가듯이 그 부분을 더 자세하게 보여줄 수 있다. 롱샷, 미들샷, 클로즈업샷으로 바뀜에 따라 전경, 중경, 근경이 만들어지는 것이다. 하트(Hart, 2011/2015)는 "무대는 3차원이다"라고 하면서 그 전형적인 예로 아래 기사를 제시했다(250쪽). 벌판에서 건물로, 다시 건물 안쪽의 벽과 보행로로 이어지는 공간 묘사가 입체적이다.

> 나무라곤 없는 누런 황토색 벌판 한가운데 서 있는 샌미 라샌테의 자태는 단연 돋보였다. 산 중턱에 들어앉은 요새처럼 커다란 콘크리트 건물 반이 초록의 열대식물에 덮여 있었다. 벽 안쪽의 세상은 딴판이었다. 중정 한편에 울창한 키다리 나무들이 서 있고, 콘크리트와 석재로 지은 보행로며 벽은 보통 공을 들인 게 아니었다. 이 모든 것이 산비탈에 올라앉아 있었다. (매체·날짜 미상) (Hart, 2011/2015, 251쪽)

국내 기사에도 3차원 묘사의 모범적인 예가 있다. 아래 기사에서 카메라는 언덕→초등학교→학교 정문과 담장의 펼침막→펼침막에 쓰인 글씨→학교 과학실 문→여자 어린이로 계속 줌인한다.

> 정다운슈퍼를 지나 팽나무슈퍼 언덕을 넘어가니, 바다와 길 하나를 사이에 두고 자리

한 초등학교가 나타난다. '미래를 바라보고 푸른 꿈을 키우는' 신시도초등학교다. 물 오른 벚나무가 한 그루 선 학교 정문과 담장으로 펼침막 2개가 나란히 내걸려 바닷바 람에 한껏 부풀어 있다. '입학생 환영' 펼침막엔 초등생 1명, 유치원생 1명의 이름이, '부임 교사 환영' 펼침막엔 4명의 선생님 이름이 적혔다. 올 입학생까지 초등생 6명에 유치원생 3명, 선생님은 모두 7명인 학교다.

'꿈이 있는 과학실' 문이 빼꼼히 열리더니 공책을 옆에 낀 여자 어린이가 나왔다. 이 름표를 보니 새로 입학한 1학년생이다. "안녕하세요~" 두 손을 앞으로 모아 허리 굽혀 공손히 인사하고는 복도 쪽으로 팔랑팔랑 내달린다. 뒷모습이 푸릇푸릇한 새순처럼 싱그럽다. (한겨레 2015.3.12.)

아래는 또 다른 사례다.

마을이 끝나는 좁은 들판 위로 느닷없이 돌산이 거대하고 멀끔하게 솟아 있다. 말의 귀 를 닮았다 하여 마이산이다. 굽이치던 금강은 마이산 자락에서 용담호수를 만들어 쉬 었다 간다. 산과 호수를 훑고 내려온 겨울 삭풍은 전북 진안군 진안읍 군하리 읍내 사 거리를 칼처럼 가로지른다. 오후 1시 30분이 되면 아이들은 바람을 뚫고 진안초등학교 교문을 빠져나온다. 그 가운데 몇몇은 또박또박 걸어 '마이용 아동지원센터'를 찾는 다. 마이산과 용담호에서 머리글자를 따온 '마이용 센터'는 민간이 운영하는 무료 아 동돌봄 시설이다. 센터 맞은편에는 초·중등 보습학원이 있다. '공부하는 습관을 길러 주는 학원'이라고 펼침막을 내걸었다. 마이용 센터 아이들에겐 공부하는 습관보다 더 중요한 게 있다. 신발을 벗자마자 아이들은 주방으로 달려간다. 냉장고 문을 열어본다. 먹을 것을 찾는다. "선생님, 저희 언제 밥 먹어요?" (한겨레21 2010.12.27.)

별도의 설명 필요 없이, 저자의 해제를 보자.

방학기간의 아동 급식 예산 삭감 논란과 관련해 지방 도시의 아동지원센터를 취재했 다. 기사 첫 대목의 '시선'은 다음과 같이 흘러간다. '시골 들판-마이산-금강-용담 호수-겨울바람-진안읍내-진안초등학교-아동지원센터-아이들-주방-냉장고-

밥.' 기사의 초점은 아이들이 먹는 밥에 있다. 그 밥이 어떤 의미인지 독자가 몰입하여 스스로 알아차리길 나는 원했다. 가장 좋은 방법은 독자의 손을 잡고 아동지원센터로 안내하는 것이다. 그럴 수 없으니 그 시공간을 온전히 제공해야 한다. 아이들이 겨울방학 때 먹는 밥 한 그릇의 의미에 몰입할 수 있도록 나는 산, 강, 바람을 등장시켰다. 시공간으로 보자면 거대한 것에서 작으로 것으로 이동해 갔다. 오직 밥을 위해서였다.

(안수찬, 2013, 43쪽)

공간에서의 이동 즉 기자의 동선을 그대로 그려주면, 독자가 기자와 동행취재를 하는 느낌을 받을 수 있다. 기사의 몰입도는 더 높아진다. 한 학생이 과제로 낸 습작 기사가 그런 느낌을 주었다. 아래가 그 대목이다.

SNS에서 회자되는 망리단길을 가려면 우선 망원역으로 가야 한다. 역전 큰 도로를 따라 5분을 걸으면 망원시장이 나온다. 시장을 거치고 나서도 샛길로 두 블록을 지나야 비로소 망리단길이다. 역에서 내리고도 10분 남짓이 걸린다. 핫플레이스라고 했지만 이름이 무색하게도 망리단길 초입엔 갈색 벽돌집만 늘어서 있다. 자판기 카페로 유명한 가게는 지팡이 짚은 노인들을 따라 도착한 데이케어센터 앞에 있었다. 점심시간에 가까워지자 어느덧 거리는 주민과 외부인이 공존하는 풍경이 됐다.

망리단길에 이르는 짧은 여정과 망리단길의 초입이 잘 묘사됐다. 여기까지 읽고 나면, 이제 망리단길 안이 궁금해진다. 이 정도면 훌륭하다. 아래는 또 다른 학생의 습작이다.

이태원 신흥시장 안쪽 굽이진 골목으로 150여m를 들어가면 정육점 옆 간판도 없는 가게가 나온다. 녹슨 철문을 열고 들어가 발 한 짝 딛기 힘든 좁고 가파른 계단 30여 개를 타고 오르면 탁 트인 옥상이 있다. 오후 3시인데도 사람이 빼곡하다. 낡은 해방촌 빌딩을 개조해 만든 옥상 카페 '오랑오랑'이다.

2년 전 문을 연 이곳은 인테리어에 별도의 공을 들이지 않은 게 특징이다. 붉은 벽돌에 회백색 콘크리트가 덕지덕지 묻어 있고, 벽에 붙은 장미색 가스관도 철거되지 않은 모습 그대로다. 바닥엔 철근 4개가 솟아 있다. 손님들은 철거하다 만 녹슨 난간 철판에 음료를 두고 전망을 구경한다. 직원 황현희(32) 씨는 "4년 넘게 비어 있던 낡은 빌딩에 철근만 치우고 카페로 개조했다"라며 "반응이 좋을 줄 몰랐는데, 날씨가 선선해지는 이맘때가 되면 항상 만석이다"라고 말했다.

이 기사는 위 망리단길 묘사보다 더 정밀하다. 수수한 동네 분위기와 잘 어울리는 옥상 카페의 투박함이 물씬 느껴진다. 그 덕분에 독자도 옥상 카페 '오랑오랑'에 올라온 것 같은 기분이 든다. 취재원 코멘트까지 잘 어우러져서 별로 흠잡을 데 없다.

오감을 동원하면, 묘사는 더 입체화한다. 눈으로 보는 것 외에 손으로 만지는 것 같은 느낌을 전할 수 있다. 그런 묘사는 '질감이 살아 있는 공간'을 만들어낸다(Hart, 2011/2015, 257쪽). 미국 책에 소개된 아래 기사는 폭풍에 휩싸인 바그다드를 표현했다. 황사와 미세먼지에 뒤덮인 서울이 연상된다.

폭풍이 불기 시작한 지 이틀째 되는 날, 인구 500만 이상의 도시에는 이라크 사막에서 불어온 먼지가 한 켜 내려앉았다. 새벽녘에 눈을 뜰 수 없을 정도로 누렇던 하늘이 오후가 되자 핏빛으로 변했다. 석양 무렵 짙은 밤갈색을 띠더니 밤에는 괴괴한 오렌지빛으로 바뀌었다. 어쩌다 한 번씩 나타나는 채소 노점의 양파, 토마토, 가지, 오렌지가 언뜻언뜻 도시에 색을 입혔다. 종일 내린 비로 바그다드는 진흙 목욕을 했다. (매체·날짜 미상) (Hart, 2011/2015, 257쪽)

앞에서 '시각화'를 설명하면서 주제와 직접 관련된 부분을 묘사하라고 했는데, 아래 기사가 바로 그 예다.

"내가 죽거든 헐어버려라"던 고(故) 리콴유 전 총리의 집은 싱가포르 옥슬리(Oxley) 거리 38번지다. 24일 가보니 색 바랜 기와부터 보였다. 페인트 찌꺼기가 벽에 붙어 너덜거렸다. 100년 전 유대인 상인이 지었다고 한다. 내버려만 둬도 이윽고 주저앉을 집이었다. 60년 가까이 총리나 국부(國父)로 불렸던 사람은 75년을 이 집에서 살았다.
옥슬리 거리는 서울 강남의 고급 주택가쯤 되는 곳이다. 리콴유 전 총리의 집을 정면에서 바라봤을 때 왼쪽의 집은 중국 전통 건축양식으로 기와지붕을 3단으로 올렸다. 갈색 목재와 검은색 금속 틀로 만든 대문이 화려했다. 오른쪽 집은 미국의 단독주택처럼 자동문을 지나면 바로 차고로 통하게끔 되어 있었다. 밝은 색 페인트로 벽을 칠했고, 2~3층에는 통유리를 끼워서 현대적인 느낌을 줬다.

'앤티크'와 '모던' 사이에 끼인 리 전 총리 자택이 지붕만 빼꼼히 보였다. 키 큰 나무들은 흔들리면서 지붕을 가렸다. 유별나게 높은 담장이 특징이라면 특징이다. 카드를 맞세운 형태의 지붕 위에 붉은 기와가 덮였고, 하얀 나무판을 드문드문 덧대서 바람이 잘 통하게 했다. 건물 뒤편에서 봤을 때도 3~4m 높이 철제 대문과 경비 초소 말고는 별다른 게 없었다. (조선일보 2015.3.25.)

평범하고 소박한 리콴유의 집은 서민적이고 청렴한 그의 인품을 잘 드러낸다. 기사 후반에 나오는 "집 앞에 놓인 추모 꽃을 보고서야 리콴유 집인 줄 알게 됐다"라는 문장이 아니라면, 이것이 그의 집인지 모를 법도 하다. 리콴유의 집이 원래 그래서 이런 주제가 나왔겠지만, 집을 담담하고 수수하게 묘사한 글이 주제를 더 잘 살렸다. 이 기사를 보면, "묘사는 곧 주제다"라는 말에 수긍이 간다.

상황 묘사

일정 시간 동안의 내용을 기사로 전하고자 한다면, 일련의 장면을 보여줄 수밖에 없다. 기자가 현장을 직접 관찰한다면, 영화처럼 여러 개의 컷을 실감 나게 이어붙일 수 있다. 아래 기사는 루게릭병(ALS, 근위축성측삭경화증)에 걸린 아내를 돌보는 남편의 애절한 사랑 이야기다. 근육이 굳어가는 아내가 엄지손가락의 움직임으로 남편과 대화하는 장면이 영상처럼 묘사되어 있다.

> 그녀는 더는 스스로 숨을 쉬거나 먹거나 말하지 못한다. 그녀는 의사소통을 위해 엄지손가락을 왼쪽에서 오른쪽으로 움직인다. 한 번이면 '응', 두 번이면 '아니'이다. 그녀는 마크의 도움을 받아 한 번에 한 글자씩 단어를 만들기도 한다. 마크는 알파벳을 부르고 그게 맞으면 헤더는 손가락으로 신호를 보낸다.
>
> A?

B?

C? 헤더의 손가락이 움직인다.

알파벳 부르기를 세 번 더 하고 나니 C-O-N-C라는 글자가 만들어진다.

"콘서트[concert]?"

그녀가 엄지손가락으로 "맞아"라고 말한다.

"엘튼 존 콘서트?" [엘튼 존 콘서트를 함께 본 뒤 마크는 헤더에게 프러포즈했다.]

〈중략〉

그녀의 육체는 서서히 죽어가고 있다. 그러나 그녀에겐 마크가 영원히 기억해주었으면 싶은 말이 있다.

A? B? …… I?

헤더의 엄지손가락이 움직인다.

알파벳 부르기를 열두 번을 더한다. L-O-V-E H-I-M S-O M-U-C…

나는 그를 많이 사랑해요?

헤더의 엄지손가락이 "그래요"라고 말한다.

"H-E S L-I-K-E A R-O-C-K(그는 바위 같아요)." 한 글자씩 한 글자씩, 엄지손가락을 움직이며, 그녀가 말한다. "H-E G-I-V-E-S M-E T-H-E S-T-R-E-N-G-T-H T-O G-O O-N(그는 나에게 살아갈 힘을 줘요)." (The Charlotte Observer 2002.3.24.)

묘사는 어떤 사건과 장소에도 구사할 수 있다. 위 기사처럼 연인과 애절한 대화에도 유용하고 전쟁처럼 긴박한 분위기를 전하는 데도 효과적이다. 안병찬은 1975년 3월 23일 장기영 한국일보 사장의 지시로 베트남에 특파되어 4월 30일까지 "한국 기자로는 유일하게 사이공에서 패망하는 월남의 마지막 순간과 떠오르는 통일 베트남의 여명을 온몸으로 확인했다"(한국일보 2015.4.29.). 한때 연락이 끊겨 가족이 장례식을 준비하기도 했던 긴박한 상황의 연속이었다(홍병기, 2018). 전황이 급변하면서 회사는 철수 지시를 내렸지만, 그는 한국 기자 가운데 유일하게 종전일까지 현장에 남아 사선을 보도했다. 아래는 한국대사관 최후의 철수 장면을 기록한 그의 기사다.

이 순간 대사관은 모든, 나머지 기능을 중단하고 말았다. 마지막 철수 준비로 야단법석이 일어났다. 김영관 대사는 긴급지시를 내렸다.

"통신 장치를 모두 파괴하시오, 통신 장치를!"

"두 가지 다 말입니까. 본국 통신 시설도 파괴합니까?"

"아니 LST 교신 시설부터 파괴하지. 본국 통신 시설은 조금 뒤에, 1시간 뒤에, 알았지요?"

사이공을 벗어난 LST와의 교신을 담당하기 위해 대사관에 파견되어 근무하던 통신 요원 변종건 중사와 전사자 김형태 중사가 이문학 중령의 명령을 받고 통신 기사 있는 쪽으로 달려갔다. 변 중사는 LST 수송분대 사령관을 향해 최후의 키를 두드렸다.

"지금. 사태 급변으로 주월 한국대사관, 연락장교와 통신요원 2명 긴급 철수함. 통신 장치 파기함. 안전 항해와 건투를 기원함."

변 중사는 손을 떨며 모르스 부호의 무선전신을 보냈다. 변 중사와 김 중사는 AN/VRC-46 단파송수신기와 AN/UGC-58 중파송수신기를 마당으로 끌어냈다. 통신 시설의 정비, 점검을 맡고 있던 김 중사는 기계를 파괴하기 위해 도끼를 번쩍 들었다. 그러나 차마 아까워서 내려치지 못했다. 그는 망설였다. 변 중사가 버럭 소리를 질렀다. "뭐 하는 거야. 이리 내! 내가 하지." 도끼를 뺏어 들자 두말없이 두들겨 부쉈다.

두 사람은 산산조각이 난 송수신기의 잔해를 뒤뜰 소각장으로 들고 가 휘발유를 붓고 불을 질렀다. 불길이 솟아올랐다.

"국기를 내려야지, 국기를!"

김 대사가 다급하게 소리치며 게양대 앞으로 뛰어갔다. (한국일보 2015.4.30.)

위 대목을 처음 읽었을 때, 미국 기사를 번역한 것인 줄 알았다. 기사 스타일이 요즘의 국내 기사와 워낙 달랐으며 장면을 영상화하는 내러티브 기법이 탁월했다. 하지만, 적어도 1975년까지는 이런 기사가 한국의 신문 기사였다. 뉴스를 역사적 기록이라고 하는 것은 이런 기사를 두고 하는 말이다. 누군가 베트남 패망 때 한국대사관 철수에 대한 기록을 찾고자 한다면, 이 기사를 뒤적여보아야 한다. 영화나 다큐멘터리를 제작하려는 사람도 마찬가지다. 누가 이런 장면을 기록할 것인가? 기자 외에는 없다. 기자는 그런 일을 하므로 취재의 특권을 부여받았다.

한국일보는 베트남전 종전 40주년을 맞은 2015년 이미 은퇴했던 '사이공 최후의

〈그림 4〉 한국일보 1975년 5월 6일 기사 지면. 안병찬 월남 특파원은 4월 30일 사이공을 탈출하여
128시간 만에 괌에 도착했으며 5일 오후에 한국일보 본사에 전화로 이 기사를 보냈다.

특파원' 안병찬에게 새로운 임무를 부여했다. 그가 40년 전 사이공 최후의 새벽에 체
험했던 4월 28일의 1신 '사이공 최악의 날', 29일의 2신 '항복전야', 30일의 3신 '사이
공 최후의 새벽'의 발자취를 따라가며 3회에 걸쳐 통일 베트남이 전하는 교훈과 오늘
의 의미를 조명하도록 했다. 안병찬은 다시 베트남에 특파되어 여전히 현란한 내러티
브를 뽐내며 3회(2015년 4월 29일, 30일, 5월 1일)에 걸쳐 기사를 썼다.

　시대를 조금 거슬러 올라가서 위 안병찬 기사의 22년 전에 아래와 같은 기사가 있
었다. 1953년 7월 27일 유엔군과 북한 사이에 조인된 휴전협정을 보도한 최병우의 기
사다.

[판문점 조인식장에서 최병우 특파원발] 백주몽(白晝夢)과 같은 11분간의 휴전협정 조
인식은 모든 것이 상징적이었다. 너무나 우리에게는 비극적이며 상징적이었다. 학교

강당보다도 넓은 조인식장에 할당된 한국인 기자석은 둘뿐이었다. 「유엔」측 기자단만 하여도 약 백 명이 되고 참전하지 않은 일본인 기자석도 10명을 넘는데 휴전회담에 한국을 공적으로 대표하는 사람은 한 사람도 볼 수 없었다. 이리하여 한국의 운명은 또한 번 한국인의 참여 없이 결정되는 것이다.

27일 상오 10시 정각 동편 입구로부터 「유엔」측 수석대표 「해리슨」장군 이하 대표 4명이 입장하고 그와 거의 동시에 서편 입구로부터 공산 측 수석대표 남일(南日) 이하가 들어와 착석하였다. 악수도 없고 목례도 없었다. 『기이한 전쟁』의 종막다운 기이한 장면이었다. 북쪽을 향하여 나란히 배치된 두 개의 탁자 위에 놓여진 각 18통의 협정문서에 교전 쌍방의 대표는 무표정으로 사무적인 서명을 계속할 뿐이었다. 당구대같이 퍼런 융에 덮인 두 개의 탁자 위에는 「유엔」기와 인공기가 둥그런 유기기반에 꽂혀 있었다. 이 두 개의 기 너머로 휴전회담 대표는 2년 이상을 두고 총계 천 시간에 가까운 격렬한 논쟁을 거듭하여 온 것이다. 한국어 영어 중국어의 세 가지 말로 된 협정문서 정본 9통 부본 9통에 각각 서명을 마치면 쌍방의 선임 참모장교가 그것을 상대편으로 준다. 그러면 상대편 대표가 서명한 밑에 이쪽 이름을 서명한다. 정자형으로 된 220평의 조인식 건물의 동익(東翼)에는 참전 「유엔」13개국의 군사대표들이 정장으로 일렬로 착석하고 있으며 그 뒤에 참모장교와 기자들이 앉아 있다. 서익(西翼)에는 북쪽에 괴뢰군 장교들 남쪽에 제복에 몸을 싼 중공군 장교의 일단이 정연하게 착석하고 있다. 양편의 수석대표는 북면(北面)하여 조인하고 멀리 떨어져 좌우에 착석한 양측 장교단은 동서로 대면하고 조인하는 것을 주목하고 있다. 조인이 계속되고 있는 동안 「유엔」전폭기가 바로 근처 공산군 진지에 쏟고 있는 폭탄의 작렬음이 긴장된 식장의 공기를 흔들었다. 원수끼리의 증오에 찬 정략 결혼식은 서로 동석하고 있는 것조차 불쾌하다 싶이 또 빨리 이 억지로 강요된 의무를 끝마치고 싶다는 듯이 산문(散文)적으로 진행한다. 「해리슨」장군과 남일은 쉴 새 없이 「펜」을 움직인다. 각기 36번 자기 이름을 서명하여야 하는 것이다. 거기에는 의식에 따르는 어떠한 극적 요소도 없고 강화(講和)에서 예기(豫期)할 수 있는 화해의 정신도 엿볼 수가 없었다. 이것은 어디까지나 『정전』이지 『평화』가 아니라는 설명을 잘 알 수가 있었다. 각기 자기 측 취미에 맞추어 가죽으로 장정하고 금자(金字)로 표제를 박은 협정부도(協定附圖) 각 3권이 퍽 크게 보인다. 그 속에는 우리가 그리지 않은 분할선이 울긋불긋 우리의 강토를 종횡으로 그려져 있을 것이다. 『내가 지금 앉아 있는 이곳이 우리나라인가?』 이렇게 의아(疑訝)한다. 그러나 역시 우리가 살고 죽어야 할 땅은 이것밖에 없다고 순간적으로 자답하였다.

10시 12분 정각 조인작업은 필(畢)하였다. 「해」 장군과 남일은 최후의 서명을 마치자 마침 최후통첩을 내던지고 퇴장하는 듯이 대표를 데리고 나가버린다. 남일은 훈장을 가슴에 대여섯 개 차고 있는 데 반하여 「해」 장군은 앞 제친 여름군복이라는 경쾌한 차림이라는 것이 다를 뿐이었다. 관례적인 합동기념 촬영도 없이 참가자들은 해산하였다. (조선일보 1953.7.29.)

휴전협정은 지금 생각해봐도 대형 사건이다. 현장으로 달려가는 기자나 그에게 지시를 내리는 에디터나 이 사건을 어떻게 취재할지는 명료하다. 당장 떠오르는 것은 협

〈그림 5〉 조선일보의 '기이한 전투의 정지'(휴전협정) 기사 지면

정의 내용이다. 휴전협정은 군사 분계선과 비무장 지대의 확정, 정전(停戰)의 구체적 조치, 전쟁 포로에 관한 조치 등 매우 중대한 사항들을 담고 있었다. 따라서 반드시 취재해야 한다. 협정은 유엔군과 북한 간에 조인되었기 때문에 판문점 현장에서 양측의 의견을 수집하여 기사에 넣어야 한다. 서울의 회사에 있는 사람들도 바빴을 것이다. 이 사건을 크게 펼쳐서 보도할 수 있도록 여러 부속 기사를 기획했을 것이다. 청와대, 여야 정치권, 기업과 시민 반응, 국내외 외교전문가의 평가와 함께 외신 종합까지 포함하면, 신문 1면부터 사회면까지가 꽉 찰 것이다. 그뿐이겠는가? 사설도 쓸 것이고 데스크 칼럼, 현장 기자 칼럼, 외부 기고도 실었을 것이다. 그리되면 그날 신문은 휴전협정으로 도배된다. 하지만, 이 가운데 어떤 내용도 최병우 기사에는 없다. 당연히 써야 할 것 같은 내용을 최병우는 전혀 쓰지 않았다. 휴전협정은 1953년 7월 27일이었는데, 최병우의 기사는 28일이 아니라 29일 보도됐다. 1면 톱으로 보도된 이 기사가 조선일보의 첫 기사다. (보도가 하루 늦어진 것은 당시의 제작 여건 때문이었을 것이다.) 위 기사에는 기사의 필수요소인 취재원이 하나도 없다. 당연히 취재원의 코멘트도 없다. 지금의 기준으로 판단할 때, 최병우의 기사는 허점투성이다. 하지만, 이 기사는 기자와 언론학자가 모두 동의하는 한국 최고의 기사다.

최병우는 휴전협정이라는 이벤트를 '행사 기사'로 보도하지 않았다. 행사 기사는 행사의 일시와 장소, 내용이 주를 이루는 기사다. 어떤 기자가 취재해도 행사 기사는 크게 다를 수 없다. 그것이 행사 기사의 본질이다. 그런 기사도 필요하니 그런 유형이 생겼을 것이다. 이 행사를 취재하면서 최병우는 행사의 육하원칙은 무시하고 행사장 장면과 분위기에 주목했다. 최병우가 행사장에서 보았던 것은 남한의 운명이 유엔과 북한에 의해 결정되는 장면이다. 남이 자기의 운명을 결정하는 것을 보았던 것이다. 그 때문에 휴전협정은 최병우에게 현실이 아니라 '상징'처럼 다가왔다. 기사 리드는 바로 그것을 표현하고 있다. 이후의 내용도 '상징'의 여러 모습이며 그것을 증빙하는 자료들이다. '상징'은 이 기사의 키워드다. 행사장의 여러 요소를 작위적으로 상징이라는 키워드에 욱여넣은 것이 아니라 행사장에 흩어져 있는 그런 요소들을 상징으로 개념화했다. 이것이 최병우의 걸출함이다. 기사는 취재현장의 미세한 요소들을 정밀하게 관찰하여 특징적인 부분을 정확하게 포착하고, 그것을 개념화한 다음에 키워드로 삼아 장면을 그렸다. 기사가 하나의 큰 그림이다. 그만큼 시각화가 잘 되었다. 이 기사는 "묘사는 곧 주제"라는 말을 웅변한다.

한국 기자들은 행사를 행사 기사로 쓰는 데 익숙하다. 최병우처럼 행사 기사에서 자기 나름의 주제를 뽑아낼 생각은 하지 않는다. 행사든 범죄든 기자는 사건을 '자기의 눈'으로 보는 사람이다. 그래서 '나는 이 사건을 어떻게 볼 것인가?'가 저널리즘의 핵심이다. 미국 기자들이 서로 기사를 다르게 쓰는 것은 기본적으로 이것 때문이다. 행사 자체는 기사의 소재일 뿐이다. 기자라면, 거기에서 자기만의 주제를 잡아내야 한다. 다시 말해, 기자는 주제 의식을 가진 채 사건을 바라봐야 한다. 최병우는 휴전협정에서 '상징'이라는 자기만의 주제를 발굴했다.

최병우의 기사는 '관점이 있는 뉴스'의 대표적인 사례다. 한국 기자와 독자는 관점이라는 단어를 듣고 당장 정치적 관점이나 정치적 입장을 떠올리겠지만, 최병우의 '상징'이 요즘 한국 사회를 어지럽히는 그런 정치색의 관점과 전혀 다르다는 것은 자명하다. 오히려 관습적인 정치적 관점을 벗어나려고 애쓰면, 더 좋은 수준 높은 관점이 보일지 모른다.

최근 한국 기자들에게 최병우처럼 기사를 써볼 기회가 있었다. 2018년 하노이의 북한-미국 정상회담과 2019년 블라디보스토크의 북한-러시아 정상회담이 그 예다. 당시의 기사를 찾아볼 것도 없이, 어떤 한국 기자도 그 행사를 '관점이 있는 기사'로 보도하지 않았다. 장차 남북한 평화협정이 체결된다면, 그날의 상황은 휴전협정의 날과 거의 똑같을 것이다. 과연 한국의 어느 언론사와 어떤 기자가 최병우 같은 날카로운 관점을 기사에 보여줄지 기대된다.

위에서 1975년 기사와 1953년 기사를 보았는데, 1948년에도 묘사가 빼어났던 기사가 있었다. 1948년 4·3사건 당시에 미군정의 방침에 따라 박진경 대령이 시민 강경 진압에 나서자, 군 내부에서 반발이 일었다. 부사관과 사병이 탈영하고 연대가 해체되는 와중에 중대장 문상길 중위는 강경 진압에 불만을 품고 연대장 박진경을 암살하기로 했다. 6월 18일 박진경의 대령 진급 축하연 직후에 문상길 중위는 손선호 하사에게 박진경 대령을 사살하도록 명령했고, 손 하사는 취침 중이던 박 대령을 소총으로 사살했다. 남로당 세포였던 문상길과 그의 부하 손선호는 결국 총살됐다. 조선통신 조덕송 기자는 그 총살 장면을 아래와 같이 전했다.

이날 하오 3시 15분 수색 국방군 제1여단 사령부 정문을 떠난 대형 미군 트럭 한 대에는 석 달의 영창 생활에 여윌 대로 여윈 문 중위 손 상사가 수갑 찬 채 군기병의 호위 가운데 나란히 앉아 있었다. 자동차는 벌거벗은 산과 산모퉁이를 감돌아 준비된 사형장으로 가는 것이다. 네모로 깎은 말뚝이 둘, 붉은 산기슭에 나란히 서 있다.

그 하나의 말뚝을 향하여 최후의 담배를 피우고 난 허리끈 없는 장교복의 문 중위가 천천히 걸어간다. 군기사령관인 사형 집행 장교에 의하여 총살형 집행장이 낭독되고 마지막 유언의 기회를 준다.

동란의 제주도였다. 민족과 민족이 맞붙어 피를 흘리는 곳, 그곳의 평화를 찾는다고 감연히 나선 국방경비대 전사의 한 사람인 그들이었다.

그러나 군율은 그들이 지난바 민족적 도의보다 엄중했다. '상관을 모살(謀殺)하고 반란을 일으킨' 그들의 죄과를 용서하지 않았던 것이다. "제주도 30만 도민을 위하여 이 한목숨 희생되어야만 한다면" 고맙게 형을 받겠다고 총살형 선고를 받은 그들은 마지막 진술을 했다.

"스물세 살을 최후로 문상길은 저세상으로 갑니다. 여러분은 조선의 군대입니다. 마지막 바라건대 ○○○[14]의 지배 아래 ○○○ 의 지휘 아래 민족을 학살하는 조선군대가 되지 않기를 문상길은 바라며 갑니다." 외치는 음성도 아니며 부르짖는 소리도 아니다. 다만 청청한 마지막 말에 화답하는 산울림이 영롱할 따름이다.

몸이 말뚝에 묶인다. 하이얀 수건으로 두 눈을 가렸다. 왼편 가슴 심장 위에 검은 동그라미 사격 표식이 붙여졌다. 10m의 거리를 두고 다섯 명의 사격수가 쏜 총탄 다섯 발은 기어코 문 중위의 가슴을 뚫고야 말았다. 이때 하오 3시 35분. (조선통신 날짜 미상) (홍병기, 2018, 270-271쪽)

두 사람이 형장에 끌려오는 장면부터 최후의 진술, 총살에 이르기까지 여러 장면이 눈에 그려진다. 시각화의 절정을 보여준다. 이 기사를 발굴했던 홍병기(2018)는 "조덕송이 2년차 기자 시절인 1948년에 쓴 '박진경 대령 암살범 총살형 목격기'는 통신 기

---

14) 조덕송 기자의 통신 기사 원문은 현재 찾을 수 없으며, 그것을 받아썼던 서울신문과 민주일보는 이처럼 미국인의 이름을 가린 채 보도했다.

사였지만 안정된 필력으로 담담하게 써내려간 현장 묘사로 인해 당시 많은 신문이 이 기사를 그대로 받아서 전재했다"라고 썼다(268쪽).

학생들을 가르치면서 요즘 대학생들의 글솜씨가 보통이 아님을 종종 본다. 묘사만 으로 이루어진 한 편의 기사를 쓰라고 했더니 한 학생이 아래 원고를 제출했다.

3월의 대학교 주변 술집은 어디든 시끌벅적하다. 12일 신촌의 한 주점은 이미 ○○대학 ○○과 차지다. 실내 가장자리를 따라 빼곡하게 들어선 테이블 12개엔 15학번 새내기 가 대다수다.

오후 8시가 조금 넘은, 그리 늦은 시각이 아닌데도 상 위엔 소주병들이 빼곡하다. 한 테이블에 적어도 소주 세 병, 맥주 두 병씩은 올라가 있다. 그중엔 아직 뜯지 않은 새 병도 있고 반쯤 먹은 병도 있다. 그에 비해 안주는 별 게 없다. 한 상에 밥 네 공기와 중 앙에 김치찌개 하나뿐. 그리고 기본 안주인 뻥튀기 과자가 전부다.

50여 명이 다 함께 술 게임을 하느라 주점 안은 정신이 없다. 3월의 술자리에선 술 게임이 전부다. 아직 서로 그리 친해지지 않은 상황에서 술 게임만큼 다함께 술을 먹어 취하고 빨리 친해지는 방법도 없기 때문이다. 대부분 고래고래 소리를 지르며 게임에 집중하고 있다. 주점에 노래가 흘러나오고 있지만 학생들의 떠드는 소리에 묻혀 하나 도 들리지 않는다. 주변에 있는 사람들은 그들을 보며 눈살을 찌푸리기도 하고 재미나 다는 듯이 계속 눈길을 주기도 한다. 대부분은 자신보다 한참 어린 그들을 보며 자신의 과거 모습을 기억할 것이다. 누구나 저랬었으니까, 시끄럽더라도 봐주는 게 보통이다.

너무 열심히 달렸는지 9시도 안 됐는데 벌써 취해 보이는 학생들이 보인다. 그들은 이미 구석 한쪽 테이블을 차지해 잠시 동안 게임을 쉬고 있다. 한 남학생은 얼굴이 빨 갛게 달아오른 채로 연신 물만 들이켜다가, 화장실에 갔다가 우왕좌왕한다. 맨 끝에 한 명은 책상에 머리를 박고 얌전히 잠이 든 지 오래다. 예쁘장하게 생긴 여학생 한 명은 이유는 모르겠지만 서럽게 울고 있다. 친구인지 선배인지 모를 여학우 한 명이 옆에서 달래준다. 우는 게 주사인 친구 때문에 표정이 아주 곤혹스러워 보인다.

그들은 안중에도 없는 듯이 옆에선 게임을 하고 술을 먹는 데만 집중한다. 그리 넓지 않은 술집 안에 몇 개의 세상이 함께 공존한다. 다들 취해서 게임의 규칙은 지켜지지 않은 지 오래고 술을 들이켜는 횟수는 갈수록 많아진다. 그러다가 여학생 한 명이 갑자기 화장실로 직행한다. 속을 게워내는 소리가 화장실 문밖을 통해 고스란히 들리고 얼굴이 하얗게 질려서 나온다. 그리고 곧바로 아비규환의 게임 현장으로 다시 들어가는 학생. 옆에서는 방금 상황을 알면서도 그냥 모르는 척하는 건지, 아니면 정말 몰라서 묻는 건지 "어디 갔다 왔냐"고 묻는 게 다.

그녀를 보고 있노라면 그 누구라도 자신의 새내기 시절이 떠올라서 서글퍼진다. 술 먹는 게 힘들면 안 먹어도 되는데. 저기서 한 번 빠진다고 큰일 나는 것도 아닌데. 그래도 저 땐 저게 중요할 때지. 몇 년 뒤에 저 여학생이 지금 자신과 비슷할 19학번 새내기를 보며 같은 생각을 하게 되리란 생각을 하니 피식, 웃음이 나왔다.

대학 신입생들은 만나면, 술을 마신다. 술을 마시면 꼭 게임을 한다. 주위 사람은 신경 쓰지 않은 채 시끄럽게 떠들고 노래도 부른다. 술은 정신없이 돈다. 그러다 보면, 얼굴이 붉어지고 혀가 돌아가고 물을 들이켜고 울고 싸우고 토하고 잠을 잔다. 자기가 무슨 짓을 했는지도 잘 모른다. 신입생 시절에 누구나 한 번쯤 겪는 일이다. 위 학생은 독자 누구나 알 만한 일을 글로 썼다. 그런데 읽어보면 내가 아는 일이므로 더 관심이 가고 흥미롭다. 과거의 기억이 되살아나며 기사에 몰입된다. 오히려 이런 경험이 없는 사람은 그렇게까지 재미있지 않을 것이다. 그 사람에게는 새로운 정보가 될지 몰라도 관심과 흥미는 아니다. 내용을 아는 사람과 모르는 사람 중에 기사의 효과는 어느 쪽에 더 클까? 내용을 아는데도 기사를 재미있게 읽게 된 것은 장면과 상황을 실감 나게 재현한 묘사력 때문이다. 이것이 묘사의 힘이다. 그것이 아니었다면 즉 "대학 신입생은 만나기만 하면, 술 마시고 게임을 하며 시끄럽게 떠들고 노래 부른다"라고만 썼다면, 그런 효과는 나지 않았을 것이다. 기자들은 누구나 아는 것 또는 이미 알려진 것은 좀처럼 기사로 간주하지 않는다. 위 원고는 왜 그렇게 하면 안 되는지를 잘 보여준다. 사람들이 잘 알수록 더 크게, 더 정밀하게 보도할 필요가 있다.

디테일

내러티브의 필수요소가 묘사라면, 묘사의 필수요소는 '디테일'(details, 세부 정보)이다(안수찬, 2013, 40쪽; Hart, 2011/2015, 246쪽). "그는 과일을 좋아한다"라는 정보로 어떤 사람의 음식 취향을 충분히 설명할 수 없다. 더 정확한 문장은 "그는 사과를 좋아한다"일 것이다. 하지만, 이 문장으로도 부족하다. 그 사람 속으로 조금 더 들어간다면, 어떻게 표현해야 할까? "그는 홍로를 좋아한다"라고 하면 어떤가? 이제 그가 부사나 아오리, 매킨토시 파가 아님을 알게 됐다. 그는 단맛과 신맛이 적절하게 어우러진 그런 사과를 좋아하는 사람인 것이다.

한국 언론의 디테일은 무시하지 못할 수준이다. 단, 취재에서만 그런 것 같다. 예를 들어, 범죄 사건을 취재하는 수습기자가 피해자가 칼에 살해되었다고 보고하면, 선배 기자에게 혼쭐이 난다. 그 칼이 식칼인지 등산용 칼인지 회칼인지, 단날인지 양날인지, 몇 센티미터인지 확인하라고 당장 야단친다. 그래서 그런 미세 정보를 확인하여 보고하면, 정작 기사는 "피해자는 칼에 찔려 죽었다"라고 보도된다. 이쯤 되면 교육이 아니라 수습기자 골탕 먹이기이다.

독자가 이야기를 감정적이고 감각적으로 느끼는 것은 디테일 덕분이다(Ellis, 2009/2016). 세부 정보는 독자가 이야기를 기억하게 만드는 연결 고리다. 대중 소설가 중에 유독 세부 묘사에 강한 더글러스 케네디는 출세작 〈빅 픽처〉에 아래와 같이 적었다.

> 글을 쓰는 사람은 어떤 장면의 세세한 부분들을 모은다. 그 세세한 것들이 한데 모이면 '큰 그림'이 완성된다. 사진가는 늘 상황을 제대로 보여줄 수 있는 확실한 영상 하나를 원하지만, 작가는 작은 일들을 모아 하나의 이야기를 만든다. 세밀한 묘사가 없는 이야기는 맥없고 심심할 수밖에 없다. 글 전반에 작가 자신의 시각이 담기지 않으면 독자는 작가가 관찰한 바를 전체적으로 조망할 수 없다. (Kennedy, 1997/2010, 404쪽).

세부 정보가 주제와 연관되면, 그 중요도는 더 커진다. 워싱턴포스트는 미국에서 빈곤율이 가장 높은 지역 중 하나인 히달고 카운티 주민의 건강 문제를 아래와 같이 다루었다. 이들의 건강이 기사 주제이므로 음식과 관련한 정보를 최대한 구체적으로 적었다.

> 4살 아이는 체더치즈 맛 포테이토칩과 그래놀라 바가 들어 있는 봉지를 쥐고 있었다. 9살 아이는 설탕이 첨가된 시리얼을 그릇에 부은 뒤 초콜릿 우유와 함께 벌컥벌컥 마셨

다. 엄마 블랑카는 당뇨 치료에 필요한 인슐린을 보관해둔 냉장고 칸에 손을 넣었다. 주사기에 액체를 채우고는 익숙하게 배에 찔렀다.

"가자." 그녀가 부엌에서 황급히 나와 차로 가면서 아이들에게 말했다. "집에 오는 길에 스낵이 있는 곳에 들를 수 있어."

건강검진은, 살라스 가족의 두 가지 걱정거리를 해결하길 바랐던 학교 간호사의 주장에 따라 계획됐다: 그들은 영양이 풍부한 음식의 부족과 과도한 식사로 인해 고통받고 있었는데, 이것은 미국 특히 남부 텍사스에서 점점 서로 연관돼온 역설적인 문제들이다.

거의 10년 동안, 블랑카는 리프라이드 빈(삶아서 튀겨놓은 콩)을 걸쭉하게 만들기 위해 라드유를 추가하고 인근 달러스토어에서 인스턴트 수프를 박스째 사면서 월간 430달러의 푸드 스탬프 혜택으로 아이 다섯 명을 부양해왔다. (The Washington Post 2013.11.9.) (이샘물·박재영, 2020, 93쪽)

디테일은 상세한 것까지 정확하게 취재해야 한다는 저널리즘의 규범을 지키는 것 이상의 의미를 지닌다. 그 의미를 안수찬(2013)은 아래와 같이 설명했다.

대부분의 글은, 특히 기사는 인물과 사건을 '설명하려' 든다. 누가, 언제, 어디서, 무엇을, 어떻게, 왜 했는지 밝혀 적으려 한다. 기자들의 기대와 달리, 이른바 '육하원칙'은 독자들에게 거의 아무것도 전달하지 못한다. 심지어 정보를 전달하기 위해서라도 독자를 글에 푹 빠뜨려야 한다. 독자를 글 속에 파묻히게 하려면 시공간과 인격의 디테일을 보여줘야 한다. 〈중략〉 디테일을 꼼꼼하게 살펴야 꼼꼼하게 보여줄 수 있다. 이는 눈썰미가 아니라 의지, 의도, 계획이 있어야 가능하다. 인터뷰를 할 때, 상대의 말만 받아쓰면 설명하는 기사가 될 뿐이다. 상대의 말과 함께 눈빛, 표정, 행동, 시공간을 함께 적으면 보여주는 기사를 쓸 수 있다. 디테일 취재가 쉬운 것은 아니다. 더듬이가 많아야 가능하다. 디테일이 눈에 들어오지 않는다면, 더듬이가 부족하다는 뜻이다. (안수찬, 2013, 40-41쪽)

아래에서 디테일이 잘 묘사된 몇 가지 기사 예를 볼 것이다. 요즘은 그렇지 않지만,

과거에 "공무원들 일 안 한다"라는 주제의 기사가 유행했다. 매사에 무사안일하고 큰 일이 터져도 복지부동하는 공무원들을 꼬집었으니 사회적 의미가 크고 좋은 기사다. 문제는 기사의 주요 내용이 공무원들이 무엇도 하지 않는다는 점이다. 누군가 무언가를 하는 것은 취재하기 쉽다. 무언가를 잘못하는 것도 취재하기 어렵지 않다. 작위(作爲) 즉 누군가 어떤 행위를 하는 것은 관찰할 수 있고 결과물도 나오므로 잘잘못을 가려낼 수 있다. 하지만, 부작위(不作爲) 즉 무언가를 하지 않는 것은 눈에 볼 수 있는 것이 없고 결과물도 없으므로 잘잘못을 논하기가 쉽지 않다. 따라서 이 경우의 관건은 "부작위의 증거를 어떻게 입수할 것인가?"이다.

공무원들이 일하지 않는다는 증거를 어떻게 입수할 수 있을까? 당장 떠오르는 손쉬운 방식은 공무원들을 잘 아는 사람들에게서 코멘트를 받아내는 것이다. 그리되면, 기사는 "공무원들은 일을 안 한다"라는 코멘트의 반복이 될 것이다. 1970년대 미국 언론도 공무원의 복지부동을 보도했지만, 기사는 우리와 상당히 다르다. 아래는 미국의 책에 소개된 1977년 농무부 기사의 리드다.

> 52세 달턴 월슨은 그럴싸한 직함과 책상, 그리고 꽤 괜찮은 보수를 받는다. 월슨은 농무부 산하 외국농산물관리부의 행정보좌관이다. 기자가 인터뷰를 위해 월슨을 방문했을 때, 그는 책상 위에 발을 올리고 의자에 기댄 채 워싱턴포스트의 부동산 광고면을 읽고 있었다. 그의 책상 위에는 사탕 하나와 담배 한 갑이 놓여 있었다. (매체·날짜 미상) (Blundell, 1988, 87쪽)

이 짧은 리드 문단이 국문 번역으로 200자 원고지 34매에 달하는 긴 기사의 성격을 단번에 결정했다고 해도 과언이 아니다. 리드의 문장 4개 중에서 세 번째와 네 번째가 특히 그러하다. 일과시간에 어느 사무실에 가더라도 책상에 발을 올려놓고 일하는 사람은 없다. 그런 사람은 일을 안 하는 사람이다. 신문을 읽을 수는 있다. 일에 도움이 될 수 있으니까. 특히 그것이 워싱턴포스트 같은 좋은 신문이라면, 딴지를 걸기가 어렵다. 하지만, 기자는 디테일을 놓치지 않았다. 그 공무원은 워싱턴포스트의 기사가 아니라 부동산 광고를 보고 있었다. 농무부 업무와 전혀 관련 없다. 혹시 열심히 일하다가 잠시 머리를 식히느라 신문을 보고 있었던 것일까? 그래서 기자는 일의 흔적이 있는지 책상 위를 살폈다. 거기에 서류는 없고 사탕과 담배가 있었다. 이 정도라면, 그 공무원이 어떤 사람인지 알 만하다. 독자는 리드를 읽고 기분이 언짢아질 것이다. 일단 성공이다. 이제 불을 붙여야 한다. 리드에 연이은 아래의 문단이 점화장치다.

> 기자는 그가 하는 일이 정확히 무엇인지 물었다. 그는 빙긋이 웃으며 "내가 무슨 일을 하냐구요?"라며 "내가 작년에 했던 일을 말씀드리죠"라고 말한다. 연봉 2만 8,000달러를 받는 윌슨이 1년 내내 한 일은 부서에서 발행하는 유지(乳脂)에 대한 출판물의 적절성과 적절한 배포 시기를 사정하는 것이었다. 그에 따르면 1977년 역시 느긋한 한 해가 될 것이다. 그는 지금 '곡물 생산을 예측하는 데 있어서 위성의 필요성'이란 주제로 연구를 계획 중이다.
>
> 이는 농무부의 전형적인 업무다. 8만 명의 정규직이 있는 농무부는 직원 1명이 농부 34명을 맡고 있다. 이에 카터 대통령은 부처의 효율성을 높이기 위해 조직을 재편하고 있으며, 이에 따라 농무부가 지닌 문제점이 뚜렷하게 드러나고 있다.

기사를 이렇게 적는다면, 주제를 강조하려고 태만이나 도덕적 해이 같은 무거운 단어를 쓸 필요가 없을 것이다. 기자는 본 바를 적기만 했는데, 주제가 스스로 드러난다. 이것이 세부 묘사의 힘이다.

기자의 정밀한 기록이 역사적 가치마저 있다는 것은 앞에서 안병찬의 베트남 한국 대사관 철수 기사를 검토하면서 설명했다. 기억날지 모르겠지만, 그 기사에 아래와 같은 세부 정보가 포함돼 있었다. 이 송수신기를 그냥 '무전기'라고 했을 때와 비교해보면, 기사를 읽는 맛이 다르다.

> 변 중사는 손을 떨며 모르스 부호의 무선전신을 보냈다. 변 중사와 김 중사는 AN/VRC-46 단파송수신기와 AN/UGC-58 중파송수신기를 마당으로 끌어냈다. 통신 시설의 정비, 점검을 맡고 있던 김 중사는 기계를 파괴하기 위해 도끼를 번쩍 들었다.

미국의 한 마을에 연쇄살인범이 나타나서 온 마을이 인질로 잡히다시피 한 상황을 보도한 기사에도 정밀한 세부 정보가 있었다. 사람들은 겁에 질려 자구책을 마련하기 시작했는데, 몇몇 사람은 호신용 권총을 샀다. 하지만, 기사는 "권총을 구입했다"라고 하지 않고 "9mm 15연발 '스미스 & 웨슨' 새 권총을 구입하기 위해 600달러를 썼다"라고 적었다.

국가대표 운동선수는 가슴에 태극기를 붙였다는 것만으로도 최선을 다한다. 정부나 협회의 지원이 많고 국민의 응원도 듬뿍 받는다. 단, 그것은 인기종목 얘기다. 비인기 종목은 '한철 장사'다. 2018년 평창동계올림픽을 앞둔 여자 아이스하키 국가대표팀이 그랬다. 올림픽을 앞두고 세간의 이목이 반짝 집중됐을 뿐이지 여전히 선수는 부족했고 지원도 부족했으며, 그래서 올림픽이 지나면 곧 잊힐 것이었다. 올림픽을 앞둔 때 한국언론진흥재단의 수습기자 기본교육을 하면서 내러티브 기사 쓰기 과제를 냈더니 홍영재 기자(현재 SBS 소속)가 이런 기사를 써 왔다.

> 오후 4시 태릉선수촌 빙상장 3층 선수 대기실. 헬멧을 벗은 모습을 보고 나서야 그녀가 아직 중학교 3학년이라는 사실이 떠올랐다. 입을 다물 때마다 도드라져 보이는 젖살과 매일 밤 사투를 벌였을 거라 짐작되는 붉은 여드름 자국이 양 볼에 남아 있다. 만 16세 아이스하키 여자대표팀 국가대표 김세린 선수는 방금 연습경기가 끝났다며 땀을 연신 닦아냈다. "제가 이런 건 처음 해봐서… 언니들(동료 선수들) 하는 건 많이 봤는데…." 미국 바우어(Bauer)사의 검은색 스케이트를 벗자 눈높이가 한층 내려가고 보디(몸통 장비)를 상체에서 끌어내자 155cm 정도의 사춘기 소녀가 나타났다.
>
> 이야기 중 의자에 걸쳐놓은 스틱이 눈에 들어왔다. 손잡이부터 스틱 헤드 부분 할 것 없이 군데군데 긁힌 자국과 여러 번 테이프를 붙였다 뗀 흔적으로 보이는 하얀 실밥들이 눈에 띄었다. 역시 바우어사의 APX-2. 2005년 출시된 모델이다. "스틱이 오래된 것처럼 보이는데 연습용 스틱인가 봐요?" "아, 이게 남자대표팀 선수들이 쓴 걸 받은 거라… 연습용은 따로 없고…." 소녀는 말끝을 흐렸다.
>
> "운동 후 샤워를 마치고 집에 도착하면 오후 11시 30분은 돼요. 숙제라도 있는 날이면 자정을 넘겨 자는데 정작 학교에서는 거의 잠만 자고…." 김 선수는 학업과 대표팀 생활을 겸업하기 쉽지 않아 고등학교 진학도 포기할까 고민 중이다. 자신 외에 학교 진학을 스스로 미룬 선수도 많다고 한다. 목표는 2018년 평창올림픽 단 하나다.

두 번째 문단에 있는 스틱의 세부 정보들이 기사 주제와 연관된다. 낡고 해진, 물려 받은 스틱이더라도 그저 운동이 좋아서 열심히 얼음을 지치는 소녀의 미래는 과연 어 떻게 될까? 세 번째 문단에 소녀의 목표가 나와 있지만, 그것은 애초부터 허깨비였음을 올림픽이 끝난 후에 우리는 더 잘 알게 됐다.

인물 묘사

묘사에서 인물 묘사를 빼놓을 수 없다. 범인 몽타주를 글로 옮기는 식의 인물 묘사가 가장 기본형일 것이다. 사건이 터지면, 기자는 경찰을 통해 혐의자의 인상착의를 얻는다. 목격자를 만나서 상세한 정보를 얻으면 더 좋다. 아래는 성폭행 혐의자를 묘사한 예다. 이빨을 묘사한 대목이 인상적이다.

> 성폭행범은 25세에서 30세 사이로 키 175cm 몸무게가 70kg 정도 되며 밤색 머리를 하고 있다. 그는 밤색 가죽 재킷을 입고 얼굴을 가리는 검은색 오토바이 헬멧을 썼다. 위쪽 앞니는 가지런하지만, 그 옆의 어금니들은 들쑥날쑥하고 안으로 밀려들어가 있다.
> (매체·날짜 미상) (Hart, 2011/2015, 215쪽)

샘 라이트너는 태어날 때부터 혈관 이상으로 왼쪽 얼굴의 세포가 이상 증식한 얼굴 기형이다. 2000년에 오리거니언이 그의 스토리를 장문의 기사로 써서 유명해졌는데, 〈그림 6〉은 당시 14세 샘의 옆모습이다. 기사를 썼던 톰 홀먼은 기사 리드에 샘의 얼굴을 아래와 같이 그렸다. 묘사가 생생하게 살아 숨 쉰다.

> 소년은 생각에 골몰한 채 가녀린 손으로 고양이를 토닥이며 거실 소파에 앉아 있다. 남동생과 여동생은 바닥에 앉아 수다를 떨며 카드 게임을 한다. 하지만, 샘은 혼자 있고 싶은 충동을 이기지 못한다. 그는 애처롭게 우는 소리를 무시한 채 고양이를 무릎에서 들어내고, 석양을 받으며 홀쭉한 몸을 위태롭게 비틀거리고 조용히 일어난다.
> 그는 엄마가 저녁 식사를 차리려고 허리를 굽혀 채소를 씻고 있는 부엌으로 나아간다. 대부분의 14세 소년은 방을 휘젓고 다니고 손으로 문설주를 치고 가상의 하프백처럼 가구들을 잽싸게 피한다. 하지만 152cm, 38kg의 비쩍 마른 소년은 전혀 자기 자신

〈그림 6〉 오리거니언에 실린 샘 라이트너의 사진

을 의식하지 않는 법을 배웠다. 그는 연기처럼 움직인다.

그는 부엌으로 향하는 문설주에 멈추었다가 늦은 오후의 그림자 속으로 사라진다.

그는 상추를 물로 헹구며 콧소리를 내는 엄마를 바라본다. 그는 목소리를 가다듬고 배가 고프지 않다고 말한다. 엄마는 물을 잠그는 것이나 손을 말리는 것은 신경도 쓰지 않은 채 걱정 어린 한숨을 쉬며 돌아선다. 소년은 엄마가 자신의 앙상한 팔과 녹초가 된 듯 문지방에 쪼그려 있는 자신을 훑어보면서 자신을 살피고 있다는 것을 안다. 엄마는 그가 몇 달 전에 병원에서 퇴원한 이래로 그를 관찰하고 있었다.

"배불러요." 그가 말한다.

그녀는 아들 쪽으로 고개를 돌려 말하려고 한다. 그가 가로막는다.

"정말로요, 엄마. 전 배불러요."

"알았어, 샘." 그녀가 조용히 말한다.

소년은 엄마의 등 뒤에서 전등 빛이 눈부시게 쏟아지는 부엌 안으로 슬며시 들어선다. 그러자 그의 얼굴 왼편에 물집처럼 몽글몽글 솟아난 혹들이 드러난다. 흉하게 일그러진 자주색 귀가 왼쪽 머리 옆으로 삐죽 튀어나와 있다. 턱은 앞으로 돌출됐다. 시퍼런 실핏줄이 거미줄처럼 얼굴을 뒤덮고, 귀밑부터 턱까지 얼굴 반쪽이 반구 모양으로 부어올라 있다. 왼쪽 눈은 근육이 당겨져 제대로 떠지지 않았고, 입은 뒤틀려 아주 작은 반달을 거꾸로 엎어 놓은 모양이었다. 마치 누군가 소년의 얼굴에 진흙 덩어리를 던졌는데 그 진흙이 떨어지지 않고 그대로 달라붙어 소년의 얼굴을 묻어버린 것만 같았다.

하지만 가면 너머의 소년은 오른쪽 눈으로 내다본다. 그것은 명확하고 완벽한 형태

안수찬(2013)은 묘사를 설명하면서 "현장을 담는 르포 기사를 쓸 때, 나는 본능적으로 '작은 사물'을 탐색한다. 인터뷰를 하게 되면, 그 사람의 옷과 버릇부터 살핀다. 르포 취재를 가게 되면, 그 공간에서 발견되는 작은 물건의 특징에 주목한다. 기사에 독자를 '밀어넣는' 일의 출발이다"라고 했다(42쪽). 그러면서 인물 보도는 정보가 아니라 성격을 전달하는 것이라고 했다. 그것은 "인물에 생명을 불어넣는 일인데, 일반적으로 기자들이 하는 이력 정보 전달과 다르다. 기자들은 이름·나이·직업·성별·고향·거주지·소득 등에 집착하지만, 그것들로는 사람을 설명할 수 없다"(안수찬, 2013, 47쪽).

옷 하나만으로도 사람의 특징을 상당히 잘 전달할 수 있다. 하트(Hart, 2011/2015)는 1964년 롤링스톤스의 콘서트에 몰려든 10대 팬의 복장을 표현한 기사를 예로 들었다. 그는 옷이 하나의 '사회적 표식'이라고 했다.

> 뱅헤어파, 사자갈기파, 벌통헤어파, 비틀스 헌팅캡파, 각선미 추녀파, 눈썹 화장파, 눈매 화장파, 보송보송 스웨터파, 찌를 듯한 프렌치 브래지어파, 싸구려 가죽파, 청바지파, 스판 바지파, 스판 청바지파, 참외바지파, 에클레어 부츠파, 요정 부츠파, 발레리나 슈즈파, 기사 슬리퍼파…. 아카데미 음악당 안에는 이런 수백 명의 사람이 모여 한 떨기 붉은 꽃봉오리들처럼 고개를 까닥거리고 비명을 지르며 방방 솟아오르고 있었다. (매체·날짜 미상) (Hart, 2011/2015, 220쪽)

인물을 취재할 때, 인물의 입만 보기보다 얼굴을 보며 표정을 살피고, 복장을 훑어보고, 사무실이라면 책상과 책장도 보고, 방의 전체 분위기도 둘러볼 필요가 있다. 그 모든 것은 그 사람의 일부분으로서 그를 설명하는 데 도움을 준다. 아래 기사는 미국의 오징어잡이를 취재했던 한 기자가 그의 사무실을 묘사한 대목이다. 나머지 기사 내용을 읽어보지 않아도 이 주인공이 평생 오징어에 몰두한 사람임을 알 수 있다. 허먼 멜빌의 〈모비딕〉에서 흰고래 모비딕에게 다리를 뜯기자, 향유고래 뼈로 의족을 만들고 복수의 칼을 갈았던 에이해브 선장처럼….

그 후 우리는 대학교에 있는 그의 사무실로 향했다. 그는 원정에 필요한 여러 가지 자료를 그곳에 수집해 두었다. 사무실보다는 다락에 가까웠다. 오로지 스스로 인정하는 "광적인 집착"을 위한 공간인 듯했다. 대왕오징어, 초대왕오징어, 흰꼴뚜기, 대왕사마귀오징어, 레오파드오징어 그림이 벽에 잔뜩 붙어 있었고 책상 위에도 수북했다. 대부분 직접 스케치한 것이었다. 여기에 오징어 장난감, 오징어 열쇠고리, 오징어 잡지, 오징어 영화, 오징어에 대한 기사 스크랩("호주 근해, 선박 공격하는 날아다니는 대왕오징어 비상!") 등이 있었다. 비닥에는 오징어가 담긴 유리병이 즐비했는데 알코올에 담아 보존 중인 것이었다. 병 안의 오징어들은 하나같이 유리벽에 눈과 빨판을 착 붙이고 있었다. (매체·날짜 미상) (Hart, 2011/2015, 246쪽)

현장 정밀 묘사

묘사는 당연히 현장을 직접 관찰한 기록이다. 현장에 오래 머무르며 일련의 상황을 관찰할 수 있다면 제일 좋다. 기자가 매번 이런 시간적 여유를 가질 수 없지만, 결정적인 장면이 나오는 시간대를 미리 알아보고 준비할 수 있을 것이다. 이때는 마음먹고 현장의 정밀 묘사에 도전해볼 수 있다.

하트(Hart, 2011/2015)는 현장의 정밀한 묘사를 '현장 내러티브'라고 하고, 그보다 간단한 묘사를 '요약 내러티브'라고 했다(145쪽). 하트가 소개한 아래 기사가 현장 내러티브의 전형적인 예다. 사산된 아이의 옷을 지어주는 간호사 이야기인데, 기자는 간호사의 움직임을 세밀하게 관찰하여 묘사했다. 장면이 이어지면서 기자가 근접 관찰했던 세부 정보들이 나오기 시작하고, 스토리의 감정은 고조된다.

화요일 오후, 루아는 스피트 씨 가족의 아이를 보육실 뒤편으로 데려왔다. 그녀는 무엇을 해야 할지 잘 알고 있었다.

먼저 그녀는 이 병동에 있는 다른 엄마들이 보지 못하도록 창문 앞 스크린을 내렸다. 그리고 아이의 키와 몸무게를 쟀다. 이 여아의 몸무게는 1.9kg, 키는 43cm였다. 루아는 아기의 자그마한 발을 잡고 잉크를 묻혔다. 아이의 발은 두 장의 문서에 발자국을 남겼다. 한 장은 병원 보관용이고 한 장은 부모에게 줄 것이었다. 루아는 싱크대에 분홍색 대야를 놓고 따뜻한 물을 받았다. 그러고는 잠깐 밖으로 나와 세례식에 증인을 서

줄 간호사가 없는지 물었다.

루아는 장성한 아이들을 둔 나이 지긋한 여자 간호사 한 명이 지켜보는 가운데 얼굴을 제외한 아이의 온몸을 따뜻한 물에 담갔다.

"성부와 성자와 성령의 이름으로 너에게 세례를 주노라."

루아는 아이의 이마에 살짝 물을 떨어뜨리며 말했다.

다른 간호사가 홀린 듯 아이를 바라보았다. 얼마나 예쁜 아이인지 보고 또 보았다.

"정말 예쁜 아기예요."

그녀는 말했다.

〈중략〉

루아는 존슨즈 베이비샴푸로 아이의 머리와 몸을 씻겼다. 그런 다음 수건으로 물기를 닦고 발과 등에 존슨즈 베이비오일을 발라주었다. 아이의 가족이 아이를 안을 때 이 두 가지 향이—이 향을 맡을 때 연상되는 모든 것도 함께—그들에게 전해지길 바랐다.

루아는 아기를 품에 안고 선반 쪽으로 걸어가 분홍색 띠를 두른 가운을 집었다. (St. Petersburg Times 2003.2.28.) (Hart, 2011/2015, 309쪽)

미국 기사 중에서 현장 정밀 묘사가 자주 발견되는 분야는 의학이다. 특히, 수술 장면은 의사의 정밀한 손놀림과 이를 지켜보는 긴장감이 어우러져서 묘사를 시도하기 좋은 아이템이다. 아래 기사는 의사가 선천적으로 뇌혈관이 기형인 여성 환자를 수술하는 장면이다.

심장 모니터는 1분에 70번 팝 팝 팝 규칙적으로 뛰고 있다. 외과 의사는 직접 족집게를 뇌 속의 중요한 혈관 3개 중 하나인 경동맥에 가져갔다. 이 경동맥은 화면 속에서 팝 팝 팝 전자 음향을 내며 춤추고 있다.

더커 박사는 서서히 아주 서서히 상처 입은 뇌 조직 쪽을 슬쩍 찔러가면서 두개골 바닥 근처의 대뇌동맥고리에 있는 경동맥을 따라 이동한다.

이 고리 모양의 혈관은 피가 뇌를 통해 분포되는 군사 숙영지 같은 곳이다. 큰 동맥 3개가 아래로부터 피를 공급하고, 하나는 뒤에서 그리고 나머지 2개는 정면에서 피를 공급한다.

첫 번째 동맥류는 여전히 뇌척수 회백질에 묻혀서 경동맥이 고리와 만나는 지점 앞쪽에 놓여 있다. 두 번째 동맥류는 제일 뒤쪽 동맥이 고리와 만나는, 척추를 따라 솟아오른 뇌 속 좀 더 깊숙이 있다.

더커 박사는 현미경에 눈을 가까이 대면서 경동맥을 따라가는 장황한 진로를 다시 시작했다.

"그녀가 너무 겁먹고 있어서, 아무것도 확인할 수 없어." 그는 불평했다. (The Baltimore Evening Sun 1978.12.12.)

아래는 심장 이식 수술을 묘사한 기사다.

심장이 수술실에 도착했을 때, 머레이의 가슴은 완전히 열려 있었다. 의사들은 전기톱을 이용해 그의 흉골을 잘라냈고, 꺽쇠같이 생긴 견인기는 그의 가슴을 양쪽으로 벌려놓았다. 머레이의 병든 심장은 일반 심장보다 약 50% 이상 커져 있는 채로 이미 노출된 가슴 안에서 박동 치고 있었다.

의사들은 신속하게 심장의 박동 기능을 인공 심폐기 쪽으로 이동시켰다. 그들의 손은 아주 빠르지만 매우 침착하게 움직였고, 의사는 튜브를 심장의 주 혈관에 삽입시킨 뒤 심장에서 혈관을 절단해냈다.

얽힌 튜브는 피를 실린더로 옮겨 산소와 결합시켰다. 그곳에서 혈액은 대형 콘솔로 운반되며 그 콘솔은 심장 역할을 한다. 3개의 회전하는 디스크는 혈액을 펌프질하여 맑은 플라스틱 튜브를 통해 환자의 몸으로 되돌려보냈다.

매우 조심스럽고 깜짝 놀랄 만한 한순간에 수술팀은 심장 교환을 끝마쳤다. (The Post-Standard 1984.5.12.)

현장 정밀 묘사는 스포츠 기사에 제격이다. 사람들은 경기 결과가 궁금해서 스포츠 기사를 본다. 이것은 초보적인 수준의 원인 분석이다. 혹자는 모바일 시대로 바뀌면서 이 이유가 더 중요해졌다고 말하겠지만, 속보를 잘한다고 매체의 이미지나 신뢰도가 높아지는 것은 아니며 돈을 더 잘 버는 것도 아니다. 무엇보다도, 그런 속보를 잘 전할 기자와 매체는 수없이 많다. 기자가 주목해야 할, 사람들이 스포츠 기사를 보는 이유는 따로 있다.

첫째, 독자들은 자기가 지켜본 경기라도 '과연 기자는 뭐라 표현했을까' 하는 궁금증에서 신문 기사를 본다는 것이다. 〈중략〉 둘째, 스포츠 기사는 방송 뉴스나 경기 중계에서 좀처럼 시도하지 않는 인간의 냄새를 담는 것이 가능하기 때문이다. 경기 전 대기실의 긴장된 모습, 합숙소 풍경, 땀내 나는 훈련 뒤의 선수들 등은 아직까지 방송에서 제대로 시도하지 않은 기삿거리들이다. 독자들이 신문의 스포츠 뉴스에서 이런 글을 기대한다고 언론학자들은 보았다.

여기서 신문 스포츠 기사의 살길이 나타난다. 자기 기사를 읽은 사람들이 경기 중계를 보았을 가능성이 크다. 최소한 경기 결과를 알고 있다는 전제하에 기사를 써야 한다. 따라서 단순히 육하원칙에 따라 누가 무슨 경기에서 어떻게 이기고 졌다는 사실만 전해서는 안 된다. 경기 흐름이나 작전, 관련 기록을 분석해줘야 한다. 〈중략〉

경기를 인물 기사로 바꾸는 것도 독자 확보를 위한 좋은 방법이다. 그날 시합의 주인공을 소재로 해서 기사를 작성하는 것이 흔히 쓰인다. 또한 방송 카메라가 미치지 못하는 경기 이면의 모습을 전해주는 글도 많이 읽힌다. 눈앞에 드러나는 경기 결과 뒤편의 모습을 인간적으로 전하는 것, 이것이 흥미로운 스포츠 기사 작성을 위한 첫걸음이다.
(김성희, 2007, 129-130쪽)

요즘 월드컵 경기에는 드론 카메라를 포함하여 방송 카메라 수십 대가 동원되어 선수들의 움직임을 놓치지 않고 보여준다. 이처럼 방송이 할 수 있는 것은 여러 각도에서 장면을 그대로 보여주는 것, 딱 거기까지다. 결정적인 장면이 나오게 됐던 배경과 그 당시 선수의 생각 등을 종합하여 전하는 표현력은 방송에 기대하기 힘들다. 이런 이유에서 미국 신문의 스포츠 기자들은 오래전부터 독자의 호기심에 주목했다. 이 호기심 효과를 극대화하기 위해 미국 신문이 주로 선택하는 전략은 '결정적 장면의 현미경적 확대 묘사'다(송상근·박재영, 2009, 156쪽). 방송보다 더 근접하여 촬영하고 더 느린 화면으로 경기 내용을 그려주는 방식이다. 스포츠를 좋아하는 사람들은 바로 그것을 즐기고 싶어서 스포츠 기사를 읽는다. 다음 뉴욕타임스 기사가 그런 예다.

제이슨 키드는 자기의 손끝에서 만들어진 무지개의 끝을 볼 수 없었다. 키드가 커다란 포물선을 그리는 슛을 쏠 수밖에 없도록 만들었던 2m 13cm의 디트로이트 피스톤스의 포워드 메흐멧 오쿠르가 여전히 시야를 가리고 있었기 때문이다.

오늘 키드는 18개의 슛 중 13개를 실패했다. 그러나 그의 팀 동료들은 지난 2년 동안 알고 있었던 것만큼이나 확실하게 키드가 다시 한 번 슛을 성공시킬 것이고 바로 그 6.1m짜리 페이드어웨이 점프슛이 들어갈 것이라는 사실을 본능적으로 알았다.

속공과 찰거머리 수비 사이의 전투가 1.4초를 남겨두었을 때 네츠 벤치에서 터져 나온 환성을 듣고 키드는 그 한 번의 슛이 부진했던 하루를 뒤바꿔놓았다는 것을 알았다. 그러나 오쿠르와 피스톤스는 아직도 2점을 넣을 기회를 한 번 더 가지고 있었다.

1.4초가 남은 상태에서 디트로이트의 테이션 프린스가 인바운드 패스를 보냈고 오쿠르는 네츠의 2m 1cm 선수인 리처드 제퍼슨 너머 골을 향해 공을 올렸다. 공이 림을 돌다 떨어지자, 오쿠르는 리바운드를 잡아 재차 슛을 날렸으나 실패했고, 버저가 울리면서 동부 콘퍼런스 결승 1차전은 네츠의 76-74 승리로 끝났다. 7전4선승제 시리즈의 2차전은 화요일 여기에서 열릴 예정이다. (The New York Times 날짜 미상) (정준영, 2004, 37쪽)

제이슨 키드의 결정적인 슛을 중계방송으로 보았던 사람도 이 기사를 읽어보면, "역시 기자다!"라고 할지 모른다. 정밀함과 표현력에서 도저히 따라갈 수 없기 때문이다. 그 장면은 팀 동료들의 분위기와 벤치의 현장음까지 가미되어 방송의 평면과 비교가 안 될 정도로 입체적인 화면으로 되살아났다. 묘사 없이 불가능한 일이다. 이렇게 보면, 호기심 효과는 독자가 이미 시청한 경기에서 더 크게 나타난다고 말할 수 있다. 대개 그런 경기는 국가대항전과 같은 빅게임이다.

이런 경기는 신문 기사의 진수를 보여줄 수 있는 절호의 기회이지만, 아이러니컬하게 도 신문은 이런 경기일수록 축소보도하거나 경기 내용보다 경기 외적요소에 치중하여 보도한다. 경기 내용은 독자들이 이미 여러 번 보았다고 전제하기 때문이다. 그러나 '호기심 효과'를 상기하면 신문은 독자들이 경기를 보았기 때문에 오히려 더 경기 내용에 집중해야 한다. 똑같이 보고서도 기자가 자기보다 더 많은 정보를, 더 섬세하고 정밀하게, 더 입체적으로, 더 드라마틱하게 표현했다면, 독자는 기자에게 두 손을 들고 말 것이다. 독자들이 경기를 더 신물 나게, 더 지겹도록 보는 것이 신문에게 더 유리한 것은 이 때문이다. 방송이라는 매체는 경기를 그렇게 표현하고 묘사하지 못한다. (송상 근·박재영, 2009, 156쪽)

다시 말하지만, 온 국민이 방송으로 시청한 빅게임을 신문은 더 크게 더 정밀하게 더 잘 써야 한다. 여기에 스포츠 기사의 사활이 걸려 있다. 덤으로 독자의 존경심도 얻을 수 있다. 그런 기사가 한국에도 있었다. 1996년 하계올림픽 남자육상 100m 기사다. 남자육상 100m는 10초 안에 결판난다. 아래 기사를 읽어보면, 그 10초에 한 편의 드라마가 만들어질 수 있음을 알 수 있다. 특히, 이 기사는 레이스 중반 이후의 짧은 순간에 확대경을 갖다 댄 선수들의 역동적인 움직임과 긴장된 표정을 눈앞에서 보듯이 살려냈다.

팽팽하던 활시위가 벌써 2번이나 끊어졌다. 27일 밤(현지시각) 애틀랜타올림픽 스타디움 남자 1백m 결승 스타트라인. 터질 듯한 긴장 속에 8만 5천명 대관중의 시선이 인간 탄환 8명이 정렬한 흰줄 하나에 집중됐다.

처음에는 92바르셀로나올림픽 우승자인 린퍼드 크리스티(36·영국)의 부정 출발이었다. 올림픽 직전 열린 2개 대회를 석권했던 5번 레인의 친구 프랭키 프레데릭스(29·나미비아)를 의식하면서 첫 번째 부정 출발을 낳았다.

두 번째는 트리니다드 토바고의 아토 볼든(23)의 부정 출발. 6번 레인의 도노번 베일리(29·캐나다)는 이제 신경과민이 되면서 스타트에 불안감을 느끼기 시작했다.

그의 바로 왼쪽에 강호 프레데릭스가 있었다. 프레데릭스 건너편의 데니스 미첼(30·미국)은 두 눈을 치켜뜨고 결승선을 쏘아보며 주문 같은 것을 외우고 있었다.

세 번째 스타트 총성, 그리고 또다시 크리스티의 부정 출발. 36세 할아버지 스프린터의 실격이었다. 그의 올림픽 2연패 꿈이 산산조각 나면서 이 순간 육상史를 바꿀 이날 밤의 드라마는 구도가 크게 바뀌었다.

따앙ㅡ. 네 번째 스타트 총성이 미국 남부의 밤하늘을 가르자 7개의 화살이 눈부신 조명을 뚫고 일제히 시위를 떠났다. 그러나 그중 1명이 스타트에 실패, 초반 30m 레이스에서 선두권에 1m 이상 뒤처졌다. 그는 캐나다의 베일리였다.

초반 레이스를 관중석에서 지켜보던 베일리의 코치 파프가 벌떡 일어섰다. 올해 우승이 없어 올림픽 예상에서 전문가들은 베일리를 제쳐두었지만, 둘의 자존심은 그 예상을 비웃고 있었다. 그런데 스타트가 실패였다.

베일리의 오기가 발동했다. 스타트엔 뒤졌지만 가속엔 성공했다. 칼 루이스를 연상케 하는 롱스트라이드를 힘차게 내뻗어 60m 지점에서 선두 프레데릭스와 어깨를 나란히 했다. 이후 20m는 베일리, 프레데릭스, 볼든, 미첼의 대혼전. 프레데릭스는 오른쪽에서 치고 올라오는 베일리의 기세가 위험하다는 것을 느꼈다. 「4년 전 바르셀로나에선 크리스티에 당해 은메달, 이번엔 한 수 아래로 본 베일리에 당해 또 은메달인가….」이미 베일리의 가속은 0.1초당 1cm 가깝게 프레데릭스를 제쳐가고 있었다. 베일리의 롱스트라이드가 내뿜는 힘은 로켓의 추진력과 같이 베일리를 일자 대열에서 앞으로 밀어냈다.

마지막 20m는 베일리의 독주. 결승선 돌파까지 2초가 채 남지 않은 순간 베일리는 먹이를 물어뜯을 듯이 입을 한껏 벌렸다. 코치 파프의 고함이 진동하는 대관중의 함성을 뚫고 베일리를 채찍질했다. 미첼이 처지고 프레데릭스와 볼든이 나란히 쇄도하며 고개를 오른쪽으로 돌려 베일리를 보았다. 그들의 눈이 베일리를 보고, 가슴에 「좌절」과 「패배」라는 감정이 채 맺히기도 전에 베일리는 결승선을 꿰뚫었다.

9초 84. 세계의 눈과 귀를 모았던 애틀랜타대회 하이라이트 1백m 결승레이스는 그렇게 세계신을 낳으며 극적인 피날레를 맞았다. (조선일보 1996.7.29.)

동영상은 물론이거니와 정지 장면도 정밀하게 재구성하기 쉽지 않다. 아래 기사는 여성 모델이 유명해진 후 거리를 두자, 남자친구인 연예 기획자가 모델을 살해하고 자살한 사건을 다루었다. 모델과 연예 기획자의 엇갈린 욕망과 죽음을 다룬 기사는 범행이 있었던 호텔 방과 둘의 주검을 스틸 사진처럼 재현했다. 정밀한 취재력과 생생한 표현력이 돋보인다.

총탄의 위력을 생각할 때, 그 작은 침대방이 온통 피로 물들지 않았다는 사실은 다소 의아했다. 벽, 커튼, TV에만 피가 튀어 있었다. 아마도 그 방이 덜 음침해 보였기 때문에 그들의 시신은 더 소름끼치게 보였을지 모른다. 그들은 나체였다. 도로시는 낮은 침대 한 코너의 아래쪽을 가로질러 몸을 쭈그리고 누워 있었다. 두 사람의 무릎은 카펫에 있었고 그녀의 오른쪽 어깨는 떨어져 나가 있었다. 그녀의 금발은 여전히 자연스러워 보였으며, 이상하게도 그녀의 얼굴에 어떠한 폭행의 증거도 없었다. 탄환은 그녀의 왼쪽 눈 위쪽으로 들어가, 천사 같은 그녀 얼굴의 뼈는 산산이 부서졌다. 그녀의 몸은 사진에서처럼 부드럽게 나른한 포즈였지만 완전히 굳어 있었다. (The Village Voice 1980.11.5.)

르포

현장 관찰에 의한 정밀 묘사가 절정을 이루는 장르는 르포다. 르포는 사건을 가장 사실적으로 나타내는 글로서 표현의 생동감과 박진감을 생명으로 한다. 기록성과 문학성을 함께 갖춰 기사와 소설의 경계에 위치한다. 소설 〈분노의 포도〉는 르포문학의 정수로 꼽히는데, 저자인 존 스타인벡이 기자이자 작가였다. 2015년 퓰리처상 수상작 중에 이 소설과 유사한 기사가 있다. 2014년 봄, 캘리포니아 일대에 가뭄이 몰아닥쳤을 때 로스앤젤레스타임스의 기자는 7개월에 걸쳐 내륙의 시골 마을 6개를 방문해 가뭄과 싸우는 가난한 사람들을 취재했다. '캘리포니아의 모래 지대'(California's Dust Bowl)라는 제목의 그 기사는 아래와 같이 시작한다.

2명의 일꾼들은 실제로는 있지도 않은 잡초 위로 괭이질을 했다. "잡초가 많은 척하자고." 프란시스코 갈베즈가 그의 친구 라파엘에게 말했다. 그런 식으로 그들은 1주일짜리 일감을 얻을 수 있을지도 모른다.

그들은 항상 일자리를 함께 구했다. 좀 더 나이가 많은 라파엘은 트럭을 갖고 있었다. 갈베즈는 영어를 했다. 그리고 그들은 서로의 농담을 좋아했다. 그러나 이것은 지난 한 달 동안, 함께이건 혼자건, 그들이 처음으로 찾은 일감이었다.

원래 20명씩 두 그룹이 있었어야 할 들판에는 그들 두 사람뿐이었다. 농장 주인은 도박을 저질렀는데, 토마토 또는 양파를 재배할 충분한 물이 없는 들판에 가뭄 저항력이 높은 가밴조 콩을 심었다. 가밴조 콩의 누런 잎으로 판단해보자면, 그것은 이미 실패한 도박이었다.

Los Angeles Times

CALIFORNIA'S DUST BOWL

FRIDAY, MAY 30, 2014

IN HURON, crews of 20 have been replaced by only a few fieldworkers as farmers struggle to sustain their harvests. Many residents are moving to places where California's drought has had less of an impact

DREAMS DIE IN DROUGHT

For the farmworking communities of the San Joaquin Valley, a third year of little rain puts their livelihoods in jeopardy

By Diana Marcum
REPORTING FROM HURON, CALIF.

The two fieldworkers scraped hoes over weeds that weren't there.

"Let us pretend we see many weeds," Francisco Galvez told his friend Rafael. That way, maybe they'd get a full week's work.

should have been two crews of 20. A farmer had gambled on planting drought-resistant garbanzo beans where there was no longer enough water for tomatoes or onions. Judging by the garbanzo plants' blond edges, it was a losing bet.

〈그림 7〉 로스앤젤레스타임스의 '캘리포니아 모래 지대' 기사 지면

35살의 갈베즈는 그의 허리가 굽어 지치는 날까지 매일 일하다가, 이후 조금만 더 살면서 손자들과 노는 게 꿈이라고 말했다. 자식들이 필요로 할 때 그들에게 신발을 사주기를 그는 소망한다. 그의 장남에겐 지금 한 켤레의 신발이 필요하다. (Los Angeles Times 2014.5.30.) (안수찬, 2015b, 109-110쪽)

이 기사는 6회 시리즈물로 보도되었으며 총 분량은 영어 1만 2,000여 단어다. 기사 전체에 위와 같은 문장과 단락이 한없이 이어진다. 그래서 안수찬(2015b)은 "존 스타인벡의 소설 〈분노의 포도〉가 70여 년 만에 재림한 형국이다"라고 했다(106쪽). 내러티브가 르포의 차원으로 넘어오면 문학 저널리즘과 만나게 된다.[15] 한국 신문에서 르포는 종종 기획형 기사에서 발견된다. 아래 기사는 제법 오래전에 기자가 미화원과 동행하며 쓰레기 분리수거의 실태를 르포 형태로 고발했다. 미화원과 기자의 움직임 및 쓰레기의 디테일이 잘 그려졌으며 인터뷰 코멘트가 적절하게 삽입됐다. 접착제 문장인 설명문도 한두 개 끼어 있어서 묘사문, 인용문, 설명문이 조화를 이룬다. 기사를 읽다 보면 기자와 함께 취재하는 것 같은 느낌이 든다.

4시간 후 서울 중림동 '산동네'. 미화원 송철호(41) 씨와 함께 약 110cm 높이의 회색 음식물쓰레기 수거통을 밀고 좁은 골목길을 오른다. 철제 공동대문들 앞에는 22L 크기에 뚜껑만 주황색인 파란색 음식물쓰레기함이 하나씩 놓여 있다.

400m 정도 올라가 송 씨와 함께 쓰레기를 수거통에 담아 하산하기 시작한다. 생선뼈, 과일껍질, 먹다 남은 밥, 식빵 썩은 것 등. 이어 한 50대 주부가 수거통을 열어 음식쓰레기를 직접 담아준다. "저런 고마운 분들도 있어요." 10집 중 9집은 음식물과 일반 쓰레기를 분리해내어 둔다. 그러나 닭뼈를 담은 알루미늄 포일을 넣은 음식물쓰레기 봉투가 보였다. 미화원 송철호(41) 씨는 "음식물쓰레기는 바로 농장으로 보내져서 돼지가 먹는데 포일이 있으면 되겠느냐. 심지어 죽은 애완동물, 깨진 유리, 형광등도 나온다"고 했다.

같은 날 밤 10시 30분 서울시청 서소문별관. 한쪽 구석에 100L들이 일반 쓰레기봉투

---

15) 이와 관련된 내용은 본서 263쪽 참조.

가 20개가량 쌓여 있다. 수십 장씩 되는 사무용지, 재활용 가능한 캔, 종이컵이 헐렁하게 담겨 있다. 종량제 실시 후 압축기로 쓰레기를 꽉꽉 눌러 내놓는 인근 빌딩들과 비교된다. "초등학생들도 하는 분리수거를 공무원들이 못 한다"는 볼멘소리가 들렸다.

2시간 후 북창동 밤거리. 취객들로 흥청망청이다. 길바닥에 빈 봉지, 담배꽁초, 빈 캔 등 쓰레기가 낭자하다. 유흥업소마다 쓰레기가 잔뜩 쌓여 있다. 고급 위스키 포장에 바나나·사과 등 과일껍질도 많다. 미화원들은 "나아지긴 했지만 사무실 빌딩과 유흥가는 아직 분리수거가 잘 안 된다"고 했다. (조선일보 2005.4.11.)

르포는 위 기사처럼 움직임이 많지 않아도 된다. 일정한 공간에서 벌어지는 상황을 조금 멀리서 차분하게 지켜보는 것으로도 좋은 르포를 작성할 수 있다. 세월호 사건이 터졌을 때, 현장을 취재하던 기자들이 '기레기'라는 욕을 들었지만, '전설' 같은 기사도 썼다. 2014년 4월 16일 세월호 침몰 5일 후인 20일부터 선내에서 수습된 시신이 본격적으로 팽목항으로 들어왔다. 부모들의 눈물은 이미 말라버렸을 시점이었지만, 이날 부모들은 정말 마음을 단단히 먹어야 했다.

부둣가 흰 자갈에 햇빛이 내리꽂혔다. 울어서 부은 40대 엄마가 입술을 부들부들 떨며 경찰에게 물었다. "애들이 이리로 들어오는 거 맞아요?"

좀 떨어진 곳에서 다른 엄마 따라온 일곱 살 늦둥이가 자갈을 주워 바다에 던졌다. 지루한지 손가락을 꼬물거렸다. 그 집 엄마는 아이 손 꽉 잡고 바다를 바라봤다. 창백했다.

20일 오전 9시 전남 진도군 임회면 팽목항. 가족들 수백 명이 입술을 꽉 다물고 뭔가를 기다렸다. 경찰이 주황색 폴리스라인을 쳤다. 경찰 수백 명이 폴리스라인을 따라 한 팔 간격으로 늘어섰다.

9시 40분, 사고 해역에서 경비선 한 척이 들어왔다. 가족들이 마른침을 삼켰다. 경비선 승무원이 선착장에 밧줄을 던졌다. 과학수사대가 부교를 건너 선착장으로 뛰어갔다. 부두에서 대기하던 119 대원 30여 명이 2열 횡대로 저벅저벅 뒤따랐다.

햇볕 내리쬐는 선착장에 들것 다섯 개가 미리 놓여 있었다. 119 대원들이 병풍처럼 생긴 가림막을 들것 주위에 쳤다. 경비선 승무원들이 사람 몸 다섯 구를 차례차례 배에서 내렸다. 흰 천으로 싸고 흰 끈으로 묶은 자그마한 몸뚱이었다.

119 대원들이 병풍 뒤에서 시신을 들것에 옮겼다. 한 사람 한 사람을 노란 담요로 따뜻하게 덮었다. 한없이 오랜 시간이 걸렸다. 시계를 보니 불과 3분이 흐른 뒤였다. 자갈밭에 선 가족에겐 더 길게 느껴졌을지 모른다.

대원들이 가림막을 치웠다. 6인 1조로 들것을 들고 부교를 건너왔다. 가족들 입에서 꾹 참았던 울음이 터져 나오기 시작했다. "멀쩡하게 웃고 나간 애가 왜 이렇게 돌아오니." "추웠지? 무서웠지? 엄마한테 와."

몇 m 떨어지지 않은 곳에 커다란 흰 천막이 서 있었다. '신원확인실' 팻말이 붙어 있었다. 내부는 횅했다. 임시 천막 12개를 이어 붙인 뒤, 흰 시트 씌운 침대를 줄지어 놓아둔 공간이었다. 119 대원들이 들것을 운구해 그 안으로 들어갔다.

경찰이 "천막 안에 복지부 직원이 있다"고 했다. "긴 시간 걸릴 순 없지만…. 그저 잠깐이라도 얼굴에 묻은 거 있으면 닦고, 머리칼이라도 좀 매만져서 보여드리려 합니다."

몇 분 뒤 가족들이 확인실에 들어갔다. 그 뒤에 터져 나온 곡소리는 묘사하기 어렵다. 그동안 진도 실내체육관에서 터져 나온 어떤 울음소리도 이만큼 끔찍하진 않았다.

〈중략〉

체육관 단상에 설치된 200인치 대형 TV에 뉴스가 나오다 잠깐씩 멎고, 사고 해역 경비선에서 알려온 시신의 인상착의가 떴다.

'여자, 156㎝ 안팎, 안쪽 흰색 티, 바깥쪽 후드 검정 줄무늬, 단원고 식권 1장 소지.'

'남자(허○○ 학생증 소지자), 180cm, 빨간색 아디다스 트레이닝, 안쪽 남색 후드티.'

그때마다 누군가가 비명을 지르며 오열했다. '내 새끼구나' 직감한 어미만 낼 수 있는 곡소리였다. 체육관 바닥에 다닥다닥 붙어 앉아 있던 사람들이 따라 울었다. (조선일보 2014.4.21.)

이미 6년 전의 일이고 팽목항에 가보지 않았지만, 자녀를 기다리는 부모의 얼굴과 심정을 바로 옆에서 보고 느낄 수 있다. 담담한 언어가 전하는 팽목항의 참담함에 눈시울이 붉어진다. 이 글을 쓴 기자는 '벽에 붙은 파리'처럼 취재하라는 게이 탤리즈(Gay Talese)의 조언대로 최대한 평정심을 유지한 채 이 비극을 바라보았다(Kovach

& Rosenstiel, 2007/2014, 313쪽).

정밀 재구성

현장 직접 관찰이 취재의 원칙이지만, 그럴 수 없는 경우가 더 많다. 상황을 직접 관찰하지 못한다고 해서 묘사할 수 없는 것은 아니다. 이 경우의 묘사는 관계된 여러 사람의 말을 종합하고, 자료를 찾고, 비디오 영상도 참조하여 당시의 장면이나 상황을 재구성하는 것이다. 재구성에는 기자의 표현력뿐 아니라 취재력이 긴요하다. 기자 자신이 본 적 없는 장면을 마치 본 것처럼 정확하게 재현해야 하므로 그 정확성과 정밀성은 최고의 수준이라 할 수 있다.

4장에서 사냥 나갔던 아버지의 부주의로 아들이 동사하자 아버지가 죄책감을 못 이겨 자살한 기사를 소개했는데, 기자는 아버지가 아들을 잃게 되는 장면을 아래와 같이 표현했다. 당연히 기자는 이 장면을 보지 못했지만, 경찰 조서와 아버지 인터뷰 등을 통해 거의 완벽하게 재현했다. 장면이 독자의 머릿속에 그려질 정도로 시각화가 잘되어 있다.

> 그의 어린 아들을 야생으로 이끄는 것은 웨이먼트에겐 당연했다. 그가 가장 사랑하는 두 가지–아들과 야생생활–를 함께할 수 있는 곳이었다. 그러나 이날 아침 그는 두 가지 중 하나를 선택해야 했다.
>
> 그의 앞에는 사슴 3마리가 서 있었다. 2마리는 암컷, 1마리는 수컷이었다.
>
> 그의 뒤에는 아들 게이지가 차 안에 잠들어 있었다.
>
> 사슴들은 숲속으로 이동하기 시작했다. 그의 곁에선 사시나무들이 산들바람에 흔들리며 속삭이는 것 같았다. "짧은, 결코 잊을 수 없는 그 순간에, 내 인생에서 가장 크고 가장 가슴 아픈 실수를 저지르고 말았다"라고 그는 나중에 말하곤 했다.
>
> 그는 발걸음을 옮겼다. 그는 사슴을 뒤쫓기 시작했다.
>
> 그는 잠든 게이지 곁을 떠나 픽업트럭에서 약 70m 떨어진 곳을 헤매고 있었다. 이제 70m를 넘어서 게이지의 시야에서 벗어났다.
>
> 사슴들은 산등성이 위에서 사라져버렸다. 웨이먼트는 그들을 따라 살금살금 걸어갔다. 몇 분인지 모르지만, 시간이 흘렀다. 웨이먼트는 1.5km 내지 3km를 걸었다.

그가 걸어가고 있을 때, 사냥꾼 2명이 그의 픽업트럭을 지나갔다. 그들은 게이지가 혼자 차 안에 앉아 있다가 깨어나 자신들을 바라보는 것을 보았다. 그들은 마음이 꺼림칙했지만, 아버지가 가까이에 있을 것이라고 생각했다. 그들은 오히려 자신들이 유괴범으로 몰릴까 두려웠다. 그래서 그들은 별달리 할 수 있는 일이 없다고 생각하고 그냥 차를 몰았다.

숲속에서 웨이먼트는 이상한 기분이 들었다. 그는 픽업트럭 쪽으로 되돌아가기 위해 달렸다. 얼마 지나지 않아 자신이 너무 늦었다는 것을 알 수 있었다. 운전석 문이 활짝 열려 있었다. 차 안은 텅 빈 상태였다. 게이지는 밖으로 나가서 돌아다니고 있을 것이다.

웨이먼트는 가까이에 있는 연못 속으로 뛰어들었다. 마음속 불안과 싸우면서. 게이지는 이곳을 좋아했다. 여기에 갔을 거야. 틀림없이 연못에 있을 거야.

그러나 게이지는 그곳에 없었다. 연못은 진흙투성이였고, 허리 높이 정도였다. 웨이먼트는 아무 것도 느끼지 못하는, 멍한 상태로 이리저리 움직였다. 물 밖으로 나왔다. 게이지 이름을 부르면서 언덕을 오르내렸다. 픽업에 올라타 도움을 청하기 위해 가속기를 밟았다. 내 아들을 잃어버렸어요, 그는 헐떡이며 다른 사냥꾼들에게 말했다. 내 아들이 사라졌어요. (Los Angeles Times 2001.12.30.)

역시 4장에서 소개한 기사 중에 임신부가 낙태하러 병원에 갔다가 우연히 낙태 반대자의 총격을 받았지만, 가까스로 살아난 사건이 있었다. 기자는 낙태 반대자의 무자비한 총격과 구사일생 같은 데보라 게인즈의 탈출을 아래와 같이 사실적으로 재구성했다.

10시쯤 게인즈는 초조하게 잡지를 내려놓고 일어나 물었다. "얼마나 더 기다려야 하죠?"

"바로 다음 차례예요." 접수원이 그녀에게 말했다.

"아래층에 내려가 담배를 피워도 될까요?"

"좋아요, 게인즈 씨." 접수원이 대답했다. "너무 오래 계시지는 마세요."

게인즈는 아래층으로 내려가 친구 매거진에게 담배가 있는지 물었다. 그는 주머니를 뒤졌지만 담배는 없었다.

그들은 길 건너에 세워놓은 차에 있을 데이비스를 찾아갔다.

바로 그때인 10시 10분쯤 존 샐비가 프리텀 병원 1층으로 걸어 들어와 접수창구 앞에 섰다.

"여기가 프리텀 병원인가요?" 그는 전화를 받고 있는 여자에게 물었다.

그녀가 그렇다고 대답했다.

그는 더플백에서 소총을 꺼내 들고 설교자와도 같은 목소리로 외쳤다. "이것이 너희들의 몫이다! 묵주에 기도하라!"

그는 리 앤 니콜스를 쐈다.

"그리고 그는 왼쪽으로 와서 총을 들고 나를 쐈어요." 환자 관리인 제인 소여가 회상했다. 기둥 뒤로 몸을 피한 소여는 샐비가 니콜스에게 추가로 10발의 총탄을 쏘며 외치는 소리를 들었다.

밖에 있었던 게인즈는 총소리를 듣지 못했다. 그녀는 결국 데이비스를 찾지 못해 병원으로 다시 들어가려 하고 있었다.

바로 그때 그녀는 폭죽과도 같다고 생각했던 그 소리를 들었다. 그리고 여자들이 뛰어나와 도망가는 모습을 보았다. 그들은 게인즈와 부딪치며 지나갔다.

그녀는 한 남자가 총을 쏘며 복도를 달려 나오는 것을 보았다. 말도 안 되는 일이었다. 본능적으로 뛰기 시작했다. (The Washington Post 1998.9.27.)

위 대목을 재구성하려면, 얼마나 많은 사람을 만나야 할까? 최소한 5명이다. 기사에 등장하는 순서대로 거명하면, 게인즈, 게인즈와 대화한 접수원, 게인즈 친구 매거진, 범인 샐비와 대화했던 '전화를 받고 있는 여자', 환자 관리인 제인 소여. 기자는 샐비를 만나지 못하더라도 그를 본 사람들을 통해 그의 행동을 확인할 수 있다. 이 부분을 그냥 "범인은 병원에 들어오자마자 더플백에서 소총을 꺼내 들고 '이것이 너희들의 몫이다! 묵주에 기도하라!'라고 외치며 다짜고짜 쏘기 시작했다"라고 쓴다면, 이렇게 번잡하게 취재할 필요가 없을 것이다. 분량도 한 문장이면 충분하다. 묘사와 재구성은 기자를 번거롭고 피곤하게 만든다. 그런 만큼 독자의 눈은 즐겁다.

미국 기자들이 생각하는 기사는 기본적으로 위와 같아서 재구성은 어느 기사에서

나 발견된다. 4장에서 마약 거래장소를 순찰하다가 피격된 사복경찰관 기사를 살펴보았는데, 그 기사는 경찰이 피격되는 장면을 아래와 같이 재구성했다.

갱단의 외부경비 한 명이 건물 안에 있는 단원들에게 총을 잡으라는 경고를 보냈다.

"팝시클[갱 단원 한 명의 별명]을 보내!" 그가 외쳤다.

브랜트의 진술에 따르면 무장한 갱 단원 2명이 건물 현관에 나타났다. 그중 1명은 척의 가게에서 산 357매그넘으로 무장했고 다른 1명은 9mm 권총을 지니고 있었다.

"우리를 본 것 같아." 마르고 젊은 남자가 그들이 있는 방향으로 걸어오자, 시리얼이 말했다.

"무슨 말이야?"

"오렌지색 옷을 입은 놈 말이야. 이쪽을 겨누고 있어."

"No.5라고 적힌 옷?"

"그래."

총잡이 2명이 페렌지와 시리얼 쪽으로 걸어왔다. 1명이 357매그넘을 들어 올렸다.

페렌지는 섬광을 봤다.

357에서 발사된 총알은 음속보다도 빠른 초속 411m로 날아갈 수 있다. 이 총알은 순식간에 초속 18m로 감속됐다.

총알은 소음기를 통과하여 둔탁해진 소리를 내며 시리얼에게 상처를 입혔다.

탄피는 구리이고 안은 납으로 된 총알이었다. 총알은 방탄조끼 바로 아래 하복부 왼쪽에 1.3cm짜리 구멍을 냈고 엉덩이를 향해 치골 아래까지 파고 들어가서 납작해졌다. (Chicago Tribune 1999.8.15.)

약사가 무장 강도를 사살했던 기사도 약사가 무장 강도를 맞닥뜨려 그에게 총을 쏘는 장면을 정밀하게 재구성했다. 당시에 약사 그렐은 보조원인 제니퍼 노트와 함께 일하고 있었다. 아래의 해당 대목은 마치 영화 장면 같다.

적당히 바빴으며 별일이 없었다. 오전까지는…. 오후 1시 30분 호리호리한 몸매에 녹색 점퍼와 청바지를 입고, 흰색 스니커즈를 신은 한 흑인 남성이 문을 열고 들어왔다.

그는 손님을 맞기 위해 L자형 접수대 오른쪽으로 움직이던 노트 씨에게 다가갔다.

"돈 내놔." 그의 입에서 처음 튀어나온 말이다. 그는 셔츠 밑에 튀어나온 총을 흔들어댔다.

노트 씨는 무서웠지만, 공포에 떨진 않았다. 그는 가까이 있던 현금출납기로 가서 소액권을 빼내기 시작했다. 1달러, 5달러 지폐도 꺼내 바닥에 떨어뜨렸다.

그는 데니 그렐 씨의 주의를 끌기를 바랐다. 그렐 씨는 건너편 접수대에서 고객과 전화통화를 하고 있었다.

노트 씨의 전략은 제대로 먹혔다. 그렐 씨는 떨어지는 지폐를 보지는 못했지만, 뭔가 소동이 있음을 알아차렸다. 먼저 그는 길 건너 타이어 가게에서 한 청년이 잔돈을 바꾸기 위해 이쪽으로 오고 있는 것을 보았다. 그러나 그 청년은 현금출납기로 뛰어들며 소리쳤다. "내가 챙길 테니까 더 갖고 와."

그렐 씨는 '이번엔 막아야 한다', '2번은 용납 못 한다'라고 속으로 되뇌었다. 그는 주저 없이 전화를 끊고 앞으로 나서며 총을 빼 들었다.

현금출납기에서 두 걸음 정도 떨어져 있던 강도는 그렐 씨를 쳐다봤다. 1m 20cm 정도 떨어진 거리였다. 그들은 순간 눈이 마주쳤다. 강도는 총구를 그렐 씨 쪽으로 틀려고 했다. 그 순간 그렐 씨는 총구를 눈높이로 겨냥하고 방아쇠를 당겼다. (The Wall Street Journal 1998. 1. 20.)

사후에라도 사건 현장을 볼 수 없거나 너무 오래전의 일이어서 관계자를 만날 수도 없으면 재구성에 애를 먹는다. 이때의 취재는 '자료 연구'에 가깝다. 온갖 자료를 수집해 퍼즐을 맞추는 것이다. 미국의 월턴 릴레이는 1952년 9월 세계 최초로 개심술(開心術)에 성공했다. 5세 여아의 심장을 열어 심장에 난 구멍을 막았는데, 기자는 철저한 자료 조사로 수십 년 전의 그 장면을 놀라울 정도로 생생하게 재현했다.

잠이 든 그레고리의 가운을 벗겼다. 뜨거운 불빛 아래 알몸이 드러났다. 어찌나 작고 가녀린지 베개보다도, 웬만한 실험용 개보다도 작았다. 그러니 그 심장은 얼마나 자그마할까. 혈관은 실처럼 가늘 것이다.

"다 준비됐나요?"

릴레이가 말했다. 모두 준비가 돼 있었다.

릴레이는 외과용 비누로 그레고리의 가슴을 닦았다. 메스를 집어 들고 왼쪽에서 오른쪽으로 가슴 바로 아래를 절개했다.

2호실 발코니에서 수술을 지켜보던 사람들이 상체를 앞으로 내밀었다. 수술실 안에서는 한 무리의 인턴과 레지던트가 의자를 딛고 올라섰다.

릴레이는 갈비뼈를 연결하는 흉골을 자르고, 견인기로 그레고리의 심장으로 통할 창을 냈다.

폐 사이로 자줏빛을 띤 작은 심장이 드러났다. 심상치 않은 소리가 났다. 손을 대보니 비정상적인 진동이 느껴졌다. (매체·날짜 미상) (Hart, 2011/2015, 392쪽)

내러티브 완급 조절

액션 영화에 총격 장면이나 차량 추격 장면만 있는 것은 아니다. 인물들이 조용히 대화하는 모습도 종종 나온다. 전자는 긴장감을 높이며 스토리를 끌어가는 역할을 하고, 후자는 그런 극적인 장면들의 배경을 알려주거나 장면들을 연결하는 역할을 한다. 전자는 '극적인 내러티브'이며 후자는 '설명(요약) 내러티브'다(Kramer & Call, 2007/2019, 259-260쪽).[16] 아래 기사에서 ①번 문단은 설명 내러티브이며 ②번 문단은 극적인 내러티브다. 기사는 ③번 문단에서 다시 설명 내러티브로 돌아온다.

① 처음, 사람들은 그게 인형이라고 생각했다. 아이 모양에 아직은 빨간색과 하얀색, 파란색이 뒤섞인 옷을 입힌 어린이 모양의 인형이 불에 타서 검게 그을렸다는 것이다. 똑바로 앉은 자세였고, 딱딱한 양팔은 밖으로 뻗어 있어 마치 하늘나라에 닿으려 하는 것 같았다.

앨런 케슬러는 부서진 TV 등이 버려진 쓰레기 더미 안에서 이를 처음 발견했다. 오렘 목장 바깥쪽 산골짜기에서였다. 그가 거기를 지나쳐 골짜기의 반대편 쪽을 막 오르려던 때, 뒤를 따라 오르던 아들이 외쳤다.

---

16) 극적인 내러티브와 설명 내러티브는 각각 현장 내러티브, 요약 내러티브와 유사하다(Hart, 2011/2015, 145쪽).

② "아빠, 아니에요."

"그냥 인형이야." 케슬러는 대답했다. "송아지들을 몰아오려면 여기 목초지를 건너가야 해."

"아냐, 아냐, 진짜 아이라니까."

늦은 오후, 그림자가 길어져 있었다. 케슬러가 말에서 내려 목장 일꾼인 로버트 그린과 함께 작은 형체 쪽으로 다가갔다. 그는 일꾼이 주머니에서 펜을 꺼내 검지만 반짝이는 얼굴을 눌러보는 것을 보고 믿을 수가 없었다. 피부가 주저앉으면서 체액이 새어나왔다.

케슬러는 목장으로 돌아와 곧바로 경찰을 불렀다.

③ 그날은 1990년 10월 9일이었고, 그 아이의 이름과 그 아이가 어떻게 이 황량한 곳에 오게 됐는지 밝히는 데는 거의 6년쯤의 시간이 필요했다. (Kramer & Call, 2007/2019, 312쪽)

극적인 내러티브와 설명 내러티브가 반복하면 한 가지 내러티브가 지속되는 것보다 긴장감과 몰입감을 높인다. 항상 빨리 달리는 것보다 늦게 달리다가 빨리 달릴 때 속도감을 더 느낄 수 있는 것과 마찬가지다. 이를 내러티브의 '속도 조절'이라고 한다 (Hart, 2011/2015, 308쪽).

극적인 내러티브와 설명 내러티브는 '내러티브 거리'라는 개념으로 설명되기도 한다(Kramer & Call, 2007/2019, 242쪽). 사진을 촬영할 때처럼 기자가 대상을 얼마나 가까이에서 또는 멀리서 보는가에 따라 내러티브의 성격이 달라진다. 근접 촬영은 극적인 내러티브이며 멀리 찍기는 설명 내러티브라 할 수 있다. 전자는 '줌인'(zoom in)이고 후자는 '줌아웃'(zoom out)이다.

'줌인'과 '줌아웃'의 반복은 '세부내용'(details)과 '배경'(background)의 반복이라고도 불린다. '세부내용'은 기사 주제와 관련된 대상이 무언가를 하는 모습을 근거리에서 보여주는 내러티브 혹은 현장 묘사이며, '배경'은 주제를 이해하기 위해 필요한 맥락이다. 기사는 주인공의 행동을 좁은 범위와 가까운 거리에서 보여주는 장면과, 독자들이 그 장면의 의미를 이해하기 위해 원거리에서 넓게 바라볼 수 있도록 맥락과 배경

을 알려주는 대목이 반복되며 전개된다. (이샘물·박재영, 2020, 222쪽)

기사의 내러티브가 '줌인' 상태에서 '줌아웃'으로 바뀌는 것을 '부서진 내러티브' (broken narrative)라고 한다(이샘물·박재영, 2020, 224쪽). 이야기를 전개하다가 배경이나 의미를 설명하기 위해 잠시 끊는다는 뜻이다. 그러나 엄밀하게 말하면 내러티브를 끊기보다 내러티브를 더 정교하게 짜는 것이다. 내러티브 기사를 쓰면서 어느 지점에서 '줌아웃'할 것인지를 결정하는 것은 '줌인' 못지않게 중요하다.

설정 숏

설정 숏(establishing shot)은 사건이 벌어지는 공간에 대한 기본정보를 제공하는 장면으로, 주로 기사의 도입부에 배치되어 특정 장소에 집중하기 전에 장면을 넓은 각도로 보여준다(Kramer & Call, 2007/2019). 아래 기사는 한 경찰관의 활동 무대인 미국의 전형적인 소도시를 설정 숏으로 보여준다. 마을을 둘러싼 공간은 미국 소도시 경찰관을 이해하는 데 필요한 사전 정보다.

메사추세츠 서부의 홀리오크산 정상에서는 코네티컷강 계곡이 한눈에 훤히 들어온다. 드넓은 개간지와 삼림이 지평선까지 뻗어 있고, 그 한가운데에 아주 오래된 마을 노샘프턴이 자리 잡고 있다. 천혜의 경계가 마을을 둥지처럼 품고 있다. 동쪽으로는 넓은 강이 옥수수로 뒤덮인 들판을 굽이쳐 흐르고, 북서쪽으로는 저 멀리 버크셔의 구릉지대가 노샘프턴에 세워진 수많은 첨탑보다 높이 솟아 있다. 정상에서 보면 노샘프턴은 옥수수밭처럼 완벽한 질서를 갖춘 이상향으로 보인다. 질서 정연하고 그 안에 모든 것이 완비되어 평생을 이곳에서만 보낸다 해도 완전한 충족감을 느낄 것 같다. 그 자체로 작지만 완전한 하나의 운명이었다. 일상의 번잡함을 잊고, 인간이 부리는 온갖 얇은 계략에서 적당히 떨어져 바라보면 발치 아래의 마을이 손바닥 안에 살포시 들어온다. 흔들면 눈이 내릴 것처럼. (매체·날짜 미상) (Hart, 2011/2015, 253쪽)

2. 정보 늦춰 주기

내러티브 글쓰기의 금언 중 하나는 "절대로 기사의 끝을 알려주지 마라"이다(이샘물·박재영, 2020, 244쪽). 내러티브에서 해결 지점이 너무 빨리 오면, 긴장감이 떨어져서 독자는 기사에 흥미를 잃는다. 내러티브는 이야기이므로 글을 쓰는 사람은 어떻게 해서든지 끝까지 이야기를 끌고 가려고 노력해야 한다. 그러기 위한 좋은 방법은 독자에게 정보를 잘 주지 않는 것이다. 중요한 정보는 더 숨겨야 한다. 독자가 궁금해서 계속 읽도록 유도하는 것이다. 이 특징으로 보면, 내러티브 글쓰기는 역피라미드 구조와 정반대다. 역피라미드 구조는 주요 정보를 처음에 한꺼번에 몰아서 제공하지만, 내러티브는 되도록 흩어 놓는다. 4장에서 이미 그런 예를 소개했지만, 그냥 지나쳤을 수 있어서 다시 언급해본다. 회사를 고발한 데 앙심을 품은 사장이 백주대로에서 여직원에게 총을 쏜 사건의 기사는 아래와 같이 시작했다.

> 첫 번째 총알은 그녀의 팔뚝 뼈를 부수고 근육을 찢으며 관통했다. 그 충격으로 그녀의 몸은 뮤직박스의 발레리나처럼 회전했다. (매체·날짜 미상) (Kennedy, Moen, & Ranly, 1993, 102쪽)

그 후에 기사는 그녀가 두 번째 총알을 맞는 장면과 사람들에게 도움을 요청하는 장면을 세 문단에 걸쳐 보여준다. 그런 다음에도 기사는 아래와 같이 적었다.

> 그리고 그녀는 자기에게 성큼성큼 다가오는 범인의 발소리를 들었다. 섬뜩한 고요함 속에서 그가 38구경 리볼버를 그녀의 가슴에 겨누며 발사하는 장면을 올려다보아야 했다. 마지막 총알로 양쪽 폐는 멎었고 총알이 박힌 뼛조각은 척주를 짓눌러 하체를 마비시켰다.

여기까지 읽었는데도 피해자 즉 기사의 주인공은 대명사 '그녀'로 지칭됐다. 기자는 그다음에야 "빅토리아 샌도는 그러나 여전히 의식이 있었다"라고 하면서 이름을 알려준다. 그래도 여전히 궁금한 것이 많다. 독자는 그녀의 나이, 직업, 주소를 모른다. 무엇보다도, 왜 그런 일을 당했으며 그 끔찍한 충격으로 결국 죽었는지 궁금하다. 기사는 그런 것들을 선뜻 알려주지 않는다. 궁금하면 더 읽어보라는 식이다. 내러티브는 정보를 잘 주지 않는, 또는 늦춰서 주는(delayed identification) 글쓰기다(Brooks, Horvit, & Moen, 2020, 167쪽). 위 기사의 스트레이트 버전은 빅토리아 샌도의 피격과 관련한 육하원칙의 정보를 모두 리드에 담을 것이다. 이와 같은 역피라미드 구조는 정보를 즉각 제공하는(immediate identification) 글쓰기다.

미국 기사에서 정보 늦춰 주기를 발견하기는 어렵지 않다. 4장에 소개했던 '아메리칸 드림의 죽음'의 리드도 인물을 '부부', '남편', '부인'으로 소개했을 뿐 이들이 누구인지 알려주지 않았다.

> 그 금요일 아침은 오전 9시밖에 되지 않았는데 벌써 87도가 될 정도로 무척 뜨거웠다. 부부는 자신들의 1973년식 임팔라를 타고 창문을 모두 내린 뒤 샌안토니오의 남쪽에 있는 산업단지의 황량한 거리로 차를 몰았다.
>
> 루스벨트 거리에서 차를 세운 남편은 트렁크를 연 뒤 사냥용 라이플총을 꺼냈다. 그는 부인의 관자놀이를 겨냥하고 방아쇠를 꽉 쥐었다. 부인의 몸은 앞좌석의 다 해진 비닐 속으로 구겨져 들어갔다. 총 개머리판을 가랑이 사이에 끼우고 자신의 이마를 조준한 남편은 앞을 바라보고 방아쇠를 당겼다. (The Dallas Morning News 1982.10.24.)

신문이든 방송이든 국내 언론사에서 아무런 신원 정보 없이 사람을 등장시키며 기사를 쓰면, 선배에게 호되게 야단맞는다. 그래서 하다못해 '주부 ○○○ 씨', '회사원 ○○○ 씨'라고 직업이라도 붙여준다. 예전에는 이보다 훨씬 더 심해서 사람의 이름에 괄호를 붙여 한자 이름, 성별, 나이, 주소를 병기했다. 이런 부가 정보가 독자의 기사 이해를 돕는다고 생각했다.

이런 서비스는 기사 제목에서 두드러지게 나타난다. 우선, 한국 신문 기사에는 제목이 많다. 주제목, 부제목, 문중제목을 모두 포함하여 조선일보 기사의 제목은 평균 2.5개, 요미우리신문은 2.1개, 뉴욕타임스 기사는 1.8개다(박재영, 2004). 기사 전체 면적에서 제목이 차지하는 면적의 비율은 조선일보 23.6%, 요미우리신문 21.5%, 뉴욕타임스 10.3%다. 조선일보는 제목이 많으므로 제목의 면적 비율도 높을 수밖에 없다.

한편, 한국 신문 기사는 짧다. 조선일보 기사는 평균 200자 원고지 4.5매이며 요미우리신문 기사는 한글로 환산했을 때 3.6매, 뉴욕타임스 기사는 8.2매다. 이 조사 결과들이 의미하는 바는 다음과 같다.

조선일보 기사는 뉴욕타임스 기사보다 짧은데 제목은 커서 기사 본문이 상대적으로 더 작다. 따라서 기사를 충실하게 만들기 어렵다. 제목이 많아서 고생하는 사람은 편집기자다. 한 기사에 제목을 여러 개 붙이려면, 기사의 주요 정보를 모두 빼내어 써야 한다. 기자들은 힘이 들더라도 그렇게 하는 것이 독자를 위한 일이라고 믿는다. 바쁜 와중에 또는 흔들리는 버스나 지하철에서 짬을 내어 기사를 읽는 독자들이 본문을 읽지 않고 제목으로도 사건을 파악할 수 있도록 도와주자는 취지다. 실제로 이 배려 전략은 독자에게 도움이 된다. 독자는 제목에서 사건의 개요를 알 수 있으며, 조금 더 욕심을 내는 독자는 리드를 읽고 부가 정보를 얻는다. 그러나 딱 여기까지다. 대학생들이 기사 본문을 잘 읽지 않는다고 해서 이유를 물어보니 "더는 읽을 필요가 없다"라는 답이 돌아왔다. 제목과 리드에서 사건의 주요 정보를 다 알게 되었는데, 왜 더 읽으려고 하겠는가? 기사를 읽지 않아도 사건을 알 수 있도록 해주자는 서비스 정신은 정말 신문이 원하는 대로 잘 실천되고 있다. '정보 과잉'이 낳은 참상이다. 독자에게 정보를 더 많이, 더 친절하게 주려고 노력했던 결과는 과연 무엇이었던가? 오히려 정보를 주지 않거나 주더라도 불친절하게 주는 역발상이 필요하다. 그것이 내러티브 전략이다.

오세오라 매카티는 다른 사람의 멋진 외모를 위해 평생을 보냈다. 87년 생애 날마다 바구니 가득 더러운 옷을 건네받아 빨고 다렸다. 그녀 자신은 한 번도 가보지 못한 파티에, 초대받지 못한 결혼식에, 본 적도 없는 졸업식에 참석하는 사람들을 위해서.

초등학교 6학년 때 학교를 떠나 일을 시작한 후 미혼에 애도 없으며, 특별히 가고픈 곳이 없었기에 운전을 배운 적도 없다. 일이 그녀가 가진 전부였으며 그걸 축복으로 여겼다. 미시시피 농촌에는 일조차 갖지 못한 흑인들이 너무나 많았다. 부모가 살던 낡은 집에서 신발 끝을 잘라내 발에 맞춰 신고 너덜한 성서의 고린도서가 떨어지지 않도록 테이프로 붙여가며 돈을 쓰지 않고 살았다. 수십 년간 그렇게 쌓인 잔돈과 동전이 15만 달러를 넘어섰다.

"내가 쓰기엔 너무 많아요." 이렇게 말하는 매카티의 얼굴에 자기 연민의 그림자는 없었다. 그래서 그녀는 연간 등록금이 2,400달러에 이르는 고향 남미시시피대학의 흑인 학생들을 위해 그 돈을 장학금으로 내놓으려 한다. (The New York Times 1995.8.13.)

위 대목은 국문 번역으로 200자 원고지 20매짜리 기사의 리드다. 위 3개 문단을 읽고 독자는 어떤 정보를 얻었을까? 우선, 기사의 첫 단어에서 "아무 신원 정보 없이 사람을 등장시켜라"라는 미국 내러티브 기사의 전략을 확인할 수 있다. 독자는 기사를 읽으면서 매카티가 누구인지 탐험하게 된다. 첫 문단의 내용은 매카티의 직업을 소개한 것 같다. 그는 세탁일을 하는가, 삯바느질 일을 하는가, 아니면 그 둘 다 하는가? 번듯하게 간판을 내걸고 일하는가, 아니면 그냥 자기 집에서 일거리를 받는가? 첫 문단은 어느 하나도 명확하게 알려주지 않는다. 국내 기자가 이렇게 기사를 쓰면, 선배 기자나 에디터는 당장 "그래서 그 사람의 직업이 무엇이냐?"라고 캐물을 것이다. 하지만, 위 기사는 매카티의 직업을 알려주지 않는다. (이런 기사에 인물의 정확한 직업명이 왜 필요한지 모르겠다.) 두 번째 문단의 키워드는 '15만 달러'다. 매카티가 평생 모든 돈인 것 같은데, 그것이 그의 전 재산인가? 현재로서는 알 수 없다. 국내 언론사의 에디터는 당장 "그래서 그것이 그의 전 재산이냐?"라고 기자를 다그칠 것이다. 매카티에게 현금이 더 있는지, 자기 소유의 집이 있는지 알아보려면 기사를 더 읽어야 한다. 세 번째 문단에 오면, 매카티가 무슨 일을 하려는지 알게 된다. 매카티는 대학생에게 장학금을 주려고 재산을 내놓은 미담의 주인공이다.

이 기사는 정보를 늦춰 주었지만, 독자를 짜증 나게 하거나 괴롭히는 정도는 아니다. 정보를 줄 듯 말 듯하며 독자를 애태운다(teasing)고 말할 수 있다. 매카티 같은 '대학교 앞 김밥 할머니' 기사는 한국 신문도 많이 썼다. 아래는 한 예다.

대학생들을 상대로 돈을 번 70대 실향민 할머니가 "죽기 전에 학생들에게 그 돈을 돌려주겠다"며 전 재산인 시가 4억 6,000만 원짜리 건물을 학교에 기부했다. 12일 오후 서울 광진구 건국대학 후문 앞 '풍년식당'에 구부정한 할머니가 들어섰다. 식당이 세 들어 있는 건물의 주인인 이순덕(78) 할머니. 누런 봉투를 든 엄지손가락 끝이 빨갛게 물들어 있었다. 이 건물과 대지를 건국대에 기부하겠다는 약정서에 지장을 찍고 오는 길이다. 1층은 식당, 2층은 할머니와 자취생 두 명이 살고 있는 이 건물은 대지 46평 (152m²) 규모. 부근의 재개발 움직임으로 값이 뛰어 시가 4억 6,000만 원에 이른다. (조선일보 2005.1.14.)

제법 긴 리드를 일곱 문장으로 리드미컬하게 잘 적었다. 사안의 육하원칙 정보가 리드에 모두 포함된 역피라미드 구조의 기사다. 주요 정보를 서두에 한꺼번에 제공하는 '정보의 즉각적 제공' 원칙을 잘 따랐다. 이런 글쓰기의 장점은 분명하다. 누군가 이 미담의 주인공이 누구냐고 묻는다면, 독자는 이순덕이라고 말할 것이다. 나이는? 78세. 재산은? 총액 4억 6,000만 원. 소유 형태는? 건물. 위치는? 건국대 후문. 몇 층? 2층. 규모는? 대지 152m². 이런 문답이 가능한 것은 기사가 주요 정보를 일목요연하게 정리해주었기 때문이다. 아래에서 보듯이, 이 기사의 제목에도 핵심 정보들이 들어 있다.

- 주제목 1개: 전 재산 기부 '建大 할머니'
- 부제목 1개: "건대 학생들한테서 번 돈, 건대 학생들에게 돌려주고 간다"
- 문중제목 2개: 4억 6,000만 원짜리 건물 내놓은 78세 이순덕 씨 / 북의 동생들 같이 살려고 악착같이 돈 모았는데⋯ 곧 통일 안 될 것 같아 허망 "이제야 속이 시원하다"

이 기사는 이순덕 할머니의 사진을 게재하면서 아래와 같은 사진설명을 붙였다.

이순덕 할머니(사진 왼쪽)가 13일 전 재산인 풍년식당 건물 앞에서 이 건물을 건국대에 기부하겠다는 약정서를 들고 서 있다. 할머니는 "학생들 상대로 번 돈을 돌려주게 돼 기분이 좋다"고 했다.

이 정도면 기사 본문을 못 읽게 만드는 편집이라고 할 수 있다. 기사 스스로 열독을 유도하는 힘은 거의 없다. 독자가 선의를 갖고 기사를 읽어주지 않는 한, 이 기사의 생명은 리드에서 끝난다. 왜 정보 과잉을 참상이라고 했는지 이해할 수 있을 것이다. 이런 미담을 굳이 범죄 기사처럼 육하원칙에 얽매여서 쓸 필요가 있을까? 이순덕 할머니 정보를 이렇게 체계적으로 제시할 필요가 있을까? 신문 기사가 정보를 외우기 좋게 만든 수험서는 아니지 않은가? 과연, 미담 기사를 쓰는 취지가 무엇인가? '선행 바이러스' 전파 아닌가? 그렇다면, 그런 취지에 적합한 글쓰기가 필요하다.

아래 기사는 인물을 보도한 한국 기사 중에서 조금 색다르다. 인물에 대한 정보를 제시하는 방식이 앞의 미국 신문의 오세오라 매카티 기사와 유사하다.

> 지난해 여름 김말순(69) 씨는 수술대에 누워 있었다. 심혈관 다섯 군데가 막혀 수술하지 않고는 더 이상 견디기 어려운 지경에 이르렀기 때문이다. 의사는 혀를 찼다. "조금만 늦었어도 큰일 치를 뻔했습니다." 심혈관을 떼내고 팔뚝의 혈관을 이식하는 7시간의 대수술. 그러나 마취에서 깨어나는 순간에도 그는 오로지 로마에 있는 딸 수미 생각뿐이었다.
>
> 수술대에 오르기 전 모녀는 이미 한바탕 '전쟁'을 치렀다. 수술 소식에 모든 공연 스케줄을 취소하고 한국으로 날아오겠다는 딸에게 어머니는 전화통에 대고 호통을 쳤다. "세계 최고의 성악가가 어떻게 사적인 일로 관객과의 약속을 저버릴 수 있느냐고 야단을 쳤지요. 나는 수미가 내 자식이기에 앞서 세계 음악애호가들의 연인, 대한민국을 대표하는 예술가라고 생각해요."
>
> '여장부 김말순'은 언제고 이런 식이었다. 가진 거라곤 배짱과 끈기. 이거다 싶으면 한길로 매진했다. 그렇게 해서 얻은 '대표작'이 세계 정상의 소프라노 조수미다. (조선일보 2005.5.11.)

기사는 뜬금없이 김말순을 등장키고 첫 문단 마지막에 딸을 '수미'로 지칭했다. 국내 신문에서 성 없이 이름만으로 인물을 거명하는 경우는 거의 없다. 둘째 문단은 딸이 성악가임을 알려주지만, 여전히 이름은 '수미'다. 그 수미가 어지간한 독자라면 모두 알 법한 조수미인지는 세 번째 문단에 와서야 드러난다. 김말순이라는 평범해 보이는 사람이 뉴스의 인물로 보도된 것은 딸이 조수미이기 때문이다. 기사는 그 정보를 숨길 수 있을 때까지 숨기려고 했다.

10여 년 전에 동아일보는 일본에서 노인들의 건강하고 행복한 장수 운동을 펼치는 의사를 보도했다. 당시 그의 나이 99세였으니 장수 메시지를 전할 자격이 있었다. 아래가 그 기사다.

"해외로 물건을 보낼 때나 택배를 보낼 때 유리잔 그림을 그려놓고 '깨짐' '주의' 같은 말을 써놓잖아요. 노인도 마찬가지예요. 살살 조심해서 움직이면 됩니다. 교통수단의 힘을 빌리든, 의료기기의 힘을 빌리든 우리 뜻대로 일하고 즐기면서 살 수 있습니다."

내년에 100세를 맞는 현역 의사 히노하라 시게아키(日野原重明) 박사는 또박또박 힘을 주어 말했다. 5일 가천길재단과 서울대 노화고령사회연구소의 주최로 서울 중구 소공동 롯데호텔에서 열린 '장수문화포럼'에는 '장수(長壽) 선배'의 한마디를 놓치지 않으려 열심히 메모를 하는 백발 관객들이 유독 많았다.

도쿄 성누가국제병원 이사장이자 지금도 심장내과 의사로 활동 중인 히노하라 박사는 2000년 '신(新)노인회'를 조직하면서 일본 사회에서 큰 주목을 받았다. 자립심을 갖고 새로운 일에 도전하고, 나이가 들어서도 일에 전력 질주해 행복하게 살자는 것이 신노인회의 목표다.

"90년 전 일본에서는 '그래봐야 인생 50년'이라는 노래가 큰 인기를 끈 적이 있습니다. 1950년 인구 조사 때 평균수명이 59세 정도였으니까 그럴 만했습니다. 지금은 86세가 넘습니다. 65세가 되자마자 일을 접고, 밥상만 받고 있으라고요? 남은 20여 년은 어떻게 합니까."

히노하라 박사는 오전 5시에 일어나 간단한 스트레칭으로 하루를 시작한다. 매일 한두 차례 대중강연을 하고 차량 이동 중에 틈틈이 메모를 해 매년 3권 이상의 책을 쓴다. '장수 인생의 우선순위' '삶이 즐거워지는 15가지 습관' 등 250권의 책을 썼다. 이런 공적을 인정받아 2005년 일본 정부로부터 '문화훈장'을 받았다.

히노하라 박사는 최근 종합검진을 받았다. 심전도, 청력, 시력, 골밀도 모두 정상이었다. 건강을 유지하는 비결은 적게 먹는 것이다. 하루에 채소를 큰 접시로 한가득 먹고 우유와 엽산 섭취도 잊지 않는다. 스포츠센터를 이용하거나 골프를 치러 갈 시간이 따로 없어서 이동할 때 틈틈이 운동한다. 에스컬레이터나 엘리베이터는 이용하지 않고 계단을 이용하는데 이때 복식호흡을 한다. 계단을 올라갈 때는 날숨(첫 번째 계단)–

날숨(두 번째 계단)-날숨(세 번째 계단)-들숨(네 번째 계단)을 반복한다. 매일 밤 자기 전에 편지나 짧은 에세이를 쓰는 것으로 하루를 마무리한다. 평균 수면시간은 5시간 정도다. (동아일보 2009.11.6.)

여기까지 읽어보면 그의 장수 비결을 기사 주제로 잡을 만하다. 하지만, 그것으로 그쳤다면, 이 기사의 가치는 그리 크지 않았을 것이다. 기자는 전체 분량의 90%를 쓴 다음에 이 기사의 하이라이트를 털어놓았다. 그리고 끝까지 숨겨놓았던 정보를 맨 마지막 문장으로 사용했다. 아래가 바로 그 대목이다.

히노하라 박사는 1970년 일본 적군파의 요도호 여객기 납치사건을 직접 경험한 후 바쁘고 즐겁게 살기로 결심했다. 그는 납치된 승객 129명 중 한 명이었다. "3일 동안 억류돼 있다 다시 도쿄 땅을 밟았을 때의 느낌을 잊을 수 없어요. 이렇게 인생을 허비할 수 없다는 생각이 들었습니다." 당시 그의 나이 60세였다.

히노하라 박사가 소싯적에 납치사건을 겪고 인생을 허비할 수 없다고 다짐했다면, 그다지 큰 뉴스감은 아니다. 그 나이에는 인생이 아직 많이 남았으므로 누구나 그렇게 생각할 수 있다. 하지만, 그것이 환갑 때 일이라면 이야기는 달라진다. 살 만큼 살았다고 안주할 법도 한데, 그렇게 다짐했으니 그에게 박수를 보내지 않을 수 없다. 독자의 일반적인 예측에 배반하는, 히노하라 박사의 이 도발성이 뉴스를 더 흥미롭고 의미 있게 만들었다. 기자는 가장 중요한 이 정보를 가장 늦춰서 제일 마지막에 제공했다. 그럼으로써 기사는 역피라미드 구조와 정반대인 피라미드 구조가 됐다.

2장에서 내러티브는 무정형이라 할 수 있을 정도로 모양이 다양하다고 했으며, 조선일보 기사에서 역피라미드 구조와 다른 기사 구조 9개가 발견됐다고 소개했다(신명선·박재영, 2004). 히노하라 박사 기사는 그런 다양한 모양 가운데 '피라미드 구조의 내러티브'라 할 수 있다. 이미 보았듯이 이 구조는 마지막을 읽어야 모든 것을 알게 된다. 읽다가 중단하면, 그 시간만큼 낭비다. 기자도 그것을 알기 때문에 독자가 중도에 포기하지 않고 끝까지 읽도록 도와주고 유도한다. 다음 기사에서도 기자의 그런 전략과 노력을 엿볼 수 있다.

그는 그날 밤만큼은 댄스 교사가 아니었다. 그냥 남부 샬럿 클럽 무대에서 춤추기를 원하는 29세 샘일 뿐이었다.

학생도 그날 밤까지는 아직 학생이 아니었다. 메르데스는 클럽의 단골 고객이었다. 그 토요일 저녁 메르데스는 샘이 클럽에서 춤을 가장 잘 추는 춤꾼이라는 것을 알아챘다. 샘도 메르데스를 찍어두었다. 그러나 그는 저녁 늦게서야 그녀의 테이블에 다가가 다른 여성에게 춤을 청했다. 그녀가 거절하자, 그때에야 메르데스에게로 돌아섰다.

"나한테 미안해서 춤을 추자고 한 거지요?"(①) 메르데스가 무대로 나가는 길에 물었다.

"친구가 싫다고 하기에 추자고 한 겁니다."

그들은 그날 밤 샬럿 클럽에서 한 쌍의 파트너가 되어 춤을 추었다.

메르데스는 샘이 음악에 맞춰 우아하게 몸을 움직이는 것이 마음에 들었다. 또 무대에서 그녀에게 '참 멋지다'라고 말한 것도 마음에 들었다.

두 번째 곡이 끝나자 그들은 한쪽 구석을 찾아가 오랫동안 이야기를 나누었다.

샘은 메르데스에게 자기가 인디애나 출신이고 샬럿에는 10년 전에 아버지와 함께 와 살고 있다고 말했다. 메르데스는 31년 내내 콘커드에서 살았다고 말했다.

그들은 교통과 댄스 클럽에 대해 이야기했다. 물론 음악도 빠질 수 없었다. 엘비스 프레슬리를 짝사랑했다고 서로 고백하면서 웃음을 터뜨리기도 했다.

샘은 그녀에게 자기가 페니빌리에 있는 프레드 애스타이오 스튜디오에서 댄스 교사로 일한다고 소개하고, 꼭 자기 학교에 와서 기초 단계의 수업 몇 개를 이수해야 한다고 말했다. (The Charlotte Observer 2001.5.20.)

전체 분량의 3분의 1이 조금 넘는 여기까지 기사는 댄스 클럽에서 만난 평범한 한 쌍을 보여준다. 물론, 여기에 기사의 키워드와 관련된 주요 정보를 이미 심어놓았지만, 그것을 이내 알아볼 독자는 거의 없을 것이다. 기사는 키워드를 향해 달려가야 하므로 관련 정보를 조금 더 흘려야 한다. 위 내용에 이어진 아래 문단에 몇 가지 주요 정보가 나온다.

메르데스는 걱정이 앞섰다.(②) 항상 춤을 좋아하기는 했지만 수업까지라니…. 그녀는 자기 생각이 바보스러울 수 있다고 생각했다. 하지만 무대에서 자기가 춤추는 모습을 다른 사람들이 쳐다볼 수 있다는 점에 대해서는 염려스러웠다.(③) 타인의 시선에 대해서는 시간을 두고 충분히 고려해보기로 결심했다.

시간이 흘러 어느 추운 수요일 저녁. 메르데스 스타일링은 세 번째 수업을 받기 위해 자신의 밴을 스튜디오의 주차장에 세웠다. 샘 힐은 문 앞에서 그녀를 기다리고 있었다.(④)

남자가 문 앞에 나와서 여자를 기다리는 것은 미국에서 흔히 볼 수 있는 장면이다. 영화에도 자주 나온다. 하지만, 이 기사에서 이 장면은 결코 그런 일반적인 예 중의 하나가 아니다. 이어진 아래 문단에 그 이유가 나온다.

"우리는 처음부터 의견이 일치했죠. 이것은 일종의 운명일 수도 있죠." 메르데스는 자신의 휠체어를 몰고 빌딩으로 향하면서 말했다.

메르데스는 척추가 발달하면서 발생하는 척추 파열로 인하여 하반신이 마비된 여성이다.

이 기사에서 가장 중요한 단어 '휠체어'가 여기에 등장했다. 독자는 이제야 이것이 어떤 상황인지 알게 됐다. 그래서 기사를 거슬러 올라가보면, 기자가 곳곳에 단서를 심어놓았음을 알 수 있다. 맨 처음에 샘이 메르데스에게 춤을 추자고 제안했을 때, 왜 메르데스가 "나한테 미안해서 춤을 추자고 한 거죠"(①번 문장)라고 했는지, 샘이 댄스를 배우러 자기 수업에 오라고 제안했을 때, 왜 기자가 "메르데스는 걱정이 앞섰다"(②번 문장), "무대에서 자기가 춤추는 모습을 다른 사람들이 쳐다볼 수 있다는 점에 대해서는 염려스러웠다"(③번 문장)라고 적었는지 알게 됐다. 샘이 문 앞에 나와서 메르데스를 기다렸던 것(④번 문장)도 이제는 다른 의미로 다가온다.

기사는 이제 절반을 조금 넘었는데 키워드가 너무 일찍 나온 것은 아닐까? 기자가 나머지 절반을 어떻게 끌어갈지 걱정조차 된다. 위에서 기자는 가장 중요한 단어인 '휠체어'를 대수롭지 않다는 듯이 평범한 문장에 쏙 끼워 넣었다. 그리고 메르데스가 하반신 마비라고만 해놓고, 별일 아니라는 듯이 넘어간다. 그럴 만한 이유가 있었다.

휠체어 여인과 댄스 강사의 사랑이 주제라면, 기사의 한계는 뻔하다. 애틋한 사랑 이상이 되기 어렵다. 그 사랑이 연민에서 우러난 것이라면, 사랑이라 할 수도 없다. 신데렐라식 설정은 아니라 하더라도 식상하기는 마찬가지다. 자칫 신파조나 눈물 짜내기로 빠지기 쉽다. 그간에 많은 한국 기사가 이런 흐름에서 헤어나지 못했다.

그런 상투적인 구도를 벗어나려면 휠체어에 집착해서는 안 된다. 메르데스 자신도 그러했기에, 기자는 "그녀의 말에 따르면 과거에 사람들은 자신의 춤을 보고 미소를 짓기는 했지만, 그 미소에는 연민의 감정이 묻어났었다. 그러나 샘이 그녀에게 보낸 미소는 달랐다"라고 썼다. 이제 기사는 새 목표를 찾아야 한다. 다음이 그 대목이다.

> "난 할 수 없다고 생각한 것들이 너무 많았어요. 넌 할 수 없다, 감히 상상도 할 수 없다, 이렇게 생각해왔죠. 지금은 마음만 먹으면 뭐든 할 수 있다는 것을 알게 됐어요." 메르데스가 말했다.
>
> 그녀는 샘이 지난 몇 주간 자신에게 가르쳐준 것이 무엇인지를 알았으면 했다. 또 자신의 새 친구가 많은 사람이 전혀 노력하지 않는 그것이 무엇인지 알기를 원했다. 그것은 작은 친절함이 다른 사람의 삶에 커다란 영향을 미칠 수 있다는 것이었다.
>
> 샘 역시 메르데스가 무엇인가 깨닫게 되기를 바랐다. 스튜디오에서 샘은 오래전에 배웠던 가장 기초적인 댄스 스텝과 동작을 그녀에게 가르쳤다. 지금은 샘도 자신의 동작을 메르데스의 휠체어에 맞출 수 있다. 그는 스스로 춤을 연구하고, 음악을 다른 방식으로 바라보게 되는 자신을 깨닫고 있다.
>
> 샘은 메르데스에게 속삭였다. "우리는 서로 배운다고 생각해요."

위의 마지막 문장은 기사 주제가 되기에 부족함이 없다. 신분을 초월한 사랑보다 훨씬 더 의미 있는 주제다. 우리 주변에서 신분을 초월한 사랑은 찾기 어렵지만, "서로 배운다"라고 할 수 있는 사례는 어디에나 있다. 우리가 그런 눈으로 주변을 보려고 하지 않기 때문에 안 보일 뿐이다. 위 기자는 그런 눈을 가졌기에 샘과 메르데스의 사랑에서 새로운 주제를 뽑아낼 수 있었다. 이 주제만으로도 기사는 훌륭하게 끝맺을 수 있는데, 그렇게 하면 너무 교훈적으로 보일 수 있다. 독자는 샘과 메르데스의 슬기로운 사랑 덕에 마음 훈훈하지만, 기사를 읽고 가르침을 받았다는 느낌이 들어서 개운치 않다. 그래서 기자에게 더 큰 과업이 생겼다. 기사를 어떻게 마무리할 것인가? 이것은 기자에게 가장 어려운 대목이다. 주제를 뽑아내거나 리드를 개발하는 것보다 더 어렵다. 위 기사의 엔딩은 다음과 같다.

> 이렇게 그들은 딱딱한 나무 무대 가운데서 춤을 추었다. 선생은 왼쪽 손으로 학생의 오른손을 꼭 잡았다. 스튜디오의 스피커에서는 재키 윌슨의 노래 '외로운 눈물'이 흘러나왔다. 선생은 한쪽 발로 번갈아 스텝을 밟았다. "이건 어때요?" 그는 그녀를 밀었고, 학생은 오른쪽으로 돌았다. 그가 다시 그녀를 당겼을 때는 학생이 왼쪽으로 돌았다.
>
> "이해했군요." 선생의 말에 학생은 "당연하죠"라고 대답했다.
>
> "그렇게 할 거라고 말해 봐요…"라는 가사가 흘러나올 바로 그때 이미 그것은 그렇게도 쉬워 보였다.

외로운 눈물(Lonely Teardrops)은 재키 윌슨의 1958년 히트곡이다. 자기를 떠난 연인에게 기회를 한 번 더 달라며 돌아오라고 애원하는 노래다. 연인을 향해 말하는 "그렇게 할 거라고 말해 봐요"(Say you will)라는 후렴구가 반복한다. 가사는 애절하지만, 리듬은 경쾌하다. 기자는 댄스 클럽에서 흘러나오는 이 R&B 노래를 엔딩의 재료로 사

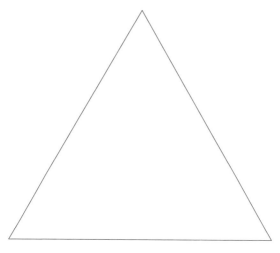

〈그림 8〉 피라미드 구조의 내러티브 모양

용하려고 끝까지 남겼다. 기사를 이렇게 끝내고 나니 독자도 훨씬 더 홀가분하다. 기자가 주는 어쭙잖은 교훈에서 벗어나 이 평범한 연인의 지혜롭고 숭고한 사랑이 마음에 남는다. 엔딩은 미문을 짜내어 적는 것이 아니라 사실 정보를 남겼다가 멋있게 선보이는 것이다. "이미 그것은 그렇게도 쉬워 보였다"라는 기사 마지막 문장은 중의적이다. 메르데스가 샘을 따라 춤추는 것이 이제 어렵지 않은 일이라는 뜻과 함께, 돌아오라고 애원하지 않아도 둘은 이미 맺어졌다는 뜻도 지닌다. 주제가 맨 마지막에 나오는 피라미드 구조의 내러티브 기사다(〈그림 8〉 참조). 대통령 기사도 좋고 검찰 기사도 좋지만, 독자에게 이런 기사가 필요하지 않을까? 멀쩡한 사람들이 이전투구로 변해 한없이 삭막하고 살벌해진 요즘에는 특히 그렇다.

주요 정보를 섣불리 사용하면, 오히려 패착이 될 수 있다. 기사가 길다면, 더더욱 주요 정보를 아껴야 한다. 그래야 독자와 함께 기사 끝까지 갈 수 있다. 몇 년 전에 대학에서 '반값 등록금' 이슈가 떠올랐을 때, 고려대 학보사인 고대신문 유민지 기자(현 MBN 시사제작부 PD)가 그것을 기사로 쓰겠다고 제안했다. 유 기자는 한껏 욕심을 부려 1면 톱에서 점프되어 마지막 면 전체를 차지하는 200자 원고지 32.7매짜리 기사를 썼다. 그 긴 기사의 리드는 아래와 같이 시작한다.

"과감해져야 해!" 이렇게 되뇌며 화장을 시작했다. 눈가에 검은색 아이라인을 과도하다 싶을 정도로 굵게 칠하고 눈꼬리 쪽으로도 길게 그렸다. 체리주스색 틴트를 바르니 입술이 새빨갛게 정열적으로 보였다. 그래도 부족했다. 코 양쪽에 쉐딩으로 심하게 명암을 주어 코가 우뚝 솟아 보이게 만들었다. 이제 얼굴 윤곽이 제대로 뚜렷해졌다. 백팩을 매고 책을 든 수수한 여대생은 온데간데없었다.

8월 27일 저녁 7시, 서관 2층 여자 화장실에서 그렇게 단장을 하고 건물을 나섰다. 서관은 내가 속한 서어서문학과가 있는 곳이다. 곧장 마주친 과 친구 한승아는 "오우! 화장이 과한데…"라고 말했다. 그 말도 듣기 좋았지만, 그 직전에 그녀가 보인 반응이 더 마음에 들었다. 그녀는 순간적으로 멈칫하면서 "이건 뭐지?"라는 경멸조의 호기심을 잔뜩 드러냈던 것이다. 나는 도발적인 내 얼굴 화장에 만족하면서 일터로 출근했다. 그 전날부터 그곳에서 일했으니 고작 이틀 만에 내가 스스로 이렇게 바뀐 것이다.

나는 인터넷 웹사이트 알바천국에서 이곳을 찾아냈다. 돈을 많이 준다고 돼 있어서 선뜻 선택했으며 학교 근처인 점도 좋았다. 8월 19일 면접 때 사장을 처음 만났고 일터도 처음 봤다. 지하 1층의 출입문을 들어서니 벽면의 흐릿한 주황색 조명이 어두컴컴한 방을 비추고 있었다. 방은 긴 사각형으로 ㄴ자 모양의 스탠드 테이블이 방의 두 측면을 연결하고 있었다. 큰 사각 방에 조그만 사각 방이 들어 있는 모습이었다. 스탠드 좌석은 15개였으며 스탠드 바깥쪽에 4인석 테이블 7개가 놓여 있었다. 스탠드 안쪽 벽면엔 여러 종류의 술병들이 LED 조명을 받으며 진열돼 있었다. 내가 일할 곳은 바로 거기였다. 그렇다. 이곳은 바(bar)이며 나는 바텐더 일을 하려고 왔던 것이다. (고대신문 2014.9.29.)

위 리드는 4.7매로 기사 전체 분량의 15%다. 리드 맨 마지막 문장에서 기자가 바텐더 아르바이트를 하게 될 것임을 알려준다. 자기가 무슨 일을 할 것인지를 말하는 데 이르기까지, 짙은 화장과 그것을 본 친구의 반응을 설명하고, 일터 즉 기사의 공간이 될 바의 내부 모습을 그렸다. 이제 나머지 85%의 기사를 전개할 터전을 마련했다. 그래도 독자는 아직 이 기자가 왜 이런 아르바이트를 하는지, 기사가 무엇을 말하고자 하는지 모른다. 다만, 리드의 분위기상 기자가 바텐더 아르바이트를 하면서 보고 들은 내용이 간단치 않을 것 같은 느낌은 든다. 과연, 어떤 일을 경험하게 됐던 것일까? 알고 싶으면, 기사를 더 읽는 수밖에 없다.

이 기사는 기자의 장기체험 기사다. 한 학기 내내 학교에 다니면서 아르바이트로 학기 등록금을 벌 수 있는지 알아보려고 바텐더 일을 했다. 대개 신문은 편집자주를 통해 이런 기획의 취지를 독자에게 알려주지만, 이 기사는 그렇게 하지 않았다. 그런 소중한 정보를 그렇게 쉽게 낭비할 수 없기 때문이다.

3. 직관적 증거

직관적 증거는 별도로 설명하지 않더라도, 단번에 기사 주제를 알 수 있게 해주는 증거를 뜻한다. "무엇을 보여주면 독자가 금세 기사 주제를 알아차릴 수 있을까?"라는 생각으로 증거를 찾았다면, 그것이 곧 직관적 증거다. 직관적 증거는 '보여줌으로써 알게 되는 것'이므로 내러티브 글쓰기에 빠질 수 없는 요소다.

4장에서 소개한 '인질로 잡힌 마을'은 제목 그대로 주민들이 연쇄살인범 때문에 불안에 떨며 스스로 무장하고 대비한다는 내용이다. 따라서 '그런 모습을 어떻게 보여줄 것인가?'가 관건이다. 무엇을 보여주면 마을 사람들이 인질처럼 떨고 있다는 것을 독자가 금세 알 수 있을까? 이 기사에서 직관적 증거를 발췌해보니 아래와 같았다.

> —대학로의 전신주를 따라 늘어선 술집에 일반적인 광고 전단지와 함께 수요일에 새로운 전단지가 등장했다. 밝은 노란색의 전단지다. "보디가드 … 단돈 $399.95로 당신과 당신의 집, 차, 사무실 등을 보호해줍니다. 지금 당장 전화하세요! 내일이면 늦습니다." 전단지 뒷면에는 지난주의 한 헤비메탈 쇼 등 다른 내용도 들어 있다. 그것은 불과 연기 속의 대혼란 속에 해골이 쪼개져 있는 그림이다. 그 해골은 소리를 지르는 형상이다.
>
> —목요일 레이츠 학생회 알림판에는 "매우 안전한 집에서 함께 생활할 여성 룸메이트 2명을 구합니다. 학교에서 가깝고 모든 창에 방범시설이 설치되어 있습니다. 폴라에게 전화주세요"라는 광고문이 붙었다.
>
> —수요일에 제이콥은 9mm 15연발 '스미스 & 웨슨' 새 권총을 구입하기 위해 600달러를 썼다. 그는 총을 쏘아보려고 해리백위즈의 실내사격장에 갔다. 탬파에 사는 그의 여자친구도 오늘 그녀의 젊은 인생을 위해 처음으로 총을 발사해보았다.
>
> —금요일 오후 남녀 학생 모두 [실내사격장에] 북적였다. 발포음을 제외하고 사격장은 조용했다. 그곳엔 낄낄대며 웃는 사람이 없었으며 이따금 소소한 대화 소리만 들릴 뿐이었다. 그들은 조용히 다음 사수에게 총을 건넸다. 모든 사람이 듣는 것은 발사음과 종이 타깃이 이동하는 도르래 소리다. 타깃에 있는 검은색은 사람의 형태이다.
>
> —조깅하는 2명은 키가 크고 말랐다. 한 명은 남성이고 나머지는 여성이다. 밝고 청명한 이른 금요일 아침이다. 그녀는 작고 검은 무언가를 오른손에 쥐고 있다. 휴대용 카세트나 동전 지갑이 아니다. 그녀가 지나가는 것을 살펴보면 그것이 전기 충격총임을 알게 될 것이다.
>
> —오전 11시 30분 더운 금요일 아침에 게이토우드는 황폐한 도시가 되었다. 수영장은

텅 비어 있었고 테니스장과 주차장 대부분도 그랬다.

−그곳에 총은 없다. 그러나 에릭과 데이브는 만일의 사태를 대비하여 쇠파이프 9개를 갖고 있다고 했다. (The Tampa Tribune 1990.9.2.)

대학가에 경호원을 구한다는 광고는 이례적이다. 미국에서 룸메이트를 구하면서 성별을 구분하는 경우는 거의 없다. 미국 대학가의 자취 집은 혼성이다. 마트에서도 총을 살 수 있는 나라가 미국이라지만, 시민들이 무시로 권총을 구입하지는 않는다. 미국에서 실내사격장은 오락실이다. 그런데 거기에서 사람들이, 그것도 학생들이 떠들지 않는다면, 무언가 심상찮다. 아침에 전기충격기를 들고 조깅하는 사람은 상상하기 어렵다. 대형 주차장이 텅 빈 도시는 사실상 유령 도시다. 대학생들이 집에 쇠파이프를 두었다면, 특별한 이유가 있기 때문일 것이다. 말하자면, 위의 각 예는 듣기만 해도 매우 이례적이며, 다 들어보면 사람들의 경계심과 자기 보호 욕구가 극에 달했음을 짐작할 수 있다. 이런 증거가 직관적 증거다. 이를 설명한다면, "사람들이 두려움에 떨고 있다"가 될 것이며 조금 더 추상화하면 "사람들이 인질로 잡혀 있다"가 될 것이다. 직관적 증거는 이런 설명문을 사용하지 않더라도 독자가 그렇게 느낄 수 있도록 해주는 증거들이다. 바로 이 점에서 직관적 증거는 묘사와 유사한 기능을 한다고 말할 수 있다. 여기가 직관적 증거와 내러티브의 접점이다.

위 직관적 증거에 포함된 정보는 사실 정보(facts)다. 더 정확하게 말하면, 물증 즉 손으로 만질 수 있거나 기자가 목격한 증거다. 따라서 직관적 증거의 관건은 추상적인 말로 설명하지 말고 구체적인 팩트로 보여주는 것이다.

흉악범이 나타난 지역의 분위기를 전하는 기사는 한국 신문도 종종 썼다. 극악무도한 연쇄살인범이나 초등생 성폭행범이 범행을 저지른 지역을 찾아가 르포 기사로 보도했다. 기사 주제는 앞의 '인질로 잡힌 마을'과 똑같다. 한국 기자는 어떤 직관적 증거를 찾아냈을까? 아래는 초등학생을 납치하여 무자비하게 성폭행한 고종석 사건의 발생지 나주를 둘러본 기사다.

"쓰레기 버리러 나가기도 무서워요. 대낮에도 낯선 사람만 보이면 가슴이 철렁 내려앉을 지경이에요."

3일 오후 7시 전남 나주시 삼영동 영산대교 앞에서 만난 행인은 종종걸음으로 귀갓길을 재촉했다. 가로등 불빛 사이로 차량들이 다리를 지날 뿐 행인들의 발걸음은 뚝 끊겼다. 평소 운동하는 주민들과 자전거를 타려는 학생들로 북적였던 다리 아래 둔치에도 사람의 그림자는 보이지 않았다.

초등학생을 납치하여 성폭행한 고종석(23·구속) 사건이 나주의 거리 풍경을 바꿔놓았다. 사건 현장 인근 마을은 집집마다 대문이 굳게 잠겼다. 주민들은 외출을 삼가고 있다.

PC방과 식당, 편의점 등이 밀집한 상가에도 오후 10시 이후에는 눈에 띄게 사람들이 줄어 적막감마저 감돌았다. 가끔 길거리를 지나는 주민들은 불 꺼진 A양의 집 쪽을 힐끔힐끔 바라보며 몸서리를 치기도 했다. A양의 집안은 사건 이후 설치한 병풍에 가려 보이지 않았지만 주민들은 먼발치서 집 쪽을 바라보며 혀를 끌끌 찼다.

고종석이 평소 자주 찾던 PC방 인근에서 가게를 하는 박모(40·여) 씨는 "고종석 사건이 난 다음부터는 해 질 무렵부터 거리에 나오는 사람이 거의 없다"며 "범인이 현장 검증 때 A양을 이불에 싸서 들고 나오는 모습을 보면서 손발이 벌벌 떨렸다"고 말했다.

주민들의 불안감은 대낮까지 이어지고 있다. 사건 현장 인근의 초등학교는 물론이고 4km가량 떨어진 지역에서도 아이들을 학교에 데려다주는 부모들이 크게 늘었다. 회사원 정선기(39) 씨는 "신문에 난 성폭행 기사를 보고는 아이 2명을 유치원과 초등학교에 데려다줬다"며 "하교 때는 아내를 보내 아이들을 데리고 오라고 했다"고 말했다.

경찰서와 시장 등이 밀집한 나주 시내 중심가도 사정은 마찬가지다. 개학을 맞은 초등학생들이 부모들의 손을 꼭 잡고 등교하는 모습이 자주 목격됐다. 나주경찰서 인근의 편의점에서 일하는 김모(20) 씨는 "고종석 사건 이후로는 주말 저녁에도 사람들의 발길이 끊겨 매출이 절반 정도 떨어졌다"며 "시내까지 성폭행 사건의 영향이 있는 것 같다"고 말했다. (중앙일보 2012.9.4.)

기사는 인터뷰 코멘트로 시작한다. 코멘트는 물증이 아니라 심증이어서 증거력이 약하다(Kramer & Call, 2007/2019). 2, 3, 4문단에 기자가 관찰한 정보나 느낀 정보가 포함되어 있다. 직관적 정보라 할 만한 것은 이것이 전부다. 그 이후는 코멘트가 주를 이룬다. 현장에 직관적 정보가 별로 없어서 그랬는지 몰라도 기자는 인터뷰 코멘트를

4개나 집어넣으며 공을 들였다. 한국 기자들은 자기가 본 정보나 느낀 정보보다 들은 정보를 더 중시한다. 그리되면, 기자는 사람을 만나서 물어보고 답을 얻는 데 집중하며 현장 관찰은 소홀하게 된다. 이런 경향을 뒷받침해줄 기사는 또 있다.

앞의 고종석 사건 5개월 전에 오원춘 사건이 있었다. 오원춘은 수원시 팔달구 자기 집 앞에서 여성을 납치하여 성폭행하려고 하다가 반항하자 살해한 후 시신을 훼손했다. 온 국민을 공포에 떨게 했던 이 사건 2년 후에 다시 수원시 팔달구에서 토막시신이 발견됐다. 범인은 붙잡혔지만, 주민들의 공포심은 극에 달했다. 바로 그것을 다룬 기사에서 주민들의 공포심을 증빙하는 증거를 발췌해보니 아래와 같았다.

- "이제는 새벽 등산은 못 하겠어요."
- 지난 몇 년간 매일 오전 5시 이곳을 찾았다는 박 씨는 지난 4일 여기서 장기가 없는 여성의 몸통 토막시신이 발견된 뒤로는 반드시 해가 뜬 뒤, 동행이 있어야만 산에 오른다고 했다.
- 시설을 관리하는 현진겸(74) 씨는 "사건이 난 뒤 등산객이 절반 넘게 줄어든 것 같다"고 말했다.
- 주민들과 등산객들은 "중국인들이 인육을 얻거나 장기를 불법으로 적출하기 위해 납치·살인을 벌인다"는 괴담(怪談)을 수군거렸다.
- 팔달산 인근의 한 마트 직원 이모(21) 양은 "오원춘 사건 이후 '중국인 눈도 쳐다보지 말라'는 농담이 돌았지만 이제는 현실이 된 것 같아 무섭다"고 했다.
- 황현기(74·매향동) 씨는 "다리 자르고 장기 잘라서 분명히 매매했을 거야. 아주 한국에서 추방해야 한다"고 목소리를 높였다.
- 요양보호사로 일한다는 이 씨는 "만나는 사람마다 '절대 밤에 다니지 말자'는 말을 주고받는다"고 말했다.
- 음식점에서 일하는 중국 동포 최모(25) 씨는 "정오쯤이면 50석 규모 음식점 안이 북적댔지만 보다시피 간신히 세 테이블만 찼다"고 말했다. 그는 "젊은 사람들보다는 특히 노인들이 돌아다니지 않는다"고 말했다. 최 씨는 "이런 사건이 나니까 조선족인 걸 숨기고 싶다"고 했다. 한 주민은 "동네 분위기가 흉흉해져서 사람들이 아예 집 밖에 나오지 않으려 한다"고 말했다. (조선일보 2014.12.13.)

이 기사에서 위 발췌 부분 이외의 증거는 전혀 없었다. 다시 말해, 기사는 오직 인터뷰 코멘트로 주민들의 공포심을 입증하려고 했다. 코멘트가 중요하지 않다거나 불필요하다는 뜻이 아니다. 좀처럼 코멘트 이외의 증거를 생각하지 않는 기자들의 습관을 문제 삼으려는 것이다.

이런 사건의 원조는 1990년대 화성 연쇄살인이이다. 영화 '살인의 추억'의 배경이 된 사건이다. 이때에도 여러 신문은 사건 장소인 경기도 화성군 태안읍을 둘러보고 기사를 썼다. 아래는 그중의 하나다.

> 4년여 동안 모두 9건의 살인사건이 잇따라 발생한 경기도 화성군 태안읍 일대 주민들은 너 나 할 것 없이 불안이 생활화돼 있었다. 학생들의 등하교에서 주부들의 장보기에 이르기까지 주민들의 일상생활 곳곳에는 연쇄살인 사건의 두려움이 짙게 배어 있었다. 자녀들의 하굣길이나 퇴근길을 마중 나가는 것은 이곳 주민들에겐 당연한 일과가 된 지 오래고 해가 떨어지면 부녀자들은 물론 남자들까지도 밖에 나다니길 꺼렸다.
>
> 사건 발생 나흘째인 19일 밤 10시 30분쯤 연쇄 강간살인 사건 아홉 번째 희생자인 김 모 양(14·ㅇ중 1년)의 집이 있는 태안읍 능4리로 향하는 길은 칠흑처럼 캄캄했다. 솔밭 사잇길과 논길로 이어지는 2km가량의 진입로를 자동차의 전조등으로 겨우 길을 찾아 더듬어갔다. (조선일보 1990.11.21.)

기사 리드는 기자가 현장에서 본 바와 느낀 바를 적었다. 하지만, 그런 증거 정보는 딱 여기까지다. 이후의 기사에서 발견된 증거는 모두 아래와 같은 인터뷰 코멘트다.

> ─사건 발생 후 마을 진입로 입구에 경찰병력이 배치됐지만, 장정들도 밤길은 피하고 있다고 주민들은 말했다.
> ─이 마을 주민 이모 씨(51)는 "대낮에도 혼자 지나다니기에는 겁나는 길"이라며 "동행이 없으면 아예 돌아다니지 않는다"고 말했다. 이 씨는 "수년 전부터 마을 여학생들에게 함께 귀가토록 당부해왔다"면서 "이번에 살해된 김 양은 혼자 떨어졌다가 변을 당했다"고 안타까워했다.
> ─이 마을 이장 김완기 씨(56)는 "고등학교와 중학교에 다니는 딸들에게 귀가가 늦을

경우 집으로 전화한 뒤 택시를 이용하도록 하고 있다"면서 "마을 학부모 대부분이 큰 길까지 마중을 나간다"고 말했다. 김 씨는 그토록 조심하면서 지내왔는데도 또 희생자가 발생, 마을 사람 모두가 넋을 잃은 상태라면서 누구를 원망할 수도 없어 범인 잡히기만을 기다리고 있다고 말했다.

－진안3리에 사는 주부 이모 씨(36)는 "저녁나들이는 생각도 못 하고 장보기도 낮에만 하고 있다"고 말했다. 이 씨는 "급한 일로 부득이 외출했을 때는 남편에게 마중 나오라고 연락해 함께 귀가하고 있다"고 말했다.

이쯤 되면, 한국 기자들을 '코멘트 중독자'라고 해도 될 것 같다. 현장을 취재하는 기자가 그러하며 취재 지시를 내리는 에디터도 그러하다. 어차피 현장에 갔다면, 사람을 만나려고만 하지 말고, 그 시간에 무엇이든지 더 많이 보거나 느끼려고 할 필요가 있다. 그러면서 직관적 증거를 더 많이 얻을 수 있기 때문이다. 에디터가 "직관적 증거를 찾아오라"라는 지시를 내리기만 했어도 기사는 많이 달라졌을 것이다. 극단적으로, 기자들에게 "절대로 인터뷰 코멘트를 따지 마라"라고 지시할 필요도 있다. 다시 말하지만, 인터뷰 코멘트가 의미 없다거나 불필요하다는 뜻이 아니다. 그것도 좋은 증거자료다. 다만, 기자가 별도로 물어보고 답으로 얻는 코멘트를 줄일 필요가 있다는 뜻이다. 기자의 질문을 줄여야 한다는 것과 같은 뜻이다. 이와 달리, 사람들이 주고받는 말을 옮기는 것은 오히려 권장할 바다. 그것은 코멘트가 아니라 대화다. 그 대화가 기사 주제를 증빙한다면, 그것은 훌륭한 직관적 증거다.

4. 대화

대화(conversation)는 두 사람 이상이 주고받는 말이다. 인터뷰 코멘트는 [○○○는 "~~"라고 말했다]라는 형식을 취하지만, 대화는 화자를 밝히지 않은 채 발언만 연속해서 보여주는 형식이다. 하지만, 상황을 통해 누가 어떤 말을 하는지 알 수 있으므로 대화의 경우에도 취재원 적시는 이루어진다.

인터뷰 코멘트는 기자가 취재원에게 질문하여 구한 답이지만, 대화는 취재원들이 주고받는 말을 그대로 옮긴 것이다. 기자가 현장의 자연스러운 흐름을 방해하거나 취재원의 발언을 인위적으로 연결 짓는 대신 취재원들이 직접 이야기하도록 하는 방식이다. 철저하게 취재원이 기사의 중심이다(이샘물·박재영, 2020). 기자의 개입은 최소화하고 최대한 현장을 그대로 옮긴다는 이 점이 내러티브와 접점이다(Hart, 2011/2015).

법정 공방을 다룬 기사는 종종 현장을 대화 형식으로 중계한다. 아래 미국 기사는 디즈니랜드와 관련한 소송을 다루면서 법정 증언을 중계했다. 기사라는 큰 이야기 속에 플루토 관련 소송이라는 또 다른 이야기(a story within a story)가 들어 있는 느낌을 자아낸다.

> 사건은 햇빛 가득한 미국의 번화가에서 일어났다.
>
> "퍼레이드를 보고 있었는데 그 디즈니 캐릭터가 저에게 다가왔어요." 펜실베이니아의 주부 패트릭 라인절은 증인선서를 한 후 그 일을 그렇게 기억해냈다. "그는 곧바로 저에게 걸어와서 그냥 빙글빙글 춤을 추었죠. 그리고는 냅다 저를 걸어찼어요."
>
> 변호사: "그 캐릭터를 매우 자세히 묘사해보세요."
>
> 라인절: "긴 구레나룻과 긴 귀를 가진 커다란 갈색 개였어요."
>
> 변호사: "그것이 플루토(Pluto)인가요?"
>
> 라인절: "네, 맞아요!"
>
> 변호사: 하하, 그곳은 우리가 있는 법원과는 멀리 떨어진 곳입니다. 디즈니랜드에 오신 것을 환영합니다. 이곳은 미래의 땅이고, 개척의 땅이며, 때론 소송의 땅이기도 합니다. 모든 관광객들이 심지어 미키마우스의 귀가 떨어져 있다고 소송을 제기하기도 하는 곳입니다.
>
> "우리는 표적이 되는 피고인입니다." 디즈니에서 일어난 많은 과실 사건을 변호해온 존 워드는 이렇게 말했다. (The Miami Herald 날짜 미상) (Kennedy, Moen, & Ranly, 1993, 106-107쪽)

범죄 사건에서도 법정 심문 장면을 활용하면, 현장감을 높일 수 있다. 그것이 충격적인 살인사건이라면 더 그렇다. 1984년 미국 플로리다주 세인트피터즈버그에서 엽기적인 살인사건이 발생했다. 36세 캐런 그레고리는 친구와 저녁 식사 후 귀가했는데, 미리 기다리고 있던 범인이 캐런을 칼로 21군데나 찌르고 기도를 자른 다음에 강간했다. 이웃 주민 수십 명이 캐런의 비명을 들었지만, 누구도 신고하지 않았다. 캐런은 2일 후 시신으로 발견됐다. 캐런의 집 건너편에 살던 22세 조지 루이스도 경찰 조사 때 캐런의 비명을 들었다고 진술했다. 하지만, 2년 후 루이스는 범인으로 체포되어 종신형을 받았다. 세인트피터즈버그타임스는 이 사건을 대하드라마로 풀어내면서 루이스가 살인 용의자로 법정에 서서 자기 변호사와 대화하는 장면을 활용했다. 루이스는 모든 것을 부정했고, 기사는 그의 주장이 거짓임을 밝히는 긴 여정을 시작한다.

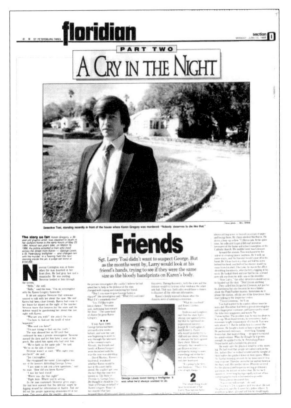

〈그림 9〉 세인트피터즈버그타임스의 '한밤의 절규' Part 2 기사 지면. 아래쪽 사진이 범인 조지 루이스

변호사가 그의 이름을 불렀다. 그는 자리에서 일어나 성경에 한 손을 얹고 진실만을 말하겠다고 선서했다. 증언대에 다시 앉은 그는 배심원들을 바라봤다. 배심원들은 그의 얼굴을 응시하며 증인이 어떤 사람인지를 관찰할 수 있었다.

"캐런 그레고리를 강간했습니까?" 변호사는 질문을 시작했다.

"아니오, 그렇지 않습니다."

"캐런 그레고리를 살해했습니까?"

"아닙니다." (St. Petersburg Times 1988.6.12.)

4장에서 소개했던 '인질로 잡힌 마을' 기사는 학교 수업 시간의 대화를 중계하는 방식으로 연쇄살인범이 한 평범한 마을을 어떻게 바꾸었는지 보여준다.

30분 후, 심리학 수업에서 극심한 성격 장애 행동이 삶을 어떻게 변화시키는지를 논의하게 됐다.

해리 그레이터 교수는 "정신적 외상을 입으면, 그 감정을 주체할 수 없게 된다"라고 말했다.

4번째 줄에 앉은 한 여학생이 손을 들었다. 그녀는 감정을 조절할 수 있다고 말했다. "만약 우리가 희생자를 보았다면, 이런 유형의 범죄를 저지를 수 있는 사람은 심리학적으로 비정상적인 사람일 것으로 생각하게 될 것입니다. 나는 이 사건이 나에게 무엇을 의미하는지 시간을 두고 지켜볼 것이며 희생자들과 같은 행동은 하지 않을 것입니다. 그래서 나는 자신이 있습니다."

"나는 그것들이 연속범죄는 아니라고 생각해요." 그레이터 교수는 말했다. "단지 공통점이 있을 수 있는 범죄들이라고 생각할 뿐입니다."

한 남학생이 손을 들었다. 그는 6명의 학생들과 한 아파트에서 산다고 했다.

"우리는 그가 공격할 것을 대비하여 굉장한 계획을 세워놓았습니다." 그가 말했다.

"무기를 갖고 있나?" 교수는 물었다.

"총은 없지만, 대안으로 호신 무기를 갖고 있습니다."

뒤쪽에 앉은, 익살스럽게 보이는 학생이 소리치며 말했다. "빗자루와 버터 칼을 테이프로 묶어서 사용해요."

"그래서 너희는 그를 죽일 작정이니?" 교수가 물었다. 비웃음은 그치고 정적이 감돌았다. (The Tampa Tribune 1990.9.2.)

공교육이 무너졌다는 비판은 한국에만 있지 않다. 미국은 우리보다 먼저 이 문제를 겪었다. 아래 기사는 ROTC 출신으로 군 복무 후 공립 고등학교의 세계사 담당으로 부임한 신입 교사 샘 셸이 학생들과 수업하는 장면을 담았다. 학생들의 냉소적인 태도를 대화 형식으로 실감 나게 중계했다. 이 대화를 읽다 보면 한숨이 절로 나온다.

역사 수업에서 가장 싫은 것이 무엇이며 무엇이 가장 좋은가?

"없음."

"역사에 관한 모든 것이 싫음."

"어떤 수업의 어떤 점도 좋은 게 없음."

〈중략〉

샘 셸은 2학년생들에게 지구의 컬러 사진을 보여줬다. "이게 무엇인지 아는 사람?"

"목성이요!" 누군가가 말했다.

그는 원시인의 그림을 그들에게 보여줬다.

"그들이 아직도 살아 있나요?" 또 다른 누군가가 말했다.

〈중략〉

그는 세기가 B.C.와 A.D.로 어떻게 나뉘는지 설명하기 위해 애썼다. 한 아이가 혼란스러운 얼굴을 하고 있었다.

"그러니까 지금이 A.D.인 거죠?" 그가 물었다.

〈중략〉

"샘 셸 선생님?" 한 아이가 그에게 말했다. "선생님은 이제 막 대학을 졸업하셨나요?"

"선생님은 어떤 음악을 들으세요?"

"어디 출신이세요?"

"가르치는 거 좋아하시죠? 선생님은 돈은 못 버실 거예요."

〈중략〉

"우리는 18주를 함께 공부할 거야." 그가 말했다.

"아주 즐겁고 재미있는 수업 경험이 되어야 해."

좌석에서 한숨이 새어 나왔다. 샘 셀은 계속했다. 그는 아이들에게 B.C.와 A.D.에 대해 가르치려고 했다.

"B.C.랑 A.D. 이게 우리가 공부할 거 전부죠?" 한 아이가 말했다.

"아니." 샘 셀은 말했다. "거기서부터 우린 공부를 시작할 거야."

그는 수업계획표를 나눠주었다. 한 여학생이 그를 응시했다.

"정말 이거 하기 싫어요." 그녀가 말했다.

"우~ 우~~" 다른 누군가가 말했다.

한 여학생이 트림을 했다. 다른 여학생은 창밖을 바라봤다. 다른 남학생은 얼굴을 찌푸렸다.

"죽은 놈들에 대해 배울 건 없어요." 그가 말했다. (St. Petersburg Times 1988.10.2.)

기자가 취재원끼리의 대화를 직접 듣거나 나중에 재구성하여 그대로 옮기는 것이 일반적이지만, 취재원의 혼잣말을 독백 형식으로 전하기도 있다. 폐기종을 앓는 아들을 어린이 보호시설로 보낸 모정을 그린 아래 기사는 어머니 다이애나가 아들을 면회하고 헤어지는 장면을 그녀의 독백 형식으로 전했다.

"네 엄마가 여기 왔단다. 이게 네가 기다려왔던 거잖아?" 자원봉사자가 잠시 자리를 피한다.

다이애나는 그녀의 아들 옆에 앉는다. 다이애나가 말한다.

"크리스토퍼."

〈중략〉

"저보고 용감하다고 하지 마세요. 사람들은 내게 무엇을 해야 한다는 식으로 말하지만, 그건 모르고 하는 말이니까…."

"나는 '아기는 다른 점을 못 느낄 거야'라고 매일 나 자신에게 말해요. 우리 모두 느끼는 감정을 크리스토퍼는 느낄 수 없다고 매일 나는 말하죠. 훌륭한 간호를 받고 있을 것이라고 자위하면서."

"아이를 놔둔 채 뒤돌아 걸어 나올 수 있도록 하려면 나는 이렇게 해야만 해요."

그녀는 아이 침대 옆에 서 있다. 지금은 오직 둘뿐이다.

"내 귀여운 아기." 크리스토퍼가 웃는다. 베개 위치를 다시 고쳐준다.

"자, 됐다. 아가야." 그녀는 떠나지 못한다. "내 소중한 아들."

그녀는 아기의 침대 위에 있는 선반으로 손을 가져간다. 그리고는 테디베어 인형을 꺼낸다.

그것을 팔로 감싸고 아이에게 담요를 덮어준다.

"크리스토퍼." 그녀의 목소리가 가늘게 떨린다.

"크리스토퍼. 나는 언제나 네 엄마란다." 아기가 웃는다.

"크리스토퍼. 항상 너를 사랑해." 그녀는 볼을 타고 흐르는 눈물을 닦아낸다.

"크리스토퍼. 엄마 이제 가볼게, 안녕." (The Oregonian 1996.11.24.)

5. 내레이션

내레이션(narration) 즉 서사(敍事)는 어떠한 사건을 있는 그대로 시간의 경과에 따라 객관적으로 적는 것이다. 기사 중에 인물의 대화, 일화, 장면이나 상황의 재현 등을 혼합하여 표현한 부분이 내레이션에 해당한다. 케네디와 동료들(Kennedy, Moen, & Ranly, 1993)은 "내레이션은 이야기의 주인공들이 직접 이야기할 수 있도록 도와주는 일련의 장치들"이라고 하면서 아래의 예를 소개했다(118쪽). 첫 번째 예문은 설명이며 두 번째 예문은 동일 내용을 내레이션으로 표현한 것이다(Kennedy, Moen, & Ranly, 1993, 118쪽 참조).

설명

NRA 로비스트인 매리언 해머는 플로리다 입법자들에게 반자동 공격용 무기를 금지해서는 안 된다고 말했다.

"당신들은 위험해 보이는 반자동 소총과 평범한 스포츠용 소총을 구분하지 못합니다. 기능적으로 그들은 똑같기 때문입니다." 그녀는 하원의 소위원회 위원들에게 말하였다.

내레이션

NRA가 미국 서부에서 투쟁하고 있을 때, 가지런한 갈색 앞머리를 가진 50세 매리언 해머는 또 다른 격전지인 플로리다 탤러해시에 하원 멤버들로 꽉 찬 회의실로 성큼성큼 걸어갔다.

소위원회는 반자동 공격용 무기를 금지하는 법안에 투표할 준비를 하고 있었고, 해머는 그것에 반대하는 발언을 요청받았다. 그녀는 키가 겨우 150cm여서 연단에 섰을 때 간신히 그녀를 볼 수 있었다. 헐거운 회색 바지와 푸른 깃의 블라우스, 푸른색 가죽 스웨이드는 그녀의 차가운 푸른 눈과 잘 어울렸지만, 그녀의 이력을 착각하게 만들었다. 수상에 빛나는 명사수, 플로리다 NRA를 지원하는 강경한 로비스트….

해머는 소위원회에서 법안의 핵심을 공격하면서 말했다. "당신들은 위험해 보이는 반자동 소총과 평범한 스포츠용 소총을 구분하지 못합니다. 기능적으로 그들은 똑같기 때문입니다."

설명과 내레이션을 명확하게 정의하지 못하더라도 글을 읽어보면 금세 구분할 수 있다. 위에서 설명은 기자가 상황을 정리한 것인 데 비해 내레이션은 기사 속의 인물들이 직접 말하는 것 같은 분위기를 준다. 설명은 쉽게 잊힐 수 있지만, 내레이션은 그렇지 않다. 그 장면이 독자의 기억에 남기 때문이다.

2000년대 들어 세계적으로 이슬람 단체(IS)가 테러를 저질렀을 때, 언론은 이슬람 변장 체험의 기획 기사를 보도했다. 아래는 한국 기사인데, 이슬람인으로 변장한 기자가 식당과 술집에서 주인과 맞닥뜨린 상황과 대화를 내레이션으로 실감 나게 전달하였다.

"무슨 일이십니까?" 황당한 식당 직원이다. '어서 오세요'까지는 아니었지만 '무슨 일이냐는 반응을 보이리라곤 생각하지 못했다. 지난 8월 5일 서울의 한 식당에서 벌어진 일이다.

오늘 하루 특수분장의 힘을 빌려 '외국인 체험'을 해보기로 했다. 방글라데시에서 한국으로 건너와 2005년 귀화한 조두리(36) 씨가 동행했다. 그는 인형공장, 양초공장 등에서 생산직 근로자로 근무했다. 한국어를 유창하게 구사하는 그는 오늘 하루 한국어를 못 하는 사람이 되기로 했다. 일종의 '몰래카메라' 실험이었다.

우리는 결국 식당에 들어가지 못했다. 식당을 나오는데 '재수가…(없으려니)'라는 말이 뒤통수에 꽂혔다. 조두리 씨는 "자주 일어나는 일"이라며 웃음을 지었다. '국제화 시대'라는 말이 난무하는 사회지만 아직도 이런 식당 직원 같은 사람이 우리 사회에 존재하고 있었다.

〈중략〉

"빈자리가 바로 저기 있는데 무슨 소립니까! 맥줏집에 맥주 마시러 오지 왜 옵니까!"

호프집 사장은 들어오지 말라는 말은 하지 않았지만 무슨 일로 왔느냐, 예약이 돼 있어 오래 못 있는다는 말로 우리를 막아서셨다. (위클리조선 2007.9.10.)

위 기사에서 기자는 외국인 중에서도 이슬람인으로 변장했다는 정보를 숨겨놓았다가 나중에 언급했다. 괜찮은 전략이다. 이즈음 외국 신문도 이런 체험 기사를 보도했다. 아래는 한 예다.

여행 가방 2개와 파리행 비행기 표를 지니고 워싱턴 덜레스 국제공항에 도착했을 때, 나는 이슬람교도처럼 보이는 내 모습에 매우 흡족했다. 히잡을 쓰니 얼굴 형체밖에 드러나지 않았다. 금발 머리도 히잡으로 가리고 단단히 쪽을 지었다. 발목까지 내려오는 치마를 입었고, 거기에다 코란이 핸드백에서 삐져나와 있었다.

〈중략〉

카운터에서 여권 검사를 하는 직원은 중동 사람 같았다.

"여권과 비행기 표를 보여주세요." 그가 말했다. 나는 여권만 내밀며 전자 티켓을 구매했다고 말했다. "출력해 오지 않으셨습니까?" 그가 물었다. 나는 고개를 저었다. 그는 내 핸드백을 바라봤다. "이 항공기 표를 구매하셨다고 저 코란에 맹세하실 수 있으세요?" 그가 빈정대듯이 물었다. 나는 이 비행기가 내가 예약한 비행기라고 거듭 알려 줬고, 그는 미소를 지으며 나를 통과시켰다. 이슬람교도로 지내는 것이 나쁘지만은 않구나라고 나는 속으로 생각했다.

하지만 불과 몇 분 뒤 생각이 바뀌었다. 공항까지 함께 온 친구가 내 사진을 찍으려고 카메라를 꺼내 들자, 한 중년 남성이 아내에게 독일어로 말했다. "이제 순교 기념사진을 찍으려나 보군." 그의 아내는 "쉬~" 하고 주의를 주더니 조용히 키득거렸다.

그들은 내가 독일인이라는 것을 몰랐다. 내가 그들을 한 번 바라보고 친구에게 독일어로 질문을 하자, 그들은 당황한 기색이 역력했다.

〈중략〉

나는 엑스레이 기계에 핸드백과 신발, 겉옷을 올려놓고 금속 탐지기를 지나갔다. 수색당할 줄 알았는데 아무 일도 없었다. 나는 신발을 신고 겉옷을 입었다. 그런데 내가 지나가려는 순간, 공손하면서도 단호한 목소리가 들려왔다. "부인, 잠깐 이쪽으로 오시죠. 탐문대상으로 선택되셨습니다."

"왜 나죠?" 내가 물었다. "임의추출입니다, 부인." 그가 그때까지 탐문대상으로 선택한 사람 6명을 가리키며 말했다. 노인, 젊은이, 백인, 흑인, 라틴인. 나는 그중 유일한 '이슬람교도'였다. (International Herald Tribune 2006.10.18.)

위 대목은 대화, 일화, 장면 등 내레이션의 여러 요소를 잘 버무렸다. 기자가 카운터에서 여권 검사를 받으며 나눈 대화, 공항 로비의 중년 부부의 대화, 엑스레이 검색대에서의 대화는 기자가 질문하고 취재원이 답한 코멘트가 아니다. 기자와 취재원이, 또는 취재원끼리 주고받은 말을 실제 상황과 함께 그대로 옮긴 것이다. 그래서 더 통렬하다.

5장에서 소개한 미국 농무부 공무원들의 복지부동 기사에도 실제 상황의 대화를 활용한 내레이션이 포함되어 있다. 아래의 농무부 직원의 말은 주제를 증빙하는 예리한 증거다. 탐사보도의 금언 중 하나는 "불법행위가 눈에 보이도록 하라"이다(Weinberg, 1996/2000, 497쪽). 내레이션은 증거가 포함된 상황을 그대로 드러내는 데 유용하다.

하지만 여전히 게으름은 만연해 있고 심지어 농담의 대상이 되기도 한다. 카페테리아 밖에서 휴식을 취하고 있는 한 젊은 직원은 "내 관심은 아침 식사, 점심시간, 2번의 휴식 시간, 그리고 일찍 퇴근하는 것"이라고 한다. 때때로 이런 우스개는 부지불식간에 나오기도 한다. 엘리베이터 안에서 한 여성이 그의 동료에게 이렇게 말한다. "나 내일 아프려고 했는데 그럴 수 없게 됐어. 동료 하나가 벌써 그럴 생각이더라고." (The Wall Street Journal 날짜 미상) (Blundell, 1988, 87쪽)

6. 질문 던지기

역피라미드 기사는 기자가 정보를 잘 정리해서 일방적으로 독자에게 전해주는 느낌을 주지만, 내러티브 기사는 기자가 기사를 통해 독자와 이야기하는 분위기를 자아낸다. 이런 분위기를 더해주는 것은 기사에 있는 질문형의 문장이다. 우선, 이런 질문은 독자에게 기사 주제를 환기하는 데 유용하다. 독자 스스로 주제에 대해 고민해보도록 유도하며 독자가 기자와 함께 현장에서 취재하는 것 같은 느낌도 준다. 4장에서 본 '재산세 공제' 기사는 납득하기 어려운 이유로 비과세 혜택을 받는 사례를 보여주고, 아래와 같이 독자에게 질문을 던진다.

이것은 무엇을 의미하는가. 에임스시에 거주하는 8,846명의 집주인들과 1,250명의 사업주들, 그리고 32명의 공장주들은 여분의 세금을 더 내고 있다는 말이다. 이들은 비과세 지역에서 거주하고 일하고 있는 몇몇을 위해 경찰, 소방, 길, 도로, 공원과 같은 시의 서비스를 제공하는 데 필요한 세금을 대신 내주는 것이나 마찬가지다. 때문에 우리는 이를 두고 끔찍하게도 불공평하다고 말할 수 있는 것이다. 그렇다면 혼[정부 감정평가사]은 왜 그들ㅡ세금을 전액 공제받는 사람들ㅡ의 세금을 정산하지 않을까? 그렇게 하면 세금의 전액을 내는 사람들에게서 세금을 일정 부분을 깎을 수 있는데 말이다. 그러나 그것은 불가능하다. (The Daily Tribune 1995.8.2.)

역시 4장에서 살펴본, 부주의로 아들을 죽게 만든 아버지 기사에서 아버지는 원래 마을에서 착한 사람으로 정평이 났는데, 사건 이후 일부 마을 사람들이 온갖 억측으로 그를 헐뜯고 있어서 판사의 갈등은 더 커졌다. 이 상황에서 그를 어떻게 해야 하는지를 기자는 아래와 같이 독자에게 물었다.

> 분명히 웨이먼트[아버지]가 한 행동은 옳지 않은 것이었다. 그렇지만 분명하게 말하면 그는 끔찍한 실수를 저지른, 선량한 사람이었다. 그는 술을 마시지도, 마약을 하지도 않는 고지식한 사람이었다. 서른넷의 나이에 브렌다[이혼한 전처]를 만날 때까지 돈을 아끼려고 어머니 집에서 살았다. 신문 기사의 제목과 속삭임[웨이먼트를 헐뜯는 내용들]에도 불구하고 게이지[아들]의 죽음은 그 어떤 계획과도 연관돼 있지 않았다.
> 그를 용서하고 공감할 것인가, 아니면 비난하고 처벌할 것인가? (Los Angeles Times 2001.12.30.)

7. 하드 팩트

내러티브 기사에서 개인의 경험을 사회적 맥락으로 확대하려면, 개인뿐 아니라 개인을 둘러싼 환경 즉 그의 가족, 일터, 동료, 지역사회를 함께 보여주어야 한다. 이 작업은 어려울 뿐 아니라 상당히 많은 지면을 요구한다. 본서 9장의 내러티브 논픽션에서 그런 모범 사례를 보게 될 것이다. 보통의 기사는 길지 않아서 내러티브 논픽션만큼 장황하게 이 작업을 할 수 없으므로 통계수치나 연구조사 결과와 같은 간명한 정보를 동원한다. 그렇더라도 기자들에게 내러티브 기사를 써보라고 하면, 이 작업을 가장 어려워한다. 개인의 이야기를 쓰듯이 기사를 부드럽게 전개하다가 갑자기 숫자와 같은 이질적인 정보를 삽입하기가 여간 어색하지 않다는 것이다. 통계수치나 연구조사 결과와 같은 정보는 개인의 이야기에 비해 딱딱한 정보(하드 팩트, hard facts)다. 이 둘을 어떻게 자연스럽게 버무릴 것인가가 관건이다. 일단, 다음 예를 보자.

헛간 뒤 클로버잎이 자라는 저습지에서 리오 볼래스는 오른쪽 다리 일부를 잃었다. 69세의 이 농부는 자기의 누더기 작업복이 트랙터의 모터에 걸렸을 때, 저장고에 곡물 더미를 쏟아붓고 있었다. '윙윙' 돌던 모터는 그의 바지를 확 잡아당겼고 그 바람에 다리는 피로 얼룩진 채 무릎 아래까지 빨려들어 갔다. 그는 살기 위해 잭나이프로 스스로 다리를 완전히 잘라내야 했다.

"그렇게 하지 않았다면 더 멀리 질질 끌려가서 죽고 말았을 것"이라고 그는 말했다.

농장생활은 그 평온한 이미지와는 상반된다. 농업은 미국의 가장 위험한 일터다.(①)

농업은 사망률에서 광업을 앞질렀다. 지난 10년간 광업은 사망자 수를 크게 줄인 반면 농업의 위험요소는 거의 줄어들지 않았다. 사고로 인한 농부의 사망률은 10만 명당 48명으로, 모든 산업의 국가 평균보다 5배나 높다.(②)

미 안전국에 따르면, 매년 약 1,500명의 농부와 농장 노동자들이 사망한다.(③) 트랙터 사고로 죽고, 감전사하고, 곡물 더미에 깔려 질식사하거나 황소, 젖소, 암퇘지에 받쳐 죽는다. 16만 명은 심각한 부상에 시달린다. 그렇지 않은 많은 사람들도 농업 관련 질병의 피해자가 된다. (The Wall Street Journal 날짜 미상) (Rich, 1994, 218-219쪽)

위 기사는 ①번 문장에서 주제를 알려준 직후에 ②번과 ③번 문장에서 통계수치를 동원하여 주제를 뒷받침했다. 이 방식은 국내 기사에서도 흔히 발견된다. 주제에 연이은 통계수치는 기사를 탄탄하게 만들어주지만, 어쩔 수 없이 딱딱한 느낌이 든다. 기사는 위 리드에 이어서 아래와 같이 다시 하드 팩트를 제시하는데, 제시 방식이 처음보다 세련됐다. 아래 첫 단락은 취재원의 발언을 간접 인용하면서, 두 번째 단락은 직접 인용하면서 하드 팩트를 전달했다.

농촌은 거의 변화하지 않고 있다. 아이오와의 한 농부는 모닝커피를 마시는 동안 1980년 이래 농장에서 사고로 죽거나 장애자가 된 이웃 사람 20명을 열거했다. 그중 3명은 어린아이였다. 매년 300명의 16세 이하 어린이들이 농업 관련 사고로 죽고 있으며 2만 3,500명 이상이 다치는 실정이다.

〈중략〉

아이오와 민주당 대표 데이비드 네이절은 "농업 안전을 거론한다면 당신은 인기가 없어질 것입니다"라고 말했다. "그러나 우리는 한 해에 300명의 어린아이를 잃을 수 없으며, 농부들을 계속 불구로 만들거나 죽게 할 수 없습니다. 이들은 예측 가능하며 방지할 수 있는 사고입니다."

미국 가출 청소년 문제를 다룬 기사도 취재원의 코멘트를 통해 하드 팩트를 전달하였다.

1984년부터 1만 1,216명의 가출 청소년-그중 3분의 2는 남자아이다-이 경찰에 보고되고 있다. 샌프란시스코 경찰관 플로이드 문 씨는 "경찰관에게 찾아보라고 한 실종 청소년들만 지난해에만 모두 3,000여 명이었다"라고 말했다.

하지만 이 수치도 믿을 수 없다.(①) 경찰관과 연락이 닿거나 그들의 보호를 받는 아이들은 거의 없다. 거리에서 모두가 섞여버린다. 누구는 해변에서, 누구는 공원에서, 또 버려진 차와 빌딩에서 그들은 잠을 잔다. 돈이 있는 아이들은 싼 여관을 찾는다. 문 씨는 "3분의 1은 최악의 케이스로 전락한다"라며 "대부분의 가출 청소년이 매춘과 마약중독에 빠져든다"라고 말했다.

〈중략〉

어느 때든 2만~2만 5,000명의 가출 청소년이 캘리포니아주를 거쳐 간다. 새크라멘토에서 가출 청소년과 부모를 연결하는 단체를 운영하는 웜슬리 레드 씨는 "이런 아이들이 1년에 40만 명에 이른다"라고 말했다.

한 달에 800여 건의 전화를 받는 그녀는 "14~16세였던 가출 청소년의 연령층이 12, 13세로 낮아지고 있다"라고 말했다. (The Sacramento Bee 1988.6.13.)

하드 팩트를 취재원의 코멘트에 담은 것은 그렇게 전달하는 것이 자연스럽기 때문이기도 하지만, 그 하드 팩트가 완전히 신뢰할 만하지 않기 때문이기도 하다. 기자도 기사에 "하지만 이 수치도 믿을 수 없다"라고 썼다(①번 문장). 참고로, 취재원의 발언은 기사에 간접 인용 또는 직접 인용으로 표현된다. 취재원의 어떤 발언을 간접 인용 또는 직접 인용해야 하는지 아는 사람은 별로 없다. 간접 인용은 사실 정보를 전할 때 사용하며 직접 인용은 의견 정보를 전할 때 사용한다(Brooks, Horvit, & Moen, 2020). 예를 들어, "이 도시에 30층 이상 되는 건물이 100개 있다"라는 발언은 사실 정보이며 "그 건물의 20%는 5년 내 사고가 날 수 있을 정도로 위험하다"라는 발언은 (정확한 조사 결과를 제시하지 않는 한) 의견 정보다. 따라서 전자의 코멘트는 큰따옴표 없이 써야 하며 후자의 코멘트는 반드시 큰따옴표에 넣어야 한다. 따라서 위 기사에서도 직접 인용구에 포함된 수치는 사실 정보가 아니라 의견 정보다. 즉 그것은 취재원의 의견일 뿐이지 검증된 정보가 아니다. 흔히 사람들은 숫자와 같은 하드 팩트를 과신한다. 위의 기사는 그 점을 경계하기 위해 취재원이 발언한 통계수치를 직접 인용구에 넣음으로써 그것이 미검증 정보임을 강조했다.

위의 가출 청소년 기사와 농장 위험 기사에서 감지할 수 있듯이, 미국 기사는 통계수치와 같은 숫자 정보를 기사 여기저기에 흩어 놓는다. 이에 비해 한국 기사는 주로 통계수치를 리드의 주제문 다음에 한꺼번에 제공한다. 한국 기자들은 숫자가 '똑 부러지는' 정보라서 기사 초반에 제시하면 독자에게 강렬한 인상을 줄 것으로 여기지만, 실제는 그 반대다. 숫자는 기사의 가독성을 떨어뜨리는 주범 중 하나다(Kramer & Call, 2007/2019). 기억에 잘 남지도 않는다. 그래서 미국 기자들은 숫자를 많이 쓰지 않으며 한곳에 몰아서 제공하지도 않는다. 주제를 지지하는 통계를 확보했더라도 그것을 어떻게 기사에 경제적으로, 자연스럽게 끼워 넣을 것인지가 내러티브 글쓰기의 과제다.

기자들에게 내러티브 기사에 하드 팩트를 삽입해보라고 했더니 한 기자가 실직 후 가족을 살해한 사건을 다룬 습작 기사를 제출했다. 아래의 두 번째 단락과 세 번째 단락에 하드 팩트가 기사 흐름을 방해하지 않으면서 자연스럽게 삽입됐다. 이 정도면 성공이다.

> 성공 가도를 달리던 엘리트 가장을 살인자로 만든 것은 뜻하지 않게 찾아온 실직이었다. 실직은 그가 인생에서 첫 번째로 맛본 실패였다. 40대에 퇴직한 것도 충격이었지만 새로운 일자리를 구하지 못한 것은 더 큰 충격이었다. 이 모든 것이 강 씨에게는 낯설었다.
>
> 회사가 전쟁터라면 밖은 지옥이었다. 50대에 조기 퇴직한 사람은 1차 베이비부머

(1955~1963년) 세대에만 710만 명. 향후 5년 내에는 강 씨 또래(1968~1974년·2차 베이비부머)에서도 604만 명의 퇴직자가 쏟아진다. 이들 중 절반만 재취업 전선에 뛰어들어도 청년 취업준비생의 5배 수준이다. 청년실업 못지않은 '중년실업'이다.

중년실업은 청년실업과 다른 사회문제를 낳는다. 청년은 본인의 삶만 책임지면 되지만 중년은 가족의 삶을 책임져야 한다. 퇴직한 중년들이 앞다퉈 고용시장에 뛰어드는 이유다. 준비 없는 퇴직은 극단적인 선택까지 부른다. 실제로 우리나라 중장년층 남성의 자살률이 방증한다. 2013년 기준 인구 10만 명당 50~59세 남성의 자살률은 58명, 40~49세는 47.2명이다. 우리나라 평균 자살률(10만 명당 29.1명)보다 배 가까이 높다. 2012년과 비교하면 50~59세 남성 자살률은 8.9%, 40~49세는 9.9% 증가했다. 한국형사정책연구원은 "외국과 비교할 때 우리나라 중장년층의 사회적, 경제적 부담이 과중한 것으로 해석할 수 있다"고 말했다.

또 다른 기자는 아래와 같이 조금 다른 방법으로 하트 팩트를 삽입했다.

김서준 차장은 정신없는 하루를 또 한 번 보내고 노량진으로 발을 옮겼다. 오늘은 입사 동기 모임이 있는 날이다. 지금은 10% 정도의 인원만 회사에 남아 있으니 이들을 만나는 것도 쉬운 일이 아니다. 회사에 대한 성토, 버티기도 힘든데 창업이나 할까 하는 호기로운 목소리가 오갔다. 그런데 늘 보이던 동기 1명이 보이지 않는다. 2년 전 희망퇴직을 선택해 회사를 떠난 그는 퇴직금으로 프랜차이즈 카페를 인수해 '사장님'이 됐다. 하지만 '오픈빨'이 다한 후 손님이 뚝 끊겼고, 얼마 가지 않아 여기저기 급전을 구하더니 연락이 끊겼다고 박강식 팀장이 말했다.

박 팀장은 "회사 안은 전쟁터지만, 회사 밖은 지옥이야"라며 소주를 한 잔 들이켠다. 김 차장은 언젠가 읽었던 기사를 떠올린다. 평균적인 자영업의 3년 생존율은 30% 안팎이며, 처음 창업한 사람의 70%가량은 한 차례 이상 실패를 경험한다. 일용직 시장도 만만치는 않아 경비원도 50 대 1이 넘는 경쟁률을 구가한다는 등 암담한 현실을 써놓은 기사였다. 김 차장은 그 기사를 읽을 때 그저 남 일이라고 생각하며 무심히 지나쳤었다. 하지만 몇 년 지나지 않은 오늘 생각해보니 그 기사의 내용은 자신이 충분히 처할 수 있는 상황이었다.

앞 기사의 두 번째 단락은 취재원이 과거에 읽었던 기사의 내용을 떠올리는 장면으로 하드 팩트를 전달했다. 이 기사는 아래와 같이 마지막 문장도 하트 팩트로 처리했는데, 그 방식이 매우 기발하다. 가상 정보를 활용한 습작이지만, 창의적인 시도에 박수를 보낼 만하다.

> 그리 길지 않았던 일정을 마치고 김 차장은 천안행 지하철에 올라탔다. 피곤한 티가 나는 같은 칸 직장인들과 알 수 없는 동질감을 느끼며 귀가하니 11시가 됐다. 그는 아내가 타 준 꿀물 한 컵을 마시고 거실 소파에 눕듯이 앉았다. 큰아들은 술자리가 길어진 건지 아직 안 왔고, 둘째는 학원에서 돌아오지 않았다. 아내도 모처럼의 동기 모임을 알고 있지만, 모임의 대화 내용을 아내에게 말할 수는 없다. 때마침 틀어놓은 TV에서 아나운서의 목소리가 흘러나왔다. "지난 1월 50대 실업자 수가 4만 8,000명 늘어난 것으로 나타났습니다."

8. 주연-조연 구도

연극이나 영화에 일인극이 있긴 하지만, 거의 모든 극에는 복수의 인물이 등장한다. 여러 사람이 등장해야 내용이 풍성해지고 구도를 입체적으로 만들 수 있다. 기사도 마찬가지다. 내러티브를 시도한다면, 당장 복수의 인물을 염두에 두어야 한다.

5장에서 소개했던 이순덕 할머니 미담 기사는 아래와 같이 전개된다. 아래의 '〈중략〉' 부분은 할머니의 인생 역정이 연대기로 소개되는 부분이다.

> 대학생들을 상대로 돈을 번 70대 실향민 할머니가 "죽기 전에 학생들에게 그 돈을 돌려주겠다"며 전 재산인 시가 4억 6,000만 원짜리 건물을 학교에 기부했다.
>
> 〈중략〉
>
> 돈이 된다면 무슨 일이든 했다. 양공주 삯바느질도 했다. 옷은 사는 법이 없고, 반찬도 늘 김치 한 가지였다. 담뱃값을 덜 내고 달아나는 학생은 끝까지 쫓아가 받아낼 정

도로 모질다는 소리도 들었다. 통장에 돈을 입금하는 법만 알았지 빼는 방법은 모를 정도였다. 이를 악문 끝에 생긴 재산이 지금의 이 건물이다.

〈중략〉

이날 약정식을 마치고 온 할머니는 "이제야… 속이… 시~원~하~다"고 했다. 그 말을 하는 동안에도 안면근육이 굳어버린 얼굴은 무표정했다. 인터뷰 내내 입술만 가늘게 떨렸다. (조선일보 2005.1.14.)

위와 유사한 미국 기사로 세탁 일을 하며 모은 돈을 남미시시피대학에 기부한 흑인 할머니 오세오라 매카티 기사를 소개했다. 그 기사는 리드에 매카티를 등장시킨 후 기사 중간쯤까지 할머니의 생애와 마을 사람들의 반응을 이야기하다가 아래 단락으로 이어진다.

남미시시피대학 빌 페이스 부총장은 뉴올리언스에서 북동쪽으로 176km 떨어진 해티스버그 마을의 기업가들이 매카티와 동일한 액수의 매칭 펀드를 장학금으로 기부할 계획이라고 전했다.

페이스 부총장은 "24년간 모금 운동을 하고 있지만 넉넉하지도 않은 살림 전체를 기부한 사람은 처음이다"라고 말했다. 사실 그녀는 재산 전부를 다 주었다.

"대학이 그녀에게 접근한 게 아니에요. 그녀가 대학을 찾아왔죠. 그녀는 가난을 보았고 생존 투쟁을 하면서도 교육이 절실한 젊은이들을 알고 있었죠. 그녀는 내가 만난 가장 이타적인 사람입니다." (The New York Times 1995.8.13.)

이순덕 할머니 기사는 주인공 1인의 독백과 같아서 단조로웠는데, 위 기사에는 매카티를 아는 페이스 부총장이 등장하여 이야기가 풍성해졌다. 그가 매카티의 인품을 소개함으로써 주인공 인물에 대한 삼각확인(triangulation)도 이루어졌다. 주인공 인물과 기사의 구도 모두 입체화했다. 기사는 위 문단 이후의 세 문장에 수혜자의 조건이 남미시시피에 사는 흑인이라는 점, 첫 수혜자가 해티스버그 출신의 18세 여학생 스테파니 블록이며 그에게 매카티 장학금 1,000달러를 주었다는 것을 설명하고 아래와 같이 적었다.

며칠 전 블록의 할머니 레드레스터 헤이예스는 매카티의 비좁은 거실에서 그녀에게 고마움을 표했다. 매카티가 잠깐 자리를 비운 사이 헤이예스 할머니는 고개를 흔들며 의아해했다.

"고급 자동차와 화려한 집, 멋진 옷을 입은 나이 든 귀부인을 생각했었죠." 그녀는 말했다. "난 재봉사였지만 항상 두 가지 직업을 갖고 있었어요. 그녀가 어떻게 살았는지 잘 알죠. 그녀는 그 모든 것을 다 주어버렸어요."

장학금의 첫 수혜자는 이 기사에서 매카티 할머니 다음으로 중요한 인물인데 수혜자의 할머니를 먼저 소개했다. 수혜자의 할머니가 매카티를 만나본 소감을 전함으로써 한 번 더 주인공 매카티를 검증했다. 기자는 마지막에 가서야 첫 수혜자 스테파니 블록을 소개한다. 이 정보를 끝까지 아껴두었던 것이다.

그런데 지난주 대학이 매카티 이름의 장학금 1,000달러를 자신에게 준다는 소식을 들었다. "정말 기적과 같았어요. 영광이죠." 스테파니는 말했다.

그녀는 매카티를 찾아가 고마움을 전하고 그녀를 '입양'하겠다고 말했다. 지금 스테파니는 매카티를 차에 태워 주변을 구경시켜주고 오랫동안 적막했던 조그만 그녀 집의 빈 공간을 채워주고 있다.

스테파니는 자신을 도와준 그녀를 실망시키지 않고 있다는 생각에서 작은 즐거움을 느끼고 있다. "세탁 일을 하면서 그 돈을 모두 모았다니, 그게 얼마나 놀라운 일인가요?" 경영학을 전공할 계획인 스테파니의 말이다.

그녀는 4년 뒤 졸업식장에 매카티가 자리를 함께할 것으로 굳게 믿고 있다.

이순덕 할머니 기사와 오세오라 매카티 기사는 사실상 같은 사안을 다루지만, 여러 면에서 판이하다. 이순덕 기사는 기자가 인물을 알아보려고 인물 속으로 들어갔고, 매카티 기사에서는 오히려 인물 밖으로 빠져나와서 인물을 조망했다. 전자는 인물의 진술에 의존하여 쓴 기사이고, 후자는 인물의 지인을 통해 인물을 죄어간 기사다. 미국 대학에서 인물 취재를 가르칠 때 교수가 학생에게 제일 먼저 하는 말이 "지인을 취재하라"이다(이샘물·박재영, 2020, 41쪽). 미국 기자들은 그렇게 교육받고 언론계에 들어온 덕에 항상 인물 기사에 주인공 이외의 여러 인물을 등장시킨다. 프로파일 기사는 이런 취재의 절정이라 할 수 있다.[17]

기사에 여러 인물을 동급으로 병렬하는 것은 어리석은 짓이다. 당연히 위계를 두어야 한다. 위와 같은 인물 기사에서 해당 인물은 주인공이며 그의 지인들은 조연이나 엑스트라다. 매카티와 스테파니 블록은 이야기를 끌어갈 주인공과 조연이 될 만하다. 국문 번역 후 200자 원고지 20.1매 기사에 블록이 일반적인 조연만큼의 분량을 차지하지는 않지만, 비중으로 볼 때 조연으로 손색이 없다. 두 사람이 주인공과 조연이라면, 남미시시피대학 빌 페이스 부총장은 엑스트라에 해당한다. 하지만, 그의 배역도 매우 중요했다. 이들이 어우러져서 풍성한 내러티브를 만들어냈다.

주인공과 조연은 위의 기사처럼 협조적 관계일 수 있지만, 경쟁적 관계로 구성될 수도 있다. 영화 '벤허'에서 벤허와 메살라는 경쟁적 관계였다. 스포츠는 경쟁 구도를 만들기 좋은 분야다. 맞상대하는 팀이나 선수가 있다면, 당장 그를 조연으로 설정해볼 만하다. 축구 국가대표팀이 일본과 경기를 한다면, 내러티브를 시도하는 기자는 대개 한국팀을 주인공으로, 일본팀을 조연으로 설정할 것이다. 맞상대가 없는 경기 즉 두 사람(또는 팀)이 동시에 맞서 싸우는 것이 아니라 혼자서 경기하는 종목은 어떨까? 체조나 피겨스케이팅이 그런 경우다. 이때는 선수가 한 명(또는 한 팀)이므로 그의 이야기로 기사를 쓸 수밖에 없을 것이다. 그 선수가 금메달이라도 딴다면, 기사는 그의 독무대가 된다. 2010년 밴쿠버 동계올림픽 때 김연아 선수가 그랬다.

김연아 선수는 정말 대단했다. 김연아의 금메달은 올림픽 피겨에서 한국인이 딴 최초의 금메달이었다. 그의 점수는 세계신기록이었다. 지금까지도 한국인 올림픽 피겨 금메달리스트는 남녀 통틀어 김연아가 유일하다. 당시 김연아는 세계선수권, 4대륙선수권, 3개의 그랑프리 대회와 그랑프리 파이널 대회를 석권하여 올림픽에서 우승하면 세계 남녀 피겨 역사상 최초의 그랜드 슬램을 달성할 수 있었다. 무엇보다도, 김연아는 온 국민의 사랑과 금메달 열망에 휩싸여 있었다. 그 부담감이 정말 심했던지 김연아는 그날 오점 없이 연기를 끝내고 아이스링크에서 울어버렸다. 그것도 자신의 경력에서 최초의 일이었다.

---

17) 이와 관련된 내용은 본서 265쪽 참조.

상황이 이러했으니 언론에서 난리가 났던 것은 당연하다. 조선일보는 2010년 2월 27일 신문을 김연아로 도배했다. 1, 3, 4, 5, 6, 8면에 김연아 기사를 실었다. 1면 기사는 낭보를 알리는 스트레이트 기사인데, 기자도 가슴이 벅찼던지 기사에 힘이 잔뜩 들어가 있다.

> 전 세계를 숨죽이게 했던 4분 9초. 그 '마법(魔法)의 시간'을 마친 김연아(20)의 눈에서 눈물이 터져 나왔다. '퀸 유나(Queen Yuna)'의 연기에 홀렸던 세계를 숙연하게 만든 이 눈물은 정작 대한민국 국민에게는 감동과 미래에 대한 자신감을 심어주는 묘한 힘을 지녔다.
>
> '스피드 코리아'의 기적을 벅찬 심정으로 지켜본 지 며칠 만에 김연아는 '동계올림픽의 꽃'인 피겨 여자 싱글 우승으로 '미러클(miracle) 코리아'의 이미지를 세계에 심고 있다. 세계를 두려워하지 않는 우리 신세대(新世代)의 겁 없는 도전이 또 한 번 '한국은 안 된다'고 했던 벽을 넘어선 것이다.
>
> 〈중략〉
>
> 피겨의 역사를 바꿔놓은 믿어지지 않는 밴쿠버의 밤이었다. 김연아는 26일 밴쿠버 동계올림픽 피겨 여자 싱글 프리스케이팅에서 역대 세계 최고 점수인 150.06점을 받았다. (조선일보 2010.2.27.)

이후 신문 지면의 내용은 아래와 같다. 올림픽 금메달이라는 빅이벤트와 관련한 이슈들을 여러 개로 쪼개어 체계적으로 정리했다.

- 3면: 김연아의 세계신기록 분석. 점수의 역사적 의미. 기록에 대한 김연아의 자평
- 4면 '명품점프' 분석: 트리플 러츠, 트리플 토루프 콤비네이션, 트리플 플립, 더블 악셀, 더블 토루프, 더블 루프 콤비네이션, 유나 스핀의 기술적 분석과 획득 점수. 울어버린 아사다 마오
- 5면: 세계 언론의 찬사와 도쿄의 탄식
- 6면: 광고 모델과 프로 전향 등 김연아의 미래
- 8면: 시민 반응. 김연아 키즈들. 심리학적으로 분석한 김연아의 강심장

뉴욕타임스도 김연아의 금메달을 보도했다. 아래 기사다.

올림픽 금메달을 따야 한다는 중압감은 없다면서 몇 달간 침착한 모습을 보이던 대한민국의 김연아가 목요일에 마침내 감정을 드러내고 말았다.

처음으로, 그녀는 연기를 끝낸 후 얼음판에 서서 입술이 떨리기 시작하는 것을 느꼈다. "나에게 이런 날이 오고야 말았다는 것이 믿기지 않아요." 김연아는 자기의 울음에 스스로 놀라며 이렇게 말했다.

그런 감정 노출은 세계 여자 피겨스케이팅의 챔피언으로 군림하고 있는 김연아가 실로 오랜만에 보인 것이었지만, 그녀가 자기 점수를 흘끗 보았을 때 이내 사라지고 말았다.

점수판에 150.06이라는 숫자가 표시됐을 때, 그녀는 기뻐서 입이 쩍 벌어졌다. 자기의 과거 신기록을 16.11점이나 경신한 세계신기록이었다. 숙명의 라이벌 아사다 마오가 아직 경기를 펼치지 않았지만, 김연아는 거의 금메달을 거머쥐었다. 그녀는 누구도 자신을 당해낼 수 없는 최고가 되었다. (The New York Times 2010.2.26.)

이어서 기사는 아사다 마오는 은메달, 조애니 로셰트는 동메달, 2008년 미국 챔피언 미라이 나가수는 4위, 현 미국 챔피언 레이첼 플랫은 7위 등으로 선수들의 순위를 소개했다. 그리고 다시 김연아로 돌아온다.

다른 선수들도 각자 훌륭한 연기를 펼쳤던 순간이 있었지만, 거슈윈의 피아노협주곡 바장조에 맞춰 스케이트를 탔던 김연아는 4분 전체를 그렇게 연기한 유일한 선수다.

그녀는 바람에 하늘거리는 감청색 드레스를 입고 얼음 위를 질주했으며 트리플 점프를 조금의 끊어짐도 없이, 마치 숨을 쉬는 것처럼 자연스럽게 자신의 복잡한 연기 프로그램에 연결해 넣었다. 그녀의 현란한 발놀림은 동그란 고리 모양으로 휘갈겨 쓴 듯한 커다란 글씨들을 온 얼음판에 남겼지만, 그녀는 물 위를 떠다니는 것처럼 부드럽게 몸을 움직였다. 그녀는 환한 미소로 전체 연기를 끝맺었다.

여기까지가 기사의 3분의 1 지점이다. 김연아의 연기가 끝나자, 관중은 일어나서 손뼉을 치며 목청껏 환호성을 내질렀고, 아이스링크 쪽으로 꽃다발과 인형을 던졌다. 김연아는 흐느낀 채 경기장을 돌며 관중에게 답례 인사를 했다. 김연아는 그렇게 약 1분간 경기장을 아수라장으로 만들었다. 이 장면을 아사다 마오가 선수 대기석에서 지켜보고 있었다.

이틀 전인 24일, 기술력을 겨루는 쇼트프로그램에서는 아사다 마오가 먼저 출전했다. 그녀도 온 일본인의 금메달 열망을 한 몸에 안고 있었다. 마오는 그날 여성 최초로 트리플 악셀에 성공하는 기염을 토했다. 하지만, 김연아는 그런 마오에 뒤이어 나왔으면서도 세계신기록으로 1등을 차지했다. 표현력을 겨루는 26일의 프리스케이팅에서는 쇼트 때와 반대로 김연아 선수 뒤에 아사다 마오가 나왔다. 소설처럼 드라마틱한 구성이다.

김연아가 관중의 환호성을 뒤로한 채 아이스링크를 벗어나기 직전, 반대편에서 아사다 마오가 등장하여 몸을 풀기 시작했다. 그런데도 방송 카메라는 여전히 김연아에 초점을 맞추었다. 아사다 마오는 김연아를 향한 환호성을 자기의 에너지로 활용하는 수밖에 없었다. 그리고 조금 후에 김연아의 점수가 공개됐다. '감점 0'. 아사다 마오는 그것도 보았다. 바로 그런 상황에서 그녀는 연기를 시작해야 했다. 과연 아사다 마오는 이 중압감을 견뎌낼 수 있을까?

뉴욕타임스는 위의 기사 대목에 이어서 아사다 마오를 등장시키며 김연아와 경쟁 구도를 만들어간다.

> 김연아의 연기가 끝나자 관중은 자리에서 일어나 방송 진행자의 말이 들리지 않을 정도로 소리를 지르며 그녀를 축하했다. 그리고 아사다 마오는 그 상황을 뒤쫓아 가야 하는 불운한 선수가 되어 버렸다.
>
> 김연아의 기념비적인 점수가 발표된 직후 경기를 펼쳤던 아사다는 침착함을 유지하려고 애썼지만, 라흐마니노프의 '모스크바의 종'이 한 음 한 음 연주되자 집중력이 흐트러지기 시작했다. 그녀가 선보인 점프 중 하나인 트리플 플립은 다운그레이드 판정을 받았는데, 이는 회전 수가 충분하지 않았음을 의미한다. 트리플 토루프를 준비할 때는 스케이트 날이 바닥에 닿아 얼음에 홈집을 냈다. 점프는 1회전에 그쳤다. 그녀는 트리플 악셀을 2번 시도하여 성공적으로 착지했지만, 여자 선수로서는 매우 드문 이 점

프도 그녀를 도와주지 못했다.

　연기를 끝냈을 때, 그녀는 멍한 표정이었다. 그녀와 김연아는 주니어 선수 때부터, 이전의 모든 경기에서 이번 대회에 이르기까지 줄곧 경쟁 관계였다. 아사다는 이번 올림픽에서 금메달을 놓고 김연아에게 도전할 수 있는 유일한 선수였다.

　"제가 할 수 있는 것은 다했어요." 아사다는 말했다. "올림픽에서 2번의 트리플 악셀을 성공한 것은 저의 연기에서 잘된 부분입니다. 그러나 나머지에 대해서는 만족하지 않아요. 정말 후회됩니다."

아사다 마오는 경기 초반에 트리플 악셀을 두 번 더 성공하여 '트리플 악셀 3회 성공'의 대기록을 수립했다. 마오 역시 대단한 강심장이었다. 하지만, 그녀의 평정심은 거기에서 멈췄다. 이후에 눈에 띌 정도로 몸이 굳고 동작은 엉성하고 점프는 불안정해졌다. 결국 결정적 실수를 두 번이나 하면서 '김연아 중압감'을 이겨내지 못했다. 기사는 김연아의 코멘트로 마무리됐다.

　김연아 선수는 몸에 태극기를 두른 채 마치 반딧불의 바다처럼 반짝거리는 관중석의 카메라 플래시를 향해 미소를 지으며 목요일 밤을 마무리했다.

　"제 인생에 있어서 제일 크고 중요한 목표를 달성했습니다." 그녀는 말했다. "당분간 이 순간을 즐기고 싶어요."

뉴욕타임스는 김연아의 금메달 소식을 아사다 마오의 경기와 대비하면서 전달했다. 조선일보는 위에 잠시 언급했듯이 아사다 마오 기사를 따로 만들어 4면에 실었다. ["졌다…" 울어버린 아사다]라는 제목의 이 기사는 아사다 마오의 은메달 점수와 그의 코멘트, 그의 화려했던 경력, 김연아와의 라이벌 관계 등을 200자 원고지 5.7매에 담았다. 영화나 소설에 비춰보면, 뉴욕타임스는 주인공과 조연의 이야기를 경쟁 관계 속에서 함께 풀어나갔으며 조선일보는 주인공 이야기와 조연 이야기를 따로따로 한 셈이다. 어느 쪽이 더 재미있는지는 자명하다.

뉴욕타임스 기사는 영어 1,300단어다. 뉴욕타임스는 그리 길지 않은 분량에 아사다 마오까지 집어넣어 기사 하나로 완결편을 만들었다. 조선일보는 6개 면에 펼쳐서 보도했다. 어느 쪽이 더 경제적인지도 자명하다.

피겨스케이팅은 힘과 미가 조화를 이루는 경기다. 그래서 어렵고 위대한 스포츠다. 김연아의 스케이팅 기술은 당대 최고였지만, 그녀의 우아함을 이기지는 못했다. 경기를 보면서 가슴이 터질 것 같은 느낌이 드는 것은 무결점의 기술력뿐 아니라 실현 불가능할 것 같은 아름다움 때문이다. 김연아는 기술과 예술의 조화가 어디까지 이를 수 있는지 보여주었다. 담대함까지 겸비했으니 불세출의 스케이터가 아닐 수 없다. 유튜브 영상의 댓글처럼 김연아는 예술가(artist)이자 운동선수(athlete)이며 발레리나(ballerina)이자 연기자(actress)다.

뉴욕타임스는 김연아의 아름다움을 글로 최대한 아름답게 살려내고자 했다. 그래서 기사 여러 곳에서 그의 연기를 부드럽고 우아하게 표현했다. 여기에 트리플 러츠, 트리플 토루프 콤비네이션, 더블 악셀 같은 고난도 기술을 정밀하게 분석하는 것이 무슨 의미가 있을까 싶다. 분석해야 할 것은 그녀의 명품 기술이 아니라 재현 불가능한 그녀의 미다. 뉴욕타임스는 김연아의 연기처럼 아름답고 부드러운 글쓰기를 보여주었다.

9. 내러티브 구슬 실

'구슬 실'(thread)은 구슬 목걸이에서 구슬을 꿰는 실을 뜻한다. 그물을 오므렸다 폈다 할 수 있도록 그물의 위쪽 코를 꿰어놓은 줄을 지칭하는 벼리도 같은 의미다. 내러티브 구슬 실은 이야기 와중에 반복적으로 제시되면서 이야기 전체를 엮어주는 요소다(Kennedy, Moen, & Ranly, 1993). 영화 '포레스트 검프'에서 맨 처음과 맨 끝에 그리고 중간에도 가끔 나오는 깃털이 대표적인 예다. 바람 따라 이리저리 움직이는 깃털의 모습은 인생이 뜻하지 않은 데로 흘러갈 수 있음을 상징한다. 주인공 검프의 인생이 꼭 그랬다. 영화 '태극기 휘날리며'의 만년필도 구슬 실이다. 영화 초반에 형이 동생에게 선물했던 만년필은 오랜 세월이 지나 형의 유해 옆에서 발견된다. 영화 중간에도 만년필 장면이 나온다. 동생의 이름이 새겨진 만년필은 시공을 초월한 형제애라는 영화의 주제를 상징하는 물건이다. 이런 요소를 활용하여 내러티브 기사를 쓴다면, 최고의 기사가 될 것이다.

아래는 미국 책에 소개된 예다. 기사 속 두 사람은 학교의 기도 방송에 서로 다른 의견을 갖고 있다. 기사는 이렇게 시작한다.

> 고등학교 미식축구 경기가 끝난 뒤에도 오랫동안 리사 허달과 팻 마운스는 우산을 나눠 쓴 채 젖은 관람석에 앉아 이야기를 나누는 데 여념이 없었다. 두 사람 모두 36세 엄마인데, 평소 깊은 관심을 갖고 있는 것에 대해 토론이 이어진 것이다. 폰토톡 학군에 소속된 아이들의 학교 구내방송에서 나오는 기도 방송이 문제였다. 허달은 기도 방송을 반대했으며 학군을 상대로 소송을 제기하고 있었다. 마운스는 이 소송에 대응하기 위해 사람들을 규합하고 있다. (매체·날짜 미상) (Kramer & Call, 2007/2019, 277쪽)

미국 연방헌법에 나오는 종교의 자유를 다룬 이 기사에서 두 사람의 갈등은 기사 마지막까지 이어진다. 하지만, 마지막에서도 기사 초반의 '우산'을 다시 언급함으로써 둘 사이의 화합 가능성을 열어놓았다. 여기서 우산은 폭력적인 종교 갈등으로부터 미국인을 보호하는 미국 연방헌법을 은유한다.

> 미국인들은 교회와 국가의 문제에 관련해 의견이 엇갈렸고, 아마도 앞으로 계속 그러할 것이다. 하지만 토론은 종교적 자유라는 근본적 인권을 둘러싼 것이 아니다. 이는 200년 전부터 내려오는 16단어 안에 새겨져 있다. 미국인들의 논쟁은 어떻게 할 때 이를 가장 잘 실행할 수 있느냐는 문제를 둘러싼 것이다. 오늘날 세계의 수많은 다른 사람들과 달리, 미국인들은 혈통으로 종교적 차이를 나누지 않는다. 그들은 의회 회의실과 격식을 갖춘 법정에서 이를 토론한다. 심지어 한 우산을 나눠 쓰는 동안에도 토론은 이어진다. (Kramer & Call, 2007/2019, 278쪽)

10. 등장인물 소개

중앙일보의 2005년 "루게릭 '눈'으로 쓰다"는 취재와 기사 양식 면에서 기념비적인 작품이다. 기사는 전도유망했던 프로농구 코치 박승일이 루게릭병으로 눈 하나 까딱할 수 없는 나락으로 떨어진 고통을 사실적으로 보여줬다. 당시 탐사기획팀장 이규연(현 JTBC 탐사팩추얼본부장)은 5개월간 거의 매일 백승일과 이메일을 주고받으며 그의 일상을 취재했다.[18] 백승일은 눈동자로 타자를 칠 수 있도록 특수 제작된 안구 마우스로 이메일을 썼다. 이규연 팀장은 백승일과의 문답뿐 아니라 가족 등 주변을 정밀하게 취재하여 루게릭병의 끔찍한 실상을 내러티브 형식으로 풀어냈다. 글쓰기에만 2개월이 걸렸던 그 기사의 리드는 아래와 같다.

> 2005년 7월 1일, 승일이 드디어 첫 번째 e-메일을 보내왔다. 기자가 그의 가족들에게 근황을 물은 데 대한 답변이었다. 지난해 초만 해도 휠체어에 앉은 채 분주히 매스컴에 출연해 루게릭병의 참담함을 호소하던 그다.
>
> 반갑네요
>
> 제목소리(루게릭홍보)가첨보다많이작아져겨우몇카페분들만귀기울뿐이었는데
>
> 난수표(亂數表) 같은 문장. 이게 정말 최연소 프로농구 코치가 될 정도로 영리했던 그가 보낸 건가. 몸 상태를 알게 되면서 혼란은 더 커졌다. 지난해 늦봄부터 병세가 나빠져 호흡기를 포함해 전신이 마비됐다는 것이다. 그렇다면 메일은 어떻게 보낼 수 있었던 걸까. 메일 교환이 거듭되면서 의문이 풀려갔다. 3년 반 전, 그는 자신이 루게릭병 환자임을 세상에 알리고 이 병의 홍보대사를 자처했다. 하지만 지난해 초 손과 입이 모두 굳어버려 침대에 눕게 됐고, 인터넷 팬카페 활동마저 중단해야 했다. 세상과 완전히 단절된 운명. 그는 당시 심정을 이렇게 적는다.

---

18) 2020년 10월 28일 저자와 전화 인터뷰에서 밝힌 내용.

루게릭 '눈'으로 쓰다 ①

1971년 대전 출생	95년 기아자동차 농구단 은퇴	11월
94년 연세대 체육학과 졸업	2000년 미국 대학으로 유학 감	12월
기아자동차 농구단 입단	2002년 1월 운동 중 어깨 근육 약화 감지	2003년 5월
박승일의 투병 일지	4월 귀국, 현대모비스 농구단 코치 취임	10월
	6월 루게릭병 진단	12월
	왼쪽 어깨와 관절, 팔목 다리 약한 증상 시작	2004년 5월
	왼팔 국 내외 심해져 자동차 운전 중단	12월
	7월 모지직 사임 한국루게릭협회 홍보대사	2005년 10월
	활동 개시, 오른쪽 어깨근육 급속히 마비

2005년 7월 1일, 승일이 드디어 첫 번째 e-메일을 보내왔다. 기자가 그의 가족들에게 전화를 물은 네 번째 답변이었다. 지난해 초만 해도 휠체어에 앉은 채 분주에 메스컴에 출연해 투병생활의 힘들어함을 호소하던 그다.

반갑네요

제 목소리(루게릭홍보)가 첨보다말이 작아 더욱 특별하게공들반기기울했으에

...

어머니 손복순(64)씨
24시간 승일 곁에서 긴 병석의 노후를 보내고 있다. 어머니로선 승일의 병세가 아닌다 더 나빠지질 않는 것뿐.

이광우(55) 박사
2002년 처음 박승일에게 루게릭병(ALS) 판정을 확정하며 서울대병원 신경과 과의사. 루게릭 치료제를 연구 중인 그는 승일에게 희망을 선물하는 사람.

최희암(50)
동국대 농구팀 감독
박승일을 연세대로 스카우트해 선수로 키워낸, 승일의 평생 스승.

김문수(25)씨
인터넷서 만난 동생
승일의 인터넷싸이트 홈 페이지 ID '오밀소니'. 범 승역이 승일의 사연들 보고 무작정 승일에게 연락한 마음 따뜻한 동생.

※박승일씨가 보내온 메일 내링(기사 중 굵은 글씨)는 맞춤법이 틀리더라도 가급적 그대로 실었습니다.

<그림 10> 중앙일보의 "루게릭 '눈'으로 쓰다" 기사 중 등장인물 소개 부분

┃ 한동안 희망은 어디도 없어 보였다. (중앙일보 2005.11.9.)

이 기사는 나오자마자 언론업계와 학계의 시선을 끌었다. 아래는 학계 평가의 한 예다.

┃ 통상적인 기획 기사는 이 경우 난치병 혹은 희귀병 전반을 '평균적으로' 다루면서 대
┃ 표적인 사례, 관련 통계, 지원제도, 외국 사례 등을 골고루 펼쳐서 보여준다. 하지만
┃ "루게릭 '눈'으로 쓰다"는 시리즈 제목이 암시하듯이 난치병>희귀병>루게릭병>루
┃ 게릭병 환자 박승일로 초점을 좁혀서 박승일이라는 개인을 현미경으로 조명하는 극사
┃ 실주의의 기법을 쓰고 있다. 기획 기사의 타이틀, 기사의 내용, 사진 등도 모두 상징적
┃ 부분을 클로즈업하는 전략을 구사해서 독자들의 정서적 공감을 얻어내는 데 주력하고
┃ 있다. 이런 기사 스타일은 "개인을 통해서 전체를 말한다"는 미국식 피처스토리의 기
┃ 본적인 전략을 극단으로 몰고 간 경우라 할 수 있다. (남재일, 2009)

중앙일보는 이 시리즈 첫 회를 1면과 5면에 게재했는데, 5면에는 다소 이례적인 정보가 파격적인 모양으로 편집되어 함께 실렸다. 5면의 왼쪽에 세로로 긴 상자를 만들어 사각형의 얼굴 사진 4개를 싣고 각 사진 밑에 인물의 소개 정보를 적었다(〈그림 10〉 참조). 그 내용은 아래와 같다.

┃ -어머니 손복순(64) 씨. 24시간 승일 곁에서 간병하며 노후를 보내고 있다. 어머니의
┃ 소원은 승일의 병세가 이보다 더 나빠지지 않는 것뿐.
┃ -이광우(55) 박사. 2002년 6월 박승일에게 루게릭병(ALS) 진단을 확정한 서울대병원
┃ 신경과 의사. 루게릭 치료제를 연구 중인 그는 승일에게 희망을 선물하는 사람.
┃ -최희암(50) 동국대 농구팀 감독. 박승일을 연세대로 스카우트해 선수로 키워낸 승일
┃ 의 평생 스승.
┃ -김문수(25) 씨. 인터넷에서 만난 동생. 승일의 인터넷카페 운영자로 ID '오월소년'.
┃ 방송에서 승일의 사연을 보고 무작정 승일에게 연락한 따뜻한 동생.

연극의 대본인 희곡의 맨 앞에 있는 '해설'에 등장인물의 이름과 배역을 적어둔 것과 똑같다. 당일 기사에 등장하는 주요 인물이 누구이며 그들이 주인공 박승일과 어떤 관계의 사람들인지 소개한 코너다. 등장인물 소개는 미국 내러티브 저널리즘의 본산 중 하나인 시애틀타임스가 종종 사용하는 편집 양식이다.

중앙일보는 천안함을 구조하러 갔다가 침몰한 금양호 선원들의 사연을 쓴 2010년 기사에도 등장인물 코너를 선보였다. 당일 신문 4면의 왼쪽에 세로로 아래 정보를 실었다.

> 등장인물
> −김재후 48세. 98금양호 선장. 경기도 안산 출신. 20여 년 동안 배를 탔다. 활달한 성격에 리더십이 뛰어나 선원들이 아버지처럼 따름.
> −허석희 33세. 98금양호 실종 선원. 고향은 해남. 평소 말이 없고 내성적인 성격으로 성실하다는 평판.
> −김종영 41세. 98호와 짝을 이룬 97금양호 선장. 허석희와는 친형제 같은 사이로 7년 전부터 알고 지냄. 98호 침몰에 죄책감을 느끼는 인물.
> −김종평 55세. 98금양호 사망 선원. 고향은 인천. "사람 좋은 종평"으로 부두에서 소문난 인물. 3일 가장 먼저 시신으로 발견됨.
> −이삼임 56세. 김종평의 동거녀로 6년 전부터 사실혼 관계.
> −람방 누르카요 36세. 인도네시아 국적. 아내와 두 아들을 위해 2년 전 한국에서 취업. 2~3년 후 고향으로 돌아갈 예정이었음. (중앙일보 2010.4.24.)

그리고 4면의 오른쪽에는 아래와 같은 기사를 게재했다.

> "나랏일인데 도와야지." 재후(98금양호 선장)가 선원들의 얼굴을 힐끗 봤다. "아무렴." 답변은 1초도 걸리지 않았다. 손가락을 열두 바늘이나 꿰맨 용상도, 한국말이 서툰 람방도 고개를 끄덕였다. 그때 누군가 말했다. "하루 일을 못하면 1,000만 원 이상 손해인데." 그들에게 돈은 곧 '목숨'이었다. 재후가 다시 나섰다. "나랏일에 도움이 된다면야…" 억센 뱃사람들의 대화는 그렇게 끝이 났다.

2일 오후, 쌍끌이 어선 97금양호와 98호는 천안함 침몰 해역으로 길을 떠났다. 실종자 수색작업을 도와 달라는 해군의 협조 요청을 받은 직후였다. 파도는 높지 않았다. 오후 3시부터 시작된 수색작업은 곧 중단됐다. 조류에 그물이 찢어진 탓이었다. "돌아가자." 두 배는 조업구역으로 뱃머리를 돌렸다.

　　오후 8시 15분. 바다가 어둑해졌다. 화장실에 다녀오던 종영(97호 선장)은 98호가 희미하게 뒤따르는 것을 봤다. 이어 어둠은 98호를 감싸고 멀어져 갔다. 15분쯤 후 '98금양호'는 어둠 속에서 거대한 화물선과 충돌했다. 그리고 그들의 평생 삶터였던 바다 밑으로 스러져만 갔다.

　등장인물 코너 덕에 기사는 성(姓) 없이 이름으로 취재원을 소개하며 친근한 분위기를 자아냈다. 등장인물 소개 양식이 하나의 관행으로 여러 신문에 퍼진 것은 아니며 그럴 필요도 없다. 하지만, 기자들이 스스로 이런 코너를 둠으로써 기사를 이야기로 인식하려는 시도는 긍정적으로 평가할 만하다.

기사의 리드 못지않게 엔딩(ending)[19]이 중요하다. 독자들이 기사를 '읽을지'는 리드에 달렸지만, 기사를 완독한 독자가 그것을 어떻게 '생각할지'는 엔딩에 달렸기 때문이다(이샘물·박재영, 2020, 257쪽).

국내 신문은 이상할 정도로 기사의 엔딩을 신경 쓰지 않는다. 그럴 수밖에 없는 이유는 마지막을 중시하지 않아도 되는 방식으로 기사를 쓰기 때문이다. 그것이 역피라미드 구조다. 역피라미드 구조는 도마뱀과 같이 끝을 잘라내도 아무 지장이 없지만, 내러티브 기사는 처음부터 끝까지 하나의 완결체다(Kennedy, Moen, & Ranly, 1993). 내러티브 기사에서 서사의 힘은 마지막 장면에서 나오므로 오히려 엔딩이 제일 중요하며 리드는 그 다음이다(방현석, 2013; Kramer & Call, 2007/2019). 감동과 여운을 주거나 기사에 대한 이미지를 좌우함에 있어서 엔딩의 역할은 절대적이다.

글은 시작하면서부터 끝을 향해 달려간다. 결말이 글의 목적지다. 그래서 글은 끝을 맺기 위해서 시작한다고 말할 수 있다(최수묵, 2011). 크레이머와 콜(Kramer & Call, 2007/2019)은 "엔딩 먼저 쓰라"라고 조언한다(278쪽). 어떻게 엔딩을 인상적으로

---

19) 기사의 마지막 부분을 엔딩(ending) 또는 키커(kicker)라고 한다(이샘물·박재영, 2020).

쓸 수 있을까? 이샘물과 박재영(2020)은 생생하게 그려진 장면, 기사의 핵심을 짚어주는 기억할 만한 일화, 더 큰 무언가를 상징하거나 앞으로 사안이 어떻게 전개될지 제시하는 세부적 사항, 기자가 독자에게 직접 "이게 내 요지"라고 강렬하게 알려주는 결론 등의 네 가지 전략을 제안했다(253쪽).

아래의 여러 예를 보면, 미국 내러티브 기사는 애초부터 어떤 정보로 기사를 마무리할지 고심하며 설계되었음을 알 수 있다. 글을 인상적으로 마무리하려고 그 정보를 끝까지 남겨둔 것이다. 그래서 미국 기사의 엔딩은 잔잔한 것 같지만 강렬하고 오래 기억된다.

1. 수미쌍관

수미쌍관은 기사의 마지막이 서두의 사례로 되돌아가는 형식이다. 양괄식과 유사하다. 3장에서 보았던 월스트리트저널 이야기 공식의 특징 중 하나도 수미쌍관이다. 이 형식은 기사에 몰입했던 독자가 마지막에 이르러 서두의 사례를 다시 보게 됨으로써 기사의 전체 내용과 주제를 환기하도록 도와준다(Kennedy, Moen, & Ranly, 1993). 5장에서 검토했던 기사는 미국의 농장이 위험하다는 주제를 전하기 위해 리드를 리오 볼래스의 사고로 시작했다.

> 헛간 뒤 클로버잎이 자라는 저습지에서 리오 볼래스는 오른쪽 다리 일부를 잃었다. 69세의 이 농부는 자기의 누더기 작업복이 트랙터의 모터에 걸렸을 때, 저장고에 곡물 더미를 쏟아붓고 있었다. '윙윙' 돌던 모터는 그의 바지를 확 잡아당겼고 그 바람에 다리는 피로 얼룩진 채 무릎 아래까지 빨려들어 갔다. 그는 살기 위해 잭나이프로 스스로 다리를 완전히 잘라내야 했다.
> "그렇게 하지 않았다면 더 멀리 질질 끌려가서 죽고 말았을 것"이라고 그는 말했다.
> 농장생활은 그 평온한 이미지와는 상반된다. 농업은 미국의 가장 위험한 일터다.
> (The Wall Street Journal 날짜 미상) (Rich, 1994, 218-219쪽)

기사는 여러 농부의 사고 사례, 사고 통계, 농장에서 일하는 어린이들의 사고 문제 등을 언급한 다음에 막바지로 향하면서 농부들도 입원을 많이 하지만 병원에 가는 횟수는 여느 직업 중 가장 적다고 하면서 농부에게도 책임이 있음을 지적한다. 농부는 햇빛을 많이 받아 건강할 것 같지만, 오히려 피부암에 더 걸리며 화학물질을 다룰 때 마스크를 안 쓰며 기계 소음에 의한 청각 손상도 있어서 투명한 햇살과 맑은 공기와 같은 농장의 좋은 삶은 가짜라는 것이다. 농장 일의 이런 모순은 기사를 마무리하는 데 유용하다. 기사는 서두의 리오 볼래스의 사고 이야기로 돌아오며 끝난다.

> 그런 모순은 뉴욕 북부 낙농지역인 리오 볼래스의 농장에서 극명하다. 해질녘 젖소들이 푸른 언덕비탈에서 목초를 먹으며 '음매' 하고 울 때, 볼래스는 3년 전 그가 어떻게 트랙터의 모터에 걸렸는지 재현했다. 지팡이로 닭을 흩으면서, 그는 당시에 도움을 요청하려고 전화기에 닿기 위해 기어갔던 옥수수밭을 지나, 헛간 앞마당을 건너 기계 창고 쪽으로 길을 되짚었다. "4통의 전화를 했습니다." 그가 말했다. "911은 전혀 생각나지 않았습니다."
>
> 여느 농장 사고 피해자처럼 그도 자신에게 책임을 물었다. 그는 트랙터의 망가진 덮개를 미리 교체했어야 했고, 옷자락이 걸리지 않도록 낡은 작업복을 버렸어야 했다.
>
> 의족을 절름거리면서 그는 "당신도 부주의하게 됩니다"라고 말했다. "사고를 당한 사람이 나만은 아니죠. 농부들은 가장 위험한 사람들이에요."

하트(Hart, 2011/2015)는 수미쌍관을 '북엔드 내러티브'(bookend narrative)라고 했다(521쪽). 책이 쓰러지지 않도록 양쪽 끝을 받쳐놓듯이, 기사의 처음과 끝에도 그런 장치를 둔다는 뜻이다. 그는 이라크전 때 미국 해병대의 통신병이 총에 맞아 쓰러지는 장면으로 시작하는 기사를 소개했다. 소름 돋는 액션 장면이다.

> 해병대 정찰대가 질척한 시가 도로로 들어서자 총알이 후안 밸디즈 카스티요 일병을 관통했다. 단발이었다. 일병은 벽에 몸을 기대며 쓰러졌다. 일어서려고 안간힘을 썼지만, 다시 쓰러지고 말았다.
>
> 정찰대장 제시 E. 리치 병장은 총알이 날아온 쪽을 향해 소총과 유탄발사기를 들어

올리며 재빨리 피투성이가 된 일병 앞을 막아섰다. 그는 뒷걸음을 치며 사격 태세로 전방을 주시했다. (The New York Times 날짜 미상) (Hart, 2011/2015, 522쪽)

기사는 이라크 전장에 확산하는 위협의 실체를 보여주기 위해 미군 병사가 불의의 일격을 당하는 장면을 선택했다. 이라크 반란군은 저격병을 더 자주 활용하며 미군의 작전을 교란했고, 그에 따라 병사들은 좌절했다. 기사는 밸디즈 일병의 목숨을 구하려는 필사의 노력, 반란군의 새로운 전술과 미군의 반격을 상세하게 전한 다음에 엔딩을 아래와 같이 처리했다.

밸디즈 카스티요 일병이 총상을 입고 이송되자, 땀과 피로 뒤범벅된 리치 병장은 팀을 이끌고 남은 철책을 정찰했다. 철책 안의 부대로 복귀하여 정찰보고를 했을 때, 성난 질책이 쏟아졌다.

아무도 저격수를 어떻게 죽일 것인지에 대해선 말하지 않았다. 저격수의 위치도 파악하지 못하였다. 정찰대원들은 담배를 한 개비씩 나눠 들고 양달에 앉아 연기를 내뿜었다.

"다음엔 제가 무전기를 들겠습니다."

피터 스프라그 일병이 말했다.

"딸린 자식이 없거든요."

2. 강도 높여가기

기사의 끝으로 가면서 감정을 고조시키는 점강법은 내러티브의 좋은 전략이다. 기사의 마지막 문장에서 정점을 찍을 수 있다면 제일 좋다. 크레이머와 콜(Kramer & Call, 2007/2019)은 대표적 사례로 다음 기사를 소개했다. 살인마 테드 번디의 사형 집행일에 그의 희생자 중 한 명인 마거릿 보먼의 부모 이야기를 다룬 기사다. 아래가 엔딩이다.

TV를 껐다. 정적이 찾아들고, 잭 보먼은 평정을 되찾아 밖으로 나갔다. 그는 그날이 쉽게 지나가길 바랐다. 밤도 쉽게 지나가고, 잠도 금방 들기를 바랐다. 테드 번디 관련 소식이 더는 뉴스가 아닌 아침을 맞이하길 바랐다. 살인자를 처벌하라고 사람들이 쓴 푯말도 치워지기를 바랐다. 그는 자신이 겪은 일을 더는 회피하지 않고 빠짐없이 떠올릴 수 있게 되길 바랐다. 화요일 잠시 동안에 그는 시도했다.

"사형 집행에 대해 어떻게 느끼시는지 말씀해 주세요." 누군가 그에게 말했다. "나는 그가 처벌받길 원해요." 잭 보먼은 답했다. "이건 나한테 그렇게 어렵지 않아요."

"마거릿에 대해 말해 주세요." 다음 질문이 이어졌다.

남자는 울기 시작했다. 눈을 감았다. "그것은 도저히 못 할 것 같아요." (St. Petersberg Times 날짜 미상) (Kramer & Call, 2007/2019, 324쪽)

3. 여운 남기기

기사가 다루는 사안에서 의미를 뽑아내는 것은 좋지만, 그것을 꼭 기사에 표현할 필요는 없다. 하지만, 대개 기자들은 무거운 메시지를 의미심장한 문장으로 표현하기를 좋아한다. 그래야 독자에게 기사의 취지가 명확하고 강렬하게 전달된다고 믿기 때문이다. 그럴 수 있겠지만, 오히려 그런 문장이 독자를 부담스럽게 할 수도 있다. 웬만한 독자는 기자가 글로 적어주지 않더라도 기사의 취지와 주제를 안다. 기사의 엔딩이 강렬하지 않아도 된다면, 잔잔한 엔딩을 고려해볼 수 있다. 잔잔함은 강렬함보다 더 큰 감동을 주며 여운도 더 진하게 남길지 모른다.

4장에서 보았듯이, 10대 남녀 청소년 3명이 삼각관계를 풀지 못해 동반자살을 시도한 기사에서 결국 남학생 조시와 펙은 죽고 여학생 제니는 살아남는다. 죽은 두 남학생의 가족이 어떠할지 궁금하지만, 역시 제니의 상태가 제일 걱정된다. 기사는 엔딩에 그 부분을 담았다. 영화 같은 장면이 잔잔하게 연상된다.

몇 시간 뒤에 제니는 브링클리 경찰서에서 잠기지 않은 유치장 벤치에 누워 있었다. 눈을 감을 때마다 제니가 보는 것은 조시와 펙이 죽어가던 모습뿐이었다.

"괜찮니?" 조사관이 물었다.

"아니요, 온몸이 피투성이예요." 제니는 남학생들의 재킷과 바지에 묻은 얼룩을 내려다보며 속삭였다. "그의 피예요. 나는 알아요. 나는 조시가 자살했을 때 바로 곁에 있었어요."

그녀는 조사관 앞에 앉아서 사랑과 죽음에 관한 자신의 이야기를 45분짜리 인터뷰 테이프에 하나하나 녹음했다.

제니는 조사관에게 장례식에 가서 펙의 관에는 그녀의 우정 반지를 넣어주고, 드림캐처는 조시와 함께 묻을 것이라고 말했다. 그녀는 그들에게 장미 한 송이씩을 주고 날마다 신선한 꽃을 가지고 무덤을 찾아갈 것이었다.

"죄책감이 너무 심해요. 내 잘못인 것처럼 느껴져요." 그녀는 얼굴 위로 줄줄 눈물을 흘리며 조사관에게 말했다. "나는 남자애들이 죽을 때 함께 있기로 했어요. 나는 그들 사이에 있었어요. 그들이 자살하는 것을 봤는데 아무것도 하지 못했어요."

제니의 부모는 그녀를 데리고 640km도 더 떨어진 집으로 갔다. 집으로 가는 내내 그녀는 펙의 밴드 재킷을 몸에 두르고 목에는 조시의 금목걸이를 소중하게 걸고 있었다. 자동차 안에서 나온 그 두 가지는 피가 묻지 않은 것들이었다. 조시는 여행 도중 그 목걸이를 제니에게 주며 말했었다. "네가 내 물건을 가지고 있으면 좋겠어."

제니는 노스캐롤라이나 심리치료 시설에서 한 달하고 4일을 보냈다. 이제 그녀는 로빈스빌의 집으로 돌아왔고 날마다 카운슬링을 받고 있다.

일요일마다 그녀는 교회 성가대에서 노래한다. (The Associated Press 1996.6.2.)

4장의 가선공 기사에서 중노동에 시달리던 아들이 전봇대에 매달려 있는 것을 보고 아버지 처칠은 구조를 요청했지만, 아들은 이미 죽어 있었다. 기사는 아들을 연민하는 아버지의 잔잔한 애절함으로 마무리된다.

처칠이 도움을 간청하며 서 있었던 두 달 전 그 오후의 기억은 아직도 그를 울게 만들었다.

"당신은 이 기분이 어떤지 모를 겁니다." 그는 말했다. 눈물이 물방울처럼 그의 코로 흘러내렸다. "나는 빌었어요."

그는 그것을 생각하지 않으려고 온 밤을 지샜다. 그러나 43번 길로 운전할 때는 그도 어쩔 수 없었다. 그는 하루에 8번 그 도로를 운전한다. 일하러 나갔다 돌아올 때 그의 차 안에서, 그리고 학교 버스로 오고 갈 때.

그는 보지 않을 수 없다. 그의 시야를 가려주는 것은 아무것도 없다. 매번 그는 클리어워터 호수를 힐끗 바라볼 때마다 아들이 허리가 뒤로 굽은 채로 거기에 걸려 있는 것을 본다. (Sun Journal 2000.3.12.)

위의 두 기사는 사건의 관계자가 사망함으로써 스토리의 주요 내용도 결정되어버렸지만, 그렇지 않은 예도 있다. 5장에 소개한 기사에서 마크는 루게릭병 환자인 여자친구 헤더를 돌보는데, 헤더의 운명은 아직 결정되지 않았다. 기사는 아래의 손가락 대화로 끝나면서 두 사람의 사랑이 영원할 것임을 예고한다. 헤더의 운명은 그리 밝아 보이지 않지만, 기사는 개방형 엔딩을 취함으로써 여운을 남긴다.

그렇다면 헤더는? 그녀의 육체는 서서히 죽어가고 있다. 그러나 그녀에겐 마크가 영원히 기억해주었으면 싶은 말이 있다.

A? B? …… I?

헤더의 엄지손가락이 움직인다.

알파벳 누르기를 12번 더 한다. L-O-V-E H-I-M S-O M-U-C…

나는 그를 많이 사랑해요?

헤더의 엄지손가락이 그래요,라고 말한다.

"그는 바위 같아요(H-E S L-I-K-E A R-O-C-K)." 한 글자씩 한 글자씩, 엄지손가락을 움직이며, 그녀가 말한다. "그는 나에게 살아갈 힘을 줘요(H-E G-I-V-E-S M-E T-H-E S-T-R-E-N-G-T-H T-O G-O O-N)." (The Charlotte Observer 2002.3.24.)

독자가 정말 궁금해할 사항이 있지만, 속 시원하게 답을 주지 않는 것도 여운을 남기는 좋은 전략이다. 4장의 경찰관 피격 기사에서 베테랑 경찰 조 페렌지는 신참 마이클 시리얼과 함께 새벽 순찰을 나갔다가 마약밀매 현장에서 시리얼이 총격을 받는 장면을 목격한다. 급히 구급차를 불러 시리얼은 후송되지만, 그의 목숨이 얼마나 위태로 운지는 알 수 없다. 시리얼은 얼마나 무서울까, 그런 신참에게 베테랑 페렌지는 무슨 말을 할 수 있을까? 기사의 엔딩은 그 장면을 담담하게 전하면서 시리얼의 운명이 어떻게 될지를 개방해놓았다.

> 총격 현장에는 이마가 땀에 젖어 반짝거리는 소토스가 시리얼을 내려다보고 있었다.
> "정맥 주사를 놓을 거예요, 마이클." 소토스가 말했다.
> 그는 시리얼의 왼쪽 팔을 잡았다.
> 시리얼은 소토스의 왼쪽 팔을 잡았다.
> "나를 보내지 말아요." 낯빛이 회색으로 변한 채 경찰이 말했다.
> 소토스가 말했다. "당신은 아무 데도 가지 않아요."
> 앰뷸런스가 출발하기 직전에 페렌지가 자동차 안으로 올라탔다.
> 시리얼이 고개를 돌려 조용히 파트너를 바라봤다.
> "자넨 괜찮을 거야." 페렌지가 말했다. (Chicago Tribune 1999.8.15.)

4. 궁금증 풀어주기

책의 처음에 소개했던 새크라멘토 비의 기사는 교통사고가 난 차량의 운전자를 경찰이 구조한 내용인데, 여기에 엔딩을 다시 옮겨본다.

> 몇 분 뒤 에번 왜거너는 오리건대학병원으로 이송되었다. 맥거원은 픽업트럭 운전자인 타이슨 포트너를 태운 구급차를 타고 병원으로 갔다.
> 맥거원은 병원에서 왜거너 가족을 만났다. 화요일에는 왜거너가 골반 세 곳이 골절되고, 왼쪽 다리뼈에 금이 갔으며, 오른쪽 다리와 턱 부위에 상처를 입었다는 걸 알게 되었다. 족히 석 달은 꼼짝없이 누워 여러 차례 수술을 받아야 할 것이다.
> 사건은 멀트노마 주 지검으로 송치되었다.

하트(Hart, 2011/2015)는 이 부분을 데누망(dénouement, 대단원)이라고 했다. 사고 차량에서 구조된 여자가 살았는지, 얼마나 다쳤는지, 자기를 도와준 경찰을 만났는지 등 해소되지 않은 궁금증을 풀어주는 단계라는 것이다. 한마디로, '매듭 풀기'다.

4장에 소개한 기사에서 데보라 게인즈는 낙태하려고 병원에 갔다가 낙태 반대주의자의 총격을 받고 가까스로 살아난다. 그 충격으로 낙태를 못 하고 딸 비비안을 낳았는데, 발달 장애를 지닌 아이였다. 데보라는 자기가 겪은 정신적 충격에 대해 병원을 상대로 소송을 제기했으며 아이의 양육비 지급도 요구했다. 게인즈는 병원이 미치광이 같은 낙태 반대주의자로부터 환자를 보호하지 못함으로써 임신 중절을 할 수 있는 산모의 선택권을 박탈했다고 주장했다. 물론 병원 측 변호사들은 그것이 명백한 난센스라고 반박했다. 독자는 궁금할 것이다. 그래서 지금도 데보라 게인즈는 비비안을 낳은 것을 후회하는가? 비비안을 미워하고 있는가? 비비안이 자기를 왜 낳았느냐고 물으면 어떻게 대답할 것인가? 엔딩은 이런 질문에 답하고 있다.

> 이러한 아이러니에 대해 생각해본 적이 있었던가? 병원에서의 사건이 없었다면 비비안은 이 자리에 없었을 것이다. 그렇다면 어떤 느낌이었을까?
>
> 의문점들에 대해 곰곰이 생각해본다. 대답할 수 없다는 결론을 내린다. 물론 비비안은 이 자리에 없을 것이다. 그러나 고민할 이유가 무엇일까? 의미가 없는 것이다. 누가 역사를 바꿀 수 있는가?
>
> "다시 돌아갈 수는 없어." 그녀는 선택했다. 그녀 자신을 위한 선택이었다. 그녀에게 일어난 일들은 그녀가 통제할 수 없는 것이었다. 가정(假定) 속에서 살 수는 없다. 그 가정들이 아이를 길러주지는 않는다.
>
> 비비안이 태어나지 않았다면 그녀의 삶은 달라졌을 것이다. 검정고시를 마쳤을지도 모른다. 지금쯤이면 일자리도 구했을 것이다.
>
> 〈중략〉

"전 제가 좋은 엄마라고 생각해요." 게인즈는 말한다. "최선을 다해서 아이들을 보살피고 있으니까요."

그녀는 벌써 비비안의 물음에 대한 대답을 준비하고 있다.

"어떤 질문을 할지 알아요: '엄마, 지금 저를 사랑한다면, 왜 그때 낙태 수술을 받으려고 했죠?' 그러면 다른 사람들에게 이야기했던 것처럼 그 애에게도 대답할 거예요. 이해해 주리라고 믿어요. 나는 낙태 수술을 받기 위해 그곳에 갔다고 이야기할 거예요. 그때 일어났던 그 일들도요. 그리고 우리가 찍었던 사진들을 모두 보여줄 거예요."

〈중략〉

잠시 멈췄던 게인즈가 그녀에게 가장 확실한 진실을 이야기한다. "그 애가 없다면, 좋은 이유로 여기에 올 수도 없었겠죠."

처음에 그녀는 비비안을 낳지 않으려 했다. 그러나 결국 그는 비비안을 낳기로 결심했다. 그녀가 평생 안고 살아야 할 모순이다. (The Washington Post 1998.9.27.)

5. 희망 배반하기

크레이머와 콜(Kramer & Call, 2007/2019)은 가끔 독자가 원하는 대로 기사가 흘러가지 않도록 할 필요가 있다고 했다. 특히, 엔딩에서 독자의 희망을 배반한다면, 아쉬움과 미련은 더 커질 것이다. 두 저자가 소개한 기사는 기니의 두 소년이 끔찍한 가난에서 탈출하려고 벨기에행 제트 비행기의 수납고에 숨어들었다가 목숨을 잃은 내용이다. 벨기에 당국은 도착한 비행기에서 소년들의 주검을 발견했으며 '우리가 죽는 경우'라는 글이 겉에 적힌 봉투도 찾아냈다. 봉투 안에는 아프리카 아이들을 도와 달라는 간절한 애원이 적혀 있었다. 벨기에 당국은 두 소년의 주검을 기니로 돌려보냈다. 아래는 그 기사의 엔딩이다. 독자는 이런 결말 대신 소년들의 죽음이 의미 있기를 바랐을 것이다. 하지만, 소년들의 염원이 담긴 편지는 거대한 관료주의 체제 속으로 사라졌고, 이들은 이름도 없이 땅에 묻혔을 뿐이다.

이제 소년의 편지는 벨기에 사법부의 서류번호 4693.123506/99 안에서 안식처를 얻었다. 그리고 다른 대륙의 공동묘지에는 서로 3m 떨어진 2개의 무덤이 생겨났다. 이는 세상을 향해 메시지를 보낸 두 소년이 여정의 마지막에 다다른 곳이다. 수도 코나크리에 만들어진 소년들의 작은 무덤은 돌맹이와 함께 가는 야자수 줄기로 테두리를 둘렀다. 각 무덤에는 쇠로 된 표지물이 박혀 있었다. 그러나 2개 모두 이름조차 적혀 있지 않은, 빈 표지물이었다. (매체·날짜 미상) (Kramer & Call, 2007/2019, 276-277쪽)

6. 속편 예고형

영화에서 종종 볼 수 있는 속편 예고형 엔딩도 기사에 적용해볼 만하다. 전형적인 예는 4장에서 보았던 약사의 무장 강도 사살 기사다. 약사는 강도이긴 하지만 사람을 죽였으므로 불안하고 걱정을 했을지 모른다. 아래 엔딩은 이 사안의 2막 가능성을 예고한다. 섬뜩한 기분이 들게 만드는 엔딩이다.

그렐 씨는 철학적인 해석을 하려 한다. "사람을 죽였다는 걸 잘했다고 생각하지 않습니다. 하지만 그러나 한편으로 반대의 결과가 나오지 않았다는 사실은 다행이라고 생각합니다."

그렇다면 과연 이 사건은 끝난 것일까.

얼마 전, 한 10대 여학생이 그렐 씨 약국을 찾았다. "여기가 총격이 있었던 곳인가요?"

그렐 씨는 "그렇다"고 답했다.

"그냥 내 아기의 아빠를 죽인 사람이 누군지 보고 싶었어요." 그녀는 말이 끝나기도 전에 몸을 돌리며 약국 문을 나섰다. (The Wall Street Journal 1998.1.20.)

위와 유사한 예로 1999년 뉴욕의 웨스트나일 유행병(뇌염의 일종)을 다룬 기사를 들 수 있다. 당시 많은 사람이 모기가 옮기는 괴상한 바이러스 때문에 죽었지만, 모기계절이 끝나면서 전염도 갑자기 중단됐다. 하지만, 기사는 아래와 같은 엔딩으로 불길한 전조를 비쳤다.

> 그 모든 것이 시작된 뉴욕시에서 바비큐 파티장과 아이들 수영장이 정리됐다. 수많은 폐타이어도 수거됐다. 하지만 이런 청소 과정에서 일부 제외된 타이어와 아무렇게나 버려진 타이어가 풀밭 등 여기저기에 흩어져 있었다. 이는 이듬해 첫 봄비와 함께 모기의 배양지가 될 것들이었다. (매체·날짜 미상) (Kramer & Call, 2007/2019, 275쪽)

국내 기자들의 습작 기사에서도 훌륭한 속편 예고형 엔딩이 발견됐다. 오달란 서울신문 기자의 습작 기사인 '편의점주의 자살'은 명퇴 후 편의점을 열었다가 생활고에 시달려 자살한 점주를 다루었는데, 리드를 그의 자살 장면으로 시작하고 엔딩은 그의 자살로 되돌아와 아래와 같이 끝났다. 기사는 처음부터 '제2의 장 씨'를 예고하는 대목을 엔딩용으로 남겨두었다.

> 유서는 없었다. 경찰은 생전 장 씨의 행적을 집과 편의점 근처 폐쇄회로(CC)TV를 통해 확인하고 자살로 결론지었다. 흑백화면에 모습을 드러낸 장 씨는 보름에 걸쳐 울산시약국 10여 곳을 돌며 수면제를 사 모았다.
>
> 장 씨의 유골은 토요일 오전 울산 하늘공원에 안장됐다. 같은 시각 서울 강남의 한 건물에서는 편의점 가맹사업 설명회가 열렸다. 350석 규모의 강당을 500여 명이 가득 메웠다. 아웃도어 등산복을 입은 50~60대 남성이 대부분이었다. 앞쪽 화면에는 최근 5년간 편의점 매출 추이를 나타내는 그래프가 띄워졌다. 머리에 화살표를 얹은 붉은선은 오른쪽 상단을 향해 거침없이 뻗어가고 있었다.

7. 주제 재강조

엔딩은 기사 주제를 재강조하기 좋은 위치다. 기사의 맨 끝이므로 독자가 한 번 더 주제를 상기하게 해줄 수 있다. 단, 기사의 앞부분에서 이미 언급했던 표현을 바꾸어서 주제를 재강조하는 것이 좋다. 독자가 주제에 대해 생각해보도록 유도할 수 있다면 더 좋다. 4장에서 일부 시설의 불공정한 면세 혜택을 다룬 미국 기사를 보았는데, 그 기사의 엔딩은 아래와 같다. 이 기사는 "이건 불공평하다"라는 표현을 의도적으로 반복했다. 마지막 문장도 그렇게 표현함으로써 주제를 재강조했다.

> 사실상 식당과 호텔인 아이오와주 메모리얼 유니언은 왜 홀리데이인이나 게이트웨이 센터와 똑같이 세금을 내지 않는가?
>
> 왜 엘크스 클럽은 앤트 모즈와 똑같은 세율을 적용받지 않는가?
>
> 왜 연합감리교회의 스콧 그로트올드 목사는 13만 8,000달러짜리 집에 대한 세금을 내지 않는가? 테드 테스코는 내는데 말이다.
>
> 세금이 없는 데일리트리뷴의 새로운 시설은, 도시활성화 구역에 있지 않기 때문에 세금을 내야 하는 레드 롭스터와 무슨 차이가 있는가?
>
> 그에 대한 대답은 그들 또는 우리가 해야 한다. 합법적이긴 하지만 몇몇 사람들은 세금을 내지 않는다. 그러나, 벌써 4번이나 말하지만, 이건 분명 불공평하다. (The Daily Tribune 1995.8.2.)

4장과 5장에서 소개한 아래 기사는 결국 법과 정의의 문제를 다룬다. 부주의로 아들을 죽게 한 선량한 아버지를 법의 잣대에 따라 벌해야 하는가, 그렇게 했을 때 더 큰 문제(아버지의 자살)가 발생할 수 있다 하더라도 꼭 법에 따라 심판해야 하는가에 대해서는 결코 답하기 쉽지 않다. 기사의 엔딩은 그에 대한 판사의 생각을 보여준다.

> 법률가, 학자, 수백 명의 시민, 그리고 웨이먼트의 누이 밸러리 버크로부터 지원의 손길이 이어졌다. 그녀는 기자들에게 "나는 30일 징역형이 폴을 자살하게 만들지 않았다고 생각해요"라고 말했다. "판사는 폴에게 연민을 가졌다고 생각합니다. 우리 가족은 판사의 순수성을 믿습니다. 그리고 그를 전혀 비난하지 않습니다. 그는 자신이 옳다고 느낀 것을 한 것입니다."
>
> 힐더는 "자신이 옳다고 느낀 것"이란 대목에는 고개를 젓는다. 그는 모든 지원자로

부터 위안을 얻지만, 옳은 결정이었는지에 대해선 전보다 확신이 줄었다. 그가 판사 임무를 수행함에 있어서 더 힘겨워하는 것처럼 느껴진다.

그는 법률이 무엇을 할 수 있고, 무엇을 할 수 없는지 반성하고 있다. 그는 법률을 사랑하지만 경배하지는 않는다. 그는 법률이 모든 것에 대답할 수는 없다고 믿는다. 불확실한 사안들에는 좋은 해결책이 없을지도 모른다. 그는 "혹이냐 백이냐에 대해 항상 대답해야 하는 것은 아니다"라고 말한다. "하지만, 간혹 그것이 유일한 대답이 될 때도 있습니다."

그는 말한다. "폴 웨이먼트의 얼굴을 내 인생의 일부로 지니는 것은 나쁘지 않습니다." (Los Angeles Times 2001.12.30.)

8. 상쾌한 엔딩

기사 마지막에 '한 방'이 있으면 독자는 기분 좋다. 액션 영화처럼 통쾌할 필요는 없으며 그저 상쾌한 정도면 된다. 대개 미국의 청소년은 성년이 되는 18~19세에 집에서 독립하고, 부모도 더는 자녀를 책임지지 않는다. 하지만, 언제부턴가 성년이 지나도 부모 집에 눌러사는 자녀들이 생겨났다. '어른 소년' 같은 아들이 부모 집에 함께 사는 것이다. 아래는 그런 트렌드를 다룬 기사의 리드다.

캐럴 올리스는 23살의 아들 롭을 어찌해야 할지 고민이다. 롭은 대학 졸업 후 2년이 넘도록 줄곧 올리스의 집에서 살고 있다. 그의 손위 형제 6명은 졸업 후 그저 몇 달 동안만 집에 있다가 모두 독립해 나갔는데.

올리스 부인은 "친구들과 함께 독립해볼 것을 권하니까 '걔들도 모두 부모 집에 들어가서 산다'고 기다렸다는 듯 대답하더라"며 고개를 저으며 말했다. (The Wall Street Journal 날짜 미상) (Wells, 2002, 18쪽)

미국에서 어른이 돼서도 부모와 함께 산다는 것은 이유야 어쨌든 석연치 않다. 그 경우가 아들이라면, 많은 미국 여성은 꼴불견이라고 할지도 모른다. 기사는 여러 사례를 소개한 후에 아래와 같이 마무리된다.

> 패트릭 실라오는 부모 집에서 생활하면서 아낀 돈으로 결국 자기의 집을 살 수 있을 것이라고 생각한다. 26살인 그는 집에서 함께 자랐던 형처럼 30살 때 집을 떠날 것을 목표로 하고 있다. 부동산업자인 실라오 씨는 "현재 상태에 매우 만족한다"라고 말했다.
>
> 그러나 시카고 교외의 젊은 여성들은 안락한 생활보다 자유를 더 선호하는 것 같다. 시카고 방문 때 고교 동창인 로빈 템플릿과 로빈 타글리리의 방 2개짜리 아파트를 찾은 사람들은 색다른 세계를 보게 된다. 이들에게는 휴대용 CD플레이어가 오디오 대신이다. 다리미판이 허술한 부엌의 선반 대신이다.
>
> 이들은 고정된 저녁 식사 일정이나 잔소리하는 부모로부터 해방됐지만, 집돌이 남자들로부터는 자유롭지 못하다. 얼마 전에 롭 올리스 씨와 헤어진 조앤 에건은 또 다른 붙박이 집돌이와 데이트를 하고 있다.
>
> 템플릿 씨는 남자와 소년을 구분하는 데 익숙해졌다. 시카고 진 밀 바의 점원으로 일하는 그녀는 결정적인 질문 하나로 잘 차려입고 많은 팁을 주는 청년을 테스트한다. "시내에 살아요?"
>
> 그는 대답한다. "아뇨. 저는, 교외에 살아요." 템플릿 씨는 이것을 다음과 같은 X세대의 답변으로 해석한다. "저는 엄마랑 살아요." 그리고는 긴 금발을 휘날리며 딱 잘라 말한다.
>
> "완벽한 폭탄이군."

위와 같은 자녀들은 한국에도 있다. 성인이 되어서 또는 결혼과 함께 집을 나갔다가 주로 경제적 이유에서 부모 집으로 되돌아오는 자녀들이다. 언론은 이들을 '연어족'이라 불렀다. 아래는 그 트렌드를 다룬 기사의 리드다.

> 직장인 김모 씨(31)는 최근 서울 성북구 동선동 회사 근처 원룸을 정리하고 경기 의정부시에 있는 부모님 집으로 들어갔다. 회사에서 집까지 출퇴근시간이 너무 길어 5년 전 독립했지만 몇 년 새 뛰어버린 전세금을 감당할 수 없었기 때문이다. 2년 전 2,000

> 만 원을 올려 달라던 집주인은 재계약을 앞두고 500만 원을 더 올려줄 것을 요구했다.
> 김 씨는 대출이자와 월 20만 원이 넘는 각종 공과금을 내며 허울만 좋은 독신생활을 즐
> 길 바에는 1시간 반이 넘는 출퇴근시간을 감내하는 게 더 경제적이라고 생각했다. (동
> 아일보 2012.8.24.)

이어서 기사는 또 다른 연어족 사례와 통계수치를 제시한 다음에 간단하게 원인을
설명하고 끝난다. 아래가 엔딩이다. 엔딩은 연어족의 탄생 배경을 이해할 수 있도록
도와주지만, 별로 매력적이지 않다. 앞의 미국 기사처럼 '한 방'이 있으면 더 좋았을
것이다.

> 부동산서치업체 리얼투데이의 양지영 팀장은 "맞벌이 가정의 경우 대출 압박에 자
> 녀 양육 문제 등 어려움이 가중되면서 부모와 다시 합치는 사례가 많다"며 "기존에 살
> 던 집을 처분하고 부모 집으로 들어가는 경우도 있고 좀 더 넓은 집을 구해 함께 옮기
> 는 경우도 있다"고 말했다. 중대형 평형의 아파트에서 현관을 따로 두거나 거실을 두
> 개로 만드는 분리형 설계가 나오는 것은 두 가구 이상이 함께 사는 경우가 늘면서 나타
> 난 현상이다.

9. 연재 내러티브

대개 한국 신문은 대형 기획물을 여러 날짜에 번호를 붙여가며 시리즈 형태로 보도
하지만, 미국 신문이 기사에 번호를 붙여서 연재하는 경우는 탐사보도물 외에는 없다.
즉 평소에는 모두 단건으로 처리하지 굳이 날짜를 달리하며 연속해서 보도하지 않는
다. 미국 신문은 시리즈로 보도하더라도 우리와 완전히 다른 방식을 취한다. 한국 신
문의 시리즈 기사는 전체적으로 하나의 큰 주제를 다루지만, 매일의 기사는 내용 면에
서 서로 다르다. 애초에 큰 주제를 여러 개의 소주제로 쪼개어 서로 다른 날짜에 보도
하려고 했으므로 이런 현상은 당연하다고 말할 수 있다. 이에 비해, 미국 신문의 시리

즈 기사는 '일일연속극'이다. 오늘 기사의 마지막 부분이 내일 기사의 시작이 되는 형식이다. 즉 처음부터 끝까지 완성형의 기사 1개를 써놓고, 그것을 여러 개로 나누어 보도하는 식이다. 이를 연재(to be continued) 내러티브라고 한다(Kramer & Call. 2007/2019). 매일의 기사가 사실상 별건이어서 연결성이 없는 한국의 시리즈 기사와 판이하다.

그래도 한국 신문 기사 가운데 연재 내러티브의 진수라 할 만한 작품이 있어서 소개한다. 동아일보의 2013년 야심작 '두만강변의 배신'이 그것이다. 이 기사는 두 탈북자 가족의 엇갈린 운명을 이야기 형식으로 번갈아가며 전개한다. 중국을 오가며 밀무역을 하던 북한 주민 이명호는 국가안전보위부의 뇌물상납에 시달리다 아내(장은희)와 아들(이현준)을 데리고 탈북하여 중국 투먼에 숨어들었다. 그는 남한 귀순에 필요한 자금을 모으려고 한국 국정원의 정보망으로 일하고 있었다. 이명호의 처지를 알게 된 채민철이 위조 여권으로 비행기를 타고 한국에 갈 수 있다고 그를 꾄다. 채민철은 북한 주민들의 탈북 브로커로 일하다가 국가안전보위부에 발각되자, 자기 가족의 안전을 보장받는 조건으로 중국을 넘나들며 보위부의 스파이로 활동하고 있었다. 탈북한 사람들(주로 요인들)을 북한으로 보내는 것이 그의 임무였다. 이런 내막을 몰랐던 이명호 가족은 채민철의 꾐에 빠져 어느 날 밤 남한행의 길에 나선다. 기사는 총 5화로 구성됐으며 아래가 1화의 리드다.

> 회색 지프차에는 5명이 타고 있었다. 조수석의 남자[채민철]는 낯이 익었다. 두 달 전 집에서 본 남자였다. 운전사는 말이 없었다. 한국말을 모르는 중국 남성인 듯했다. 왼쪽에 앉은 남편 가슴팍에 생후 8개월 된 아들[이현준]이 잠들어 있었다. 장은희(가명·당시 24세)는 차창 밖을 내다봤다. 꽁꽁 언 두만강이 어둠 속에 멈춰 있었다. 반년 전 아들을 업고 건널 땐 가슴까지 차오르던 강이었다.
>
> 2004년 12월 15일 오후 9시. 중국 옌볜(延邊) 두만강 접경도시인 투먼(圖們)의 외곽도로를 10여 분째 가고 있었다. 차 안은 고요했다. 남편[이명호]이 초조한 말투로 입을 열었다.
>
> "형, 저 두만강 건너에 있는 게 강양군대(북한군 국경경비대) 아닌가?"
>
> 조수석의 남자는 반응이 없었다. '남한행' 차에 탔지만 은희는 안심하지 못했다. 가

는 길에 중국 공안이 차를 세우는 상상이 떠올랐다. 6개월간 숨어 살 때 제복 입은 사람을 보면 심장이 내려앉던 관성이 남아 있었다. 그래도 아직은 순조로웠다. 남쪽으로 간다면 왼편에 있어야 할 두만강이 오른쪽 차창 밖으로 내다보이는 것 말고는…. (동아일보 2013.9.30.)

채민철은 이명호 가족을 불러내 지프차를 타고 두만강변을 달리다가 한 사람을 더 태우고 가자며, 한적한 길에 차를 세우고 시동과 전조등을 끈다. 이 장면이 1화의 마지막 부분인데, 아래가 바로 그 대목이다. 이명호 가족이 채민철의 덫에 걸려든 순간이다.

운전사는 곧 한적한 갓길에 차를 세웠다. 시동과 헤드라이트도 껐다. 한겨울 국경의 밤은 적막했다. 어둠 속에서 남자 2명이 걸어오고 있었다.

〈그림 11〉 동아일보의 '두만강변의 배신' 기사 지면

"현준이 아버지, 둘 다 남자입니다. 남한 가는 길에 좋겠습니다."

은희는 험한 길에 건장한 사내들이 동행하는 것을 다행스러워했다.

나란히 오던 남자는 좌우로 갈려 각각 뒷좌석 쪽으로 다가왔다. 은희가 있는 오른쪽 문을 연 남자는 차에 엉덩이를 들이밀며 말했다.

"야, 이 개간나, 안으로 들어가라."

'이런 막돼먹은 인간.' 은희는 생각했다. 명호 쪽에도 남자가 끼어 타 옴짝달싹할 수 없었다. 차 앞쪽에 또 다른 남자 2명이 나타났다. 은희는 '차는 좁은데 무슨 사람이 이리 많나' 하며 의아해했다. 그 순간 남자들은 은희와 명호의 팔을 꺾어 수갑을 채웠다. 은희는 차 문을 열려고 몸부림쳤다. 밖에는 중국 공안 복장을 한 남자가 1명 더 와 있었다. 차 밖으로 끌려나와 강변 쪽 절벽으로 발길질을 당했다. 그때만 해도 은희는 돈을 얼마나 줘야 공안이 풀어줄지 생각했다.

눈밭에 나뒹구는 엄마 아빠를 보고 현준이가 울기 시작했다. 울음 사이로 북한말이 들려왔다.

"야, 빨리빨리 빠져라. 복잡하게 놀지 말고."

괴한들에게 반말을 하는 민철의 목소리를 듣고서야 은희는 정신이 들었다. 〈2화에 계속〉

이 기사는 전형적인 연속극 양식이다. 원수지간이 된 이명호 가족과 채민철 가족은 결국 모두 탈북에 성공하지만, 그 과정에서 그리고 한국에 정착해서도 비극을 겪어야 했다. 이 두 가족의 운명이 궁금하면 다음 날 동아일보 기사를 보아야 한다. 동아일보는 기사에 아래와 같은 편집자주를 붙였다.

동아일보 탐사보도팀은 채 씨가 탈북자 일가족 납치 북송에 가담하기까지 지난 10여 년간 행적을 되짚어봤다. 총성이 사라진 북-중 국경에서 남북한 정보당국이 벌이는 음모, 북한체제의 농간에 스러져간 두 가족의 좌절과 투쟁을 목격했다. '드라마' 형식을 빌리지 않고는 제대로 전할 수 없는 이야기였다. 취재팀은 8월부터 두 달간 채 씨와 피해자, 양쪽 가족들, 검경 수사팀, 사건 목격자와 신고자 등 주변 인물을 2~7차례 만나 심층 인터뷰했다. 기사는 검찰 공소장과 수사기록, 1심 판결문, 당사자 증언 등을 통해 확인된 사실만을 토대로 재구성했다. 본보는 사건의 진실을 파헤쳐 100% 실화를 재현하는 '논픽션 드라마'를 앞으로도 계속 선보일 계획이다.

이 기획을 주도했던 신광영 동아일보 기자는 2013년 미국탐사보도협회(IRE · Investigative Reporters & Editors) 총회를 다녀온 후, 회사에 탐사보도팀 창설을 제안하여 탐사보도팀장으로 발령받았다. 처음부터 그는 전통의 고발성 탐사 아이템보다 스쳐 지나가는 사건이지만 사회적 의미와 시사점을 찾을 수 있는 아이템을 물색하고 있었다. 그러던 중에 탈북자가 동료 탈북자 가족을 북한에 밀고하고 북송시킨 사건을 보도한 1단짜리 기사를 발견했다. 북송된 가족은 8개월 아들이 있는 것으로 보아 젊은 부부일 텐데, 동포가 무슨 연유에서 그런 비정한 짓을 저질렀는지 궁금했다. 그래서 밀고자의 재판 과정을 지켜보고 검찰과 경찰 쪽을 취재하면서 사건의 지형을 그려나갔다. 밀고자는 1단짜리 기사에 A씨로 표현됐는데, 그가 위 기사의 채민철이다.

신광영 기자는 탐사보도팀을 만들 때 탐사보도와 내러티브를 결합한 새로운 기사 장르를 개척하고 싶은 욕심이 있었다. 탈북자 북송이라는 좋은 아이템을 발굴하고 취재도 완료했지만, 이제 이 사건을 흥미진진한 스토리로 만들어야 하는 더 큰 과제가 남아 있었다. "오늘 기사를 읽은 독자가 반드시 내일 기사를 보도록 만들자!" 이것이 그가 위 기사를 쓰면서 가졌던 원칙이다.[20] 그는 처음부터 끝까지가 하나의 스토리로 이어지는, 200자 원고지 160매 분량의 단편소설 같은 기사를 만들었다. 그런 다음에 전문을 다섯 토막으로 나누어 2013년 9월 30일부터 5일간 5화분으로 보도했다. 편의상 날짜별로 나누었을 뿐이지 원래 이어진 스토리였으므로 5화는 연속극이 될 수밖에 없었다. 처음부터 별건의 기사 여러 개를 만들고, 굳이 이어 붙이려고 번호를 매기는 일반적인 시리즈 기사와 근본적으로 다른 기사였다.

---

20) 2020년 11월 9일 저자와 전화 인터뷰에서 밝힌 내용.

기자들이 자발적으로 공부 모임을 만들면 한국언론진흥재단은 공부 장소와 기자들이 원하는 강사를 지원해준다. 이 프로그램이 '저널리즘 카페'다. 한국 젊은 기자들의 공부 욕구는 상당히 강해서 지금까지 10여 개 카페가 만들어졌다. 공부 주제는 국제외교, 경제학, 디지털 저널리즘 등으로 다양하다. 그중의 하나인 '기사연구회' 카페는 올 초에 내러티브 기사에 대한 강의를 요청하면서 "내러티브 기사의 대화 구성이 억지로 꾸며낸 것처럼 보일 수 있다. 또한, 현장에 없었던 기자가 사실관계나 상황을 재현하는 것을 어떻게 보아야 하는가?"라는 질문을 던졌다. 기자들이 정곡을 찔렀다고 말할 수 있다. 내러티브 기사와 관련하여 가장 자주 논란이 되었던 이슈가 표현의 주관성이다. 이는 글쓰기 윤리와 직결된다.

복잡한 설명 필요 없이, 실제 사례를 소개한다. 1998년 퓰리처상의 피처 부문 수상작인 세인트피터즈버그타임스의 '천사와 악마'는 플로리다 최악의 범죄로 꼽히는 살인사건을 다루었다. 한 엄마와 두 딸은 오하이오의 시골 농장을 떠나 플로리다에서 휴가를 즐기고 있었다. 디즈니월드에 들렀다가 멕시코만으로 왔을 때, 한 남자가 자기 배에 태워주겠다고 해서 이들은 그 배를 탔다. 바다 한가운데 이르렀을 때, 남자는 그들을 강간하고 목에 콘크리트 블록을 묶어 배 바깥으로 던져버렸다. 토머스 프렌치는 오랜 기간에 걸친 공권력의 집요한 범인 추적과 재판 과정을 기사에 담았다. 오하이오에서 열린 희생자들의 장례식 장면도 기사에 포함됐다. 아래가 그 부분이다.

> 관을 든 사람들은 신도석의 네 줄을 차지했다.
>
> 6월 중순이었지만 장례식 날은 바람이 불어 서늘했으며, 하늘은 흐렸다. 시온 루터 교회는 고딕 구조물로 붉은 벽돌 벽과 주변의 농장 위로 쭉 뻗은 녹색 첨탑이 눈길을 끌었다. 교회 안에는 사람들로 가득 찼다. 수많은 사람들이 고인을 추모하기 위해 모여들었고, 교회의 지하실이나 나눔의 방까지도 사람들로 넘쳐났다. 교회 밖에는 TV 뉴스 제작진들의 차량이 진을 치고 있었다. 교회 안에 들어가지 못하자, 리포터들은 길에서 마이크를 쥐고 카메라를 보면서 중계방송 등을 진행했다. 할 로저스가 차를 타고 지나가면서 세어보니 방송사는 모두 12곳이었다.
>
> … 할이 교회에 도착했을 때, 여러 개의 관이 정면에 놓여 있었다. 모두 꽃으로 덮여 있었고 각각 액자에 든 사진이 붙어 있었다. 조앤은 고등학교 졸업사진이었는데 살아 있을 때 지었던 표정 그대로였다. 미첼도 고2 때 찍은 사진이었는데, 카메라를 보면서 어색하게 웃고 있었으며 분홍색 테 안경을 쓰고 있었다. 크리스트도 학교 때 찍은 사진이었다.
>
> 장례식이 시작됐다. 신도들은 찬송가 '주 하나님 지으신 모든 세계'를 불렀고, 설교 시간이 되자 목사는 수많은 사람들이 마음에 품고 있는 질문을 큰 목소리로 물었다. 하나님은 어떻게 이런 일이 벌어지게 놔두셨을까? 그날 밤 탬파베이에서 조앤과 미첼, 크리스트가 살려 달라 기도했을 때 하나님은 어디 계셨을까? …
>
> "보이지 않으십니까?" 목사는 목소리를 높였다. "예수님께서 조앤과 미첼, 크리스트를 얼마나 사랑하는지 보이지 않으십니까? 예수님께서 여러분을 얼마나 사랑하는지 보이지 않으십니까? 하나님이 바로 지금 우리 마음속을 들여다보시고 우리의 고통과 슬픔과 비탄을 알아보신다면 하나님은 어떻게 느끼고 계실까요?"
>
> 교회는 고요했지만 밖에서부터 참새가 짹짹거리는 소리가 들려왔다. (St. Petersburg Times 1997.10.29.) (Kramer & Call, 2007/2019, 414쪽)

놀랍게도, 토머스 프렌치는 이 장례식장을 본 적이 없다. 사건은 1989년 6월 4일 발생했으며 기사는 1997년 10월 29일부터 보도됐다. 토머스 프렌치는 재판이 시작되면서 취재에 뛰어들었는데, 장례식은 2년 전에 이미 치러졌다. 그는 장례식 부분을 쓰기 위해 오하이오주의 교회를 찾아가 장례식에 참석했던 많은 사람을 인터뷰했다. 몇몇 참석자들은 그와 함께 교회를 둘러보면서 사람들이 어떤 옷을 입고서 어디에 앉아 어떻게 행동했으며 목사의 말에 어떤 반응을 보였는지 말해주었다. 그는 설교를 녹음한 테이프를 빌릴 수 있었던 덕분에 목사의 정확한 표현과 어조, 사람들이 우는 소리를 확인할 수 있었다. 마지막 문장의 새소리도 이 테이프에서 들었다. 그는 지역의 조류 전문가에게 어느 새가 그렇게 우는지 물었다. 이 기사의 인터넷판에 이런 설명문이 붙었다. 토머스 프렌치의 윤리적 집요함에 찬사를 보낼 수밖에 없다.

> 토머스 프렌치 기자는 시리즈 기사를 쓰기 위한 정보를 여러 경로로 수집했다. 할 로저스와 다른 가족 구성원들, 탐정과 검사 외에 이 사건과 관련된 사람들을 인터뷰했다. 여기에 재판속기록과 4,000쪽이 넘는 경찰 보고서, 법정 문서 등 다른 기록문에서도 정보를 얻었다. 몇몇 인용구와 묘사 장면은 기자 또는 사진 기자가 직접 목격했거나 경찰 보고서 또는 공식 의사록에서 뽑아낸 것이다. 다른 것들은 어쩔 수 없이 사람들의 기억에 바탕을 뒀다. (Kramer & Call, 2007/2019, 417쪽)

글쓰기 윤리와 관련한 또 다른 기자의 고백도 들어볼 만하다.

> 나는 온천수의 온도가 51도라고 쓸 때면 온도계로 직접 수온을 쟀다. 백악관에 가서 라 크레마 리저브 샤르도네를 홀짝거리며 훈제연어 무스를 먹었다고 쓸 땐 부시 대통령의 서재를 샅샅이 뒤져 옛 백악관 기록에서 그 사실을 확인했다. 켄터키주의 전원지대에 줄지어 늘어선 산봉우리가 200, 250, 350m 높이라고 쓸 땐 토양보존지도를 보고 고도를 확인했다. 어렸을 때 아버지와 함께 차를 타고 '더 레드 리버 밸리'(The Red River Valley)를 부르며 애슐랜드 로드를 지나갈 당시에 버질 그레이의 집을 막 지나자 웅덩이가 나왔던 기억이 있다고 적을 땐 아버지에게 연락해 그때 그 집에 살던 사람이 버질 그레이가 맞는지 물었다. 그러고는 애슐랜드 로드로 가서 정말 버질의 집을 막 지나면 길바닥에 웅덩이가 있는지 확인했다. (Hart, 2011/2015, 557쪽)

미국 기자들이 내러티브 기사를 쓰면서 사실을 확인하는 집념은 상상을 초월한다. 내러티브 기사 중에서 사실 확인과 관련하여 가장 많이 인용되는 기사는 로스앤젤레스타임스의 2002년 역작 '엔리케의 여정'(Enrique's Journey)이다. 기사는 온두라스 소년 엔리케가 미국으로 떠난 어머니를 찾아 나선 기나긴 여정을 그렸다. 어머니는 엔리케가 5세 때 미국으로 떠났으며 엔리케는 14살 때 122일간 1만 9,300km를 여행하여 멕시코 국경에 도착했다. 불법 이민을 취재하던 로스앤젤레스타임스의 소니아 나자리오(Sonia Nazario) 기자는 미국-멕시코 국경에 거의 도착한 소년을 물색하던 중 엔리케를 알게 되어 그가 멕시코에 있는 2주간 동행 취재했다. 엔리케는 결국 미국으로 들어와 17살 때 노스캐롤라이나에서 어머니와 상봉했다. 나자리오 기자는 이때의 상황도 취재했다.

기사는 2002년 10월 2만 5,000단어의 본문 기사와 총 9,000단어의 부속 기사 5개로 보도됐다. 한마디로 엔리케의 '엄마 찾아 삼만 리' 기사다. 기사는 엔리케가 온두라스에서 출발하여 과테말라와 멕시코를 거쳐 온 길을 되짚었으며 그가 여행 도중 만난 사람들뿐 아니라 그런 방식으로 여행한 다른 이주자들의 사연을 담았다. 취재와 기사 작성에 1년 반이 걸렸다(Kramer & Call, 2007/2019).

특이하게도 이 기사에는 미주가 붙었다. 분량이 자그마치 7,000단어다(Kramer & Call, 2007/2019). 거의 모든 정보에 출처를 밝혔다고 볼 수 있다. 특히 장면을 재구성한 대목에는 예외 없이 출처를 달았다. 정보의 소스(source)와 취재 과정을 공개하는 투명성(transparency) 원칙을 가장 잘 지킨 기사라 할 수 있다. 그것은 나자리오 기자의 집요한 사실 확인 덕분에 가능했다. 110권의 취재 노트, 수백 시간의 대면 인터뷰 녹음테이프, 100통이 넘는 전화 인터뷰 녹취록…. 나자리오 기자는 한 사람에게서 얻은 정보를 삼각, 사각으로 재확인하며 진실의 그림을 그려나갔다.

나자리오 기자는 아직 청소년인 엔리케의 불법 이민을 동행 취재하고 있었으므로 덩달아 심각한 상황에 직면할 수 있었다. 한 예로, 엔리케는 미국-멕시코 국경 바로 남쪽인 누에보 라레도에서 2주간 고군분투한 적이 있다. 노스캐롤라이나에 있는 어머니의 전화번호를 도둑맞은 그는 그 번호를 알아내려고 온두라스에 전화를 걸어야 하는데 돈이 없었다. 그래서 엔리케는 세차 일을 하며 하루 한 끼만 먹는 등 갖은 고생을 다 했다. 나자리오 기자는 문제의 그 전화번호를 알고 있었지만, 엔리케에게 가르쳐주지 않았다. 기자는 사건에 개입할 수 없으며, 기자가 개입하면 진실의 흐름이 바뀌기 때문이었다.[21] 물론, 엔리케가 즉각적인 위험에 처하는 상황이라면 나자리오 기자의 판단도 달랐을지 모른다.

나자리오 기자는 기사 보도 후 1,000회에 달하는 독자 격려 전화와 이메일을 받았다(Kramer & Call, 2007/2019). 독자들은 거대한 사회적 쟁점인 불법 이민 문제를 정면으로 다룬 공로뿐 아니라 한 소년이 가혹한 세상을 뚫고 엄마를 찾아가는 여정을 더할 수 없이 담담하게 전달한 그의 글에 감동받았을 것이다. 엔리케의 여정은 내러티브 기사는 주관적일 수 없으며, 오히려 극도의 객관적인 글쓰기임을 웅변한다.

---

21) 한국 기자들은 기자의 사건 개입에 별로 거부감이 없는 것 같다. 한국 사회가 도덕 사회여서 그런지 몰라도, 기자들은 사정이 딱한 취재원을 보면 그들을 도와주려고 한다. 그것이 저널리즘의 객관적 관찰 원칙에 어긋난다고 생각하기보다 '인간적 기자'로서 당연한 임무라고 여기는 것 같다. 한 예로, 노숙인을 동행 취재했던 기자는 취재원인 노숙인이 휴대전화 문제로 정보를 잘 찾지 못하자, 그에게 임시거주 프로그램에 지원하는 방법을 가르쳐주었다. 노숙인은 그렇게 임시 거주지를 마련했으며, 기자는 그 내용을 기사에 담았다(국민일보, 2020.9.5. 참조).

8장

특수 유형

1. 내러티브 에세이

이제 기사의 일부분이 아니라 기사 전체적으로 내러티브가 구현된 예를 볼 것이다. 먼저 살펴볼 것은 내러티브 에세이다. 이 유형은 기사가 수필 같은 분위기를 풍기는 경우다(Hart, 2011/2015). 그렇더라도 기사는 당연히 현장을 관찰한 정보에 기초해야 하며 기자의 감정은 최소화해야 한다. 1958년 뉴욕타임스 기자 로젠탈은 나치의 유대인 고문과 죽음의 공장 브제진카(비르케나우)와 오슈비엥침(아우슈비츠)을 방문하고, 소감을 기사 형식으로 보도했다. 취재원이 하나도 없지만, 수십 명의 취재원이 전할 수 있는 말 이상으로 섬뜩한 공포와 고요함이 전달된다. 이 정도의 감상(感想)을 주관적 글이라고 말할 수는 없을 것이다. 이것을 칼럼으로 쓴다면, 지나치게 무거워져서 오히려 독자에게 부담을 줄 수 있다. 이럴 때 좋은 대안이 내러티브 에세이다.

> 무엇보다 끔찍한 것은 브제진카에 햇살이 밝게 비치고 따뜻하다는 것이었다. 우아한 포플러 나무들도 보기 좋았다. 출입문 근처 풀밭에선 아이들이 뛰놀고 있었다.
>
> 모든 게 악몽처럼 무서울 정도로 잘못된 것처럼 보였다. 브제진카에 태양이 빛난다

거나 빛과 푸름, 아이들의 웃음소리가 있다는 자체가 말이다. 빛이 비치지 않고 풀이 말라 죽는다면 딱 어울릴 것이다. 이곳은 말로 표현할 수 없을 정도로 끔찍한 테러의 장소이기 때문이다.

〈중략〉

이제 아우슈비츠에 대해 보도할 뉴스가 없다. 다만 그것에 대해 뭔가 쓰라는 강제만 있을 뿐이다. 아우슈비츠를 방문하고도 뭔가 말하거나 쓰지 않고 떠나는 것은 여기서 죽은 사람들에 대한 무례한 행동이라고 끊임없이 생각하게 되는 데서 나오는 강제만 있을 뿐이다.

지금 브제진카와 오슈비엥침은 매우 조용한 곳이다. 절규는 더 이상 들리지 않는다. 관광객들은 처음에는 귀찮은 일을 빨리 끝내려는 듯 조용하게 빨리 걷는다. 그들의 마음이 막사에, 가스실에, 지하 감옥에, 고문실에 머물면서부터 느릿느릿 걷기 시작한다. 가이드는 더 이상 말이 없다. 그가 무언가를 가리킨 뒤에 말할 것이 없기 때문에.

모든 방문객에게는 자신들이 [오늘 경험을] 결코 잊지 못할 것임을 아는 특별한 공포가 있다.

〈중략〉

가스실과 화로를 마음으로 받아들일 수 없기에 멍하니 바라보는 방문객들이 있다. 하지만, 두꺼운 판유리 너머에 있는 머리카락 무덤, 아기들의 신발 더미, 사람들이 목 졸려 죽은 작은 벽돌 방 앞에서는 전율하며 서 있다.

여성 막사에서 한 방문객은 수감자 5~10명을 밀어넣은 너비 1m 80cm, 높이 90cm의 3층짜리 나무상자를 보고 비명조차 내지 못했다. 가이드는 막사를 재빨리 걸어 지나간다. 더는 볼 수 없다.

〈중략〉

벽에 수감자 수천 명의 얼굴 사진이 죽 늘어서 있는 긴 복도. 그들은 모두 죽었다. 카메라 앞에 섰던 남자들과 여자들 모두 자기가 죽을 것임을 알고 있었다.

모두 멍한 얼굴이다. 하지만 가운데 있는 사진 한 장이 시선을 붙잡고 마음을 괴롭게 한다. 22세의 금발에 풍만한 예쁜 소녀. 그녀는 달콤하고 소중한 생각에 잠긴 것처럼 부드럽게 웃고 있다. 젊은 그의 마음에 스친 생각은 무엇이었을까? 그리고 지금 아우슈비츠 사자(死者)의 벽에 있는 그의 기억은 무엇일까?

사람들이 목 졸려 죽은 지하 감옥 안으로 방문객이 잠시 들어간다. 자신이 질식되는 것처럼 느낀다. 다른 방문객이 들어가더니 비틀거리며 나와 성호를 긋는다. 아우슈비츠에는 기도할 공간이 없다.

방문객들이 서로 애원하듯 쳐다본다. 가이드에게 말한다. "이제 충분합니다."

아우슈비츠에 대해 보도할 새로운 것은 없다. 햇살이 눈부신 날이었다. 나무는 푸르렀고 대문 앞에서 아이들이 놀고 있었다. (The New York Times 1958.8.31.)

2001년 9·11 테러가 나기 전까지, 미국에서 가장 충격적인 테러는 1995년 오클라호마 연방정부 청사 테러였다. 텍사스주가 사교 집단을 소탕할 때 민간인이 사상됐는데, 극우파 티모시 맥베이와 테리 니콜스는 그것을 복수하기 위해 트럭에 폭탄을 싣고 오클라호마 연방정부 청사 앞에서 폭발시켰다. 이 테러로 168명이 사망하고 800여 명이 부상했다. 그 현장을 뉴욕타임스는 아래와 같이 적었다.

먼지와 분노가 채 가라앉기 전에, 한때 사무실 건물이었던 폭파된 폐허 위로, 그리고 그곳을 에워싼 작은 무리의 경찰, 소방관, 의료기사의 어깨 위로 차가운 비가 내리기 시작했다.

지금은 누구나 익숙할지 몰라도, 그간에 이들은 이런 상황에 익숙하지 않았다. 보통 그들은 부엌에 난 불이나 가정불화 심지어 나무 위의 고양이를 구조해 달라는 요청에 응해왔다. 오클라호마시는 그냥 거기에 아직 사람이 산다고 얘기되는 수준의 작은 지역인 것이다.

오늘 아침, 폭파의 굉음은 몇 마일이나 떨어진 곳에 있는 컵 안의 커피까지 뒤흔들면서 외부 세계가 오클라호마시를 주목하도록 만들었다.

의료기사인 테리 존스 씨는 "뇌의 일부가 머리 밖으로 나온 한 어린 소년의 수술에 방금 참여했다"라고 말하며 호주머니에서 담배를 찾았다. 그의 뒤편으로 소방관들이 건물 잔해를 조심스럽게 걷어내면서 생존자와 사망자를 아직도 찾고 있었다.

"어쩌면 이토록 인간의 생명에 대한 존엄성을 갖고 있지 않을 수 있는가"라고 그는 말했다.

구조자들이 잔해를 뒤지면서 받은 충격이 채 사라지기 전에 친구, 이웃, 그리고 자식을 죽인 그 폭탄을 설치한 사람들을 향한 혐오가 타올랐다.

　　사람들은 각자 같은 말을 했었다. "이런 일은 여기에서 발생하지 않는다. 그런 일은 달의 어두운 반대편 같은, 아주 멀리 떨어진 다른 나라에서 발생한다. 그런 일은 뉴욕에서 일어난다. 유럽에서 일어난다"라고. (The New York Times 1995.4.20.)

　국내의 내러티브 에세이 사례는 매우 희소하다. 가장 널리 알려진 기사는 이라크 전쟁을 보도했던 강인선 조선일보 기자의 기사다. 당시 이 기사는 독자뿐 아니라 기자들에게도 호평을 받았다. 이 기사를 포함한 그의 종군기는 일본 마이니치신문에 연재되며 일본에서도 큰 인기를 얻고 상을 받았다. 아래 기사의 마지막 문장이 가장 많이 회자한 부분이다.

　피로가 극에 달한 상태인데도 좀처럼 깊이 잠들지 못해 25일 새벽 일찌감치 눈을 떴다. 처음 들은 소식은 미군 제5군단 제1전투여단이 이라크의 공화국 수비대 1개 여단과 내가 머물고 있는 램스 보급기지 인근에서 대규모 전투를 벌일 예정이라는 것이다.

　　소규모 전투는 이미 24일 밤부터 시작됐다. 나는 제5군단 지원사령부(COSCOM) 공격지휘소(ACP)와 함께 24일부터 바그다드에서 약 170km 떨어진 미군 보급기지 램스에 머물고 있다. 램스가 이라크군의 박격포 사정거리 안에 있기 때문에 군인들은 초긴장 경계태세에 들어갔다.

　　〈중략〉

　　근처에서 정체를 알 수 없는 총성이 수시로 울리고 24일 밤에는 이라크군 15~20명이 주변에서 공격할 기회를 노리고 있다는 정보가 들어왔다.

　　〈중략〉

　　군인들은 이제 웃지도 않고 말도 하지 않는다. 미국과 이라크의 군사력 격차는 상대가 안 될 정도로 엄청나다고 하지만, 그것은 총체적인 비교일 뿐 전장에서 맞선 군인들은 서로가 두렵기는 마찬가지인 것 같다. 이틀 전부터 ACP와 동행하기 시작한 미국 기자 2명은 겁에 질려 거의 노이로제 상태다.

　　〈중략〉

　　25일 오전 기사를 쓰고 있는데, ACP를 총지휘하는 마이크 브루일렛 대령이 찾아와서 "돌아가고 싶으냐"고 묻는다. 나는 "바그다드까지 가서 이 전쟁의 끝을 보고 싶은 생각과, 이쯤에서 워싱턴으로 복귀하고 싶은 마음이 반반"이라고 솔직하게 대답했다.

그는 내 옆자리에 앉았다. "1976년 내가 한국의 비무장 지대에 근무할 때 북한군의 총격을 받아 팔에 부상을 입었어요. 8·18 도끼만행사건 직전입니다. 죽기 싫어서 상관에게 '남쪽으로 옮겨 달라'고 했어요. 그는 내게 '여기서 도망치면 앞으로 어려운 일이 생길 때마다 항상 도망만 치고 살 것'이라며 '당장 나가라'고 소리쳤어요."

브루일렛 대령의 큰 눈에 눈물이 그렁그렁 맺혔다. "당신이 '여기까지가 나의 한계다'라고 생각해 돌아간다면 지금 그는 그 선이 평생 당신의 한계가 될지도 모릅니다. 하지만 옳다고 판단한 일을 하십시오. 도와드리겠습니다." 그의 눈에서 눈물이 주르륵 떨어졌다.

나는 막사 밖으로 나가서 다시 불어닥치기 시작하는 모래 돌풍 속에서 한참 동안 멍하니 서 있었다. 선택할 수 있어서 너무 괴롭다. (조선일보 2003.3.26.)

2. 일인칭 내러티브

저널리즘의 객관성 때문에 일인칭 서술이 근본적으로 금지되는 것은 아니다. 일인칭이더라도 내용을 객관화할 수 있다면, 당연히 저널리즘의 영역에 포함된다(Kramer & Call, 2007/2019). 삼인칭을 쓰면서도 내용을 객관화하지 못하는 글이 주관적인 글이다. 그렇다고 마냥 일인칭이 허용되지는 않는다. 일인칭은 매우 제한적인 조건에서 사용할 수 있다. (내러티브 에세이는 일인칭이 자연스러우며 강인선의 기사에서도 일인칭이 발견된다.)

4장에 소개했던 안병찬은 베트남 패망 직전까지 사이공에 남아서 월남전 최후의 긴박했던 순간을 생생하게 한국에 전했는데, 다수의 기사는 자기의 경험을 일인칭으로 서술한 것이었다. 다음 기사가 대표 사례다.

새벽 0시 20분

4월 30일 새벽 0시 20분, 가장 무서운 순간이 밀어닥쳤다. 미국 해병 경비대원들이 눈 깜빡할 사이에 착륙장으로 통하는 철문을 철커덩 잠그고 후퇴해 버렸다. 난민 대열이 일시에 허물어지며 울부짖는 소리, 쇠창살 두드리는 소리가 사이공의 새벽하늘을 찢었다. 최후 탈출 작전의 중단인가. 이 순간 나 역시 캄캄한 절망을 맛보았다. 머릿속에 어머니와 세 가족의 영상이 고동치며 지나갔다. 그것은 가장 짧은 순간에 가장 뚜렷한 모습을 하고 스쳐갔다. 다음에는 적지(赤地)에 떨어질 자신의 운명이 떠올랐다.

새벽 1시 40분, 겨우 마지막 기회의 철문이 다시 열렸다. 나는 일곱 번째로 철문 문턱을 넘어섰다. 이제 눈앞에 에이치(H)자의 헬리콥터 착륙장이 보인다.

내가 본 마지막 사이공

4월 30일 새벽 4시, 나는 8번째 치누크를 눈앞에 보고 있었다. 자동차 전조등의 조명 속에 치누크는 프로펠러를 '윙윙' 돌리고 있었다. 빨리 뛰어들라고 큰 몸짓으로 신호하는 미국 해병대원의 모습도 진동하는 공기 속에 흐느적거렸다. 나는 마침내 프로펠러가 만드는 풍압의 벽을 뚫고 맨 먼저 치누크의 뱃속으로 뛰어 들어갔다.

내 머리에는 번개 같은 생각이 떠올랐다. 기관총수 옆에 자리 잡으면 사이공의 최후를 굽어볼 수 있지 않은가. 흐릿한 조명 속에 헬멧을 쓴 2명의 기관총수가 돌처럼 긴장한 얼굴로 총신을 잡고 창밖을 노려보고 있었다.

나는 언뜻 맞은편을 보았다. 겁에 질려 눈을 크게 치켜뜬, 어느 때보다 초라해 보이는 월남군 사령부 브리핑 통역장교 안 대위의 얼굴이 들어왔다.

떠오르기 위해 갑자기 힘을 더하는 프로펠러의 강렬한 금속성의 울림, 치누크는 지체 없이 솟아올랐다. 나는 시계를 보았다. 새벽 4시 10분.

1975년 4월 30일 새벽, 사이공의 얼굴이 눈에 들어왔다. 어느 쪽에도 포화나 섬광은 보이지 않았다. 사이공은 별같이 초롱초롱한 외등 속에 졸고 있었다. 가로등의 행렬이 판 틴 풍, 레 로이, 투 도, 웬 후에, 그리고 한국인의 길 판탄장 등 텅 빈 거리를 비춰주고 있었다. 미국대사관 옥상에서 피어오르는 봉화의 불길만이 사이공의 절명(絶命)을 알리는 유일한 표시였다.

이것이 기관총 창구 너머로 내려다본, 내가 마지막 본 사이공이었다. (한국일보 2015.5.1.)

기자의 개인적 경험은 일인칭으로 풀어내는 것이 자연스럽다. 아래 기사는 55세의 여기자가 갑자기 괴저병에 걸려 손가락 8개의 끝을 잘라내는 수술을 받고 기적적으로 살아난 이야기다. 눈물겨운 재활치료와 노력 끝에 타자를 칠 수 있을 정도로 손가락을 회복한 그녀가 자기 체험을 일인칭 내러티브로 풀어냈다.

뉴욕의 전형적인 매력이 넘치던 밤, 나는 파리풍의 검정 벨벳 가운을 입고 춤을 추러 갔다. 그리고 새벽 3시에 행복하게 잠자리에 들었다.

하지만 24시간 후, 내 손발은 괴저로 검게 변하고 있었고 나는 죽어가고 있었다. 나는 충격을 받았다. 내 맥박은 멈춰 있었으며 혈압은 치명적으로 낮았다. 나는 응급실로 실려 갔지만, 일리노이주 록퍼드의 의사들은 내게 무슨 문제가 있는지 알지 못했다. 처음에 그들은 내가 독이 든 음식을 잘못 먹었을 것이라고 생각했다. 당시 나는 내 동생과 제부를 방문 중이었는데, 동생과 제부는 열려 있는 응급실 문 사이로 의사들을 보았다. "의사들은 황급히 뛰어다니거나 전화를 걸고 있었어요. 익숙하지 않은 무언가에 잘 대처할 수 없다는 것을 그들은 알았던 것 같아요"라고 제부 워렌 패츠는 직관적으로 반응했다.

나는 혼란스럽고 어리둥절했지만 깨어 있었고 인지할 수도 있었다. 근육통이 매우 심했다. 내 위로 몸을 구부리는 사람들, 그들 뒤의 눈부신 불빛, 내가 몇 살인지, 내 폐경은 언제였는지, 전날 오후인 1981년 11월 26일 목요일에 추수감사절 저녁으로 내가 뭘 먹었는지, 그 전날에는 뭘 먹었는지 계속해서 묻는 소리를 들을 수 있었다.

〈중략〉

이것은 내가 무시무시하고 의문투성이인 그 병을 훌륭한 치료로 기적적으로 이겨내고 다시 살아난 이야기다. 심장과 폐, 간을 비롯한 내 몸의 거의 모든 장기가 심각하게 중독되어 있었다. 나는 간신히 뇌 손상과 신장 기능의 마비를 피했다. 혈관으로 들어간 효소는 근육을 파괴시켰는데 이것은 엄청난 손상이었다. 보통 100 이상이면 이례적으로 높은 수치인데, 나는 2만 1,000이었다. 처음에 록퍼드 병원 의사들은 내 오른쪽 다리와 왼쪽 발가락을 절단해야 한다고 생각했다. 치료 덕분에 다리는 무사했지만 손가락 8개의 괴저는 여전했다. (The New York Times 1982.9.19.)

기자 자신의 경험을 기사화하는 것을 잘못 받아들이면, 무분별한 체험 기사로 흐를 수 있다. 최근 한국에 기자의 체험 기사가 유행처럼 번지고 일부 마니아 독자층도 생겼다. 체험의 소재가 흥미롭고 글이 내러티브 형식이어서 독자에게 이색적인 맛을 준 것 같다. 하지만, 기자의 체험 기사는 아래와 같은 이유에서 권장할 만하지 않다.

첫째, 기자의 체험은 저널리즘 원칙에 어긋난다. 기자는 대상을 관찰하는 사람이지 관찰의 대상이 되는 행위를 스스로 하는 사람이 아니다. 기자가 자신을 대상으로 놓고 최대한 객관적으로 관찰할 수 있겠지만, 그것은 타인을 관찰하기보다 더 어렵다. 그리고 주관화에 빠질 가능성은 더 크다. 따라서 체험 기사는 제한적으로 허용되어야 한다. 체험 취재는 사회적 문제의식이 강하게 배어 있고 공익성이 강한 주제일 때, 그리고 대체 가능한 취재 수단이 없을 때 시도할 수 있다.[22] 그렇지 않은 경우의 체험 취재는 아마추어리즘일 뿐이다.

둘째, 체험은 식상한 취재방식이다. 이 이유만으로도 체험 취재는 안 된다. 한국 언론의 체험 기사의 역사는 놀랍게도 100여 년 전으로 거슬러 올라간다. 그것도 단순 체험이 아니라 기자의 변장 연출 체험이다. 1924년 조선일보 기자들은 아래와 같은 체험 취재를 했다.

> 그해[1924년] 10월, 조선일보 남녀 기자들 4명은 신분을 숨긴 채 군밤장수, 빵 파는 학생 등으로 변장하고 거리로 나갔다. 기자들은 광화문, 무교동, 청진동 등 서울 도심에서 물건을 팔며 경제난에 허덕이는 저소득층의 삶을 체험하며 취재했다. 그렇게 써낸 실감나는 르포의 인기는 엄청났다…. 조선일보는 당시 '변장한 기자를 찾아내는 사람에겐 10원[23]의 현상금을 준다'는 이벤트도 함께 진행했다. (김명환, 2008)

이 체험은 몇 가지 점에서 정말 놀랍다. 우선, 기자 4명이 동시에 체험 취재에 투입됐다. 요즘에도 이런 대형 체험 기획은 없다. 기자들이 배우처럼 변장했다. 저소득층의 삶이라는 공익성과 사회적 문제의식이 강한 사안을 기사 주제로 선택했다. 현상금

---

22) 잠입 취재도 이 정도의 조건을 충족해야 정당화될 수 있다. 그런 대표적인 예로 국민일보 (2020.3.10.)의 'n번방 추적기'를 들 수 있다.

23) 요즘 물가로 10만 원이 넘는다.

이벤트로 독자의 주목과 열독을 유인한 창의성도 돋보인다. 이 기획은 기자별로 기사를 만들어 시리즈물로 보도했다. 대미를 장식했던 시리즈의 주인공이 '최은희 여기자상'의 바로 그 최은희 기자다.

> 한국 최초의 여기자였던 그[최은희 기자]는 무청을 파는 행랑어멈으로 변장해 '가는 곳마다 푸대접받는 없는 이의 설움'을 취재했다. 최 기자는 얼굴과 두 팔에 시커먼 먹물을 바르고 '굴뚝 쑤신 빗자루같이 새카맣게 더러운 헌 버선'을 신은 채로 젖먹이 아이까지 들쳐 업었다. (김명환, 2008).

당시 21세 최은희 기자의 기사는 '변장탐방'이라는 문패하에 1924년 10월 15일부터 사흘간 연재됐다. 첫날 기사는 아래와 같이 시작한다. 일인칭 내러티브 기사다.

> 내가 여자라는 것만큼 나의 이번 변장은 일반의 흥미와 주의를 남달리 많이 받을 줄은 나도 스스로 짐작하고 있는 바이며 나뿐 아니라 변장의 참모본부에서도 그만큼 많은 기대를 나에게 부치고 있었을 줄 믿었다. 그럼으로 나는 남자기자로 능히 시험치 못할 여자로서만 할 수 있고 느껴볼 수 있는 독특한 변장을 하여 일반이 생각지 못하며 추측치 못할 줄 알고도 알기 어려우며 보고도 느끼기 어려운 변장술로서 일반과 더불어 느끼고자 하였다. 이것이 나의 첫 궁리였다. (조선일보 1924.10.15.)

최은희 기자는 저녁 7시 5분 서대문을 출발하여 중학동–안동–견지동–인사동–종로를 거쳐 8시 40분에 신문사로 돌아오는 여정을 사흘간 기사로 썼다. 가난한 행랑어멈이 어떤 대접을 받는지 실감 나게 그렸다. 이미 설명했듯이, 이 기사는 1920년대에 이미 사회적 문제의식이 담긴 기사를 쓰기 위해 변장과 연출을 시도했다는 점에서 가치 있다. 그러나 그 외에도 주목할 만한 특징이 여럿 있다. 이 기사는 기획의 취지, 변장 방법, 취재 동선을 상세히 알려주어 독자가 기자의 취재 여정에 동행하도록 이끈다. 실감 나는 묘사는 독자가 행랑어멈의 푸대접을 간접적으로 경험하도록 돕는다. 곳곳의 구어체가 내러티브의 맛을 돋운다. 무엇보다도, 이 기사는 연작으로 보도됐다. 즉 3회의 기사가 연속극처럼 연결되어 있다.

일반적으로 한국 신문은 대형 기획물을 보도할 때, 기획의 주제를 여러 개의 소주제로 나누고, 매일 소주제 1개를 집중적으로 보도한다. 그렇게 여러 날 보도하여 대형 기획의 전체 시리즈를 완성한다. 이렇게 하면, 매일의 기사는 전날이나 다음날의 기사와 연결성이 높지 않은 채 사실상 별건이 될 수밖에 없다. 서로 다른 주제의 단막극을 며칠간 보여주는 셈이다. 최은희 기자는 그렇게 기사를 쓰지 않았다. 그는 3일간의 기사를 하나의 글로 연결했다. 긴 글 한 편을 써놓고 삼등분하여 3일간 보도했을지도 모른다. 이 자체는 그다지 어려운 일이 아니라는 뜻이다. 정작 눈여겨봐야 할 점은, 각 날짜의 기사가 특정한 에피소드로 구성되어 사실상 별건이라는 점이다. 예를 들어, 둘째 날 기사는 행색이 남루한 최은희 기자를 길거리의 남학생들이 얕잡아보고 쫓아와 수작을 부리는 에피소드로 구성했다.

> 다시 걸어서 중학동 천변을 끼고 지나가는데 나이 열서너 살쯤 된 검정 두루마기를 입은 남학생 하나가 지나가다가 유난히 아래위로 나를 훑어보더니 "그 무청 팔 거요, 얼마요" 하고 수작을 붙인다. 나는 아주 천연스런 태도로 "아니, 어디서 얻어오는 거예요" 하고 그만 휑하니 지나서 송현 마루턱까지 나왔다. 어디에 잠복한 수작꾼들인지 "저기다!" "잡자!" "얼른 쫓아가보자!" 하고 벽력같이 소리를 지르며 뒤를 따라오는 오륙 명의 남학생이 있었다. "이제는 할 수 없다. 나는 꼭 붙들렸다." 그러나 최후의 수단으로 천연덕스럽게나 굴어보자 하고 울렁거리는 가슴을 손으로 누르며 그들의 하는 소리를 듣는 체 만 체 시침을 뚝 떼고 여전히 슬금슬금 걸어서 안동(安洞)으로 나왔다. 벼락같이 달려오는 그들도 어째 그만 입맛을 쩍쩍 다시며 "아닌 게다~" 하고 더 따라오지를 않는다. 나는 긴 한숨을 한 번 내쉬고 이제는 살았구나 하는 생각으로 얼굴에 흐르는 땀을 주먹으로 씻었다. (계속=崔恩喜記) (조선일보 1924.10.16.)

이날 기사를 읽은 사람은 다음날 기사를 기다릴지 모른다. 또 어떤 새로운 모험이 최은희 기자를 기다리고 있을지 기대되는 것이다. 마지막 날 기사의 주요 에피소드는 최은희 기자가 극장에서 겪은 경험이다. 남루한 최 기자는 여기에서도 천대받는다.

> [조선극장] 일등석에는 기생 아씨들 여학생 아씨들이 가득하고 그 사이로 흘러나오는

향내가 코를 찌른다. 그러나 이 가운데 나를 찾는 사람은 하나도 없었다. 기생 아씨들은 하이칼라 신사 쪽만 쳐다보고 하이칼라 신사들은 기생 아씨만 바라보았지 나 같은 더러운 옷 입은 행랑어멈이야 누가 한번 장난으로라도 쳐다보리오. 기생 아씨 곁에 좀 바짝 앉았더니 아씨께서 성을 버럭 내시며 "이거 누구야, 저만치 가, 옷 구겨져" 하며 핀잔을 주신다. 핀잔을 먹고 극장 문을 나섰다. (조선일보 1924.10.17.)

최은희 기사는 3회분의 시리즈 기사를 3일간 단막극이 아니라 하나의 연속극이되 매일의 기사는 그 자체로 하나의 이야기가 되도록 구성했다. 요즘 텔레비전의 미니시리즈 드라마 작법과 똑같다. 미국 신문이 장문의 탐사 기사를 게재할 때 사용하는 방식이기도 하다. 연작 기사는 첫날 기사를 읽은 후 다음 날 기사를 기다리게 만드는 독자의 호기심 효과를 유발한다(Kramer & Call, 2007/2019). "거대한 '하나의 스토리'를 만들고, 이를 연속극으로 쪼개서 보도했던 것은 오히려 고(古)신문"이었다(송상근·박재영, 2009, 191쪽). 조선일보 사보는 위 기사를 '한국 언론 역사상 최초의 잠입취재'로 지칭했다(김명환, 2008, 4쪽). 체험 기사는 아무리 해도 100여 년 전의 최은희 기자를 뛰어넘기 어렵다.

문학 저널리즘, 뉴 저널리즘

내러티브의 기원은 아리스토텔레스의 〈시학〉까지 올라가지만(Hart, 2011/2015), 저널리즘 영역의 내러티브는 19세기 영미 문학과 연관성이 높다.

원래 영미 언론과 영미 문학의 경계는 희미했다. 19세기 영미 사실주의 문학을 대표하는 찰스 디킨스와 마크 트웨인은 기자였다. 그들의 소설은 당대의 가난하고 소외받은 이들에 대한 이야기였다. 이후에도 잭 런던, 조지 오웰 등으로 그 전통이 이어졌고, 이를 숭앙한 후대의 기자들이 바로 어니스트 헤밍웨이와 존 스타인벡이다. 그들은 르포르타주 기사의 작법을 가미한 사실주의 소설을 집필했다. (안수찬, 2015c, 44쪽).

하지만, 객관주의가 하나의 원칙으로 자리 잡으면서 저널리즘의 문학적 색채는 사라지기 시작했으며, 이후 현재와 같은 사실 정보 중심의 관찰자식 글쓰기가 전범이 됐다. 그러던 미국에서 1960년대에 뉴 저널리즘(New Journalism) 운동이 일어났다. 뉴 저널리즘은 기존 저널리즘이 강조했던 객관성이나 속보성보다 기사에 소설 작법을 적용하여 사건이나 상황을 실감 나게 전하려고 했다. 이런 글쓰기는 사건을 상세하고 친밀하게, 극적으로 표현하기 위해 종종 일인칭 형식을 취했다. 뉴 저널리즘의 선두에 트루먼 카포티, 톰 울프, 노먼 메일러 등이 있었다. 이들은 픽션과 논픽션의 경계를 허물어버리려고 했다. 특히, 헌터 톰슨은 취재원과 동고동락하면서 주관적인 견해를 넘어 환각과 몽상까지 개입시키는 도발적인 글을 일인칭으로 썼다. 톰슨의 글은 기자가 기사의 중심인물이 될 정도로 사건에 깊이 관여하는 새로운 스타일로 자리 잡으면서 곤조 저널리즘(Gonzo Journalism)으로 불렸다. 삼인칭 관찰자 시점의 전통 저널리즘과 달리, 곤조 저널리즘은 기자 자신의 경험과 감정을 일인칭으로 정확하게 전달하고자 했다. 톰슨은 그중에서도 가장 개성이 강하고 살아 있는 글을 쓴 사람으로 유명하다. 하트(Hart, 2011/2015)는 톰슨이 쓴 기사의 한 대목을 소개했는데, 내용은 켄터키 더비 주간에 루이빌에 도착한 톰슨이 공항에서 한 익살꾼과 대화를 나누는 장면이다. 대화 속의 살아 숨 쉬는 표현들이 미국 3대 경마대회 중 하나인 켄터키 더비의 거친 분위기를 잘 보여준다. 아래의 맨 마지막 문장과 관련하여, 하트(Hart, 2011/2015)는 톰슨이 "노골적인 동성애 비하 발언에 가장 마초적인 이미지의 담배를 가장 여성스러운 담배지갑에 넣은 것으로 응수"했다고 평가했다(180쪽).

> 냉방 시설이 갖춰진 라운지에서 한 남자를 만났다. 그는 휴스턴에서 왔다고 했다. 뭐라뭐라 자기 이름을 밝혔지만 "그냥 짐보라고 불러"라고 말했다. 재미 좀 보러 왔노라 하였다.
>
> "뭐든 즐길 준비가 돼 있지. 정말이라니까. 자넨 뭘 마실 텐가?"
>
> 나는 마르가리타에 얼음을 넣어 달라고 주문했지만 남자는 들으려 하지 않았다.
>
> "안 되지 안 돼… 켄터키 더비에 와서 그런 걸 마시다니. 젊은 친구가 왜 이래?"
>
> 그는 바텐더를 향해 씩 웃더니 한쪽 눈을 찡긋했다.
>
> "젠장, 우리가 이 친구 교육 좀 시켜줘야겠는데, 위스키 좋은 걸로 줘보쇼."
>
> 나는 어깨를 으쓱했다.
>
> "뭐 그럼… 얼음에 올드피츠 더블로 주시죠."

짐보는 허락한다는 듯 고개를 끄덕였다.

"이봐."

그는 자기 얘길 들으라고 팔을 툭툭 쳤다.

"여기 켄터키 더비 사람들은 내가 좀 알아. 매년 오잖아. 그런 의미로 내가 터득한 걸 한 가지 알려주지. 이 동네에선 내가 '패깃'[24]이라는 인상을 주면 절대 안 돼. 사람들이 보는 데선 절대 안 돼. 어디 걸리기만 해봐. 그 즉시 돌돌 말아 머리를 바닥에 찧고, 돈을 탈탈 털어 가지."

나는 그에게 고맙다고 인사하고, 말보로 한 개비를 담배지갑에 도로 끼워 넣었다.

(Scanlan's Monthly 날짜 미상) (Hart, 2011/2015, 180쪽)

3. 프로파일

올 초에 김영희 대기자가 타계했을 때, 중앙일보에 부음 기사가 났다. 김영희는 1965년 중앙일보 창간 때부터 일했으니 중앙일보의 산증인이라 할 수 있는 기자다. 그 때문인지 그 기사는 부음 기사로는 이례적으로 길어 200자 원고지 12.4매나 됐다. 기사는 고인의 사망 정보로 시작하여 일생을 연대순으로 다루었다. 부음 기사의 전형적인 양식이다.

김영희 전 중앙일보 국제문제 대기자가 15일 타계했다. 83세. 그는 62년간 현역 언론인으로 활동하였고, 한국을 대표하는 국제 분야 칼럼니스트 겸 인터뷰어로 이름을 날렸다.

마지막 순간까지 그는 펜을 놓지 않았다. 은퇴 후에도 매일 아침 집 근처 커피숍에 나가 검색용과 원고 작성용 등 노트북 두 대를 펼쳐 놓고 글을 썼다. 지난해 9월 12일자 중앙일보에 쓴 '트럼프는 한국을 버리고 북한과 동맹을 맺으려 하는가'가 마지막 글

---

24) faggot. 여자처럼 행동하는 남성 동성애자를 비하하는 말.

이 됐다.

고인은 1958년 고졸 학력으로 학력 제한이 없던 한국일보에 합격했다. 결핵성 관절염으로 입원한 부산의 스웨덴 구호병원에서 영어를 익혔다.

고인이 63년·11월 23일 밤 외신부 야근 중 존 F 케네디 대통령의 암살 소식을 특종보도한 것은 지금도 전설처럼 회자한다. 텔레타이프로 피격 소식이 들어온 것을 포착, 윤전기를 세웠다. 고인은 훗날 "혼자 1면 스트레이트와 스케치 기사를 다 썼다. 완벽한 특종이었다. 타지엔 케네디의 케자도 없었다"고 했다.

65년 7월 중앙일보 창간 요원으로 스카우트돼 창간호(65년 9월 22일자)에 영국의 역사학자 아널드 토인비와의 인터뷰 기사를 실으면서 국제기자로 이름을 알리기 시작한다. (중앙일보 2020.1.16.)

당일 아침에 이 기사를 읽고 중앙일보에 아쉽고 서운한 마음이 많이 들었다. 구구절절 소개하지 않더라도, 김영희는 한국 언론사(史)에 길이 남을 기자다. 그것만으로도 그의 타계는 이 정도의 기사로 처리될 수 없다. 더구나, 그는 중앙일보 집안사람 아닌가? 예측했던 대로, 다른 신문들은 그의 부음을 단신으로 보도했다. 자기 신문에도 자랑하고 싶은 언론인이 있을 텐데, 그가 사망했을 때 타 언론사가 외면한다면 속상할 것이다. 왜 역지사지하지 않는지 이해할 수 없었다. 그래서 김영희 부음 기사를 새로 쓰기로 했다. 저널리즘을 배우며 기자 시험을 준비하는 김지윤 학생(이화여대 커뮤니케이션미디어학부 4학년)이 그 일을 자청했다. 그에게 딱 한 가지를 주문했다. "앞으로 누구도 더 잘 쓸 수 없는 김영희 기사를 쓰라!" 김지윤은 200자 원고지 40매를 썼으며 원고는 스토리오브서울(www.storyofseoul.com)에 2부작으로 게재됐다. 아래는 하편 기사다.

김민환 교수가 대기자에 관한 일화 하나를 소개했다. 1958년 한국일보 인사 담당자가 장기영 사주를 찾았다. "묘한 놈이 하나 있습니다. 고졸인데 영어시험에서 1등을 했습니다." 하지만 전체 시험에서는 8등에 그쳤다. 최종 3명을 뽑는데 2배수인 6명까지가 면접 대상자였다. 그러자 장기영 사주가 3배수를 뽑아 면접을 보자고 했다. 그 묘한 놈의 진짜 실력을 확인하기 위해서였다.

〈중략〉

중앙일보 허남진 대기자는 일주일에 한 번은 꼭 김영희 대기자의 사무실을 들르곤 했다. "사무실에 가면 라운드 테이블이 있어요. 그 위에 영자신문이며 책이며 수북하게 쌓여 있는데, 하여튼 책이든 신문이든 컴퓨터든 뭘 꼭 들고 있었어요. 집에서도 그러나 싶을 정도로."

박영애 소설가(76)는 대기자와 53년 한평생을 배필로 함께 살았다. "집에서는 책을 더 읽지요. 드라마도 안 봐요. YTN 뉴스를 제일 열심히 보고요."

부부는 일본을 자주 찾았다. 대기자의 주목적은 일본 산세이도 책거리를 둘러보기 위해서였다. 책을 한가득 사서 가방에 담아 출국장으로 가면 공항 직원들이 "그게 무엇이냐"고 매번 물었다. 그럴 때마다 박영애 소설가는 웃으며 "골드바(gold bar)데스"라고 답했다. 직원들이 가방을 열어 확인하더니 덩달아 웃었다. "'다른 사람에겐 그냥 책이겠지만 우리한테는 이게 골드바다'라고 했지요." 그 이후로 "골드바 사러 갑시다"는 부부만의 암호가 됐다.

"어디서 봤노?" "어디서 읽었나?" "어디에 나오나?" 대기자의 입에서 자동처럼 튀어나오는 말들이다. 그 뒤를 잇는 말은 "그 책 좀 빌려줄래?"다. 하루는 박정찬 고려대 교수(66)가 대기자와 미디어 현안에 대해 이야기를 나눴다. 이날도 대기자는 "최근에 그거와 관련해서 책 읽은 거 있어요?" 하고 책을 빌려 갔다.

그러곤 돌려받지 못했다. 대기자의 손에 들어간 책은 좀처럼 돌아오는 법이 없었다. 박정찬 교수는 "돌려받아도 그 책 다시는 못 읽는다"고 했다. 대기자의 남다른 독서법 때문이다. "책에다가 노랑 형광펜으로 밑줄을 죽죽 그어놓고 빨간 펜으로 노트를 너무 많이 해놔서…. 그만큼 메모광이었죠." 대기자는 관훈저널 2018년 여름호에서 "나는 책을 엄청 지저분하게 읽는다"고 밝힌 적이 있다.

모나미 0.3mm 빨간색 수성펜이 대기자의 트레이드마크였다. 그의 책 안을 들여다보려고 수소문했더니 정용수 기자가 마침내 도움을 줬다. 3년 전쯤 대기자가 빌려줬다며 그가 보여준 책은 다름 아닌 소설이었다. 가상의 제3차 세계대전을 묘사한 〈The Third World War: August 1985〉라는 제목의 영문 소설책. 대기자는 소설조차도 그냥 읽지 않았다. 빨간 펜을 들고서 곳곳에 밑줄을 치고, 여백에 메모를 하며 읽었다.

〈중략〉

2017년 말 대기자는 기자 생활 59년을 마무리하며 중앙일보를 퇴직했다. 그러나 관훈저널 2018년 여름호에서 "언론사 퇴직이 언론계 은퇴는 아니다"라고 그가 말했다. 대기자는 퇴직 이후에도 책을 읽고 글을 쓰기를 계속했다.

압구정 기아자동차 국내사업본부 1층 카페에서 '미스터 조'를 만났다. 바리스타 조상곤(32) 씨를 김영희 대기자는 그렇게 불렀다.

〈중략〉

조 씨는 집중할 때마다 보이던 대기자의 눈빛을 잊을 수 없다고 했다. "살아 있는 눈빛이었어요. 힘이 실린 눈빛으로 본인 일에 빠져들면 아무리 시끄러워도 주변 한 번을 안 돌아보세요. 기사 쓰거나 책 읽거나. 딱 그 두 가지만 하셨어요."

화장실을 가는 순간에도 노트북을 옆구리에 꼭 끼고 가던 그였다. "화장실에 항상 들고 가셨어요. 누가 가져갈까 봐. 정말 본인 몸처럼 생각하시더라고요. 어르신이 지금까지 써둔 글, 모아둔 자료들이 거기 다 들어 있으니까요."

김영희 대기자가 입버릇처럼 하던 말이 있다. "나를 지탱하는 힘은 글을 쓰는 거다. 내가 펜을 놓으면 그날 나는 죽는다." 한평생을 읽고, 뛰고, 쓰기만 했으니 그는 단연 본투비(born to be) 저널리스트였다. (Story of Seoul 2020.5.24.)

중앙일보가 김영희 기사를 쓰기 위해 무엇을 어떻게 했는지 알아볼 필요는 없다. 한국 신문이 부음 기사를 쓰는 방식은 뻔하다. 아날로그 시절에는 관련 기사 스크랩을 뒤져서, 디지털 시대에는 검색 클릭으로 과거의 기사나 자료를 수집하여 짜깁기하듯이 기사를 쓴다. 기자가 고인과 친했다면, 자기의 경험과 에피소드를 기사에 추가할 수 있을 것이다. 그러다 보니 취재라 할 게 없다. 여간해서 유족 취재도 안 한다. 기자들은 취재원과 코멘트를 그렇게 중시하지만, 부음 기사에 취재원이 없다고 지적하는 것을 들어보지 못했다. 기자들은 부음 기사와 취재원은 별무관계로 알고 있다. 기자가 책상에 앉아서 과거 자료를 조립하여 부음 기사를 쓰니 거기에 인물이 사망했다는 것 외에 뉴스라 할 만한 정보는 없다. 죽은 정보로 죽음을 전하는 것이다. 위의 중앙일보 기사를 앞부분만 발췌하여 보여준 이유도 딱히 뒷부분을 볼 필요가 없기 때문이다. 김지윤 학생은 김영희 부음 기사를 한국의 여느 기자처럼 쓰지 않았다.

기사를 다르게 쓰려면, 취재를 다르게 해야 한다. 부음 취재를 종전과 다르게 하는 방법은 '망자 취재'를 하는 것이다. 죽은 사람을 어떻게 취재할 것인가? 한국 기자들에게 이 말은 정말 황당하게 들리겠지만, 사실은 매일 그런 황당한 일을 하고 있다. 기자가 하는 일의 대부분은 자기가 목격하지 않은 사건을 전하는 것이다. 기자는 교통사고를 보도하려고 경찰 조서를 뒤지거나 목격자 진술을 듣는다. 우주를 보도하려면, 우주에 대해 잘 아는 누군가에게 우주를 물어보는 수밖에 없다. 마찬가지로, 김영희를 만날 수 없는 상황이라면, 그를 잘 아는 사람을 취재하면 된다. 김영희 취재는 곧 '김영희 지인 취재'이다. 김지윤 학생은 원고를 편집진에게 넘기면서 기사에 등장하는 취재원의 이름과 연락처 목록을 팩트체크용으로 첨부했다. 거기에 적힌 취재원은 중앙일보 지인 4명과 언론학계 지인 2명, 그의 장서를 기증받은 도서관의 사서, 중앙일보 퇴직 후 새로 '출근'했던 카페의 바리스타, 그리고 고(故) 김영희 대기자의 부인이었다. 기사 작성에 참고했던 자료 7건의 목록도 첨부했다. 고인이 썼던 중앙일보 기사 3건, 월간 〈신문과 방송〉 기고문 2건, 〈관훈저널〉 기고문 2건이다. 김지윤 학생은 '리서치'(research)하듯이 취재를 했다.

한국 기자는 인물을 취재할 때 인물 속으로 들어가려고 한다. 그래서 반드시 인물을 만나야 하며 그를 인터뷰해야 한다. 그런 식으로 제작되는 기사가 '인터뷰 기사'다. 신문 전면을 차지할 정도로 크게 보도되는 인물 특집 기사도 모두 이렇게 만들어진다. 부음 기사를 쓸 때도 마찬가지다. 직접 만날 수 없으니 어떻게 해서든지 '과거의 망자' 속으로 들어가려고 한다. 이와 정반대로, 김지윤 학생은 인물을 취재하기 위해 인물 밖으로 빠져나왔다. 인물의 바깥에서 인물을 취재한다는 것은 해당 인물 대신 인물의 지인을 취재하는 것이다. 심하게 말하면, 지인들을 통해 인물을 죄어가는 취재 방식이다. 그래야 인물의 다차원성과 복합성을 발견할 수 있다. 지인 취재는 곧 인물의 객관화다(Kramer & Call, 2007/2019). 해당 인물이 생존 인물이든 망자든 관계없다. 김지윤 학생이 지인을 통해 망자에게 접근하는 아이디어를 떠올릴 수 있었던 것은 프로파일(profile)이라는 기사 장르를 알고 있었기 때문이다.

'인터뷰 기사'라는 장르는 국내 신문의 산물이다. 서구의 신문과 교과서에는 그런 용어가 없다. 서구 신문은 단번의 인터뷰로, 문답식으로 인물 기사를 작성하지 않는다는 뜻이다. 서구 신문의 인물 기사는 '프로파일'(profile, 인물 스토리)'로 불린다. 인터뷰

> 기사는 별다른 줄거리 없이 인물과의 문답을 서술하는 반면에 프로파일은 스토리 구조 속에서 인물을 묘사한다. 인터뷰 기사는 인물을 들려주는 데 비해 프로파일을 인물을 그려주는 것이다. (송상근·박재영, 2009, 146쪽)

인터뷰 기사는 양식상 인물의 말을 그대로 옮길 수밖에 없다. 인물의 말이 미심쩍어서 기자가 아무리 되묻고 캐물어도 결국 그의 말을 그대로 쓰게 된다. 그의 말이 진실인지 알고 싶다면, 다른 인물을 만나거나 자료를 뒤져야 한다. 이것이 저널리즘의 삼각확인 원칙이며 그것을 구현한 글쓰기가 프로파일이다. "인터뷰 기사가 이 규범을 지켰다면, 기사에 주제 인물 외에 제2, 제3의 인물이 취재원으로 등장했을 것이다. 하지만 그런 기사는 거의 없었다. 또 다른 인물이 꼭 등장하지는 않더라도, 기자가 그들과 접촉해 얻은 정보를 기사에 녹여 넣었다고 할 수 있는 경우도 거의 없었다. 특히, 주제 인물의 의견과 또 다른 인물의 이견을 함께 제시했던 인터뷰 기사는 정말 없었다"(박재영, 2019a, 93쪽).[25] 인터뷰 기사는 취재원의 자기 진술이며 프로파일은 입체적 검증이다. 인터뷰 기사는 자서전이며 프로파일은 평전이다. 어느 쪽이 인물의 객관화와 진실 검증에 더 가까운지는 자명하다. 글 읽는 재미도 마찬가지다. 이런 이유인지 몰라도 서구 언론에는 인터뷰 기사라는 말이 없으며 그런 기사도 찾을 수 없다(송상근·박재영, 2009).[26] 프로파일은 멋 부리기가 아니다. 왜 서구의 저널리즘이 인터뷰 기사 대신 프로파일로 인물을 보도하는지 숙고해볼 필요가 있다. 김지윤 학생은 김영희라는 인물을 삼각확인과 객관보도의 원칙하에 흥미로운 스토리로 풀어냈다. 그는 누구도 더 잘 쓸 수 없는 김영희 프로파일을 썼다.[27] 한국 최고의 부음 기사라 할 만하다.

---

25) 방송의 인터뷰 기사는 더 문제다. 몇 년 전부터 한국의 방송뉴스에 앵커나 기자가 취재원을 초대하여 대담하는 코너가 유행처럼 퍼졌다. 모든 면에서 신문의 인터뷰 기사와 똑같다. 특히, 그런 인터뷰 대담은 거의 모두 생방송이므로 위험성은 신문보다 더 크다. 초대 인물이 검증 불가능한 이야기를 쏟아내도 앵커나 기자가 제지하기 어렵기 때문이다. "이는 JTBC 앵커가 2014년 세월호 사건 때 이종인 씨와 대담하면서 구조장비 다이빙 벨을 투입해야 한다는 그의 주장을 여과 없이 보도한 것이나, 역시 JTBC 앵커가 2019년에 장자연 사건과 관련한 윤지오의 증언을 검증 없이 전달했던 예에서 잘 볼 수 있다"(김경모 외, 2020, 114쪽).

26) 미국의 언론학자 부어스틴(Boorstin, 1961)은 인터뷰를 의사(疑似) 사건(pseudo-event)이라고 했다. 정말 뉴스라 할 수 있는지 의심이 가는 사건이라는 뜻이다. 이 주장은 한국식 인터뷰 기사에 꼭 들어맞는다(박재영, 2019a).

프로파일을 널리 알린 기사로 '프랭크 시나트라가 감기 걸렸다'(Frank Sinatra Has a Cold)가 꼽힌다. 이 기사의 탄생 배경을 알면 프로파일을 더 잘 이해할 수 있다. 시나트라는 가수, 영화배우, 영화사와 레코드회사 사장, 항공사 소유주, 부동산 재벌로서 2차 세계대전 이후 최고로 성공한 남자로 불렸다. 하지만, 그는 50세 생일을 앞두고 목소리가 갈라지고 외로움을 느끼는 중년의 위기에 처했다. 에스콰이어는 일찍이 시나트라 특집 기사를 기획했지만, 시나트라는 자기를 둘러싼 온갖 소문과 억측에 지쳐 있었기 때문에 인터뷰를 거절했다. 에스콰이어는 뉴욕타임스에서 10년 일하다 지면 제약에 갑갑증을 느끼고 뛰쳐나온 게이 탤리즈에게 이 일을 맡겼다. 하지만, 탤리즈 역시 인터뷰를 거절당했다. 그래서 탤리즈는 시나트라의 스태프 75명을 취재하기 시작했으며 시나트라의 단골 술집에서 그를 두 번 관찰했다. 그렇게 3개월간 '시나트라 퍼즐'을 맞춘 기사는 1966년 4월호 에스콰이어에 아래와 같이 실렸다.

> 시나트라는 … 20살 미아 패로와의 데이트에 붙은 모든 명성이 피곤했다. 그는 CBS가 그의 삶을 다룬다면서 2주 전에 방영한 다큐멘터리에서 그의 사생활을 캐내고 심지어 마피아 조직 보스와의 친분을 추측한 것에 대해 화가 났다. 그는 '한 남자와 그의 음악'이라는 1시간짜리 NBC 쇼프로그램의 녹화가 시작되기 불과 며칠 전인 이 특별한 순간에 약하고 아프고 불명확한 목소리로 18곡의 노래를 불러야 한다는 것이 걱정됐

---

27) 혹자는 부음이 속보성 기사라서 인물 사망 후에 장시간 취재해서 프로파일로 보도하기 어렵다고 말할지 모른다. 그렇다면, 사망 당시에는 일반적인 부음 기사로 보도하고, 며칠 후에 근사한 프로파일을 선보이면 된다. 더 지혜로운 방법은 부음 기사를 미리 써놓는 것이다. 이것 역시 황당한 발상이라고 말하겠지만, 세계 유수의 신문은 원래 부음 기사를 이렇게 작성한다. 부음 담당 기자가 하는 일이 그것이다. 2011년 엘리자베스 테일러가 사망했을 때 뉴욕타임스는 CNN의 속보보다 1시간 반이나 빨리 인터넷에 4,000단어짜리 장문의 부음을 내보냈다(The New York Times 2011.3.23.). 바이라인(by-line)은 뉴욕타임스 35년 경력의 영화연극 전문기자이자 평론가인 멜 거소(Mel Gussow)였다. 하지만, 거소는 2005년에 이미 사망했다. 죽은 지 6년 된 기자가 엘리자베스 테일러의 부음 기사를 작성했던 것이다. 그게 신기했는지 국내 매체도 이 사실을 보도했다. 거소는 살아 있을 때 유명 인사들의 죽음에 대비해 그들의 부음 기사를 미리 써놓았으며 뉴욕타임스는 그의 옥고를 보물처럼 고이 간직했다. 엘리자베스 테일러 부음 기사는 맨 앞부분에 사망 정보만 후배 기자가 쓰고 이후에 '유령기자' 거소의 원고를 그대로 붙인 것이었다(McDonald, 2016/2019, 426-432쪽 참조).

다. 시나트라는 아팠다. 그는 너무 흔해서 많은 사람이 하찮게 여기는 병의 희생자였다. 그러나 시나트라의 경우에 그것은 그를 고통, 깊은 우울, 공황 심지어 격노의 상태로 내던질 수 있다. 프랭크 시나트라는 감기에 걸렸다.

감기에 걸린 시나트라는 물감 없는 피카소, 연료 없는 페라리, 혹은 그보다 더 나쁜 경우다. 왜냐하면, 그 흔한 감기는 시나트라에게서 사후 보전이 불가능한 보석인 그의 목소리를 빼앗고 자신감의 정수(精髓)를 잘라내며, 또 그것은 자신의 영혼에 악영향을 끼칠 뿐 아니라 그를 위해 일하고 그와 술 마시고 그를 사랑하고 그에게 삶의 행복과 안정을 의존하는 많은 사람에게 정신적 콧물을 흘리게 할 것 같기 때문이다. 감기에 걸린 시나트라는 적게는 연예 산업에 진동을 일으키고, 그 이상으로는 미국 대통령이 갑자기 아플 때와 마찬가지로 확실하게 국가 경제를 뒤흔들 수 있다. (Esquire 1966.4.)
(송상근·박재영, 2009, 147-148쪽)

탤리즈는 시나트라가 중년에 겪고 있는 우울과 고통을 읽어내고, 그것을 (정신적) 감기로 표현했다. 시나트라는 만사에 지쳤지만, 어쩔 수 없이 연예인이다. 아래 엔딩은 시나트라의 그런 숙명을 담담하게 보여주어 자주 회자하는 대목이다.

프랭크 시나트라는 차를 세웠다. 신호등은 빨간색이었다. 보행자들은 차 유리창을 재빨리 지나갔지만, 언제나 그렇듯 그중에는 그러지 않는 사람이 1명 있다. 그는 20대 여자였다. 그녀는 보도로 올라가는 연석에서 그를 응시하며 꼼짝 않고 서 있었다. 그는 그녀의 왼쪽 눈을 통해 그녀를 볼 수 있었고, 그녀가 뭔가를 생각하고 있다는 걸 알았다. 왜냐하면, 그런 일은 거의 매일 일어나니까. 꼭 그[시나트라]처럼 보이지만, 진짜일까?

신호등이 녹색으로 바뀌기 직전에 시나트라는 그녀 쪽으로 고개를 돌려 그녀의 눈을 똑바로 바라보면서 그가 이미 알고 있는 그녀의 반응을 기다렸다. 그 반응은 왔고 그는 미소를 머금었다. 그녀가 미소 짓자, 그는 떠났다.

탤리즈는 시나트라를 만나지 않고 영어 1만 5,063단어(200자 원고지 약 250매 분량)의 기사를 썼다. 당시 그가 에스콰이어 편집장에게 보낸 편지는 프로파일의 진정한 의미를 웅변한다. "나는 우리가 원하고 있는 진짜 프랭크 시나트라 기사를 못 만들지 모릅니다만, 우리는 그러지 못함으로써, 또 인터뷰를 계속 퇴짜 맞고 그의 주변 인물들을 만남으로써 그의 진실에 가까워질 것입니다"(송상근·박재영, 2009, 152쪽). 이 기사는 프로파일의 진수(眞髓)가 됐고 저널리즘 글쓰기의 분수령이 됐으며 2003년 에스콰이어 창간 70주년 기념호에서 '역대 최고의 기사'로 평가됐다. 탤리즈는 시나트라를 만날 수 없었고, 만나지 않았기 때문에 역사에 남을 글을 쓸 수 있었다.

한국의 첫 프로파일 기사는 2013년에 나왔다. 바로 아래 기사다.

> 1968년 MBC PD가 점심 먹고 자리에 털썩 앉았다. 오전에 라디오 드라마 공모 예심을 했는데 본심에 넘길 작품이 없었다. 맥 빠져서 낙선작 더미를 헤집다 한 작품에 꽂혔다. "중간부터 확 끌렸어요. 극본을 처음 쓰는지 작법은 영 엉성한데 대사가 신선했어요. 혼한 피륙이 지천으로 널렸는데 흰 옥양목이 한 필 펄럭이는 것 같았어요."
>
> PD는 그 자리에서 "한번 만나자"는 봉함엽서를 썼다. 그걸 받은 25세 응모자가 김수현(70)이다. 본명 김순옥. 고려대 졸업 후 잡지사 다니다 관둔 상태였다. 김순옥은 "내가 정말 쓰고 싶은 건 소설"이라고 했다. PD가 "무슨 소리냐, 당신은 꼭 드라마 써야 한다"고 했다.
>
> 이후 45년간 김수현은 제일 비싸고 제일 바쁜 '특A급 현역' 자리를 한 번도 내준 적 없다. 올 3월 종편 드라마를 마치고 10월에 방영될 SBS 주말극을 쓰는 중이다. 김수현에게 "극본 쓰라"고 권한 PD가 김포천(79) 국악진흥회 이사장이다. 김수현이 왜 롱런하는지 물었다. "얼음 속에 봄볕이 든 사람입니다." (조선일보 2013.7.12.)

조선일보 김수혜 기자는 위 기사를 쓰면서 편집자주에 [당사자에게 성공 요령을 묻는 대신 수십 년 지켜본 지기들을 찾아가 "그 사람이 남들과 어떻게 다르냐"고 물었다]라고 적었다. 김수혜 기자는 군이 김수현을 만나거나 그에게 전화할 필요가 없었다. 프로파일 기사의 인물 접근방식과 똑같다. 실제로, 기사에 취재원 8명이 실명으로 등장하여 김수현을 이야기한다. 이들의 에피소드와 의견을 싣다 보니 정작 김수현이 기사에 들어갈 자리는 거의 없다. 직접 인용구 22개 중 김수현의 발언은 3개뿐이다. 기사는 김수현 지인이 김수현을 평가하는 말의 연속이다. 다음과 같다.

드라마 '곰탕'을 쓴 박정란(72). 김수현과 같은 해 데뷔한 평생 친구다. "그 친구만큼 인간 유형을 깊이 아는 사람이 없어요. 젊어서부터 무지막지하게 읽었어요. 하룻밤에 두세 권 읽어요. 드라마는 인간을 보여주고 인간의 별미는 대사예요. 김수현은 타고난 감수성을 방대한 독서로 뒷받침했어요."

'킬리만자로의 표범' 노랫말을 쓴 양인자(68). 김수현과 함께 잡지사에 다녔다. "밤 늦도록 교정보며 그 양반 기사를 다 읽었어요. 거기서 글맛을 배웠어요. 항상 두 가지를 강조했어요. '글을 쓸 때 위에서 내려다봐라. 밥 먹고 써라.' 졸려서 못 쓰겠다며 원고를 밀어버리는 동료 작가를 보고 이랬어요. '어떻게 할 일이 있는데 잠이 오니?'"

1991년 배우 윤여정(67)이 '사랑이 뭐길래'를 찍다 쓰러졌다. 김수현은 윤여정이 1~132쪽까지 내리 나오는 대본을 냈다. 윤여정이 분장실에서 링거 맞고 비실비실 녹화장에 올라갔다. 연출 박철(75)이 기막혀했다. "니 김수현이랑 친한 거 맞아?" 윤여정이 그날 일을 책에 썼다.

"집에 오자마자 김수현 씨가 '안 죽었니?' 했다. '박철 씨가 당신 잔인하대. 쓰러진 거 알면서 어떻게 그렇게 (대사를) 많이 쓰느냐고.' 이런 때 그이는 인사불성으로 악을 쓴다. '너 쓰러졌다고 니 분량 줄여주면 다른 배우들 일할 맛 안 나! 난 바보하고 응석 많은 인간하고 비굴한 인간이 젤 싫어! 너 지금 세 가지 다 하고 있어!'"

'새엄마'는 초반 시청률이 죽을 쒔다. 방송국에서 "멜로를 넣으라"고 아우성쳤다. 새엄마 전양자(71)와 남편 최불암(73) 사이에 오지명(74)을 넣었다. 효과는 없고 흐름만 헝클어졌다. 김수현이 제작진에게 "한강에 뛰어들 각오를 하자"고 했다. 원안대로 돌아온 뒤 시청률이 1위까지 쭉 솟았다. '새엄마'는 이듬해 411회로 끝났다. 이후 김수현은 안 쓰면 안 썼지 틀지 않았다.

김수혜 기자는 인물을 알아보려고 인물 속으로 들어가지 않았다. 오히려 인물 밖으로 빠져나와 인물을 죄어갔다. 인터뷰 기사의 취재방식과 정반대다. 인물을 객관적으로 보도한다는 말은 인물의 말을 객관적으로 옮기는 것이 아니라 그것을 삼각, 사각으로 검증하는 것이다. 인물 기사를 쓰면서 '나'로 시작하는 경우가 종종 있다. 이렇게 어설프게 기자의 감정을 이입할 것이 아니라 프로파일을 통해 제대로 인물의 객관화를 시도해야 한다.

김수혜 기자는 위와 같은 기사를 딱 3번 쓰고 말았다. 그리고 2014년 한국일보에 '가만한 당신' 시리즈가 나왔다. 최윤필 기자의 이 연재는 장문의 외국인 부음 기사다. 망자를 쓰므로 인물을 인터뷰할 수 없다. 또한, 외국인이므로 지인을 취재하기도 사실상 불가능하다. 그래서 최윤필 기자는 책, 기사, 동영상, 판결문, 회의록, 서신과 이메일, 웹사이트와 블로그 등에서 인물과 관련된 온갖 기록을 수집하여 기사를 쓴다. 여러 자료를 대조하는 과정에서 자연스럽게 삼각확인이 이루어진다. 리서치급의 프로파일이다. 아래와 같은 식이다.

1959년, 출범 6개월 된 미 항공우주국(NASA)의 공간천문학 분과 책임자로 34세 천문학자 낸시 로먼(Nancy G. Roman)이 취임했다. 공간천문학(space astronomy)은 지상이 아닌 우주공간에서 대기 간섭 없이 천체를 관측하기 위해 신설된 부서. 상대적으로 힘없는 파트이긴 했지만, 또 그가 1953년 NASA 전신인 국가항공자문위원회(NACA) 시절부터 일한 영화 '히든 피겨스'의 수학자 캐서린 존슨(Katherine Johnson, 1918~)과 달리 백인이긴 했지만, 당시 여성으로선 획기적인 일이었다. 그는 1979년 은퇴할 때까지만 19년을 재직하며 NASA 최초 여성 임원이 됐고, 대기권 바깥 궤도를 도는 수많은 관측위성의 길을 직·간접적으로 개척했다. 대표적인 게 NASA 역사상 가장 성공적인 프로젝트 중 하나로 꼽히는 허블 우주망원경이었다. 그래서 그를 '허블의 어머니'라 부르는 이들이 있다. 하지만 소책자 한 권 분량인 위키피디아 허블 망원경 항목 어디에도 언급되지 않는 허블의 '히든 피겨스'이기도 했다. 낸시 로먼이 2018년 12월 26일 별세했다. 향년 93세.

〈중략〉

하지만 로먼은, 사실 허블 발사 성공 직후에도 이미 잊힌 존재였다. 그의 존재를 세상에 알린 건 후임 공간천문학 분과장이던 에드워드 웨일러(Edward Weiler, 1979~1998 재직)였다. 그는 허블 발사 직후 인터뷰에서 "라이먼 스피츠(Lyman Spitzer, 1946년 우주망원경 개념을 처음 제안한 천문학자)를 허블의 아버지라고 한다면, 허블의 어머니는 낸시 로먼"(WP)이라고 말했다. 웨일러는 2011년 VOA 인터뷰에서 "인터넷도 구글도 이메일도 없는 그 시절에, 허블 우주망원경의 필요성을 역설하며 천문학자들을 조직화하고 의회를 설득한 게 낸시였다"(NYT)고 말했고, "그는 타고난 책략가(real schemer)였다. (…) 그의 리더십과 불굴의 의지, 정치적 감각이 없었다면 허블도 없었을지 모른다"(National Geographic)고도 말했다. (한국일보 2019.2.11.)

4. 취재 과정 드러내기

일반적으로 기자는 자기가 취재한 결과물을 기사로 쓴다. 취재를 통해 수집한 정보로 기사를 만드는 것이다. 하지만, 자기가 취재하는 과정을 기사로 쓰면 왜 안 되는가? 어느 기자도 이런 도발적인 질문을 하지 않았던 것 같다. 취재 과정은 취재 결과 못지않게 중요함에도 기사의 한 요소로 인식되지 않았다. 주제부터 제시할 것이 아니라 취재를 시작하게 된 동기부터, 취재에 성공하여 얻은 것뿐 아니라 취재의 장애물과 극복 과정도, 취재원의 답변은 물론이고 그가 답하기까지의 과정도 기사에 담을 수 있다. 취재 과정을 보여주는 글쓰기는 기사의 지형을 설계하고 이야기를 풀어가는 데 유용하다. 또한, 독자가 기자와 동행하며 취재하는 것 같은 분위기를 자아내 기사 몰입도를 높일 수 있다.

범죄 사건을 맡은 기자는 경찰의 수사 방향이나 범인 체포는 당연히 취재하지만, 그 전에 범인이 어떻게 범행을 저질렀는지를 취재한다. 말하자면, 취재 과정에 범인의 범행 과정이 당연히 포함된다. 다행히 범인이 현장범으로 붙잡혔다면, 범행 과정과 체포 과정을 한꺼번에 보여줄 수 있다. 아래가 그런 기사다. 일반적인 범인 검거 스트레이트 기사보다 흥미롭고 긴장감도 느껴진다.

서울경찰청 3기동대 30중대 박성배(21) 이경은 "느닷없이 여성의 외마디 비명을 들었다"고 말했다. 2007년 1월 14일 새벽 6시께였다. 그때 그는 김대중 전 대통령의 서울 마포구 동교동 사저에서 경계근무를 서던 중이었다. 〈중략〉 그는 "이상한 생각이 들어 소리가 난 쪽으로 달려갔다"고 말했다.

현장에는 아무것도 없었다. 박 이경은 초소 앞으로 돌아왔다. 잠시 뒤 다시 비명이 들려왔다. 이상했다. 다시 소리가 나는 쪽으로 뛰어갔다. 동교동 183-5번지 세교빌딩과 182-1번지 ㄷ사 사이 골목 아스팔트 바닥에 여성의 위·아래 옷가지와 신발이 떨어져 있었다. 박 이경은 주변을 세심하게 살피기 시작했다. 아무것도 없었다. 뭔가 께름칙한 느낌이 들었다. 무슨 일이 벌어지고 있는 게 분명했다. 박 이경은 초소로 돌아왔다가, 숨죽여 다시 현장으로 접근했다. ㄷ 건물 옆 주차장에 세워진 흰색 차량 옆에서 믿기 힘든 광경이 연출되고 있었다. 운전석 쪽 보닛에 얼굴이 처박힌 한국 노인(67)을 갈색 피부의 미군이 뒤에서 성폭행하고 있는 모습이었다. 노인의 얼굴은 구타를 당한 듯 심하게 일그러져 있었다.

노인과 박 이경의 눈이 마주쳤다. 노인은 손짓에 작은 목소리를 섞어 "살려 달라"고 말했다. 노인은 소리를 지르지 못했는데, 소리를 지를 때마다 심한 폭행이 이어졌기 때문이었다고 한다. 경찰 조사 결과 미군은 ㄷ 건물 안과 주차장 등으로 노인을 끌고 다니며 세 차례나 노인을 성폭행한 것으로 확인됐다. 미군은 박 이경의 모습이 보이면 ㄷ 건물 안으로 숨었다가, 그가 사라지면 다시 주차장으로 나와 성폭행을 계속했다.

〈중략〉

박 이경을 발견한 라미레스는 노인을 버려두고 도망치기 시작했다. "소대장님, 강간범!" 박 이경은 순찰본부(CP)에 있던 박관호 경위에게 무선으로 상황을 전했다. 박 경위는 비상대기조와 함께 현장으로 뛰어갔다. 라미레스는 박 이경이 근무하던 5초소 앞에서 '감악산 산신장군' 점집이란 간판이 달린 골목으로 우회전해 신촌로터리와 동교삼거리를 잇는 큰길로 들어섰다. 큰길에서 왼쪽으로 접어든 라미레스는 악기점 신촌야마하 앞에서 박 경위 등 경찰 4명과의 몸싸움 끝에 검거됐다. (한겨레21 2007.1.26.)

아래는 취재 과정에 중점을 둔 기사의 예다. 기자가 제보를 받은 경우여서 취재 과정을 흥미롭게 보여주기에 수월했다.

"한국건설기술연구원 직원이 민간업체들로부터 수억 원의 뇌물을 받고 이 중 수천만 원을 건설교통부 모 공무원에게 상납했습니다. 또 직원들이 허위로 출장비를 올려 공금을 횡령했어요."

지난 9일 기자에게 이런 제보가 들어왔다. 내용이 상당히 구체적이었다. "현재 감사원 감사가 진행 중"이라고도 했다. '사실일까?' 기자는 우선 한국건설기술연구원(이하

건기연)이 어떤 곳인지부터 알아봤다. 건설기술의 연구개발과 보급을 담당하는 정부출연 공공기관으로 건교부에서 프로젝트 등 일감을 수주하고 있다.

기자는 곧바로 취재에 들어갔다. 정공법으로 부딪쳐보기로 했다. 우선 건기연에 전화를 걸었다.

"감사원 감사를 받은 건 사실입니다. 출장비 횡령도 일부 사실이고요. 하지만 자세한 내용은 모릅니다."

건교부 측도 "감사를 받았지만 구체적인 내용은 모른다"고 했다. 해당 공무원이 현재 '대기발령 중'이라는 것은 확인할 수 있었다. 기자는 취재 과정에서 내부 고발자 한 사람을 만날 수 있었다. 건기연에 근무했던 전 연구원 Q 씨. 감사원이 감사에 착수하게 한 사람이었다.

"지난해 제가 있던 부서의 직원들이 허위로 출장비를 꾸며 올린다는 사실을 (연구원 내부의) 감사실에 알렸어요. 그때만 해도 일이 이렇게 커질 줄은 몰랐죠."

연구원은 자체 감사에서 특정 부서에만 국한된 문제로 보고 관련 직원들을 가볍게 징계하는 선에서 마무리했다. Q 씨는 다른 부서로 전출됐다. 하지만 옮긴 부서에서도 허위 출장비 관행은 여전했다. Q 씨는 고민 끝에 시민단체 '공익제보자와 함께하는 모임'에 알렸다. 이것이 지난해 말 국가청렴위원회 조사와 감사원 감사로까지 이어진 것이다.

"프로젝트를 하는 과정에서 중간평가를 전후해 건교부 담당 공무원에게 수십만 원에서 많게는 수백만 원까지도…."

Q 씨의 입을 통해 상납의 고리가 뿌리째 드러났다. 그는 "프로젝트 평가가 D 이하로 나오면 추가 수주를 받지 못하기 때문에 좋은 평가를 얻기 위해 건교부 담당 공무원에게 돈을 건네왔다"고 했다. "프로젝트와 관계없이 명절이나 연말에도 수시로 돈을 상납해왔다"고 덧붙였다. (중앙 SUNDAY 2007.5.2.)

2019년 한국 사회를 뒤흔든 장본인은 조국 전 법무부 장관이다. 온 언론이 달라붙어 그를 취재했으니 좋은 기사도 많이 나왔다. 그중에 그의 딸이 고등학생 때 영어 논문의 제1저자로 등재됐음을 밝혀낸 기사가 있었다. 동아일보의 특종이었다. 다음이 그 기사다.

조국 법무부 장관 후보자(54)의 딸 조모 씨(28)가 고교 재학 중이던 2008년 대한병리학회에 영어 논문을 제출하고 이듬해 이 논문의 제1저자로 등재된 사실이 19일 확인됐다.

　당시 한영외고 유학반에 재학 중이던 조 씨는 충남 천안시의 단국대 의대 의과학연구소에서 2주가량 인턴을 했으며 이때 연구소의 실험에 참여했다. 이후 단국대 의대 A교수를 책임저자로 2008년 12월 대한병리학회에 제출된 '출산 전후 허혈성 저산소뇌병증(HIE)에서 혈관내피 산화질소 합성효소 유전자의 다형성'이라는 제목의 논문에 제1저자로 이름을 올렸다. A 교수와 조 씨 등 6명이 저자인 이 논문은 이듬해 3월 정식으로 국내 학회지에 등재됐다. (동아일보 2019.8.20.)

　위 기사의 폭발력은 조국 사건의 지형을 바꿀 정도로 컸다. 모든 언론이 동아일보 기사를 받아쓰면서 후속 취재에 뛰어들었다. 하지만, 위 기사는 이런 폭발력은 물론이고 한껏 독자의 관심을 끌 수 있는 흥미로움도 지니고 있었다. 바로 특종의 과정이 그것이다.

　동아미디어그룹의 사내보 '동우'는 위 기사의 첫 번째 실마리는 동아일보 기자가 기억해낸 조국 전 장관의 말 한마디였다고 밝혔다(동우, 2019). 취재팀의 황성호 기자는 위 기사 한 달쯤 전에 사회부 법조팀으로 발령받아 오면서 불현듯 조국 전 장관의 그 발언이 떠올랐다고 했다. 조국 전 장관의 그 말은 무려 9년 전인 2010년 경향신문과의 인터뷰에서 나왔다(경향신문, 2010.12.6.). 당시 경향신문은 조국 교수의 〈진보집권플랜〉 책 발간을 계기로 그를 인터뷰하여 200자 원고지 41.6매짜리 장문의 기사를 썼다. 그 기사에 딸린 상자 기사의 맨 마지막에 [그의 딸은 외고를 거쳐 대학 이공계에 진학했는데, "나의 진보적 가치와 아이의 행복이 충돌할 때 결국 아이를 위해 양보하게 되더라"고 자신의 한계를 인정했다라는 문장이 나온다. 이 문장에 들어 있는 직접 인용구가 문제의 그 발언이다. 황성호 기자는 이호재 기자와 함께 과연 이 말의 의미가 무엇인지 추적하기 시작했다.

　우선, 인터넷을 뒤져 조 장관의 딸로 추정되는 인물이 올린 자기소개서를 찾아냈고, 같은 아이디로 판매된 자기소개서와 이력서 등 문서 6개를 8만 4,500원에 구입했다. 두 번째 실마리는 자기소개서에 적힌 "단국대 의료원 의과학연구소 소속 인턴십의 성과로 논문에 이름을 올렸다"라는 문장이었다. 어떻게 고등학생이 영문으로 된 의학 논문의 저자가 될 수 있었을까? 일단, 그 논문을 찾아야 했다. 취재팀은 학술 아카이브에서 조 장관 딸의 이름으로 검색을 해보았지만, 논문을 찾을 수 없었다. 혹시나 하는 생각에 영문 'CHO'로 다시 검색하다가 우연히 6쪽짜리 논문을 발견했다. 공저자가 6명인데 조 씨가 제1저자였다.

논문조사 작업은 취재팀의 또 다른 기자 2명이 맡았다. 객관적이고 냉철한 조사를 위해 논문 입수팀과 조사팀을 분리했던 것이다. 조 씨의 딸처럼 한영외고 출신인 신동진 기자는 동문의 도움을 받아 퍼즐을 맞추기 시작했다. 논문검증 취재 경험이 있는 김동혁 기자는 병리학 전문가의 도움을 받아 조 씨의 논문을 통째로 번역했으며 논문의 실험내용, 연구 기간, 제1저자의 역할 등을 이중 삼중으로 확인했다. 핵심은 조 씨가 제1저자로 등재된 배경인데, 그것은 공저자들이 풀어줄 수밖에 없었다. 취재팀은 공저자들이 입을 맞추지 못하도록 하려고 동시에 이들을 접촉하기로 했다. 8월 19일 오전, 취재팀 기자 2명은 천안으로 내려가 단국대 의대 장영표 교수와 또 다른 공저자를 같은 시각에 따로 만나서 장 교수의 아들과 조 씨가 한영외고 친구 사이이며 조 씨는 인턴을 2주만 했다는 사실을 확인했다. 취재 한 달여 만에 올린 개가였다.

동아일보는 이 특종을 8월 20일 1면 머리기사와 3면 전면에 게재했다. 하지만, 특종기는 동아일보에 싣지 않고 사내보에 실었다. 특종 기사는 묵직하고 강렬하다. 특종기는 흥미진진하고 친근하다. 둘을 섞어서 한 편의 내러티브 기사로 만들었다면 정말 좋았을 것이다.

2019년 한국언론진흥재단의 언론수용자 조사를 보면, 포털에서 뉴스를 보는 사람 10명 중 4명(36.6%)은 기사의 출처를 인지하지 못한다(정재민, 2020). 10대 청소년은 더 심해서, 뉴스를 제공한 언론사를 확인해보지 않는다는 응답자가 56.4%나 됐다(이숙정, 2020). 어느 매체의 기사인지, 누가 썼는지도 모른 채 기사를 보는 독자를 어떻게 해석해야 할까? 많은 언론인은 독자를 문제 삼겠지만, 기자에게도 문제가 있다. 독자가 인지하고 기억할 수 있도록 기사를 쓰지 않는 상황에서 독자에게 그 '어려운' 일을 기대하는 것은 과욕이다. 조국 전 장관의 딸이 부당하게 논문 제1저자로 등재됐음은 많은 국민이 알겠지만, 그것이 동아일보의 특종임을 아는 독자는 별로 없을 것이다. 누가 그 기사를 썼는지는 정말 모를 것이다. 만일 특종의 배경과 과정을 기사에 활용했다면, 상황은 달랐을지 모른다. 특종은 기자의 관심사이지 독자의 관심사가 아니다. 독자는 특종이라고 해서 딱히 더 중시하거나 열심히 읽거나 오래 기억하지 않는다. 독자는 재미있는 기사를 즐겁게 읽고 오래 기억한다. 기자들은 생산자가 아니라 소비자 입장에 서서 기사를 바라보아야 한다.

대학생들에게 존경하는 언론인을 물어보면, 대부분 외국 기자를 거론한다. 간혹 한국 기자의 이름을 대는데, 근거를 물어보면 학생들은 그가 썼던 칼럼을 제시한다. 한국의 기자는 칼럼 덕분에 유명한 것이지 기사로 유명한 것은 아니다. 어처구니없는 일이다. 기자는 칼럼을 쓰는 사람이 아니며, 써서도 안 된다(박재영, 2019b). 기사에 비하면 칼럼은 하찮은 글이다. 그런데도 기자들은 기사는 기계적으로 쓰고 칼럼은 공들여쓴다. 한국에 레전드 기자가 없는 것은 그런 급의 기사가 없기 때문이다. 언론사마다특종을 수십 개나 한 '전설의 기자'가 있지만, 그가 쓴 기사를 기억하는 독자는 거의없다. 동료 선후배들도 그의 기사를 잘 모른다. 이것이 한국 언론의 비극이며 한국 독자의 불행이다. 앞 동아일보 기사의 취재 과정은 특종 정보보다 더 흥미로워서 사안을 내러티브로 풀어내는 데 좋은 재료가 될 수 있다. 기사에 취재 과정을 활용했다면, 많은 사람이 동아일보와 동아일보 기자를 기억했을 것이다. 내러티브 글쓰기를 실험하고, 매체와 기자를 알릴 수 있는 절호의 기회를 놓친 것이 못내 안타깝다.

5. 내러티브 탐사보도

내러티브 글쓰기가 제대로 빛을 발할 수 있는 영역 중 하나는 탐사보도다. 탐사 기사는 길기 때문에 기사 가독성이나 흡인력이 관건이며, 그렇다 보니 탐사 기자들은 일찌감치 내러티브와 같은 새로운 기사 작법에 관심을 가졌다(Weinberg, 1996/2000). 5장에 소개했던 신광영 동아일보 기자의 '두만강변의 배신'도 그런 대표적인 사례다.

한국에서 내러티브와 탐사보도를 결합한 사례는 2011년으로 거슬러 올라간다. 2011년 3월 탐사보도팀을 신설한 한겨레는 〈한겨레in〉이라는 심층보도 특화지면을 만들고, 한국인 무슬림, 4대강 공사 사망자, 탈북자의 아메리칸 드림, 조선족 대이주,

교육부 마피아의 수상한 취업, 인터넷 극좌-극우 전쟁, 2013 대선 트위플 혁명 등의 탐사보도물을 연속해서 내보냈다. 이 기획을 주도했던 안수찬 당시 한겨레 탐사보도 팀장은 "심층보도, 새로운 글쓰기, 롱저널리즘의 세 요소를 결합해보고 싶었다"고 말했다(박재영 외, 2013, 71쪽). 아래의 한국인 무슬림 기사는 내러티브 롱저널리즘의 대표적인 사례라 할 수 있다.

> 그날 이후 모든 것이 바뀌었다. 미국 뉴욕의 초가을 하늘은 청명했다. 오전 9시께 윤알리야(36) 씨는 퀸스 거리의 자취방에서 수업 준비에 바빴다. 오후엔 퀸스대학 미술학과 대학원 수업이 있었다. "오오, 나의 신이여. 또 다른 비행기가 충돌했습니다." 건성으로 틀어놓은 라디오에서 누군가 외쳤다. '새 드라마를 시작했군.' 윤 씨는 생각했다. 지하철로 열 정거장 떨어진 곳에서 무슨 일이 벌어졌는지 윤 씨는 알지 못했다. 유학 2년째를 맞은 2001년 9월 11일 아침이었다.
>
> 세계무역센터 빌딩이 무너진 뒤, 윤 씨는 손가락질을 받았다. 거리를 걷는데, 어느 백인 아줌마가 윤 씨의 미간을 손가락으로 가리켰다. "너는 역겨워!" 사진학 수업에서 윤씨는 C학점을 받았다. 과제물로 낸 뉴욕 무슬림(이슬람교도) 사진을 유대인 교수는 싫어했다. 직업을 구하려 했으나 번번이 면접에서 떨어졌다. 어렵게 사립학교 상담교사 자리를 구했다. 윤 씨를 채용한 미국인이 나중에 말했다. "우리 아버지도 무슬림이셨어."
>
> 9·11 테러 직전인 2001년 여름, 윤 씨는 무슬림이 되었다. (한겨레 2011.5.17.)

기사를 내러티브로 쓴다고 하면, 탐사성이 약해질 것을 걱정할 수 있지만, 그것은 기우에 불과하다. 내러티브 기사는 불법행위를 더 강렬하게 부각할 수 있으므로 탐사성도 더 강해질 수 있다. 실제 한겨레 탐사보도팀의 4대강 공사 사망자 기사는 공사 와중에 숨진 사람이 19명이나 된다는 사실을 처음으로 밝혀낸 특종이었다. 안수찬 팀장의 목표대로 '탐사+내러티브+롱저널리즘'을 제대로 구현했던 것이다. 다음이 그기사의 리드다.

아빠의 목소리가 흘러나오는 전화기를 귀에 대자 아기는 생글생글 웃었다. 금요일 저녁, 아내는 아파트 앞 놀이터에서 휴대전화의 단축번호 1번을 눌렀다. 집에 오는 시간을 물었다. "대통령이 내일 여기 내려올 것 같아. 밤샘작업을 해야 할지도 몰라. 그것 때문에 여기 사람들 신원조회까지 다 했어."

이번 주말엔 남편을 볼 수 있으리라 생각했다. 2주에 한 번, 토·일요일을 모두 쉴 때마다 남편은 경북 의성의 공사장에서 전남 신혼집까지 차를 몰고 왔다. 5시간이 걸렸다. 남편은 돌이 지나지 않은 아들과 놀다 금세 곯아떨어지곤 했다. 하지만 이번 주말 남편의 귀가는 불투명해졌다.

결혼을 두 달 앞두고 남편은 두산건설에 계약직으로 들어갔다. 4대강 공사를 맡은 두산건설이 사람을 뽑았다. "도급순위 10위권 안에 드는 회사야." 남편은 중견 건설사에서 3년째 토목기사로 일하고 있었다. 지방대를 다닌 남편은 대학 재학 중 토목기사 자격증을 땄다. 경남 작은 도시에서 농사를 지어 외아들을 뒷바라지한 시부모에게 남편은 자랑거리였다. 남편은 2009년 가을부터 경북 의성 낙동강 32공구에서 일을 시작했다. 결혼하자마자 부부는 2주에 한 번씩 주말에만 만났다. 이듬해 아들이 태어났다. 아내는 남편이 보내주는 월급을 차곡차곡 모았다. (한겨레 2011.5.31.)

9장

이야기 구조

이제 기사의 리드나 엔딩, 중간 곳곳에 활용되는 장치 차원이 아니라 글 전체적으로 내러티브를 어떻게 구현할 수 있는지 알아본다. 즉 기사의 전체 흐름이나 구성에 중점을 둔 채 어떻게 이야기를 전개할 수 있는지 살펴볼 것이다.

1. 일반적 5단계 구조

일찍이 아리스토텔레스가 지적한 대로 인류가 만들어낸 모든 이야기는 처음, 중간, 끝으로 구성되어 있다(박정자, 2019). 아리스토텔레스는 그것을 이야기 3막 구조라고 했다. 우리의 전통적인 이야기 구조는 기승전결의 4단계 구조다. 최수묵(2011)은 가장 일반적인 이야기 구조는 5단계라고 하면서 필요에 따라 단계를 축약하거나 변용할 수 있다고 했다. 기사의 이야기 구조는 소설적 구성을 얼마나 반영하는가에 따라 달라진다. 3단계든 5단계든 너무 형식에 얽매이지 말고 내용에 따라 이야기 구조를 융통성 있게 변용할 수 있다. 그것이 더 창의적이다. 이 분야 논의는 전통 저널리즘 영역과 논픽션 영역으로 나누어질 수 있다. 우선, 전통 저널리즘 쪽의 논의를 살펴본다.

먼저, 노블로치(Knobloch, 2003)의 기사 흐름 5단계를 소개한다. 노블로치는 기사의 구조에 따른 독자 효과를 연구하기 위해 실험용 역피라미드 기사와 내러티브 기사를 만들면서 두 기사를 어떻게 구조화했는지 설명했다. 노블로치는 기사의 흐름을 구성하는 5개 기본요소로 도입(Initiating Event), 부연(Exposition), 복잡성(Complication), 절정(Climax), 결과(Outcome)를 설정하고, 이들이 순차적으로 제시되는 구조를 선형담론구조(Linear Discourse Structure)로 지칭했다. 여기서 복잡성은 '상황을 더 복잡하게 만드는 요소'를 뜻한다. 이에 비해 역피라미드 구조는 주제 요약형 리드로 시작하여 주제 보강용 부연 정보가 나오고, 중요도의 순서에 따라 여타 정보가 나열된다(Brooks, Kennedy, Moen, & Ranly, 2002; Mencher, 1994). 이 논의를 기

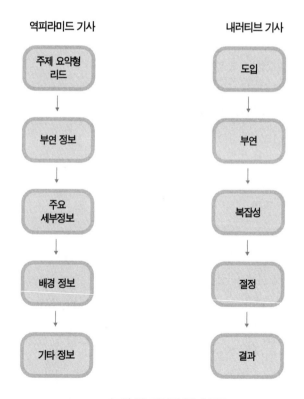

〈그림 12〉 기사의 5단계 구조

초로 박재영, 정세훈, 곽민영(2011)은 〈그림 12〉와 같이 역피라미드 구조와 내러티브 구조를 각각 5단계로 개념화했다.

세 연구자는 위의 구조에 맞도록 역피라미드 기사와 내러티브 기사를 만들어 독자 효과를 비교했다. 내용은 동일하되 구조가 상이한 기사로 연구를 했으므로 연구에 사용된 기사를 비교해보면 두 가지 글쓰기의 차이를 명확하게 파악할 수 있다. 실험용 기사의 주제는 전형적인 기획 아이템인 유기동물, 전형적인 사건 아이템인 '묻지마' 살인, 그리고 대표적인 스포츠 아이템인 프로야구였다. 주제마다 한 쌍의 기사가 있으므로 모두 세 쌍의 기사가 실험에 사용됐다. 기사 주제를 다양화했던 것은 내러티브 글쓰기가 어떠한 주제에도 적용될 수 있음을 보여주기 위해서였다.

구체적으로, 실험용 기사의 주제는 2010년 초에 사회적으로 문제가 되기 시작했던 유기동물의 안락사 문제, 2008년 서울 강남구 논현동 원룸의 묻지마 살인 사건, 2010년 프로야구 SK 와이번스와 KIA 타이거즈의 우천 경기다. 이 사건들은 여러 신문사에 실제로 보도됐으며, 아래의 역피라미드 기사는 그런 기사 몇 개를 모아서 재구성한 것이다. 따라서 역피라미드 기사는 실제 보도된 기사와 거의 똑같다. 이에 비해 내러티브 기사는 연구자들이 연구용으로 만들어낸 가상의 기사다. 이 내러티브 기사들은 역피라미드 기사에 포함된 사건의 주요 정보를 그대로 활용하되 기사의 구성 즉 사건의 흐름을 완전히 다르게 설정했다. 따라서 이 기사들을 잘 살펴보면 내러티브 작법을 스스로 터득할 수 있다.

다음에서 세 쌍의 기사 및 해제를 살펴볼 것이다(박재영·정세훈·곽민영, 2011, 44-65쪽 참조). 이야기 5단계 구조의 각 단계를 알아볼 수 있도록 기사와 해제에 모두 번호를 붙였으며 기사 마지막에 분량을 표시했다. 해제를 읽어보면, 별도의 설명이 없더라도 사안을 어떻게 5단계 구조로 작성했는지 쉽게 알 수 있다.

유기동물 역피라미드 기사

① 국립수의과학검역원은 지난해 전국 384개 유기동물보호소에 10만 356마리의 유기동물이 들어와 약 5만 마리가 안락사됐다고 5일 발표했다. 질병으로 폐사한 3만 마리를 합하면, 유기동물의 80%가 결국 죽었던 것으로 밝혀졌다.

② 유기동물의 70%는 개였으며 20%는 고양이였다. 유기동물은 경기도가 3만 2,000여 마리로 가장 많았고, 그다음은 서울시 1만 9,000여 마리였다. 특히 지난해에는 건강이 양호한데도 유기됐던 동물이 예년보다 2배나 많았다. 동물사랑실천협회 김선호 씨는 "반려동물을 물건처럼 여길 정도로 시민들의 윤리의식이 바닥에 떨어졌다"고 말했다.

③ 유기동물은 대부분 일반가정에서 나온다. 반려동물을 키우는 가구는 17.4%이며, 이들의 94.2%가 개를 기른다. 하루에 개 수천 마리가 거래된다. 동물자유연대 이수미 국장은 "사람들은 개가 귀여워서 덜컥 샀다가 조금이라도 문제가 생기면 곧장 내다버린다"고 말했다. 병들거나 다친 경우는 물론이고, 말을 안 들어서, 대소변을 못 가려서, 신발을 물어뜯거나 짖어서, 심지어 싫증이 나서 버리기도 한다.

버려진 동물들은 길에서 사경을 헤매다가 구조되더라도, 동물보호소에서 다시 생사의 기로에 서게 된다. 보호소는 유기동물을 10일간 보호하면서 주인이 찾아오거나 입양자가 나타나길 기다린다. 그 이후엔 길어도 90일 내에 안락사시킨다.

인천동물보호소 안재훈 수의사는 "살아 있는 개를 죽일 때의 슬픔과 고통은 형용할 수 없다"고 말했다. "개들은 어떤 일이 생길지 아는 것 같아요. 두려움에 가득 찬 개를 보면서 저는 '좋은 데로 가서 다시는 동물로 태어나지 마라'고 기도합니다." 안 씨는 울먹이며 말했다.

④ 정부의 유기동물 감소대책에도 불구하고 상황은 악화일로다. 경기도는 2008년부터 반려동물등록제를 실시하면서 마이크로칩을 동물에게 주입하는 시술비 전액을 지원하고 있다. 칩에 동물의 신상정보가 담겨 있어서 유기되더라도 쉽게 주인을 찾을 수 있다. 그러나 경기도의 유기동물은 오히려 매년 수천 마리씩 증가했다. 전국 통계도 2007년 이후 매년 10%씩 증가 추세다. 또 지자체들은 유기동물 관리비를 연간 총 1백억 원으로 증액했지만 갈수록 태부족이다.

⑤ 동물구조협회 민충기 회장은 "유기동물이 너무 많아서 안락사는 불가피하다"고 말했다. 정부대책만으로 절대 해결될 수 없으며 시민들의 의식개선이 절실하다는 것이다. 동물을 충동적으로 구매해서는 안 되며, 구매하면 끝까지 책임져야 한다. 입양하면 더 좋다. 동물보호소의 동물이 새 주인에게 입양되는 비율은 20%. 입양되는 만큼의 동물이 목숨을 건지게 된다. 입양대상 동물들은 건강하며 입양절차도 간단하다(1577-0954, www.animal.go.kr).

수의사 안 씨는 "반려동물은 장난감이 아니라 희로애락을 느끼는 생명"이라며 "시민 각자가 조금씩 사랑을 베풀면 동물들을 구할 수 있다"고 말했다. 〈200자 원고지 7매〉

유기동물 역피라미드 기사의 해제

① 주제 요약형 리드
기사에서 제일 중요한 정보는 전국적으로 동물보호소에 붙잡혀 온 유기동물이 10만 마리를 넘었다는 것과 이들의 약 절반이 안락사된다는 것이다. 따라서 리드에 이 두 가지 정보를 담았으며 전체적으로 스트레이트 기사 형식으로 작성됐다.

② 부연 정보
이 단계는 리드의 정보 가운데 중요한 것을 먼저 부연한다. 그래서 유기동물의 구성과 지역별 발생 건수를 설명했으며 관계자의 의견을 직접 인용구로 소개했다.

③ 주요 세부정보
독자는 리드와 부연 정보를 읽고, 당장 그렇게 많은 유기동물이 도대체 어디서 나오는지, 그리고 왜 그렇게 되는지를 궁금해할 것이다. 즉 사안의 실태와 원인에 대한 설명이 필요하므로 이 단계는 유기동물의 주요 발생원이 일반가정이라는 점과 시민들이 반려동물을 내다 버리는 다양한 이유를 설명했다. 이 단계에서 특히 중요한 정보는 리드에 포함된, 기사 키워드 중 하나인 '안락사'이다. 이를 설명하기 위해 동물보호소에

잡혀 온 유기동물들이 안락사되는 경위 및 안락사를 담당하는 수의사의 슬픔과 고통을 소개했다.

④ 배경 정보

사안의 실태와 원인을 알게 된 독자들은 도대체 어떻게 해서 일이 그 지경이 됐는지, 또는 그간에 정부는 무엇을 했는지에 대해 의문을 가질 것이다. 따라서 기사는 그에 대한 답을 배경 정보로 구성했다. 이 배경 정보는 이전의 정보들에 비해서 중요도가 낮다.

⑤ 기타 정보

기사는 유기동물이 너무 많아서 안락사가 불가피한 상황이지만, 시민들이 동물보호소의 동물을 입양하면 안락사 동물의 수를 줄일 수 있다는 대안을 마무리 정보로 활용했다.

유기동물 내러티브 기사

① "오늘은 마음을 단단히 먹어야 한다." 매주 수요일 안재훈 씨는 이렇게 다짐하며 출근했다. 오후 3시의 그 일 때문이다. 그걸 하려고 수의사가 된 것은 아니지만, 어느새 그것은 불가피한 일이 돼버렸다. 전국 어디나 마찬가지다.

② 오늘따라 오전부터 새 식구들이 몰려들었다. 다리가 부러진 몰티즈, 눈이 충혈된 시츄, 송장처럼 바짝 마른 잡종개, 심지어 멀쩡한 동물들도 더러 있었다. 모두 길거리에서 잡혀 왔다. "얘들을 다 어떻게 받아들이나…." 안 씨는 벌써부터 마음이 무거워졌다.

인천동물보호소는 300마리를 수용하지만, 이미 100마리나 초과했다. 오늘 족히 20마리는 더 들어올 것이다. 전국 384개 동물보호소가 비슷한 처지다. 지난해 전국에서 10만 356마리의 유기동물이 발생했다. 그중 70%가 개였고 20%는 고양이였다. 유기동물은 경기도가 3만 2,000여 마리로 가장 많았고, 그다음은 서울시 1만 9,000여 마리였다.

정부는 유기동물을 줄이기 위해 동물의 몸에 마이크로칩을 무료로 주입해주고 있다. 칩에 동물의 신상정보가 들어 있어서 유기되더라도 쉽게 주인을 찾을 수 있다. 또 유기동물 관리비를 마리당 10만 원으로 증액하여 연간 1백억 원을 동물보호소에 지원했다. 그러나 유기동물은 오히려 2007년 이후 매년 10%씩 증가했다. 이동훈 인천동물보호소장은 "유기동물이 감당이 안 될 정도로 많이 들어온다"고 말했다.

③ 안 씨는 희비가 엇갈렸다. 그는 다치고 병들고, 또 이유 없이 버림받은 가련한 생명들에게 사랑과 평화를 주고 싶었다. 그러나 그들을 되살려놓고도 다시 죽음으로 몰아넣어야 한다. 유기동물들은 보호소에서 10일 동안 주인이 찾아오거나 입양자가 나타나길 기다린다. 그때가 운명의 시간이다. 주인도 입양자도 없을 때의 선택은 이미 정해져 있다.

④ 오후 3시가 되자, 안 씨는 진료실에서 그 일을 시작했다. 오늘 처리해야 할 23마리 중에서 가녀린 푸들이 제일 먼저 수술대에 올라왔다. "이 해맑은 눈을 도저히 쳐다볼 수 없네요." 떨리는 목소리로 안 씨가 말했다. 앞발 정맥에 마취주사를 놓고 근육이완제를 투여하자, 푸들은 눈을 감더니 맥없이 고개를 떨어트렸다. 안락사는 그렇게 쉽게 빨리 끝났다.

"개들은 어떤 일이 생길지 아는 것 같아요. 쓰다듬어주면 애처롭게 쳐다봐요. 기도를 할 뿐입니다. 너는 착하고, 여기 온 건 네 잘못이 아냐. 좋은 데로 가거라. 다시는 동물로 태어나지 마라…." 안 씨는 고개를 숙이며 돌아서서 눈물을 흘렸다.

동물들은 쓰레기소각장에서 연기로 사라진다. 지난해 유기동물의 절반인 5만 마리가 그렇게 떠났다. 3만 마리는 질병으로 폐사하여, 유기동물의 80%가 결국 죽었다.

안 씨는 "사람들은 충동적으로 동물을 구매하고, 너무 쉽게 내다 버린다"고 말했다. 유기동물은 대부분 가정에서 나온다. 전국 가구의 17.4%가 동물을 키우며, 이 중 94.2%가 개를 기른다. 매일 수천 마리의 개가 거래된다. 사람들은 병들거나 다친 개는 물론이고 말을 안 들어서, 대소변을 못 가려서, 신발을 물어뜯어서, 짖어서, 심지어 싫증이 나서 개를 버린다. 동물사랑 김선호 씨는 "동물을 물건처럼 여길 정도로 시민들의 윤리의식이 바닥에 떨어졌다"고 말했다.

⑤ 온종일 우울했던 안 씨는 보호소를 방문한 박명자 씨와 딸 소은 양을 보고 화색이 돌았다. 박 씨는 "초등학생 딸에게 동생을 보여주려고 왔다"고 했다. 유난히 꼬리를 흔

드는 몰티즈 앞에 소은이가 한참 동안 멈춰 서 있자, 박 씨는 "얘를 데려갈 수 있느냐?" 고 물었다.

이 몰티즈처럼 죽음의 문턱에서 살아난 동물은 지난해 20%에 불과하다. 동물구조협회 민충기 씨는 "동물을 갖고 싶으면 구매하지 말고 입양해야 하며, 또 갖게 되면 버리지 말고 끝까지 책임져야 한다"고 말했다. 입양대상 동물들은 건강하며 입양절차도 간단하다(1577-0954, www.animal.go.kr).

"오늘 한 생명을 구하신 겁니다. 몰티즈에게 행복을 선물해주세요." 안 씨의 말에, 박 씨는 "오히려 몰티즈가 우리 가족에게 더 많은 행복을 줄 것 같다"고 대답했다. 〈200자 원고지 9.7매〉

유기동물 내러티브 기사의 해제

① 도입

이야기 전개에 매우 긴요한 요소 중 하나는 시간이다. 시간을 과거에서 시작하여 현재, 미래로 이어지는 연대기순으로 설정할 수 있으며 과거와 현재, 미래가 혼재하도록 설정할 수도 있다. 예를 들어, 영화는 현재 장면으로 시작했다가 과거로 갔다가 현재로 되돌아왔다가 대과거로 더 거슬러 올라가기도 한다. 시간을 혼재하는 것이 연대기순보다 더 긴장감을 유발할 수 있지만, 그렇게 구성하려면 상당한 글쓰기 전략과 역량이 필요하다. 평범하게 연대기순으로 작성해도 훌륭한 내러티브 기사다.

유기동물 사안을 연대기 형식으로 구성하려면, 적정한 시간의 흐름을 상정해야 하며 시간 흐름 속에서 사안이 소개되어야 한다. 이를 위한 효과적인 방법은 기사의 주인공을 설정하고 주인공의 시간 흐름 속에서 사안이 불거지도록 만드는 것이다. 사안의 캐릭터를 찾는 것, 즉 개인화 과정이 필수적이다. 위 기사는 가공의 인물인 수의사 안재훈을 주인공(매개물)으로 설정하고, 그의 하루를 통해 사안의 전모를 담았다. 즉 수의사 안재훈의 하루를 시간축으로 놓고, 그의 관찰 정보와 느낌을 소개하는 형식을 취하면서 유기동물 정보들이 시간축에 횡으로 연결되도록 구성했다. 이는 가상의 설정이지만, 실제 취재 현장에서 얼마든지 구현할 수 있으므로 기사 내용의 개연성에 문제가 없다.

전형적인 내러티브 기사처럼 이 기사는 뜬금없이 안재훈이라는 인물을 등장시키면서 시작한다. 인지도가 낮을수록 아무런 신상정보 없이 그의 성명부터 제시하는 것이 독자의 호기심을 높인다. 그가 수의사라는 주요 정보는 네 번째 문장에 가서야 나온다. 이 단계에는 기사의 가장 중요한 정보에 대한 복선이 깔려 있다. 그는 매주 수요일에 유달리 긴장한다는 점, 오후 3시의 '그 일' 때문이라는 점, 그 일은 전국적으로 불가피한 현실이 돼버렸다는 점 등이 안락사의 복선에 해당한다. 이 기사는 안락사를 기사의 키워드로 설정하고, 정보 대부분이 그에 수렴되도록 구성되었다. 역피라미드 구조에서 주제 요약형 리드에 포함됐던 정보는 한참 뒤에 나온다. 예를 들어, 전국의 유기동물이 10만 마리를 넘었다는 사실은 '② 부연'에서 소개되며 유기동물의 약 절반이 안락사된다는 정보는 '④ 절정'에서 언급된다. 도입은 주인공을 소개하면서 기사가 어떻게 전개될지 궁금증을 자아내는 단계다.

② 부연

이 단계는 안재훈의 일과가 시간 순서대로 이어지도록 구성됐다. 첫머리는 안재훈이 출근 후에 유기동물이 몰려드는 장면을 목격한 소감이다. 동물보호소가 포화상태라는 점, 정부의 대책에도 불구하고 유기동물이 증가하고 있다는 점 등의 여타 정보도 함께 담겨 있다. 그러나 여기까지의 정보는 여전히 배경 정보에 불과하다. 바로 이 단계 이후에 나올 사안의 복잡성을 독자들이 이해하도록 도와주는 정보들이다.

③ 복잡성

이제 기사는 절정으로 나아가기 위해 문맥을 전환해야 한다. 동시에 '포화상태인 유기동물은 결국 어떻게 될까?'라는 독자의 의문에 답해야 한다. 기사는 이 두 가지를 해결하기 위해 다시 수의사 안재훈을 등장시켜 복잡성 단계를 구성했다. 기사는 다치고 병든 동물들을 살려놓고도 다시 죽음으로 몰아야 하는 안재훈의 아이러니를 소개하면서 유기동물 문제가 간단치 않은 사안임을 암시한다. 그러나 이 단계는 여전히 절정을 위한 준비단계이기 때문에 기사의 핵심 정보를 아껴두어야 한다. 그래서 "죽음으로 몰아넣어야 한다", "운명의 시간이다", "선택은 이미 정해져 있다"라는 암시적 구절로 또다시 복선을 깔아놓았다. 이 구절들은 키워드의 등장을 예고하면서 절정의 효과를 극대화하는 장치다.

이 단계는 유기동물 사안의 복잡성을 세 가지 차원으로 제시하고 있다. 부연 단계에 이미 언급했던, 유기동물이 너무 많다는 것이 첫 번째 복잡성이며 유기동물들이 어떤 운명에 처하게 될 것이라는 게 두 번째 복잡성이다. 세 번째 복잡성은 수의사 안재훈이 겪게 될 아이러니다. 독자는 기사를 읽으면서 안재훈의 아이러니를 간접체험하게 된다.

④ 절정
절정 단계는 도입 단계를 반복하면서 시작한다. 이 단계의 첫 문장에 포함된 '오후 3시'와 '그 일'은 이 기사가 도입부터 절정을 목표로 작성됐음을 보여준다. 특히 '오후 3시'는 이 기사가 계속해서 수의사 안재훈의 시간 흐름을 따르고 있음을 알려준다. 기사의 키워드인 '안락사'는 이 단계에 와서야 처음 등장한다. 안락사의 과정을 묘사하고 수의사 안재훈의 심경을 여러 개의 직접 인용구로 처리하여 독자의 간접체험과 감정이입을 유도했다.

⑤ 결과
결과 단계도 수의사 안재훈의 시간 흐름을 따르고 있다. 안재훈이 당일 마지막으로 경험한 사건으로 기사가 마무리되기 때문이다. 이 단계의 주제어는 '입양'인데, 역피라미드 구조도 마지막 단계인 '기타 정보' 단계를 '입양'으로 구성하고 있어서 별 차이가 없어 보인다. 그러나 역피라미드 기사는 입양을 설명했으며 내러티브 기사는 한 모녀의 사례를 보여주면서 입양을 묘사했다. 그럼으로써 독자의 카타르시스 효과가 높아졌다. 맨 마지막 문장이 안재훈의 직접 인용구로 처리되어, 기사가 일관되게 주인공 중심으로 작성되었음을 재확인시켜준다.

① 30대 무직자가 "세상이 나를 무시한다"고 원룸건물에 불을 지르고 입주자들에게 마구 칼을 휘둘러 6명이 숨지고 7명이 부상당했다. 사망자는 모두 단칸방에서 혼자 힘겹게 살아온 부녀자들이었다.

② 20일 오전 8시 15분쯤 강남구 논현동 다사랑 원룸건물 3층에 사는 정성모(31) 씨는 자신의 방 침대에 라이터용 휘발유를 뿌려 불을 지른 뒤 복도에서 입주자들이 나오기를 기다렸다. 이날 건물 3, 4층에 있는 85개의 방에 69명이 잠을 자고 있었다. 이들 대부분은 인근 시장과 식당에서 새벽까지 일하고 귀가한 사람들이었다.

약 5분 후 건물에 연기가 가득 차 입주자들이 정신없이 방을 나오기 시작하자, 정 씨는 이들에게 다가가 30cm 회칼을 휘둘렀다. 정 씨는 온통 검은색 옷에 고글, 마스크, 헤드랜턴을 착용했으며 가스총까지 갖고 있었다.

건물관리인 김두남(65) 씨는 "'불이야!' 하는 소리와 함께 비명이 들려 방문을 열어보니 연기가 자욱한 복도에서 괴한이 칼을 휘두르고 있었다"고 말했다. 김 씨는 겁에 질려 방문을 걸어 잠그고 경찰에 신고했다.

③ 사망자들은 모두 부녀자들로서 무자비하게 살해됐다. 이월자(50·여) 씨는 전신을 20여 군데나 찔려 숨졌으며 조인숙(53·여) 씨는 칼이 배에서 척추까지 관통하여 숨졌다. 민수미(51·여) 씨는 칼에 찔린 후 탈출하려고 3층 창문으로 뛰어내렸다가 사망했다. 정 씨의 칼에 옆구리를 베었던 강복순(38) 씨는 "괴한은 우왕좌왕하는 입주자들을 닥치는 대로 공격했다"고 말했다.

4층에서 3층으로 대피하다가 정 씨를 먼저 발견하고 목숨을 건진 나호인(33) 씨는 "3층 복도 곳곳에서 '살려줘!'라는 아우성이 들렸으며 바닥에는 피가 낭자했다"고 말했다. 정 씨는 3층에서 5분간 8명에게 칼을 휘두른 후 4층으로 올라가 5명을 추가로 공격했다.

④ 경찰과 소방대원들은 8시 35분쯤 현장에 도착해 20분간 화재를 진압했다. 정 씨는 4층 창고에 숨어 있다가 소방관에게 발견되자 피해자인 양 행동하며 따라 나왔지만, 그의 옷차림을 수상히 여긴 경찰에 의해 유력한 용의자로 체포됐다.

정 씨는 "사람들이 나를 무시해서 살기가 싫었다"고 진술한 것으로 알려졌다. 정 씨는 8년 전 혼자 서울에 와서 줄곧 일용직으로 일했으며 최근 6개월간 수입이 없어서 전화요금과 월세도 못 냈다. 건물관리인 김 씨는 "정 씨는 탈모가 심해 모자를 눌러쓰고 다녔고, 여자친구는 없었다"고 말했다. 강남경찰서에 따르면, 정 씨는 일기장에 "나는 잘못 태어났으며 이제 마무리할 때가 됐다"고 적었다. 정 씨는 중학생 때 자살을 2번 시도했지만 정신과 치료를 받지는 않았다.

⑤ 표창원 경찰대 교수는 "정 씨는 경제적 궁핍으로 응어리졌던 좌절과 불만을 사회에 대한 복수 형태로 폭발시켰다"고 말했다. 경찰은 3년 전부터 살인을 준비했다는 정 씨의 진술에 따라 계획적으로 범행한 것으로 보고 있다. 〈200자 원고지 7매〉

묻지마 살인 역피라미드 기사의 해제

① 주제 요약형 리드

이 사건은 실제로 발생했으며 상당히 크게 보도됐기 때문에 비교적 수월하게 기사를 재구성할 수 있었다. 위 기사의 각 단계는 실제로 보도된 기사와 매우 유사하다. 첫 단계인 주제 요약형 리드는 범죄 사건을 보도하는 스트레이트 기사의 전형적인 양식을 따르고 있다.

② 부연 정보

이 단계도 매우 전형적이다. 첫 문장에 곧바로 범인의 신상정보가 등장한다. 실제 기사에서는 가해자든 피해자든 성만 밝히거나('정모 씨') 성의 초성으로 범인을 지칭('ㅈ 아무개 씨')한다. 이 단계의 세 번째 단락에 목격자의 직접 인용구가 등장한 것도 목격자의 관찰 내용을 우선하는 범죄 기사의 일반적인 정보 배열을 그대로 따르고 있다.

③ 주요 세부정보

주요 세부정보 단계는 범인의 범행 과정을 상술하고 있다. 경찰을 통해 입수한 정보를 토대로 범행 과정을 재구성한 것과 생존자와 목격자의 직접 인용구로 긴장감을 높인 것 역시 스트레이트형 역피라미드 기사에서 흔히 발견되는 요소들이다.

④ 배경 정보

이 단계는 범인의 체포과정을 설명하고, 범인의 개인정보와 주변 정보를 소개하면서 범행동기를 추정하고 있다.

⑤ 기타 정보

이 단계는 '묻지마' 살인에 대한 전문가 의견과 경찰의 수사 방향을 언급하면서 기사를 마무리하고 있다. 이것 역시 전형적인 범죄 기사 양식이다.

> ### 묻지마 살인 내러티브 기사

① 20일 오전 8시 10분 강복순(38) 씨는 악몽에 놀라 눈을 떴다. 평소 이 시간, 강 씨는 잠에 곯아떨어져 있다. 새벽 4시까지 식당에서 일하고 귀가하기 때문이다. 강원도 고향집 어머니에게 맡겨놓은 중학생 남매의 학비를 벌기 위해 3년째 올빼미처럼 살고 있다. 서울 강남구 논현동 다사랑 원룸건물 3, 4층에 사는 세입자 69명 대부분이 강 씨와 비슷한 처지다.

강 씨는 너무 고단해서 악몽을 꿨다고 생각하고 다시 잠을 청했다. 이때까지만 해도 그녀는 단잠을 자며 아침을 보낼 줄 알았다.

② 약 10분 후, 강 씨는 매캐한 냄새를 맡고 선잠에서 깨어났다. 냄새는 복도에서 방문 틈새로 들어오고 있었다. 방문을 살짝 열자 연기가 밀려들어왔다. 화재를 직감한 강 씨는 급히 방을 나왔지만, 복도가 자욱해서 앞을 분간할 수 없었다. 옆방 조인숙(53·여) 씨도 대피하려고 서두르는 것 같았다.

③ 계단 쪽으로 고개를 돌렸을 때, 강 씨는 어스름한 불빛과 맞닥뜨렸고, 본능적으로 몸을 움츠렸다. 그러나 곧바로 비명을 지르며 쓰러졌다. 너무 아파서 입을 다물 수 없

었다. 헤드랜턴을 착용한 괴한의 칼에 왼쪽 옆구리를 베었던 것이다.

강 씨는 순간적으로 너무 무섭고 또 서러웠다. "내가 왜…?" 남편을 잃고 남매만 바라보며 악착같이 살아온 그녀였다. 이렇게 허무하게 갈 수는 없었다. 정신을 차리자고 생각하며 엎드린 채 복도를 바라보았다.

④ 괴한은 강 씨를 찌른 직후 옆방에서 조인숙 씨가 나오자, 다짜고짜 그녀의 배를 찔렀다. 칼은 척추까지 관통했다. 음식배달을 하면서 아들의 제대만 기다렸던 조 씨는 그렇게 한순간에 숨졌다.

괴한은 온통 검은 옷에 고글과 마스크를 쓰고 있었다. 복도에 연기가 가득 차서 사람들은 자신을 잘 못 보고 자신은 사람들을 잘 볼 수 있도록 하기 위해서였다. 그는 방금 자기 방 침대에 라이터용 휘발유를 뿌려 불을 지른 뒤, 복도로 나와 입주자들을 기다리던 참이었다. 30cm 회칼을 손에 쥐고, 가스총을 허리에 차고 있었다.

이제 복도에 입주자들이 드문드문 나타났다. 괴한은 복도를 활보하면서 이들을 닥치는 대로 공격했다. 이유가 없었다. 괴한은 계단 쪽으로 뛰어가던 이월자(50·여) 씨를 쫓아가 등을 찔렀다. 이 씨가 기어가면서 반항하자, 그녀의 온몸 20여 군데를 무자비하게 난자했다. 민수미(51·여) 씨는 팔과 등을 괴한의 칼에 베인 후 탈출하려고 3층 창문으로 뛰어내렸다가 사망했다. 괴한은 3층에서 8명을 공격해 3명을 숨지게 했다. 5분만에 일어난 일이었다.

그사이, 3층 복도 끝 방에 사는 건물관리인 김두남(65) 씨는 "불이야!" 하는 소리와 비명을 듣고 방문을 열었다. 어렴풋이 괴한이 보였다. "테러리스트인 줄 알았습니다." 김 씨는 공포에 휩싸여 방문을 걸어 잠그고 경찰에 신고했다.

4층에 사는 나호인(33) 씨는 계단을 내려오다가 괴한을 발견하고 필사적으로 되돌아갔다. "3층 곳곳에서 '살려줘!'라는 아우성이 들렸으며 복도 바닥에 피가 낭자했습니다." 나 씨의 말이다. 괴한은 4층으로 올라가 5명에게 칼을 휘둘러 3명을 살해했다.

⑤ 오전 8시 35분 경찰과 소방대원들이 현장에 도착해 20분간 화재를 진압했다. 괴한은 4층 창고에 숨어 있다가 소방관에게 발견돼 피해자인 양 행동하며 따라 나왔다. 그러나 그의 옷차림을 수상히 여긴 경찰에 의해 유력한 용의자로 체포됐다.

괴한은 322호 정성모(31) 씨였다. 경찰조사에서 그는 "세상이 싫었고 사람들과 함께 죽고 싶었다"고 말했다. 그는 8년 전 혼자 서울에 와서 줄곧 일용직으로 일했다. 지난 6

개월간 그런 일조차 없어서 전화요금과 월세도 못 냈다. 탈모가 심해 모자를 눌러쓰고 다녔으며 여자친구도 없었다. 그는 중학생 때 2번이나 자살을 시도했다. 그러나 정신과 치료를 받지는 않았다.

"사람들이 얼마나 나를 깔보는지 모르겠다. 나는 잘못 태어났으니 폐기되어야 한다. 멋지게 끝내자, 영화의 한 장면처럼." 그가 1주일 전에 쓴 일기 내용이다. 정 씨의 칼에 6명이 숨졌고 7명이 부상당했다. 사망자는 모두 단칸방에서 혼자 힘겹게 살아온 부녀자들이었다. 강남경찰서 박민호 형사과장은 "정 씨는 사회에 대한 적개심으로 뭉쳐진 시한폭탄이었다"고 말했다. 〈200자 원고지 10.2매〉

묻지마 살인 내러티브 기사의 해제

① 도입

역피라미드 구조의 범죄 기사는 일반적으로 경찰이나 가해자를 중심으로 서술된다. 경찰이나 가해자가 일종의 주인공이 되는 것이다. 내러티브 기사도 이 두 주체를 주인공으로 삼을 수 있다. 그러나 이 기사는 그와 정반대로 피해자를 주인공으로 설정하였다. "범죄 기사를 피해자 중심으로 작성하라"는 것은 취재보도 교과서의 금언(金言)이다.

기사 속의 범행은 너무 급작스럽고 무차별적이고 잔인해서 사건의 전 과정을 목격할 수 있는 사람을 기대하기 어렵다. 실제 기사를 살펴봐도, 그런 사람은 없었다. 그러나 여러 목격자가 부분적으로 목격한 내용과 범인이 경찰 조사에서 진술한 내용을 토대로 사건을 재구성할 수 있다. 실제로 언론은 이렇게 사건을 재구성하는데, 기사의 전개 방식이 서술 위주여서 내러티브 느낌을 못 준다. 내러티브를 구사하려면 이런 정보로 사건을 묘사해야 한다.

이 기사는 최초의 피해자이면서 결국 살아남은 강복순을 주인공으로 설정했다. 강복순은 가공의 인물이지만, 실제 취재 과정에서 이런 목격자를 확보할 수만 있다면, 기사를 이렇게 쓸 수 있다. 단, 이 기사는 절정 단계의 상당 부분까지만 강복순을 중심으로 전개하고, 말미에는 그렇게 하지 않았다. 목격자 1명이 이런 사건의 전모를 이끌어가는 것은 비현실적이기 때문이다.

유기동물의 내러티브 기사처럼, 이 기사의 도입 단계도 뜬금없이 강복순을 등장시키면서 시작한다. 사건이 발생한 건물에 강복순과 비슷한 처지의 사람들이 살고 있으며 사건 발생 시각에 대부분 잠들어 있었다는 정보를 제공하여 사건 당시의 환경에 대한 독자의 이해를 도왔다. 강복순의 힘겨운 삶을 구체적으로 언급한 부분이 눈에 띄는데, 피해자들에 대한 이런 정보는 아래 복잡성 단계와 절정 단계에 몇 번 더 나온다. 이런 정보는 피해자 중심의 기사 전개를 돕는 도구들이다. 역피라미드 기사의 주제 요약형 리드에 포함됐던 정보, 즉 범인이 무직자라는 점, "세상이 나를 무시한다"라는 범행동기, 부녀자 6명 살해 등의 정보는 이 기사의 마지막인 결과 단계에 나온다. 도입 단계의 또 다른 주요 기능은 앞으로 전개될 내용에 대한 독자의 호기심을 자아내고 긴장감을 유발하는 것이다. 이를 위해 "이때까지만 해도 그녀는 단잠을 자며 아침을 보낼 줄 알았다"라는 복선을 깔아놓았다.

② 부연

부연 단계도 주인공 강복순이 이끌어간다. 그녀를 통해 화재가 확인되고, 복도의 연기 때문에 앞을 분간할 수 없다는 사실이 인지되며, 옆방의 조인숙도 곧 대피할 것이라는 게 예측된다. 이런 정보들은 이후의 기사 전개를 이해하는 데 도움을 주는 배경 정보다. 이 단계에서 조인숙을 언급한 것이 특히 긴요한데, 그 이유는 절정 단계에서 보듯이 조인숙이 두 번째 피해자이며 그녀 때문에 강복순이 생존하며 현장을 목격할 수 있었기 때문이다.

③ 복잡성

복잡성 단계는 첫 번째 피해자인 강복순의 피해 과정을 묘사하고, 그녀의 애달픈 사연을 독백 형태로 소개하고 있다. 그녀의 처지는 도입 단계에 이어 두 번째로 언급됐다. 즉 이 단계의 취지는 이 사건이 그저 사람 여러 명이 살해됐다는 것에 그치지 않음을 부각하는 것이다. 힘겹게 살아온 선량한 시민들이 이유 없이 살해되어 안타까움을 더하게 만드는 과정이다. 강복순은 그런 피해자들의 대표 사례로 설정되어 있다. 이 단계에서 칼, 헤드랜턴과 같은 범인에 대한 정보가 처음으로 나온다. 그러나 여전히 제한적이다.

특히 이 단계의 마지막 문장("정신을 차리자고 생각하며 엎드린 채 복도를 바라보았다")은 이후의 기사 내용이 강복순의 관찰에 근거하고 있음을 알려주어, 기사가 강복순 중심임을 재확인시켜준다.

④ 절정

절정 단계는 범행 과정에 대한 구체적인 정보와 묘사로 구성되어 있다. 범인의 인상착의 정보가 추가되어 있으며 피해 상황이 자세히 소개되어 있다. 조인숙의 안타까운 사연이 추가된 것은 강복순에 이어 피해자들에 대한 연민의 정을 돋우려는 장치다.

이 기사를 분량 제한 없이 쓴다면, 절정 단계에 현재보다 훨씬 더 많은 지면을 할애하는 게 좋다. 예를 들어, 각 범행 과정을 상세하게 묘사하고 각 피해자의 처지를 자세하게 소개하며 목격자들의 관찰 내용을 구체적으로 전달하면, 범행의 전 과정이 영상화되고 더 실감 나게 느껴질 수 있다. "말하지 말고 보여주라(Show, don't tell!)"라는 내러티브 준칙을 가장 잘 구현할 수 있는 곳이 여기다.

⑤ 결과

결과 단계는 역피라미드 구조의 마지막 단계인 기타 정보 단계와 크게 다르지 않다. 한 가지 결정적인 차이는 이 단계에서 비로소 범인의 성명이 등장한다는 점이다. 역피라미드 구조에서는 두 번째 단계인 부연 정보 단계에서 성명이 등장했다. 이 차이만 보아도, 역피라미드 구조는 가해자 중심이며 내러티브 스타일은 피해자 중심임을 알 수 있다.

① SK 와이번스와 KIA 타이거즈는 24일 광주구장 경기에서 6회까지 수준 높은 플레이로 균형을 이루다가 우천 지연 후 엉망이 된 그라운드에서 실책을 쏟아내며 졸전을 벌였다. SK가 KIA에 5-4로 신승했지만 경기 내용은 허무했다.

② 이날 경기의 결정적인 변수는 예기치 않은 폭우였다. 두 팀은 6회까지 1-1로 팽팽하게 맞서다가 폭우로 50분간 경기가 중단된 후 흐름을 완전히 잃었다. 광주구장은 인조잔디인데다 배수가 잘 안 되며 비가 올 때 내야를 덮는 방수포도 없다. 이 때문에 경기는 물이 흥건한 그라운드에서 재개되어 실책이 속출했다.

③ 7회 초 KIA는 2루수 안치홍이 평범한 땅볼을 불규칙 바운드로 놓치고, 3루수 김상현도 발이 미끄러져 공을 빠트리면서 무사 1, 2루 위기를 맞았다. 당황한 로페즈는 한가운데로 공을 던져 이호준에게 3점 홈런을 얻어맞았다. 손영민이 구원 등판했지만, 폭투에 안타까지 허용하며 또다시 1점을 내주었다.

SK도 실책을 남발했다. 8회 말 1루수 박정권은 3루수 최정의 원바운드 송구를 놓쳤으며 유격수 나주환과 2루수 정근우는 땅볼 타구를 더듬다가 모두 놓쳤다. 잇따른 3실책으로 초래된 주자 만루 상황에서 SK는 나지완에게 좌중간 2루타를 얻어맞고 말았다. 정상적인 그라운드였다면 펜스플레이로 2실점에 그쳤겠지만, 땅이 젖어서 공이 펜스 앞에 멈춰서는 바람에 3실점했다. 순식간에 KIA가 4-5로 따라붙었다.

KIA는 9회 말에 2사 2루의 동점 찬스를 만든 뒤, 이현곤이 천금 같은 우전 적시타를 작렬했다. 그러나 2루 주자 신종길이 3루 베이스를 돌자마자 깊게 팬 땅에 왼쪽 발목을 접질리며 넘어져 태그 아웃됐다. 경기가 허무하게 끝나자, 관중은 야유를 퍼부었다. 신종길은 아킬레스건 파열상으로 시즌을 마감했다.

④ 비가 오기 전까지의 경기는 흠잡을 데 없었다. 5회 초 KIA가 김상현의 솔로 홈런으로 선취점을 뽑자, SK도 5회 말에 연속 2루타로 1-1 동점을 만들었다. 양 팀의 수비도 완벽했다. KIA 유격수 이현곤은 1회 SK 박재상의 땅볼 타구를 쓰러지며 잡아서 앉은 채로 송구해 아웃시켰다. 3회에는 1루수 최희섭이 관중석에 엎어지면서 파울볼을 잡아냈고, 중견수 김원섭은 4회 홈런성 타구를 좌중간 펜스에 매달려 낚아챘다. SK도 5

회 3루수 최정이 KIA 안치홍의 빨랫줄 타구를 잡았으며, 2루수 정근우는 6회 최희섭의 타구를 점프 캐치했다.

⑤ 여러 나라에서 프로생활을 한 로페즈는 "오늘 같은 그라운드는 처음 봤다"고 말했다. 그는 "선수들이 잘못해서 실책을 한 게 아니다"고 덧붙였다. KIA 조범현 감독은 "광주구장의 상태를 감안하여 불규칙 바운드 훈련을 많이 했는데, 비가 오니 속수무책이었다"고 말했다. "메이저리그 경기를 보다가 동네야구를 본 기분입니다. 야구장 시설이 선수들의 기량에 걸맞게 개선되어야 합니다." KIA 팬 이두진 씨의 말이다. 〈200자 원고지 7매〉

프로야구 역피라미드 기사의 해제

① 주제 요약형 리드
이 사안은 실제 경기를 바탕으로 하고 있으며 광주구장에 대한 정보도 많아서 기사를 구성하기 어렵지 않았다. 주제 요약형 리드는 스트레이트형 역피라미드 구조로 작성된 여느 스포츠 기사와 매우 유사하다. 팀 이름, 구장 이름, 최종 점수, 경기 내용의 요약 정보가 한꺼번에 제시되어 있다. 여기의 주제어는 '졸전'이다.

② 부연 정보
이 단계에 소개된 정보도 실제 기사에 매우 가깝다. 첫 문장에 경기 내용을 좌우했던 '폭우'가 언급되어 있다. 폭우 전후의 상반된 경기 상황이 서술되면서 주제 요약형 리드에서 언급했던 '엉망이 된 그라운드'의 원인을 자세히 설명하고 있다.

③ 주요 세부정보
이 단계의 목표는 주제 요약형 리드에서 언급했던 졸전을 상세하게 설명하는 것이다. 졸전은 경기가 우천으로 지연된 직후인 7회 초 KIA 수비에서 시작했으며, 그게 경기의 전환점이었다. 일반적으로도 스포츠 기사는 경기의 가장 결정적인 고비부터 서술한다. KIA에 이어 SK도 수비 실책을 남발했다는 내용이 소개되어 있다. KIA의 9회 말 득점 실패와 주자 부상 상황은 광주구장의 낙후된 시설을 상징하는 하이라이트다.

④ 배경 정보

배경 정보는 비가 오기 전에 양 팀 모두 공격과 수비에서 흠잡을 네 없는 경기력을 보여주었다는 내용이다. 이는 위 주요 세부정보 단계의 내용과 대조적이어서 이 경기가 폭우 때문에 얼마나 어이없이 왜곡되었는지를 효과적으로 부각하고 있다.

⑤ 기타 정보

여기의 정보는 선수와 감독의 경기에 대한 소감으로 구성되어 있다. 특히 맨 마지막에 있는 KIA 팬의 직접 인용구는 "~해야 한다"라는 식의 규범적인 내용인데, 이는 구조적인 문제점이 있는 사안을 다룬 기사들에서 흔히 발견되는 전형적인 기사 마무리 방식이다.

프로야구 내러티브 기사

① KIA 타이거즈 조범현 감독은 경기를 앞두고 유난히 긴장한 모습이었다. 상대팀이 1위 SK 와이번스여서도 아니고 홈팬의 기대가 부담돼서도 아니었다. 경기를 치를 광주구장 때문이었다.

광주구장은 인조잔디인데다 펜스에 충격완화장치가 없다. 비가 오면 배수가 잘 되지 않아 그라운드가 엉망이 된다. 그 때문에 부상과 실책이 잦다. 오죽하면 KIA 선수들이 소금을 뿌리기까지 했을까. 우리가 국제대회를 유치할 엄두조차 못 내는 이유 중 하나가 낙후된 야구장이며, 그 대표사례가 광주구장이다.

② 경기 시작부터 조마조마한 장면이 나왔다. 1회 말 유격수 이현곤이 SK 박재상의 땅볼 타구를 잡으려고 쓰러지자, 조 감독은 가슴이 덜컹했다. 다행히 이현곤은 안전하게 공을 잡았고, 심지어 앉은 채로 정확히 송구했다. 3회 1루수 최희섭이 관중석 펜스에

엎어지면서 파울볼을 잡아내고, 4회 중견수 김원섭이 좌중간 펜스에 매달려 홈런성 타구를 낚아챘을 때에도 조 감독은 아찔했다. 팬들은 "메이저리그 플레이"라며 환호했지만, 조 감독은 선수들이 부상당하지 않은 게 고마웠다.

SK 선수들도 KIA 타자들의 빨랫줄 타구 2개를 몸을 날려 잡아냈다. 가장 오래되고 낡고 위험한 구장에서 최상의 플레이를 펼치는 양 팀 선수들을 보면서, 조 감독은 '오늘 제대로 붙어보자'고 생각했다.

조 감독의 마음을 읽었는지, 5회 초 김상현이 SK 김광현의 주 무기 슬라이더를 절묘하게 받아쳐 장쾌한 중월 솔로홈런을 뽑아냈다. 5회 말 곧바로 추격에 나선 SK도 2루타 2개로 1-1 동점을 이루며 분위기를 고조시켰다. "두 팀의 공격과 수비가 모두 흠잡을 데 없었어요. 그래서 경기 후반이 더 기대됐죠." KIA 팬 이두봉 씨의 말이다.

③ 그러나 6회 직후 예상외의 폭우가 내리면서 경기는 전혀 다른 방향으로 흘렀다. 광주구장엔 비가 올 때 내야를 덮는 방수포가 없다. 경기가 중단됐던 50분간 그라운드는 비에 흠뻑 젖어 물이 흥건했다. 광주구장은 별명처럼 '공포의 야구장'으로 변했다.

④ 7회 초 2루수 안치홍이 평범한 땅볼을 불규칙 바운드로 놓쳤을 때, 조 감독은 자신의 우려가 현실이 됐음을 알았다. 연이어 3루수 김상현도 발이 미끄러지면서 공을 빠트렸다. 그때까지 잘 던졌던 선발 로페즈는 무사 1, 2루 위기에 당황한 기색이 역력했다. 결국 로페즈는 공을 한가운데로 던져 SK 이호준에게 3점 홈런을 얻어맞았다. 손영민이 구원 등판했지만 포수 실책과 적시타로 또다시 1점을 석연치 않게 내주었다.

관중석에선 "동네야구 하냐?"라는 야유가 터져 나왔고 KIA 선수들은 망연자실했다. 하지만 SK에게도 광주구장은 난적이었다. 8회 말 1루수 박정권은 원바운드 송구를 놓쳤으며 유격수 나주환과 2루수 정근우는 땅볼 타구를 더듬는 실책을 범했다. SK 김성근 감독은 "상상조차 할 수 없는 3연속 실책이었다"고 말했다.

SK는 어처구니없는 주자 만루 상황에서 결국 2루타를 허용했다. 이때에도 '광주구장 변수'가 작용했다. 정상적인 그라운드였다면 펜스플레이로 2실점에 그쳤겠지만, 땅이 젖어서 공이 펜스 앞에 멈춰서는 바람에 3실점했던 것이다.

4-5로 1점 뒤진 9회 말, KIA 이현곤이 2사 2루 동점 찬스에서 우전 적시타를 작렬했을 때, 조 감독은 광주구장의 재앙에서 벗어나는 듯했다. 그러나 2루 주자 신종길이 3루 베이스를 돌자마자 깊게 팬 땅에 왼쪽 발목을 접질리며 넘어져 태그 아웃되고 말았

다. 경기는 그대로 끝났고, 신종길은 아킬레스건 파열상으로 시즌을 마감했다.

⑤ 로페즈는 "여러 나라에서 프로생활을 했지만 오늘 같은 그라운드는 처음 봤다"고 말했다. 그는 2009년 KIA 입단을 결정하면서 광주구장을 둘러본 후 "이제 1군 구장으로 가보죠"라고 말했다. 그가 보고 싶었던 곳이 바로 여기다. 여기에서 KIA 채종범이 다이빙 캐치를 하다가 왼쪽 무릎 골절상을 입었으며 이용규는 펜스에 부딪혀 오른쪽 복사뼈가 부러졌다. 벽면 페인트가 벗겨진 더그아웃을 나가면서 조 감독은 "좋은 구장이 생긴다면 소원이 없겠다"고 말했다. 〈200자 원고지 9.8매〉

프로야구 내러티브 기사의 해제

① 도입

스포츠 경기를 연대기 내러티브 기사로 만드는 손쉬운 방법은 경기 전부터 끝까지를 시간 흐름으로 작성하는 것이다. 앞의 유기동물이나 묻지마 살인과 마찬가지로, 이 사안에서도 주인공이 설정됐다. 스포츠 기사의 주인공은 이긴 팀 진 팀 가릴 것 없이 선수나 감독, 관중 모두 가능하다. 그러나 광주구장이 KIA의 홈구장이고 KIA가 결국 패했기 때문에 주인공은 KIA 관련자가 더 효과적이다. 이 기사는 조범현 KIA 감독이 내용을 이끌어가는 방식을 택했다.

도입의 첫 문장은 조범현 감독의 경기 전 긴장감을 언급하면서 독자의 호기심을 자극하고 있다. 광주구장의 낙후된 시설이 소개되면서 이 요소가 경기의 영향변수일 가능성을 열어놓았다. 독자의 눈길을 끌어보려는 장치다. 역피라미드 기사의 주제 요약형 리드에 포함됐던 정보는 여기에 하나도 없다.

② 부연

부연 단계의 목표는 긴장감을 유지한 채 독자를 절정 단계까지 끌고 가는 것이다. 이를 위해 기사의 핵심 정보를 숨긴 채 경기가 어떻게 끝날지 알 수 없게 만들어야 한다. 실제 경기도 그러했지만, 폭우 전까지 양 팀은 최고 수준의 플레이를 보였다. 시간순으로 보더라도 이 내용이 졸전에 앞선다. 따라서 이 플레이를 다소 장황하게 묘사하여 폭우 후의 졸전과 극명하게 대비되도록 구성했다. 반전효과를 노린 것이다.

이 단계 내에서도 여러 번의 반전 상황이 소개되어 있다. 첫 문장의 "조마조마한 장면", 두 번째 문장의 "조 감독은 가슴이 덜컹했다", 네 번째 문장의 "조 감독은 아찔했다" 등은 위태로운 상황들을 전달하는 구절이다. 그러나 이런 장면마다 양 팀 선수들이 빼어난 실력을 보여주었다고 함으로써 경기의 향방을 가늠하기 어렵게 만들어놓았다. "오늘 제대로 붙어보자"라는 조 감독의 독백과 "경기 후반이 더 기대됐죠"라는 KIA 팬의 직접 인용구는 경기 결과를 예측할 수 없도록 하는, 상황을 더욱 모호하게 만드는 장치들이다. 위와 같은 구절들은 역피라미드 기사에서는 쓸모가 별로 없어서 대개 제거되는 정보들이다.

③ 복잡성

이 단계는 절정으로 나아가기 전에 문맥 전환을 시도하고 있다. 예상외의 폭우, 50분간의 경기 지연, 물에 흠뻑 젖은 그라운드 등의 정보들이 7회 이후의 경기 내용을 짐작케 해준다.

④ 절정

절정 단계에는 광주구장의 낙후된 시설로 초래된 실책과 졸전 장면들이 묘사되어 있다. 그러면서도 독자의 눈길을 붙잡아두기 위해 반전을 암시해보려고 시도했다. 예를 들어, 첫 문장인 "조 감독은 자신의 우려가 현실이 됐음을 알았다"와 두 번째 단락 두 번째 문장인 "하지만 SK에게도 광주구장은 난적이었다"는 졸전을 강화하며, 마지막 단락의 첫 문장인 "조 감독은 광주구장의 재앙에서 벗어나는 듯했다"는 그와 정반대다. 이 표현들 역시 역피라미드 기사에서는 발견하기 힘들다.

⑤ 결과

이 단계는 역피라미드 구조의 기타 정보 단계와 매우 유사하다. 그러나 광주구장의 낙후된 시설을 더 부각하기 위해 로페즈의 에피소드와 그간의 선수 부상 사례를 추가했다. 맨 마지막 문장이 조범현 감독의 직접 인용구로 처리되어 이 기사가 주인공 중심으로 일관되게 작성되었음을 독자에게 재확인시켜준다. 이 문장의 '벽면 페인트가 벗겨진 더그아웃'은 이 기사가 마지막까지 광주구장의 낙후성을 꼬집고 있음을 보여준다. 이런 표현은 역피라미드 구조에 전혀 쓸모없지만 내러티브 스타일에서는 기사의 주제를 상징화는 좋은 사례이자 도구다.

2. 내러티브 논픽션 5단계 구조

이제 소설적 구성과 매우 흡사한 내러티브 논픽션의 이야기 구조를 살펴본다.[28] 위의 일반적 이야기 구조와 마찬가지로, 내러티브 논픽션의 기본형도 5단계 구조다. 하트(Hart, 2011/2015)는 이 5단계를 발단, 상승, 위기, 절정, 하강으로 지칭하고, 이야기가 각 단계를 거치면서 고조되거나 하강하는 모습을 '내러티브 포물선'으로 시각화했다(〈그림 13〉 참조). 최수묵(2011)도 여러 선행 논의를 종합하여 도입, 전개, 위기, 절정, 대단원의 5단계 구조를 제안했다. 하트와 최수묵의 5단계는 거의 동일하다. 한편, 영화 시나리오처럼 상업성이 강한 픽션의 구조는 흔히 4단계로 나뉜다. 최수묵(2011)은 5단계를 아래와 같이 자세하게 설명했다(142-152쪽 참조). 각 단계의 괄호 명칭은 하트의 5단계 명칭이다.

① 도입(발단)
독자의 관심을 끌면서 이야기를 시작하는 단계다. 이 부분에서는 무엇에 관해 이야기하려는지를 드러내야 한다. 다만 한 가지 주의해야 할 점이 있다. 도입 부분에서는 '무엇에 관한 이야기'인지를 드러내되, 주제와 결말을 몽땅 드러내서는 안 된다는 것이다. 주인공이 처한 갈등과 문제, 그리고 앞으로 벌어질 일들에 대한 대강의 '맛보기' 정도면 충분하다는 것이다.

---

28) 구성면에서 기사보다 더 복잡하고 정교한 소설이나 영화의 내러티브 전개 구조는 방현석(2013)의 〈이야기를 완성하는 서사 패턴 959〉 참조.

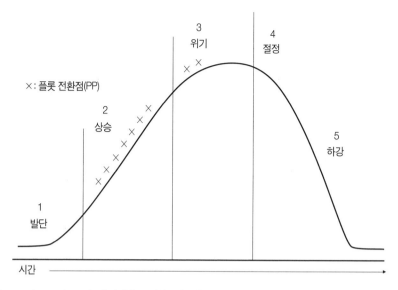

출처: Hart, J. (2011/2015). 〈소설보다 더 재밌는 논픽션 쓰기〉. 서울: 유유, 73쪽에서 인용.

〈그림 13〉 내러티브 포물선

② 전개(상승)

이야기에서 양적으로 가장 많은 부분을 차지한다. 갈수록 갈등이 고조되며, 주인공은 한 치 앞을 내다보기 어려운 위험 속으로 점점 빠져든다. 대개 어려움은 주인공의 실수, 즉 잘못된 선택이나 행동에서 비롯된다. 주인공이 올바른 선택을 했는데도, 주변의 환경이 호의적이지 않아 비극적인 상황에 빠지기도 한다.

③ 위기

갈등이 폭발 직전의 임계상황까지 치닫는다. 2단계인 전개보다 훨씬 긴장감이 고조될 수밖에 없다. 적절하고 빠르게 대응하지 않는다면 크나큰 재앙이 닥칠 것처럼 보이는 단계다.

④ 절정

주인공이 갈등을 극복하고 마침내 지향하던 목표를 성취하는 단계다. 이야기에서 가장 신이 나는 부분이다. 혹은 반대로 좌절하거나 비탄에 빠지는 단계다. 따라서 이 부분은 가장 신중하고 정교하며, 기술적으로 다루어야 한다. 이야기가 마침내 화려한 불꽃처럼 폭발하는 시점이기 때문이다. 이 단계에서는 싸움의 승패가 결정된다. 그 결과 도입과 전개에서 제기되었던 갈등의 문제점이 모두 해소된다. 하지만 이 부분은 이야기의 5단계 가운데 양적으로 가장 짧다. 따라서 함축된 장면 속에서 주제를 압축적으로 잘 표현하는 것이 무엇보다 중요하다.

⑤ 대단원(하강)

대단원(dénouement)은 해소를 뜻하는 프랑스어 'denouer'에서 유래되었다. 모든 갈등과 비밀이 풀리고 흥분이 가라앉는 단계를 말한다.

위에서 보듯이, 2단계(상승)와 3단계(위기)에 이야기의 변화가 심하다. 이처럼 사건의 흐름을 바꾸게 만드는 지점을 플롯 전환점(plot point)이라고 한다(Brooks, 2011/2015). 플롯 전환점은 이야기 구조의 매 단계에 포함될 수 있지만, 대개 2단계(상승)와 3단계(위기)에 집중된다. 〈그림 13〉에서 'x'로 표시된 부분이 플롯 전환점이다. 1단계(발단)와 5단계(하강)는 사건이 시작하고 끝나는 지점이므로 사건의 방향이 바뀔 곳이 아니다. 4단계(절정)는 사건의 가장 결정적인 국면이므로 그 자체로 하나의 커다란 플롯 전환점이다. 플롯 전환점이 사건의 국면을 바꾸며 절정으로 치닫도록 도와준다는 것을 상기하면, 상승과 위기 단계에 몰려 있어야 함은 당연하다. 특히 상승 단계에 더 집중된다.

위 5단계가 기사에 어떻게 적용될 수 있는지 알아보기 위해 이 책의 맨 처음에 소개했던 오리거니언의 교통사고 화재 기사로 되돌아가 본다. 우선, 이 사건의 방향을 바꾸게 되는 지점 즉 플롯 전환점(PP)을 찾아야 한다. 플롯 전환점을 중심으로 이 사건의 개요를 살펴보면 아래와 같다. 아래의 단계별 명칭은 하트의 명칭을 사용했다.

① 발단

- 경찰관 1명이 교차로 부근에 앉아 지나가는 차들을 지켜보고 있었다. 일상적인 흐름을 뒤흔드는 사건이 아직 일어나지 않았다.

- 그때 픽업트럭 한 대가 시속 130km로 지나갔다. [PP1]
- 픽업트럭은 승용차를 들이받았고, 승용차의 여자 운전자는 차에 갇혔다. [PP2]

② 상승
- 픽업트럭 운전자는 차에서 내려 도망쳤다. [PP3]
- 경찰은 트럭 운전자를 쫓아가 체포한 뒤 행인들에게 맡겼다. [PP4]
- 경찰은 여자 운전자를 구하려고 승용차로 달려갔고, 차에 불이 붙었다. [PP5]
- 불길은 금방이라도 여자를 집어삼킬 듯했으며 경찰차 두 대가 도착했다. [PP6]

③ 위기
- 경찰관들이 차에서 소화기를 꺼내 불을 끄려고 노력했다. [PP7]
- 불길은 사그라지는가 싶다가도 되살아났다. [PP8]
- 경찰관이 근처 편의점에서 소화기를 하나 더 들고 나왔지만, 결과는 마찬가지였다. [PP9]

④ 절정
- 승용차 안의 여자 운전자가 몸을 움찔거렸다. 여자는 살아 있었다. [PP10]
- 드디어 소방구조대가 조스 오브 라이프를 가지고 현장에 도착했다. [PP11]
- 여자는 구조되어 병원으로 이송됐다. [PP12]

⑤ 하강
- 경찰관은 병원으로 여자 운전자를 찾아갔고, 여자 운전자는 경찰관에게 감사 인사를 했다.

이 사건에서 이야기의 방향이 바뀌는 플롯 전환점은 모두 12개다(Hart, 2011/2015, 39-40쪽 참조). 그다지 복잡하지 않은 사건이며, 따라서 기사도 길지 않은데 의외로 플롯 전환점이 많다는 것을 알 수 있다.

대개 미국 기자들은 사건을 이야기 구조로 만들 때, 플롯 전환점을 이어붙인 서사

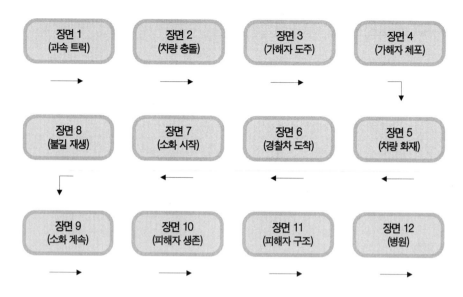

〈그림 14〉 오리거니언 교통사고 화재 기사의 서사 열차

열차(Narrative Train) 그림을 활용한다(Bernard, 2007/2009; Hart, 2011/2015). 플롯 전환점은 영화의 장면이나 에피소드와 유사하므로 이들을 순차적으로 연결하면 하나의 이야기 흐름을 만들 수 있다. 위 사건을 서사 열차로 표현하면 〈그림 14〉와 같다.

일반적인 이야기 구조든 내러티브 논픽션의 이야기 구조든 모두 5단계만 설명했는데, 이것이 작위적으로 들릴지 모른다. 사건의 내용은 매번 다르며 그 내용이 언제나 5단계로 전개되지는 않을 것으로 생각할 수 있다. 하지만, 놀랍게도 거의 모든 사건은 5단계 흐름을 따른다(최수묵, 2011). 꼭 5단계는 아니더라도 대체적인 전개는 5단계 흐름과 매우 유사하다. 따라서 사건을 일부터 5단계에 맞추기보다 단계를 통합하거나 없애는 융통성을 발휘할 필요가 있다. 예를 들어, 최수묵(2011)은 3단계와 4단계를 묶어 총 4단계 구조로 전개해도 무방하다고 했다(151쪽 참조). 이때는 1단계가 '좌절'로 설정되어 주인공이 시련을 견디지 못하고 좌절하는 모습을 보여주며 2단계는 '혼란'으로서 주인공이 역경을 극복하려고 무언가를 시도하지만, 해법을 찾지 못하는 단계다. 3단계 '변화'는 난관을 극복하고 갈등을 끝낼 지혜와 영감을 얻는 단계이며 4단계는 사건이 해결되는 단계다. 더 축약하여 갈등과 해소만으로 이루어진 2단계 구조로 변환해도 좋다. 모든 사건은 갈등을 포함하며, 결국 해결되기 때문이다. "갈등-해소 모델을 갖고 있지 않은 이야기는 없다. 갈등과 위험이 제시되고, 주인공과 등장인물이 이것을 어떻게 헤쳐 나가는지 보여주는 것이 이야기이기 때문이다. 그래야만 이야기 로부터 독자들은 교훈과 메시지를 얻을 수 있다"(동아일보 미디어연구소, 2010).

위 오리거니언의 교통사고 화재는 내용이 많지 않은데다 곧장 보도해야 하는 사건 이어서 이야기를 정교하게 구성하기 쉽지 않았을 것이다. 그러나 여유 있게 취재할 수 있는 기획 아이템이라면, 작심하고 5단계 구조로 기사를 작성할 수 있다. 아래에서 살 펴볼 기사는 애초에 기자가 5단계 구조를 생각하며 작성했는지 알 수 없지만, 놀라울 정도로 정교한 구성을 보여준다. 동아일보 미디어연구소는 2010년 이 기사를 번역하 고 해제를 붙여서 사내에 회람했다.

'서서히 다가오는 죽음'(Slow Death)은 미국의 대표적인 철강 도시인 웨스트버지 니아주 와이어턴의 몰락을 다룬다. 와이어턴 출신으로 학교 졸업 후 내셔널 철강회사 에 들어간 래리는 어릴 적 친구 매리와 결혼하여 불굴의 산업 전사로 열심히 일했지 만, 세계 철강 산업의 재편과 회사의 안이한 대처로 실직한다. 래리는 희망이 없는 미 래를 비관하고 자신의 어리석음을 자책하다가 좌절감에 빠져 자살한다. 전체 스토리 를 5단계로 나누어 분석해본다. 다음의 기사 전문은 동아일보 미디어연구소가 번역한 그대로다. 단, 기사를 5단계로 구분하고, 각 단계에 해제를 붙인 것은 저자가 추가한 작업이다.

위기

매리는 집 앞에 래리의 트럭이 주차된 것을 보고 불길한 예감을 느낀다. 이때는 래리 가 자살했을 즈음이다. 래리의 자살을 절정으로 본다면, 이 시작 부분은 자살이 알려 지기 직전 즉 절정의 전 단계인 위기 단계라 할 수 있다. 보통의 5단계 구조는 발단에 서 시작하지만, 이처럼 위기 단계로 시작하면서 독자의 시선을 끄는 기사도 많다.

다음의 리드 부분은 3장에서 이미 소개했지만, 흡인력 있는 글쓰기의 전형을 보여 주어서 그대로 다시 인용했다. 리드는 그리 길지 않은 분량에 인물과 장소 및 상황의 변화를 모두 담았다. 모든 문장이 제 역할에 충실하여 군더더기라 할 만한 문장이 하나도 없다. 각 문장이 살아 있는 가운데 전체적으로 잔뜩 호기심을 유발한다. 리드의 마지막에 이르면 숨이 가빠지고, 무슨 일이 일어날 것만 같은 긴장감이 차오른다. 놀라운 필력이다.

매리 타이스는 드문드문 서 있는 낡은 가게들과 허름한 스트립 클럽, 번지르르한 비디오 게임방이 있는 중심가를 따라서 차를 몰았다. 그녀의 마음은 온통 남편 래리에게 가 있었다.

"망했어." 남편은 전화로 우물거리며 말했다. 그녀는 대체 무슨 일이냐고 물었지만, 그는 대답하지 않았다. 집에 오면 말해주겠다며 전화를 끊었다. 그녀는 다시 전화를 걸었지만 래리는 받지 않았다.

"그냥 바빠서 못 받았을 거야"라며 그녀는 자신을 안심시켰다. 남편은 시어머니 집의 온수기를 고쳐주러 간다고 말했었다. 그러나 그녀는 마음을 진정시킬 수가 없었다. 결국 이웃에게 전화를 걸었다. '래리의 픽업트럭이 도로 가에 세워져 있다'고 전해준 이웃.

마을 외진 구석에 오래된 공장이 하나 서 있다. 강철 골판을 생산하는 넓고 공허한 공장 단지는 한때는 민트 그린색을 하고 있었지만, 이제는 모두 흐려졌고, 줄무늬 모양의 녹까지 슬었다. 부서진 콘크리트 벽과 가시철망 뒤의 주차장은 텅 비었고, 공장의 굴뚝은 차갑게 식어 있다. 이끼가 몇 에이커 길이의 지붕에 기울어진 잔재 위로 붙어 자라 있고, 무릎 높이의 잡초들이 홈통에서부터 자라고 있다.

매리는 그 어떤 것도 알아차리지 못했다. 한때 '동부의 야수'로 불리던 세계 일류의 철강회사 와이어턴이 오래전부터 죽어가고 있다는 사실을…

낮게 걸린 구름은 눈을 뿌릴 듯이 차가웠고, 매리는 그녀의 작은 흰 집을 향해 언덕의 굽은 길(녹색이라기보다는 회색에 가까운 낙엽 진)로 차를 꺾었다. 길가에 세워진 래리의 트럭 옆에 차를 세우면서 매리의 걱정은 두려움으로 변했다. 개들이 집 안에 있는지, 개 짖는 소리는 들리지 않았다. (The Associated Press 2006.7.23.) (동아일보 미디어 연구소, 2010)

기사는 위기감을 조성한 다음에 긴장을 잠시 놓고 주인공의 과거로 돌아가 사건의 배경을 설명한다. 여기가 5단계의 첫 단계인 발단이며 이야기의 밑바탕을 다지는 곳이다. 밑바탕을 이루는 주요 요소는 4개(와이어턴 마을, 내셔널 철강회사, 래리, 래리-매리의 관계)다. 아래에서 보듯이 발단 단계에서는 이 4개 요소에 아무런 문제점이 없다. 기사가 이 점을 장황하게 보여준 것은 뒤이어 나올 상승과 위기 단계의 많은 위험요인과 극명한 대조를 이루기 위해서이다.

① 기사는 이야기의 공간인 와이어턴의 과거를 알려주고, 주인공인 래리와 매리를 소개한다. 내셔널 철강회사는 마을의 전부였으며 누구나 거기에서 일하며 미래를 낙관했다.

> 래리와 매리는 이 마을에서 태어나고 자랐다. 그들은 이미 지나간 과거의 세대다. 그들이 성장할 때는 용광로와 코크스 제조 가마들이 태양 아래에서 은빛으로 빛났다. 흑연으로 얼룩진 회색빛 거대한 연기구름도 피어났다. 모든 학교들은 창문을 닫아야만 아이들이 숨을 쉴 수 있을 정도였다. 스모그가 온 동네를 휘감던 시절이었다.
>
> 내셔널 철강회사는 이 마을 2만 5,000가구의 절반인 1만 3,000여 가구를 먹여 살렸다. 공장은 천부 인권과 같은 존재였다. 아이들은 열심히 일만 한다면, 언제든 일자리를 얻을 수 있다고 믿으면서 자랐다. 래리도 일말의 의심을 하지 않았다. 그는 줄곧 저녁 식사 테이블에서 아버지의 이야기를 들으며 자라왔다. 퇴역 해군인 조지 얼 타이스는 손가락 하나와 한쪽 눈을 일터에서 잃었지만, 항상 그랬듯이 그는 집으로 돌아왔다. 삼촌들도, 사촌들도 모두 그 공장에서 일했다.
>
> 1973년, 래리가 고등학교를 졸업했을 때, 그는 베트남전에 참전할 것인지 혹은 공장에 취직할 것인지를 선택해야 했고, 결국 삼촌은 그를 시내로 데려가 공장 노동자로 이름을 등록했다.
>
> 매리가 새까만 머리의 뚱뚱한 소년을 처음 본 것은 고작 12살 때였다. 래리는 이미 직장에서 매달 1,000달러를 벌어들이던, 자신감 넘치는 18세의 청년이었다. 그는 첫눈에 매리에게 반했지만, 친척들은 그녀에게 신경을 끄라고 말렸다. 래리는 그러나 "난

기다릴 거야"라고 친척들에게 말했다.

매리는 래리가 그녀에게 관심이 있다는 소식을 듣고는 웃었다. 흰 피부에 붉은 머리를 한 핑크빛 뺨의 소녀는 그 남자애를 신경 쓰기보다는 말을 타러 다니는 것을 더 좋아했다. 하지만 4년 뒤, 그녀는 마음을 바꿔 그와 데이트를 시작했다. 그리고 2년 뒤, 매리가 18살이 되자 그들은 결혼했다.

② 주인공 래리가 어떤 사람인지 보여준다. 래리는 자살하는 비극의 인물이므로 독자가 그의 극단적인 선택을 이해할 수 있도록 이야기 초반에 인물의 성격을 밝혀야 한다. 래리는 회사도 인정한 불굴의 산업 전사였다. 그의 면모를 취재원의 코멘트가 아니라 사실 정보로 증빙하는 점이 눈여겨볼 대목이다.

래리는 공장의 가장 심장부에서 일했다. 시뻘겋게 녹은 340톤의 쇳물 바가지에 담긴 철이 머리 위에서 흘러 3.5인치의 구멍에 요동치며 쏟아지는 '지옥 같은' 곳이었다. 그곳은 마치 분출하기 직전 숨 막히게 뜨거운 화산의 심장부 같았다. 그 작업 공정의 모든 곳에는 항상 불꽃과 잠재적인 폭발이 도사리고 있었다. 열과 중장비의 정한 균형에 의해 가연성 산소와 물을 이용해 용해된 철을 폭발시키는 공정이었기 때문이다.

근로자들은 이런 말을 하곤 했다. "누군가가 '뛰어!'라고 소리치면 당신은 그렇게 해야만 한다. 그러지 않고 '뭐라고?' 묻는다면 말을 하기도 전에 죽을 것이다."

많은 노동자들이 일에 쉽게 적응하지 못했다. 뜨거운 열기가 그들의 피부를 태워버렸고, 얼굴에는 물집이 잡혔다. 구토 증세를 보이는 사람도 있었다. 하지만 열기가 뜨거울수록 강철은 더욱 단단하게 만들어졌고, 래리는 그 지옥에서 조금씩 성장했다. 그일에 익숙해지면서 래리는 집에 돌아와 에어컨 바람을 쐴 때 오한을 느껴 몸을 담요로 감쌌다.

그는 맡은 일을 성실히 해냈고, 매일 갖고 다니는 일지에 작업상황을 기록했다. 그리고 얼마 지나지 않아, 6명의 팀원을 거느리는 팀장으로 승진했다. 근로자들의 상처는 열렬한 노동의 흔적이자 영광의 상처였다. 래리는 다른 사람에 비해 그런 상처를 더 많이 갖고 있었다. 매리와 결혼하기 전에는, 그의 오른 다리의 종아리 절반이 타버리기도 했다.

결혼한 뒤, 매리는 부엌 테이블에 앉아 삶아낸 헝겊과 새로 소독한 핀셋으로 래리의 괴사한 피부를 살며시 벗겨내고, 잔여물을 씻어낸 뒤 화상 부위를 붕대로 감아주는 일을 되풀이했다. 래리는 병원 근처에 가본 적도 없었다. 간절히 강요를 해야만 일을 쉬곤 했으며, 또 다른 상처가 생기면 샤워를 하면서 북북 문질러대고, 집으로 돌아오는 사람이었다.

③ 래리가 주인공이라면 매리는 조연이다. 이야기 초반에 이 두 사람의 관계를 밝혀놓는 것도 필요하다. 혹시라도 래리의 자살이 가정사에 연유했다면, 주제는 흐려진다. 하지만, 가정의 경제 사정은 날이 갈수록 좋아졌으며 부부는 마냥 행복했다.

매리는 그가 불평하는 것을 한 번도 들어본 적이 없다. 고진감래일까. 래리 부부는 결혼 후 첫 6년을 트레일러에서 살았지만, 곧 뉴컴벌랜드와 와이어턴 중간에 있는 언덕 위의 집으로 이사했다. 그들은 집을 꾸밀 물건들을 모으기 시작했다.

말 조각상, 귀여운 테디베어 인형, 미국 인디언 삽화 등…. 그들이 간절히 원하던 아이를 갖지 못했지만 그들은 자신의 사랑을 다른 아이들에게 베풀었다. 이를테면, 래리는 동료 직원의 아이들이 있는 고교 축구팀을 응원했고, 매리와 함께 뉴웰 퍼레이드 행사와 보안관 파티 등에서 산타클로스 부부로 활동했다.

매년 3월이면 회사 측은 직원들에게 휴가비를 일시불로 지급했는데, 이때가 되면 시내의 모든 상점은 일제히 세일을 시작했다. 래리는 그의 젊은 아내를 데리고 G.C. 머피와 매키니 신발가게에서 쇼핑을 하고, 덴마크 상점에서 여성복을 구입했다. 래리는 플란넬 셔츠와 바지를 즐겨 입었다. 몇 년 동안, 그는 매리를 위해 머틀비치나 신시내티에서 주말을 즐기기도 했다.

④ 마지막 요소는 회사의 경영 상태다. 회사의 비즈니스는 호황이었으며 직원들도 미래를 걱정하지 않았다.

공장이 생산하는 강철은 남김없이 팔려나갔다. 강철은 국가를 지탱하는 중추였고 멈출 줄 모르는, 지속적으로 성장하는 엔진이었다. 다리와 건물 그리고 철도를 만드는 데 철강은 필수였다.

잠시 한가로울 때 공장은 자동차 강판과 양철을 생산한 적이 있고, 전시 기간에는 철갑과 폭탄을 생산한 적도 있다.

제철에 대한 수요는 항상 그랬듯 기복이 있기는 했지만, 모든 직원은 그들이 만든 강철판처럼 그들의 미래 역시 굳건할 것이라고 믿었다.

상승

이제 플롯 전환점이 집중적으로 나타난다. 상승 단계에서 발견된 플롯 전환점은 7개다. 회사의 매출 감소와 직원 해직 등 시련과 불행의 전조가 비쳤지만, 래리와 근로자, 주민들은 그것을 인지하지 못했다. 이것이 비극의 씨앗이며 스토리가 위기 단계로 치닫게 되는 배경으로 작용한다.

① 첫 번째 플롯 전환점은 1970년에 이미 일본의 철강 산업이 부상했지만, 회사는 위협을 느끼기는커녕 오히려 미래를 낙관했다는 점이다.

수십 년간, 그들의 코앞에 놓인 문제는 보일 듯 말 듯 쉽게 해결되지 않았다. 다른 국가들도 서서히 저렴한 강철 제조법을 배우기 시작했고 마침내 1970년, 일본은 와이어턴에서 생산한 것보다 2배나 되는 강철을 미국 구매자들에게 팔았다.

하지만 사장은 이런 상황에 전혀 위협을 느끼지 않았다. 오히려 공기정화 장치를 설치하고, 현대적인 공장 설비를 구축했다. 그들은 공장들을 새롭게 페인트칠해서 마을의 분위기를 한껏 밝혔다. 굴뚝은 파란색, 파이프 교량에는 오렌지색, 용광로에는 진한 빨간색을 칠했다. 와이어턴사는 직원들에게 햄버거를 제공했고, 부인들은 남자들이 와이즈버그와 로닥에서 옷을 사는 동안 중심가의 스톤앤토머스 백화점으로 유모차를 끌고 갔다.

② 이제 실질적인 피해가 나타났다. 철강 제품이 재고로 쌓이기 시작했으며 직원들이 해고됐다.

도시계획 담당자들은 1985년이 되면 도시의 인구가 3만 3,000명으로 증가할 것이라고 낙관했다. 그러나 소비자들의 트렌드가 바뀌면서 알루미늄과 플라스틱 포장이 철을 대신하기 시작했다. 직원들은 강철판을 쌓아놓고 구매자를 기다려야 했다.

팔지 못하면 만들 여력도 없어지는 법이다. 한 무리의 공장 근로자들이 해고되었고, 와이어턴 공장 뒤편의 다른 강철 공장들은 다른 분야로 살길을 찾아 나섰다. 결국 1977년 781명의 직원이 해고됐고, 4년 뒤에는 3,500명이 해고됐다.

③ 사태의 심각성을 알아차린 회사는 투자를 포기했다. 그러나 직원과 주민은 여전히 희망을 잃지 않은 채 회사를 살려보려고 안간힘을 썼다.

철강업체 이사회의 결정은 세계의 절반 이상에 영향을 미쳤으며 미국의 작은 동네도 타격을 피할 수 없었다. 근로자들은 일에 대한 강한 자부심을 상실했고, 스스로의 운명을 결정할 강한 힘을 갖고 있다는 생각도 더 이상 하지 않게 되었다. 서부 버지니아에서 유일하게 10억 달러 매출규모를 자랑하던 내셔널 철강회사는 1982년 더 이상 철강 부문에 투자하지 않겠다고 발표했고 마을은 충격에 휩싸였다.

그럼에도 불구하고 와이어턴은 강인했고, 주민들은 거대한 석유 탱크에 자신들의 슬로건을 그려 넣었다.

"우리의 미래는 불가능이 아닌 바로 이 철강 캔 속에 있다!"

래리와 같은 와이어턴의 근로자들은 포기라는 것을 모르고 자랐다. 9,000명 노동자들은 각자의 주머니에서 60달러를 갹출한 다음 스스로 공장을 매입해 일자리를 지킬 수 있는 방법을 생각해보기 시작했다.

그들은 강철을 더욱 저렴하게 만드는 방법을 찾아내야 했다. 또한 임금의 32%를 감봉하면서 그 후 종업원 지주제를 통하여 1984년 마침내 공장을 매입했다. 새로운 '와이어턴 강철회사'는 미국 내에서 가장 많은 근로자를 고용한 회사가 되었다. 공장은 작아졌지만, 래리는 직업을 잃지 않았다. 그는 자랑스럽게 그의 배당금을 주식으로 재투자했다.

④ 그러나 상황은 아래와 같이 더 안 좋아졌다.

얼마 동안은 일이 잘 풀리는 듯 보였다. 하지만 브라질, 멕시코, 러시아, 한국, 중국과 같은 국가들이 강철을 수출하면서 미국 제철사의 제품은 가격에서 밀렸고, 고객들과도 멀어졌다.

⑤ 근로자들은 주식을 포기하기까지 했으며 철강 수입 금지를 요구했지만, 때늦은 일이었다.

점점 와이어턴 공장의 이익이 줄어들고, 장비는 노후화됐다. 근로자들도 자신의 주식을 포기했으며, 이후 10년간 2번이나 주식매각이 이루어졌다. 결국 공장은 1991년 7,500만 달러의 적자를 기록했고 일자리는 대폭 줄어들었다. 시내 중심가에서 주민들은 사라져갔다. 시내 한쪽 길가에 있던 G.C. 머피 싸구려 잡화점과 다른 한 편의 쿠직 모터스가 결국 문을 닫았고, 내화석재 가게 역시 문을 닫았다. 1994년에는 결국 스톤앤 토머스까지 문을 닫았다.

하지만 사람들은 투쟁을 계속했다.

1998년 가을, 수천 명의 사람들이 시내 중심가로 몰려나와 "우리 철강을 살려내라!" 라며 외쳤다. 그날 밤, 사람들은 와이어 고교에 다시 모여 연방 정부에 강철 수입을 금지할 것을 요구하기로 결정했다. 하지만 그것은 때늦은 행동이었다.

지난 3년간 20여 개의 미국 철강 기업이 이미 파산보호 신청을 한 상태였고, 대부분은 아예 문을 닫은 뒤였다.

⑥ 회사는 엄청난 적자를 내며 직원을 대량 해고했다.

2001년 와이어턴은 5억 3,300만 달러라는 거대한 적자를 기록했고, 결국 520명을 추가 해고했다. 그해 여름, 래리와 매리는 '운명'이라고 불리는 크루즈 배를 타고 캐리비안 해를 여행했다. 하지만 곧이어 래리는 그들의 사치스러운 여행을 후회하고 말았다.

하지만 매리는 그 여행을 죄스럽게 생각하지 않았다. 남편 래리는 진정으로 그런 여행을 할 자격이 있고 또 그런 여행이 필요하다고 생각했다.

⑦ 결국 회사는 파산보호를 신청했으며 래리는 휴직했다.

2년 뒤인 2003년 5월, 와이어턴은 결국 파산보호 신청을 했다. 헤어날 수 없는 빚의 수렁에 빠졌기 때문에, 근로자들은 열심히 지켜온 그들의 공장을 결국 팔아야 한다는 사실을 깨달았다. 그들이 할 수 있는 것은 그들이 아꼈던 것만큼 아껴줄 새로운 주인에게 제조 공장을 넘겨주는 일뿐이었다. 이후 18개월간, 억만장자인 윌버 로스와 락츠미 마이털에 의해 공장은 마치 모노폴리 게임의 종이짝처럼 2번이나 교체됐다.

마이털은 세계에서 가장 큰 철강 회사인 와이어턴의 근로자 수를 수개월 이내에 4,500명 선으로 줄이겠다고 말했다. 다만 그 감축은 해외에서 이뤄질 것이라고 주주들에게 말했다. 사람들은 그의 말을 믿고 싶어 했다. 하지만 2005년 6월, 마이털은 와이어턴의 용광로 작동을 중지시켰고 일시적으로 750명의 직원들을 휴직시켰다. 래리는 휴직 처리된 직원 중 1명이었다.

"아무도 우리를 신경 쓰지 않아." 래리는 매리에게 이렇게 말했다.

"우리는 그저 누군가의 교과서에 쓰일 통계수치에 불과하다고⋯."

가을 내내, 래리는 바쁘게 지냈다. 집에 새로 페인트칠도 하고 이웃집 정원에 관상용 우물을 파주기도 했다. 하지만 한가함 속에서도 걱정이 쌓여갔다. 휴직을 너무 오래 하게 되면 연금을 받기 어려워지고 일찍 은퇴해야 하는 상황이 닥칠 수 있었다. 래리는 연금을 받기 위해 최소 9년을 더 근무해야 했다. 혹은 최장 14년을 근무해야 할지도 모를 일이었다.

1월이 되자 근로자 950명에 대한 일시적인 휴직조치는 결국 영구 해고조치로 바뀌었다. 그럼에도 근로자 대부분은 회사의 조치를 인정했다. 회사 측이 복직 기회가 있으면 해고자를 우선 배려하겠다고 약속했기 때문이다. 그 이후 와이어턴은 더 이상 철강을 생산하지 않았다. 더 이상 용광로도 달궈지지 않았다.

위기

상황은 매우 안 좋아졌지만, 그것으로 래리가 자살하기에는 부족하다. 인간의 자살은 그리 간단한 일이 아닐 것이다. 기사는 이 단계에서 위기감이 최고조에 달한 상황을 보여줌으로써 래리가 자살할 수밖에 없었음을 입증해야 한다. 이를 위해 기사는 래리가 새로운 작업 공정에 투입되어 낯선 기계와 씨름하다가 결국 좌절하는 모습을 마지막 플롯 전환점으로 삼았다.

> 래리는 공장의 마지막 작업 공정에 투입됐다. 그곳은 어둡고, 동굴처럼 깊숙한 곳에 위치한 건물이었는데 거의 10에이커 넓이로 길게 뻗어 있었다. 근로자들은 내부에서 오하이오와 메릴랜드에서 수송해 온 철강을 재가열하고 주석과 아연, 크롬으로 도금하는 작업을 했다.
>
> 이 작업은 본래 래리가 하던 일이 아니었다. 래리도 그 작업이 낯설었다. 래리는 2주간 완성된 제품을 올바른 너비로 자르는 기계 조작법을 배웠다. 그는 예전처럼 많이 움직이며 일을 하지는 않았다. 그러나 오래 서 있다 보니 15년 전 사고로 인해 수술을 받아 핀으로 고정한 다리에서 계속 통증을 느꼈다. 그는 통증이 하루 빨리 멈추기만을 바랐다.
>
> 그의 유일한 걱정은 공장이 문을 닫는 것이었다. 하지만 그는 눈앞에 펼쳐진 작업 공정의 위압적인 모습에 두려움을 느꼈다. 수많은 손잡이들, 계량기, 비디오 모니터 그리고 작은 베이지색 컴퓨터를 매일 마주쳐야 했다. 눈앞에는 끝없이 빨간색, 초록색 숫자들이 어른거렸다.
>
> 그는 교관이 말하는 모든 것을 열심히 배우려고 노력했다. 공정 관련 매뉴얼을 들고 다니며 열심히 필기했고 가능한 모든 것을 배우려고 했다. 그러나 그것은 도저히 극복할 수 없는 것이었다.
>
> "내가 어리석었어." 그녀는 래리의 말이 사실이 아님을 알고 있다. 하지만 래리는 매리에게 말했다. "난 이 일을 하지 못할 거야." 숱한 밤이 지나면서 그녀는 TV를 볼 때 자꾸 멍하니 허공을 바라보기 시작했다.
>
> 래리에게 마침내 두려움이 엄습해 왔다. 마치 기계의 숫자를 잘못 읽을 때의 두려움처럼, 마치 다른 사람을 사고에 빠져들게 한 것처럼…. 그 순간, 그는 모든 작업을 다음 작업자의 안전을 위해서 멈추었다. 곧바로 전화벨이 울렸고 그는 움찔했다.
>
> "당신은 끝내 배우고 말 거예요. 다만 시간이 좀 필요할 뿐이에요." 매리가 그를 다독였지만 그는 생각할 시간이 없다고 대답했다.

직종 훈련을 하던 어느 날 저녁, 래리는 귀가하면서 작업 공정 매뉴얼을 들고 오지 않았다. 누군가 자신의 매뉴얼을 가져갔다고 말했다. 자신에게 어리석다고 말하면서 그의 메모들이 옳지 않다고 (그가 이미 깨닫길 두려워하고 있는) 말했다는 것이었다.

래리는 동료가 책을 집어 던졌을 때, 싸우려 하지 않았다. 심지어 화도 나지 않았다고 했다. 매리는 그의 어두운 눈동자를 바라보며, 낯선 사람을 보는 느낌이 들었다.

"나는 당신의 인생을 망쳐놓고 말았어." 래리가 계속해 말했다.

"우리는 모든 것을 잃고 말 거야."

그의 51번째 생일인 1월 24일, 매리는 래리에게 편지를 썼다. '나는 무슨 일이 있어도 당신을 사랑할 거예요. 나는 그 어떤 물건도, 돈도, 집도 신경 쓰지 않아요. 우리가 서로의 곁에 있는 한 우리는 그 어떤 고난도 이겨낼 수 있을 거예요.'

절정

래리의 자살은 기사에서 가장 중요한 대목이며 긴장감도 가장 높은 곳이다. 기사는 아래와 같이 그의 자살 장면을 정밀하게 재구성했다.

매리는 2월 8일 래리가 생의 마지막 순간에 겪었을 고통을 다시 떠올리고 싶지 않았다. 어찌 보면 그녀는 그런 생각을 하지 않는 편이 더 낫다. 래리는 실마리를 풀어보려는 고통의 흔적을 남긴 채 떠났다.

그는 매일 아침을 한 잔의 우유와 함께 시작했다. 은제 그릇들은 싱크대에 담겨 있고, 개들을 위한 닭고기 사료 포대는 조리대 옆에 놓여 있었다. 그는 24시간 이내에, 제철 공장으로 돌아가야 했다. 그가 작업하던 컴퓨터로….

그러나 그날은 무거운 면으로 만든 목욕 가운을 입은 채, 작별 인사를 하듯 매리의 가운 옆에 그의 옷을 곱게 개어 두었다. 래리는 침대방으로 들어가 무릎을 꿇고 침대 밑에 숨겨 두었던 상자를 꺼냈다. 그 안에는 45구경 반자동 권총이 들어 있었다.

래리는 침대의 가장자리에 앉았다. 얼마만큼의 시간이 지났을까. 그는 총을 들어 올려 방바닥에서 1피트 정도 떨어진 벽 위의 한 지점에 연달아 총을 2번 쏘았다.

스스로 놀랐는지, 아니면 총격이 만족스럽지 않았는지 그는 침대 위에 총을 내려놓았다. 그리고는 상자를 집어 올려 벽에 난 총격의 흔적을 숨겼다. 그는 카펫에 널브러진 탄피를 모아 부엌의 쓰레기통에 버렸다. 경찰은 그 후 래리가 거실로 가 서랍장에서 칼을 꺼냈다고 보고 있다.

그는 양 손목을 칼로 벴지만 상처는 깊지 않았다. 그러나 래리는 이내 칼을 닦고 도로 집어넣었다. 그때 전화기가 울렸다. 매리가 계속 무슨 일이냐고 물었지만 래리는 그것을 무시했다. 전화를 끊은 뒤 그는 서재로 가서 자신의 나머지 총들이 가득 찬 벽장을 열었다. 벽장의 아래 서랍을 열고, 44구경 리볼버와 총알 한 박스를 꺼냈다. 거실까지는 채 몇 걸음이 되지 않았다. 그리고 그는 안락의자에 앉아 총 한 방을 쏘았다. 총알은 흔들의자를 뚫고, 바닥을 관통해 지하실에 있는 크리스마스 선물 더미에 박혔다.

그는 이어 소파 앞에 서서 총구를 자신의 넓은 가슴에 대고는 다시 방아쇠를 당겼다.

하강

이제 기사는 긴 이야기를 마무리해야 한다. 래리가 희생양임을 강조하는 선에서 그칠 것인가, 아니면 래리의 자살에 의미를 부여할 것인가? 기사는 매리의 편지 내용을 엔딩의 재료로 삼아 독자들에게 래리의 죽음을 생각해보도록 이끈다.

매리는 래리가 왜 그런 행동을 했는지 아직까지 이해하지 못한다. 그는 어떤 유서도 남기지 않았다. 공장에 전화를 걸어보았지만, 노조 사무장은 래리가 그동안 회사에서 잘 지내왔으며 새로운 일에도 잘 적응하고 있었다고 말했다. 또 언젠가는 그 일을 능숙하게 해낼 것으로 보았다고 말했다.

벽에 뚫린 총알구멍은 수리하면 얼마든지 메울 수 있다. 하지만 몇 해 전, 아버지의 자살을 직접 목격했던 매리로서는 그 마음의 구멍을 메울 수가 없었다.

래리의 장례식에는 잘 모르는 사람들까지 찾아와 그녀를 안아주었다. 그들은 서로를 바라보며 울음을 터뜨렸다. 800명이 넘는 사람이 왔고, 몇몇은 드레스를, 많은 사람들은 일을 끝내자마자 달려온 듯 닳아버린 작업복과 부츠를 신고 왔다. 대부분의 사람이 오랫동안 머물렀지만 거의 말을 하지 않았다.

그들의 눈은 질문으로 가득 차 있었다. '어떻게 이런 일이 일어난 거지? 내가 미리 그의 마음을 눈치챘어야 하는 건 아닐까?' 그리고 그들의 의문은 더욱 깊어졌다. 저 상황이 내게도 닥칠 수 있는 것은 아닐까?

와이어턴 시내는 이제 인적이 뜸하다. 하늘은 쾌청하지만 트럭들이 덜컹대던 그곳은 이제 정적만 감돈다. 1만 9,000명의 주민들은 이제 제철 공장이 아닌 다른 어딘가에서 생계를 이어가고 있다. 중앙로의 초입에 서 있는 도시 환영 표지판에는 여전히 "제철 산업으로 강성한 도시"라는 문구가 적혀 있었지만 현재는 1,200명도 채 안 되는 직원들만 남아 있을 뿐이다.

와이어턴 공장이 빛나던 과거의 영화를 되찾을 것이라는 희망은 이제 완전히 사라졌다. 와이어턴이 좀 더 생존할 수 있을 것이라는 기대도 물 건너갔다. 와이어턴이 다시 일어설 것이라고 믿는 사람이 몇몇 있기는 하지만, 그들의 목소리는 크지 않다.

래리가 스스로 죽음을 선택했지만, 매리는 그 죽음에 책임을 져야 할 사람들이 있다고 생각한다. 제철 공장의 수많은 소유자들, 변화를 너무 오랫동안 지연해온 철강 산업 그리고 이런 어려움을 사전에 막아내지 못한 정치인들이 그들이다.

"우리는 래리의 죽음이 개인의 문제로 끝나서는 안 된다고 믿습니다. 그의 죽음은 여러 원인이 부추긴 것입니다. 래리는 열심히 일하면 성공할 수 있으며 자신과 가족을 지킬 수 있는 경제적 안정을 얻을 수 있다고 굳게 믿었습니다." 매리는 장례식이 끝난 뒤 공개한 편지에서 이렇게 말했다. "우리 모두가 그렇게 믿었습니다."

이제 수백의 가족들은 자신이 가진 모든 것—제한된 선택의 폭, 그들의 집, 예금, 그리고 그들이 살아온 방식과 과거의 모든 것—을 잃을지 모른다는 공포에 사로잡혀 있다. 노동조합 건물 안에서 그들은 비극의 징조를 찾으며 서로를 바라보고 있다. 또 다른 래리를 찾으면서….

이제 매리가 원하는 것은 하나다. 사람들이 서로 바라보며 서로의 이야기를 들으며 서로에게 관심을 갖는 것이다.

위 기사는 단편소설이나 짧은 논픽션 느낌을 준다. 한국 기자들은 이런 기사를 써본 적이 없으며 독자들은 본 적이 없다. 기자들은 이 기사에 거부감을 가질지 모른다. 그렇더라도 내용이 재미있고 글을 잘 썼다는 데는 동의할 것이다. 그것이면 충분하다. 또한, 그것이 가장 중요하다. 몇 가지 특징을 적어본다.

- 이 기사는 미국 철강 산업의 몰락이라는 딱딱한 주제를 친근한 이야기로 바꾸어 전달했다.
- 그것은 기사가 래리를 주인공으로 설정하고 그의 삶을 스토리로 풀어냈기에 가능했다. 기자는 주제를 매개할 캐릭터로 래리를 선택하여 개인화를 시도했다. "래리의 죽음을 취재한 것은 개인적 고민을 파헤치기 위해서가 아니었다. 그보다 미국 제철 산업의 쇠락과 그것으로 인한 희생을 사회적으로 조명하기 위한 것이라고 할 수 있다. 래리는 희생자의 상징이었기 때문이다"(동아일보 미디어연구소, 2010).
- 그 덕에 기사에 숫자나 통계수치가 거의 없으며 전문가 코멘트도 없다.
- 래리의 자살을 초래한 원인을 복합적으로 제시했다. 기사는 세계 철강 산업의 재편, 시장의 변화, 회사의 안이한 대처, 정부의 실책뿐 아니라 래리를 포함한 근로자들의 아집도 원인으로 보여주었다. 느닷없이 터진 사건이 아닌 한, 사건의 희생자가 책임에서 완전히 자유로운 경우는 거의 없다.
- 리드가 발군이다. 이 기사의 리드는 사건의 밑바탕을 깔아주면서 궁금증을 자아내고 긴장감을 높이는 여러 역할을 적은 분량에 경제적으로 수행했다.
- 플롯 전환점들이 상승과 위기 단계의 적소에 배치되어 위기감이 점증했다. 그 덕에 기사가 흥미진진했으며 몰입감도 높았다.
- 문단 간, 단계 간 연결이 자연스럽다.
- 기사를 이끄는 정보는 의견 정보(취재원의 코멘트)가 아니라 사실 정보다. 특히, 플롯 전환점을 구성하는 정보는 대부분 사실 정보다.
- 래리의 자살 장면을 놀라울 정도로 생생하게 묘사하고 정밀하게 재구성했다. 한국의 자살보도준칙을 따랐다면, 이 대목은 완전히 삭제되어야 한다. 그랬다면, 이 기사는 어떻게 됐을지 상상하고 싶지 않다.
- 기사는 독자의 숙고를 유도하면서 끝났다.
- 이 기사가 미국의 뉴스통신사 AP의 기사라는 점은 더욱 놀랍다.

동아일보 미디어연구소는 위 기사를 분석하면서 아래와 같은 해제를 달았다. 자살 사건을 수없이 많이 보도한 한국 언론에 보내는 메시지이기도 하다.

> 연예인이나 유명인의 자살은 비교적 크고, 상세히 보도되는 편이다. 〈중략〉 이에 반해 이름 없는 근로자의 죽음은 큰 뉴스 속에 묻혀버리는 게 상례다. 〈중략〉 그러나 생명이란, 근로자든 연예인이든 관계없이 무게감을 갖고 있다. 평범한 죽음이란 결코 있을 수 없는 법이다. 〈중략〉 근로자들이 말하지 않은 '사건의 진실'을 알아내기 위해서는 그들의 이야기를 발굴해야 한다. '생활고를 비관해 자살했다'는 한마디로 모든 걸 포장하는 것은 타성적이며 무책임한 보도관행이다. '생활고'의 실체는 대체 무엇이며, 왜 그것을 견디지 못했는지를 심층 취재해야 그들의 고통을 비로소 이해할 수 있다. 또한 그들의 희생으로부터 사회적 메시지와 교훈을 얻어낼 수 있다. 근로자는 정치인도 아니고 달변가도 못 된다. 따라서 왜 죽어야 했는지를 십분 설득력 있게 설명하지 못하는 경우가 많다. 그렇다 해서 그들의 죽음을 '이유 없음'으로 지나치는 건 무책임하다. 언론의 역할은, 오히려 제대로 항변하지 못하고, 제대로 설명하지 못하는 보통 사람들의 억울함을 풀어주는 데 있기 때문이다. (동아일보 미디어연구소, 2010)

3. 기자들의 습작

기자들에게 내러티브 기사 쓰기를 가르쳐본 경험은 '성공 반 실패 반'이다. 성공과 실패를 갈랐던 가장 큰 변인은 기자 경력이 아니라 유연함이었다. 중견기자라도 마음이 유연하면 내러티브 글쓰기를 금세 배웠으며 수습기자라도 마음이 굳어 있으면 배움에 어려움을 겪었다. 더 솔직하게 말해서, 기자들이 내러티브 기사를 잘 배우려면 그동안 선배에게 배웠거나 스스로 알게 된 것들이 그를 수 있음을 인정해야 한다. 또한, 지금까지 글쓰기를 제대로 배워본 적이 없다고 솔직하게 고백해야 한다. 자기가 잘한다고 믿고 있는데 무엇인들 열심히 배우려고 하겠는가?

한국언론진흥재단에서 수습기자들에게 내러티브 기사를 가르친 다음에 아래의 신문 칼럼을 주고 최대한 독자의 시선을 끌 수 있는 리드를 써보라고 했다. 칼럼의 주제는 한국이 세계 텔레비전 시장을 석권하고 있지만, 핵심 부품인 액정 패널은 여전히 일본에 의존한다는 것이다.[29]

> 한국 기업이 세계 TV 시장을 석권하고 있다는 소식을 듣고 새삼 놀랐다. "TV" 하면 "소니" 하던 시대가 불과 얼마 전이다. 그런데 지금 세계시장 판도는 '삼성→소니→LG→샤프' 순서로 짜여 있다고 한다.
>
> 〈중략〉
>
> 액정 TV에서 핵심 부품은 영상을 표시하는 '액정 패널'이다. 백라이트가 쏜 형광 불빛을 통과시키면서 영상을 만들어낸다. 이 액정 패널에 한국 기업이 재빨리 투자한 것이 시장을 장악한 요인이라고 한다. 1인치라도 더 큰 TV를 1달러라도 더 싼 값에 공급해 대형화로 진보하는 TV 시장을 차례차례 석권해 들어간 것이다. 하지만 의문이 남았다. 그럼 액정 패널은 어떻게 만들었을까?
>
> 백라이트의 빛은 액정 패널 내부에서 '편광판→유리판→액정→컬러필터→유리판→편광판' 순서로 통과한다. 정수기 필터가 수돗물을 생수로 걸러내듯 이들 부품이 빛을 걸러내 영상을 만들어내는 방식이다. 니혼게이자이(日本經濟)신문의 지난 1월 1일자 기사를 인용하면 다음과 같다.
>
> 먼저 편광판. 일본의 닛토전공과 스미토모화학이 세계시장의 75%를 차지하고 있다. 다음은 유리판. 미국 코닝이 50%, 일본 아사히글라스와 니혼덴키글라스가 45%를 점유하고 있다. 다음은 액정. 일제 때 한국에 수풍 수력발전소를 만든 일본 칫소와 독일 머크가 40%씩 시장을 양분하고 있다. 이번엔 컬러필터. 일본의 돗판(凹版)인쇄와 다이니혼인쇄가 70%를 차지하고 있다.
>
> 한국 전자산업의 기술력을 평가절하하는 것은 아니다. 똑같은 부품과 장비를 사용하면서 더 경제적으로 더 질 좋은 제품을 만드는 공정 기술은 한국이 일본을 능가하는 경우도 있다. 하지만 부품, 소재를 일본에 의존하는 구도는 언제나 그대로다. TV만이 아니라 일찌감치 '한국이 세계 최고'라고 해온 반도체도 일본의 기술력이 없으면 무너

---

29) 이것은 12년 전의 상황이며 지금은 그렇지 않다.

져 내릴 수 있는 나약한 기반 위에 있다. (조선일보 2008.6.3.)

사건 스트레이트 기사 형식의 리드

대다수 수습기자는 역피라미드 기사에 나올 법한 리드를 써냈다. 아무래도 기자 시험을 준비하며 읽은 기사가 대부분 역피라미드 기사이기 때문일 것이다. 수습기자인데도 벌써 역피라미드 구조가 몸에 배어 있어서 내러티브로 전환하기 쉽지 않음을 알 수 있었다. 가장 많이 발견된 유형은 사건 스트레이트 기사 형식의 리드다. 아래와 같이 첫 문장에서 주제를 초점화하는 식이다.

〈예 1〉

세계시장을 석권한 삼성 TV는 여전히 해외 기업들이 생산하는 핵심 부품 소재에 대한 의존도가 높은 것으로 드러났다.

〈예 2〉

한국 전자 산업은 편광판, 유리판, 액정, 컬러필터 등 부품과 소재에서 일본 의존도가 높은 것으로 드러났다. 올해 1월 1일자 니혼게이자이 신문에 따르면, 액정 패널을 만들 수 있는 소재는 모두 일본이 장악하고 있는 상황이다.

설명+반전 리드

반전을 시도하면서 주제를 초점화하는 '설명+반전'의 리드도 있었다. ①번 문장이 반전 부분이다.

〈예 1〉

삼성이 마침내 오랜 노력 끝에 세계 TV 시장 정상에 깃발을 꽂았다. 전까지 1인자 자리를 줄곧 유지했던 일본 기업 '소니'를 2인자로 밀어내는 데 성공했다. 심지어 삼성은 세계 최고의 액정 기술을 보유하여 40년 동안 전성기를 누리던 또 다른 일본 기업 '샤프'를 제치는 쾌거를 이뤘다.

하지만 삼성의 화려한 성장 이면에는 불편한 진실이 숨어 있다.(①) 삼성은 그동안 과감한 투자를 통해 기술 개발에 성공했지만, 여전히 일본으로부터 부품과 소재를 제공 받고 있는 것이 현실이다.

〈예 2〉

삼성 파브 34인치 벽걸이 TV. TV 뒷면에는 'Made in Korea'라는 글귀가 선명하게 적혀 있다. 한국 기업이 한국 땅에서 만든 전자제품이라는 뜻이다. 2011년 세계 TV 시장에는 Made in Korea라는 글귀가 Made in Japan이라는 글귀보다 많이 통용됐다. 삼성이 소니사를 제치고 세계 TV 시장을 석권한 것이다. 액정 기술을 보유한 지 고작 20년밖에 안 된 한국 기업이 40년 전부터 세계 최고의 액정 기술을 보유해온 일본 기업의 아성을 무너뜨린 셈이다.

그러나 그 이면에는 우리 국민들이 알지 못하는 진실이 숨어 있다.(①) 현재 액정을 만드는 데 필요한 주요 부품은 대부분 일본과 미국 등에서 생산된다.

의문 제기 리드

몇몇 기자는 '의문 제기' 형식으로 리드를 작성했다. 독자에게 사안을 생각해볼 수 있도록 유도하는 방식이다. 다만, 리드 이후에 곧장 역피라미드 구조로 회귀한 점이 아쉬웠다.

〈예 1〉

'액정 패널'은 액정 TV의 주요 부품 중 하나다. 백라이트가 쏜 형광 불빛이 액정 패널 안의 편광판, 유리판, 액정, 컬러필터 등을 통과하면서 영상을 만든다. 이 부품들의 원산지는 어디일까? 모두 일본이다.

우리나라 전자제품이 일본 제품을 넘어 세계를 석권하고 있지만 정작 제품을 구성하는 부품들은 대다수가 일본에서 생산된다.

〈예 2〉

　　'세계 TV 시장을 삼성, LG 등 한국 기업이 석권하고 있다고 생각하나요?' 올 2분기 글로벌 평판 TV(일명 벽걸이 TV로 PDP나 LCD TV를 말함) 시장에서 삼성전자가 19.2%로 1위, LG전자가 13.2%로 2위를 유지했다고 시장조사기관인 아이서플라이가 지난 14일 밝혔다. 삼성, LG 등 한국 기업들이 세계 TV 시장을 석권하고 있는 것은 사실이다. 하지만 액정 패널 등 핵심 부품은 일본 기업의 제품이다. '세계 시장점유율 1위'라는 겉모습 속에 여전히 일본의 기술력이 숨어 있는 셈이다.

사례 도입+반전 리드

　　아래 사례들은 '사례 도입+반전' 형식이다. 처음에 사례를 이야기 형식으로 소개하면서 독자의 시선을 끌다가 주제를 제시하는 방식이다. 이후의 내용이 내러티브 스타일로 전개된다면, 이 리드는 상당히 매력적일 수 있다.

〈예 1〉

　　홍석진 씨(52)는 얼마 전 TV를 한 대 샀다. 오랜 기간 고민하다 LG에서 나온 3DTV를 구입했다. 홍 씨는 자신이 TV를 고른 기준이 원산지라고 밝혔다. "예전엔 그렇지 않았는데 요즘엔 한국이 가장 잘 만드는 것도 몇 가지 생긴 것 같아요." 홍 씨는 TV 이외에 반도체, D램 등을 국내산 중 최고 제품으로 꼽았다. 이런 홍 씨의 인식은 사실 반쪽짜리 만족감이다. 현실은 홍 씨가 들여다보는 LCD 패널 뒤에 숨어 있다.

　　한국 기업이 세계 TV 시장을 석권하고 있는 것은 사실이다. 그러나 정작 상표가 새겨진 TV의 프레임 안쪽 패널에 빛이 통과할 때는 이야기가 조금 달라진다.

〈예 2〉

　　하지모토 씨(48)는 LCD 공정에 들어가는 화학물을 생산하는 회사를 운영하고 있다. 종업원 50명의 소규모 사업장이지만 연매출은 200억 정도의 강소기업이다. 최근 하지모토 씨는 지인들로부터 사업이 괜찮냐는 안부전화를 자주 받곤 한다. 세계 TV 시장을 삼성, LG 등의 한국 기업이 석권했다는 언론 보도 때문이다. 하지만 회사 사정은 오히

려 더 좋아지고 있다. 그는 "소니나 샤프에 들어가던 물량 이상으로 삼성과 LG에 들어
간다"며 "한국의 완제품을 타고 해외시장에 진출하는 데 성공했다"고 말했다.

한국 TV 기업이 세계 시장을 지배하고 있지만 여전히 일본의 그늘을 벗어나지 못하
고 있다. 삼성과 LG는 TV 완제품을 만들지만, 편광판과 유리판 등의 핵심 부품을 대부
분 일본에서 수입하고 있기 때문이다.

위의 습작 리드를 비평하던 중에 한 기자가 이런 제안을 했다. 삼성의 최신형 텔레
비전을 사서 전문기술자와 함께 해체하는 과정을 기사로 담고 싶다고 했다. 좋은 아이
디어다. 우선, 전자상가로 가서 삼성 텔레비전을 산다. 방송기자라면 이 장면부터 찍
어두는 게 좋다. 커다란 종이박스 곳곳에 선명하게 적힌 삼성 로고도 카메라에 담아둔
다. 박스를 열어 스티로폼을 제거하고 텔레비전을 꺼내면 플라스틱 겉면 하단에 또 삼
성 로고가 있다. 그것도 찍어둔다. 이제 해체가 시작된다. 전문기술자가 텔레비전의
플라스틱 겉면을 뜯어내면 첫 번째 패널이 나온다. 패널 앞면에는 아무 표시가 없지
만, 뒷면의 한쪽 구석에 'Made in Japan'이라고 적혀 있다. 이 글씨는 클로즈업 샷으
로 찍어둘 만하다. 첫 번째 패널을 벗겨내고 두 번째 패널을 보니, 역시 뒷면에
'Sumitomo'라고 일본 제조사 이름이 적혀 있다. 니혼덴키라는 회사의 약자인 'NEC'
가 적혀 있을 수도 있다. 그렇게 패널 몇 개를 뜯어내는 장면을 시청자에게 보여주면,
기자가 설명하지 않더라도 시청자가 먼저 "저건 일제인데?"라고 말하게 될 것이다.
이것이 내러티브의 효과다. 사안을 설명하지 말고 보여주라(Show, don't tell)는 내러
티브 금언을 따르고, 보는 순간 주제를 감지하게 해주는 직관적 증거를 제시한 덕분이
다. 위의 텔레비전 해체 장면은 누구나 머릿속에 그릴 수 있다. 방송기자는 카메라로
그렇게 찍으면 되며 신문기자는 그 장면을 그대로 글자로 옮기면 된다. 그렇게 하기만
하면, 칼럼보다 훨씬 더 좋은 기사가 탄생한다. 애초에 이 아이템은 칼럼이 아니라 기
사로 썼어야 했다.

텔레비전 해체 아이디어는 매우 창의적이다. '기자적 상상력'을 발휘한 좋은 예다.
하지만, 위의 칼럼을 내러티브 기사로 만드는 방법은 그 외에도 무수히 많다. 다시 말
하지만, 여러 기자가 한 사안을 취재해도 서로 다르게 기사를 써야 한다. 따라서 사안
이 이미 보도됐다는 사실은 전혀 신경 쓸 필요가 없다. 오직 "어떻게 기사를 다르게

쓸 수 있는가?"를 고민해야 한다.

수습기자의 습작 가운데 내러티브를 잘 이해하고 구현한 예도 있었다. 한 수습기자는 알코올 중독자의 성공적인 재활을 다룬 기존 기사를 내러티브 스타일로 성공적으로 개작했다. 기존 기사는 아래와 같이 역피라미드 분위기를 풍긴다.

"이전까지는 술에, 그리고 정부 지원에 의존해 살았어요. 스스로 뭔가를 해낸다는 게 이런 기분이란 걸 알게 됐죠."

지난달 26일 연희동의 비좁은 골목길을 굽이굽이 돌아 도착한 서울 서대문구청 자활센터에서 유지풍(47) 씨를 만났다. 표정을 지을 때마다 이마에 깊게 생겼다 사라지는 주름이 지나온 고생길을 보여주는 것 같았다.

유 씨는 아내와 6명의 자녀를 둔 가장이다. 하지만 그는 작년까지 '알코올 의존장애' 환자, 시쳇말로 '알코올중독자'였다. 제대로 된 직장을 가져본 적도 없었다. 마트 영업사원 등을 전전했지만 주위 사람들과 마찰을 빚었고 한곳에 정착하지 못했다. 하루하루 일당을 받는 일을 찾아다니며 한 달에 200만 원 남짓 벌어가며 생계를 꾸렸다. 차상위계층으로 인정돼 자녀 교육비·의료비를 지원받았다. 뜻대로 안 되는 인생에 대한 분노는 술로 풀었다.

2018년 9월 술을 마시고 귀가한 유 씨는 자신의 말을 들어주지 않는 큰딸을 향해 물건을 집어던졌다. 경찰이 출동하면서 유 씨는 가족과 격리됐고, 정신병원에 입원했다. 유 씨는 "병원에 있는 다른 알코올중독자는 대부분 가족이 없더라"며 "그때 문득 '운 좋게도 내게는 곁에 좋은 사람이 많은데 못 할 게 뭔가'라는 생각이 들었다"고 했다.

경찰이 소개해준 서대문구청 자활센터 프로그램이 마지막 구원이 됐다. (조선일보 2020.1.1.)

아래는 수습기자가 내러티브 스타일로 개작한 원고다.

유지풍 씨를 만나러 가는 길은 탄식 연발이었다. 택시기사님은 연희동 언덕 골목의 좁은 코너를 과감한 코너링으로 돌아나갔다. 여의치 않은 길은 빠른 후진으로 빠져나오는 '액션'도 일품이었다. 그러나 마지막 급경사를 목전에 두고서는 내가 내려서 걸어가기로 했다. 유지풍 씨가 자활 교육을 받았던 서대문구청 자활센터는 동네 꼭대기에 있었다.

인터뷰 시간보다 넉넉히 도착해서 센터 내 매점에서 간단히 점심을 때우고 있는데 누군가 인사를 건넸다. 고생깨나 한듯 표정을 살짝 고칠 때마다 주름이 얼굴에 이곳저곳에 깊게 파였다. 대신 환하게 웃을 때면 따뜻한 인상을 줬다. 사진 촬영을 부탁드렸던 사진부 선배로 생각하고 인사를 받았다. 그러나 이 사람이 유지풍 씨였다.

자활센터에 오기 전 그는 정신병원에 있었다. 그전에는 술 마시고 딸을 때렸다. 그전에는 소위 '건달'로 평생을 살았다. 폭행과 도로교통법 위반 등 전과만 십여 차례다. 그러나 지금 그는 법무부 자활 우수사례로 선정됐다. 인생 처음으로 번듯한 정규직 일자리를 얻었다. 술은 물론 끊었다.

"제가 얼마나 잘못 살아왔는지 깨달았어요." 그는 지난봄을 회상했다. 평생을 살아온 연희동 언덕길이 달라 보였다. 꼭두새벽에 쌀을 메고, 걸어 올랐다. 삶은 '전쟁'이라는 것을 체감했다고 했다. "치열하게 싸워 얻어내는 성취감이란 달콤합니다. 성취감을 한번 맛보니 멈출 수가 없더군요."

2019년 4월부터 유 씨는 매일 아침 새벽 6시에 쌀을 나르기 시작했다. 서대문구청 자활센터에서는 유 씨를 사회적 협동조합 '행복플러스'에서 '실습'하도록 했다. 정부 양곡 '나라미'와 서대문구 친환경 급식쌀을 연희동 등지 저소득 가구에 배송하는 업체다. 유 씨는 골목길을 돌며 트럭을 운전하고, 차가 들어갈 수 없는 곳은 10kg 쌀 포대 여러 겹을 들쳐 메고 나르는 일을 했다.

위 첫 번째 문단은 유지풍의 일자리 환경을 우회적으로 보여준다. 알코올 중독자가 그런 길을 묵묵히 오르내리며 일하는 성실한 사람으로 바뀌었다는 뜻이다. 주인공의 인상을 소개하는 두 번째 문단은 기자의 재치가 넘친다. 기사 앞부분을 이렇게 바꾼 것만으로도 대성공이다.

원고를 첨삭하면서 내러티브를 가르치면, 교육 효과는 더 커진다. 유민지 MBN 시사제작부 PD가 고대신문 기자로 일했던 2014년에 그의 원고를 내러티브 기사로 개작했던 적이 있다. 유 기자는 학업을 병행하면서 아르바이트로 한 학기 등록금을 벌어보려고 바텐더 체험을 했다. 그가 학보사 기자라는 점에서 한번 해볼 만한 시도였다. 다음은 그의 초고다.

> 지난 한 달간 낮에는 학생으로, 밤에는 바텐더로 이중생활을 해왔다.
>
> 대학 등록금을 내 스스로 벌기 위해서는 학기 중 한 달에 90만 원, 생활비를 포함해 130만 원을 벌어야 했다. 최저 임금 5,250원. 주 5일. 130만 원을 만들기 위해서는 시급이 높거나 시간이 긴 아르바이트를 찾아야 했다.
>
> 화, 수, 목, 토, 일요일 일할 수 있는 아르바이트생을 모집하는 곳은 없었다. 신문사 회의와 마감이 있는 날은 제외한 요일이었다. 주 5일 아르바이트를 모집한다던 안암동의 C 치킨집의 매니저는 면접을 보러 온 나를 위아래로 훑더니 주 5일은 아줌마만 뽑는다며 미간을 찡그렸다.
>
> 하는 수 없이 자유 요일에 지원할 수 있는 곳을 찾아야 했고, 그렇게 해서 찾은 것이 바(bar)였다. 바 아르바이트 모집 공고마다 공통적으로 '착석과 터치 절대 금지'라는 내용을 찾아볼 수 있었다.

체험을 한 달이나 하여 취재 내용이 많았으며 신문 지면도 넉넉했으므로 기사를 조금 더 여유 있게 전개해보라고 그에게 조언해주었다. 독자가 마음의 준비를 하고 기사를 읽을 수 있도록, 기자와 함께 긴 취재 여행을 떠날 수 있도록 도와주자는 뜻이었다. 그랬더니 초고를 이렇게 고쳐왔다.

> "야, 너 화장이 과해졌다." 출근이 있는 날 서관 앞에서 오랜만에 마주친 친구가 잔뜩 걱정스러운 목소리로 내게 말했다. 일이 있는 날마다 나는 아이라인을 더 두껍게 그렸다. 입술을 더 빨갛게 칠했다. 뮤지컬 '캣츠'에 나올 법한 분장 수준의 화장이었다. 흰 얼굴과 진한 눈 화장을 해 술집 여자 같아 보이는 거울 속의 여성은 분명 몇 시간 전까지만 해도 헐렁한 티셔츠에 무거운 백팩을 메고 한 손에는 노트북을, 다른 손에는 책을 잔뜩 든 채 도서관에 가던 여대생이었다.
>
> 그때는 오후 7시였다. 사장님과 면접을 보던 날 처음 방문했던 그곳은 어둠이 가득한 지하에 흐릿한 주황색 조명만이 드리웠다. ㄱ자 형태의 바에는 열댓 개의 키 높은 의자가 있었다. ㄱ자의 바를 따라 푹신해 보이는 소파와 테이블이 위치해 있었다. 바

뒤에 있는 진열장에는 이름도 모르는 비싼 술들이 나보다 밝은 조명을 받으며 놓여 있었다.

중년의 여사장님이 침착하고 낮은 목소리로 내게 소파에 앉으라고 하자 그제야 손에 땀이 났다.

수정 원고는 초고보다 훨씬 더 여유로웠다. 특히 첫 문단이 독자의 궁금증을 유발할 정도로 매력적이었다. 두 번째 문단에 바텐더 내부를 그려준 것도 좋았다. 서두에 이야기의 무대가 되는 공간을 밝혀주면 독자가 이후의 내용을 수월하게 파악할 수 있다. 한 가지 아쉬운 점은 아무리 내러티브 기사라 해도 기사가 무엇을 쓰려는 것인지를 서두에 알려주면 좋은데, 수정 원고에 그 부분이 빠져 있었다. 그래서 지금보다 조금 더 여유롭게 고치되 기사가 무엇을 전하려고 하는지를 조금 더 명료하게 제시해주자고 제안했다. 그렇게 나온 최종 원고가 5장에서 이미 보았던 그 원고다. 여기에 다시 옮겨본다.

"과감해져야 해!" 이렇게 되뇌며 화장을 시작했다. 눈가에 검은색 아이라인을 과도하다 싶을 정도로 굵게 칠하고 눈꼬리 쪽으로도 길게 그렸다. 체리주스색 틴트를 바르니 입술이 새빨갛게 정열적으로 보였다. 그래도 부족했다. 코 양쪽에 쉐딩으로 심하게 명암을 주어 코가 우뚝 솟아보이게 만들었다. 이제 얼굴 윤곽이 제대로 뚜렷해졌다. 백팩을 메고 책을 든 수수한 여대생은 온데간데없었다.

8월 27일 저녁 7시, 서관 2층 여자화장실에서 그렇게 단장을 하고 건물을 나섰다. 서관은 내가 속한 서어서문학과가 있는 곳이다. 곧장 마주친 과 친구 한승아는 "오우! 화장이 과한데…"라고 말했다. 그 말도 듣기 좋았지만, 그 직전에 그녀가 보인 반응이 더 마음에 들었다. 그녀는 순간적으로 멈칫하면서 "이건 뭐지?"라는 경멸조의 호기심을 잔뜩 드러냈던 것이다. 나는 도발적인 내 얼굴 화장에 만족하면서 일터로 출근했다. 그 전날부터 그곳에서 일했으니 고작 이틀 만에 내가 스스로 이렇게 바뀐 것이다.

나는 인터넷 웹사이트 알바천국에서 이곳을 찾아냈다. 돈을 많이 준다고 돼 있어서 선뜻 선택했으며 학교 근처인 점도 좋았다. 8월 19일 면접 때 사장을 처음 만났고 일터도 처음 봤다. 지하 1층의 출입문을 들어서니 벽면의 흐릿한 주황색 조명이 어두컴컴

한 방을 비추고 있었다. 방은 긴 사각형으로 ㄴ자 모양의 스탠드 테이블이 방의 두 측면을 연결하고 있었다. 큰 사각 방에 조그만 사각 방이 들어 있는 모습이었다. 스탠드 좌석은 15개였으며 스탠드 바깥쪽에 4인석 테이블 7개가 놓여 있었다. 스탠드 안쪽 벽면엔 여러 종류의 술병들이 LED 조명을 받으며 진열돼 있었다. 내가 일할 곳은 바로 거기였다. 그렇다. 이곳은 바(bar)이며 나는 바텐더 일을 하려고 왔던 것이다.

A바의 김모 사장은 고풍스러운 멋이 있는 중년 여성이었다. (고대신문 2014.9.29.)

최종 원고는 첫 번째와 두 번째 문단에 독자의 궁금증과 호기심을 유발하고, 세 번째 문단에 이야기의 무대를 그리면서 마지막 문장에 이 기사가 무엇에 대한 것인지를 설명했다. 그리고 네 번째 문단의 첫 문장에서 바텐더 체험의 현장으로 들어간다. 상당히 괜찮은 내러티브다.

중견기자 가운데 훌륭한 내러티브 감각을 지닌 기자가 있었다. 그 기자는 자기가 과거에 역피라미드로 썼던 기사를 떠올리며 내러티브로 쓰지 않았던 것을 후회했다. 그래서 그런 기사를 내러티브로 개작해보라고 했더니 완전히 새로운 작품을 만들어 왔다. 아래는 남보라 한국일보 기자가 2018년에 보도했던 스트레이트 버전의 기사다. 전과자가 직면하는 사회의 벽을 다루었다.

이철호(56·가명) 씨의 삶이 달라진 건 36년 전 봄, 대학 신입생 때였다. 술집에서 군 입대를 앞둔 대학 선배의 송별회를 하던 이 씨 일행 4명과 옆 테이블 남성 5명 사이에 싸움이 붙었다. 싸움에서 밀리던 이 씨 일행 중 1명이 술집 주방에서 칼을 가져와 휘둘렀고, 상대편 1명이 사망했다. 이 씨 일행은 모두 구속됐고, 이 씨는 징역 3년 6개월을 선고받았다.

출소 후 그에게 남은 '빨간 줄'은 넘기 힘든 장벽이었다. 대학에선 이미 제적됐고, 취업을 하려 해도 범죄경력을 적어야 하는 신원증명서 때문에 번번이 발목이 잡혔다. 결국 영세 인쇄업체 등을 전전했고, 자신의 삶이 나락에 떨어진 것 같아 '울화통'이 터질 때면 다른 사람과 싸우기도 했다.

이 씨는 지난해 사기죄로 30여 년 만에 다시 수감됐다. 몇 해 전 프랜차이즈 치킨집을 차리게 도와주겠다는 지인의 말에 속아 평생 모은 재산 4억여 원을 사기 당해 빈털

터리가 됐는데, 딸의 결혼 자금이 필요해 지인들에게 3,000만 원을 빌렸다가 갚지 못했기 때문이다. 지난 6월 출소 후 갈 곳이 없었던 그는 출소자들에게 숙식을 지원하는 법무부 산하 한국법무보호복지공단의 한 생활관에서 지내고 있다. 이 씨는 "장애인, 미혼모 등 다른 취약계층은 시민단체 등 여러 곳에서 관심을 갖지만 전과자들은 정말 어둠 속에 있다"며 "나처럼 나이 든 사람들은 어쩔 수 없다 해도 젊은 출소자들만이라도 장래성 있는 직업을 갖고 사회에 잘 적응할 수 있게 도와줬으면 좋겠다"고 말했다.

지난해 교도소 밖으로 나온 사람은 6만 2,800여 명(기결 수형자 기준). 매년 5만~6만 명이 과거 잘못에 대한 법적 책임을 다하고 사회로 돌아온다. 하지만 '죗값'을 계속 치러야 하는 경우가 많다. (한국일보 2018.08.14.)

남보라 기자가 위 기사를 내러티브로 개작한 버전은 아래와 같다. 기사의 첫 단어가 대명사 '그'로 시작한 점, 주인공이 갱생원을 3번이나 왔다 갔다 한 장면을 첫 두 단락에 배치한 점 등이 내러티브 분위기를 물씬 풍긴다. 그런 다음, 네 번째 문단에서 문제가 됐던 과거의 그 장면을 소환한다. 남보라 기자가 이 내러티브 기사에 붙인 제목은 '어떤 빨간 줄'이다. 제목에도 내러티브가 살아 있다.

그는 무심한 듯 빠르게 왼편 건물들을 훑었다. '저기다….' 건물에 가까워질수록 심장이 방망이질 쳤다. 길 가는 사람, 차를 타고 지나가는 사람들까지 자신을 쳐다보는 것 같았다. 목적지가 아니라는 듯, 건물 입구를 지나쳤다. 계속 앞만 보며 걷다 주택가 작은 골목으로 꺾어 들었다. 맥이 풀렸다. 느릿느릿 동네를 한 바퀴 빙 돌아 다시 큰 길가로 나왔다. 온 신경이 그 건물에 쏠렸다.

'한국법무보호복지공단'. 예전엔 '갱생원'이라 불렸던, 오갈 데 없는 출소자들에게 정부가 숙식을 제공해주는 곳이다. 낮은 철제 담과 활짝 열린 입구, 밝은 회색빛 4층 건물. 누가 볼세라 그는 또 황급히 고개를 돌리고, 앞만 보고 걸었다. 건물 주변을 뱅뱅 돌며 입구를 3번 지나치는 동안 어둠이 깔리고 빌라 창문들은 하나둘 노랗게 물들었다. '내 인생에는 왜 저 창문만 한 온기도 없을까.' 슬픔과 분노가 한 몸으로 엉켜 그를 덮쳤다.

두 바퀴를 더 돌다 어둠에 의지해 건물에 들어섰다. 공단 한석진 과장은 친절했지만 그가 내민 서류에 다시 온몸의 세포가 곤두섰다. '이름, 나이, 전과, 죄목' 항목마다 텅 빈 칸을 채워야 했다. 이름 이철호, 나이 56. 한 과장은 빠르게 서류를 훑더니 "선생님은 이제 우리 식구입니다"라며 미소 지었다. "그 말을 듣는 데 얼마나 좋던지요. 식구라는 말이 쉽게 쓰는 말이 아닌데… 나한테 해주니까요." 철호 씨 입가에 웃음이 번졌다.

어떤 기억은 시간이 흐를수록 선명해진다. 그에겐 36년 전 5월의 밤이 그렇다. 대학교 1학년 신입생, 동네 형의 군 입대 송별회 술자리. 옆 테이블 남성들의 욕설이 시작이었다. "누군 군대 안 가나, XX. ○○ 떠네." 입대를 앞둔 형이 "왜 욕을 하느냐"고 따지자 누군가 술병으로 형의 머리를 내리쳤고, 철호 씨 일행 4명과 옆 테이블 남성 5명 사이에 싸움이 붙었다. 팔이 문신으로 뒤덮여 있던 그들과 엉켜 싸우고 있을 때 형은 식당 주인이 쓰던 칼을 가져와 휘둘렀고, 상대방 1명이 죽었다. 그는 교도소에서 2년 10개월 복역했다.

이제 기사 전체의 구성력 측면에서 내러티브 완성도가 높은 예를 살펴본다. 5장에서 2018년 평창동계올림픽을 앞두고 여자 아이스하키 국가대표팀을 다룬 수습기자의 습작 기사를 소개했다. 이 기사는 선수층이 얇아서 대회의 출전선수 정원도 못 채우는 악조건 속에서도 연습에 몰두하는 여자대표팀을 다루었다. 선수들은 학교 졸업 후에 딱히 갈 데가 없으며, 무엇보다도 올림픽 후에 여자 아이스하키에 대한 관심은 사라질 것이 뻔했다. 기사는 그런 암울한 상황을 담담하게 그렸다. 아래는 5장에서 이미 보았던 리드다. 첫 문단에 주인공을 소개했으며 두 번째 문단에 모두 평창동계올림픽이라는 목표를 향해 뛰고 있다고 설명했다. 하지만, 이 목표는 허깨비라는 분위기가 200자 원고지 19.3매의 긴 기사에 퍼져 있다. 수습기자의 작품으로는 내러티브의 완성도가 매우 높다. 홍영재 SBS 기자가 한국언론진흥재단의 수습기자 기본교육 때 작성했던 글이다.

오후 4시 태릉선수촌 빙상장 3층 선수 대기실. 헬멧을 벗은 모습을 보고 나서야 그녀가 아직 중학교 3학년이라는 사실이 떠올랐다. 입을 다물 때마다 도드라져 보이는 젖살과 매일 밤 사투를 벌였을 거라 짐작되는 붉은 여드름 자국이 양 볼에 남아 있다. 만 16세 아이스하키 여자대표팀 국가대표 김세린 선수는 방금 연습경기가 끝났다며 땀을 연신 닦아냈다. "제가 이런 건 처음 해봐서.… 언니들(동료 선수들) 하는 건 많이 봤는데…."
미국 바우어(Bauer)사의 검은색 스케이트를 벗자 눈높이가 한층 내려가고 보디(몸통
장비)를 상체에서 끌어내자 155cm 정도의 사춘기 소녀가 나타났다.

　〈중략〉

　"운동 후 샤워를 마치고 집에 도착하면 오후 11시 30분은 돼요. 숙제라도 있는 날이
면 자정이 넘겨 자는데 정작 학교에는 거의 잠만 자고…." 김 선수는 학업과 대표팀 생
활을 겸업하기 쉽지 않아 고등학교 진학도 포기할까 고민 중이다. 자신 외에 학교 진학
을 스스로 미룬 선수도 많다고 한다. 목표는 2018년 평창올림픽 단 하나다.

기사는 전체적으로 리드에 소개한 주인공 김세린 선수를 중심으로 전개된다. 그에
게 운동 여건이나 상태팀 선수, 그리고 미래는 버겁기 그지없다.

　첫 국제대회에서는 득점 장면보다 경기 중간 작전타임이 더 기억에 남는다. 상대팀에
비해 인원이 부족하니 지시 사항은 대개 '좀만 더 뛰자'와 '득점보다는 실점을 막자'로
귀결된다.

　〈중략〉

　12번을 단 김세린 선수는 네 번째 조에 편성돼 언니들을 따라 빙판을 누볐다. 포워드
로서 득점을 담당해야 하지만 경기 내내 '1분만 더 뛰자'는 다짐만 떠올랐다. 더군다나
같은 4부 리그에 속한 상대팀은 영국, 폴란드, 크로아티아, 슬로베니아 같은 유럽 선수
들. 키가 한 뼘은 더 넘고 허벅지 둘레도 손가락 한 마디는 더 굵은 유럽 선수들이 온갖
장비를 입은 모습을 보니 더욱 커 보였다. 이를 악물고 빙판을 찼다.

　'근성'과 '끈기'. 이제는 구시대적 잔재로도 보이는 우리 국가대표팀의 DNA가 여전
히 유효했던 덕분일까. 결과는 4부 리그 2위. 세계 16위 수준으로 역대급 성적을 올렸
다. 그러나 아이스하키 업계 관계자들의 마음은 초조하다. "남자팀이야 뭐 귀화선수 6
명을 데리고 왔으니 주최국 체면치레는 할 수 있겠지. 그런데 여자팀은 올림픽 본선에
올라오는 랭킹 1~8위 팀과의 경기는 더블스코어, 아니 10점차 이상의 패배는 예견돼
있어요. 저 중학생들을 데리고 어떻게 캐나다, 미국 애들이랑 싸우겠냐고…." 김세린
선수를 포함해 국가대표팀에 10대 선수는 4명이다. 2000년생 3명, 98년생 2명이다.

관계자들은 올림픽을 600여 일 앞두고도 그만둘 선수가 생길까 여전히 전전긍긍이다. "국가대표로서의 자부심? 그건 먹고살 만한 선수들이나 느끼는 거지. 태릉에서 국가대표란 타이틀을 달고 훈련하면 하루에 수당이 6만 원이에요. 월~금 해서 120만 원. 프로팀이나 실업팀에서 일하지 않는 이상 그게 전부야." 선수 인터뷰 후 함께 저녁을 먹으러 온 협회 관계자가 막걸리 잔을 내려놓았다. 국내 여자 아이스하키 실업팀이나 프로팀은 전무하다. 성인이 된 선수들은 링크장에서 스케이트를 가르치거나 낮 동안 단기 알바를 병행해 생활비를 번다.

기사는 선수들의 훈련 장면을 보여준 후 마무리로 들어간다. 올림픽 위원회의 홍보용 카메라는 여자 아이스하키의 외화내빈을 상징하는 도구다. 그러나 앳된 여자선수들은 그런 것에 아랑곳하지 않고 천진난만하다. 마지막 문단에서도 김세린 선수의 낡은 스틱과 해맑은 웃음을 대조적으로 배치했다. 기사 마지막에 있는 기자의 회상이 기사 주제다.

링크장 옆 통로에는 ENG 카메라를 든 한 무리가 선수들의 경기 모습을 하나하나 담고 있었다. 드론을 날려 공중에서 링크장의 전체적인 모습을 담아내거나 고프로를 선수 헬멧에 장착시켜 조금 더 역동적인 모습을 담아내려 분주했다. 연습 중간 쉬는 시간에 선수들을 불러 개인 인터뷰를 담아내기도 했다. 알고 보니 평창올림픽위원회 측에서 나와 홍보영상을 촬영한다고 했다. 함께 저녁을 먹었던 협회 관계자가 어느새 다가와 "자꾸 미디어에서 관심을 가져주니 어린애들은 뭐라도 된 줄 알고 좋아하지…"라며 고개를 저었다.

2시간의 훈련이 끝난 후 선수들이 하나둘씩 'KOREA'라고 영문이 새겨진 헬멧을 벗었다. 연신 땀을 흘린 선수들의 머리는 흠뻑 젖어 있었지만 운동 후 상쾌함을 보여주듯 입가에는 미소가 만면했다. 곧 '너 오늘 스케이팅이 잘되더라', '내일 학교 과제가 있어 큰일 났다'라며 이야기꽃을 피우더니 빙상장은 금세 대화와 웃음소리로 가득 찼다. 국가대표 헬멧과 유니폼을 벗은 그녀들의 모습은 영락없는 소녀들이다.

선수 대기실에서 다시 김세린 선수를 만났다. 훈련 도중 스틱 헤드에 감았던 테이프가 찢어진 듯 다시 하얀 테이프를 덧대 감고 있었다. "기사 나가면 꼭 말씀해주셔야 돼요. 친구들한테 얘기했거든요.""그렇게요." 그녀가 해맑게 웃는 모습을 보는 와중에도 저녁을 먹었던 관계자의 얼굴이 겹쳤다. "선수들은 평창으로 아이스하키 저변이 넓어질 거란 기대도 하지만 사실 평창이 끝나면 예전대로 돌아갈 겁니다. 8위까지 진출할 수 있는 올림픽 본선도 평창이 마지막일 거고요"라고 단언하던 말이 자꾸 머릿속을 맴돌았다.

중견기자가 습작했던 내러티브 기사 가운데 완성도 높았던 기사를 소개한다. 명퇴가 일반화하면서 명퇴 이후의 삶이 녹록하지 않다는 기사가 종종 보도됐다. 사실, 녹록하지 않은 정도가 아니라 매우 고달프다. 소자본이라도 있는 사람이 명퇴 이후에 가장 많이 선택하는 직업 두 가지는 편의점과 치킨집이다. 명퇴자는 이렇게 '사장님'이 되지만, 이들의 경제적 고충은 잘 알려지지 않았다. 명퇴 후 편의점을 낸 사람이 경제적 압박을 못 이겨 자살한 경우가 더러 있었는데, 언론은 그것을 사건 기사로 보도했을 뿐이다. 오달란 서울신문 기자는 이 사안을 아래와 같이 가상의 내러티브로 풀어냈다. 기사의 구도가 무척 정밀하다.

① 저녁부터 내리기 시작한 눈발이 잦아들었다. 창밖이 온통 희었다. 새벽 2시. 휴대전화로 시간을 확인한 장영우 씨는 가게 문을 잠갔다. 난방을 끄고 전기 스위치도 내렸다. 텅 빈 거리를 밝히던 간판 불이 꺼졌다. 해가 들기 전 그의 가게 간판이 꺼진 것은 오늘이 처음이었다. 장 씨는 계산대 아래로 몸을 숙여 검은 비닐뭉치를 꺼냈다. 음료수를 진열하는 냉장실 뒤편으로 향했다. 가스버너에 번개탄을 올리고 불을 댕겼다. 감색 후리스 점퍼 주머니에서 작은 플라스틱 통을 빼냈다. 아침부터 쉴 새 없이 만지작거린 수면제 40알이 들어 있었다. 장 씨는 냉장고에서 꺼낸 소주와 함께 세 차례에 나누어 약을 삼켰다. 할 일을 모두 마친 장 씨는 벽에 기대어 눈을 감았다. 어느 때보다 평온한 표정이었다.
② 재떨이에는 몇 모금 빨다 만 꽁초 네댓 개가 흩어져 있었다. "말려봐도 쉬는 법이 없었어요. 설, 추석 때도 야간근무를 나갔으니까요. 일을 참 즐거워하셨어요." 검은 줄이 있는 완장을 왼팔에 찬 장 씨의 아들 현식 씨는 담배를 물고 이따금 한숨을 내쉬었다. 문상객이 들었다는 여동생의 눈짓에 급히 담뱃불을 비벼 끄고 자리를 떠났다.

③ "일을 좋아했다고? 누가 그런 소릴 지껄입디까?" 새벽 2시. 장 씨가 목숨을 끊은 지 24시간이 지났다. 불콰해진 얼굴로 김우송 씨는 허공에 삿대질을 했다. "장 형이랑 내가 깐 소주가 얼만지 아쇼? 형님 심정은 내가 제일 잘 알지. 내가 먼저 갔어야 했는데 형님이 먼저 갔어. 갈 테면 같이 가든가…." 김 씨는 한 손으로 얼굴을 가리고 울기 시작했다. 빈 소주병이 둘, 반쯤 남은 병이 하나였다. 손대지 않은 육개장과 밥은 식어 있었다. 전이며 마른안주도 처음 그대로였다.

④ "사장님 안 하시면 제가 빚을 내서라도 해야겠습니다." 본사 직원의 말이 상술이란 걸 알면서도 장 씨는 믿지 않을 수 없었다. "1년간은 월 500만 원의 순수익을 보장해드립니다. 일본 보시면 알겠지만 1인 가구는 계속 늘어날 거고 편의점도 같이 성장할 겁니다. 대형마트, 백화점 다 죽 쒀도 편의점만 한 해 30%씩 매출이 늘지 않습니까." 장 씨가 눈을 반짝이자 직원은 자신감 넘치는 목소리로 말을 이었다. "사장님이 봐두신 자리는 학원가 바로 옆 골목이어서 중고등학생이 많이 들어올 겁니다. 2년 지나면 월 700만 원은 가져가실 거예요."

기사는 명퇴자 장영우가 생활고를 이기지 못하고 자살하는 장면에서 시작한다(①번 단락). 이야기 5단계 중 절정 단계에 해당한다. 그다음, 갑자기 장면이 바뀌어 상가에 장영우의 아들이 나타나고(②번 단락) 친구 김우송이 등장한다(③번 단락). 장면은 또 바뀌어 장영우가 편의점 컨설팅을 받는 과거로 돌아간다(④번 단락). 여기까지가 이야기 5단계 중 발단 단계다. 이 네 문단은 영화에서 컷이 확 바뀌는 것처럼 아무런 연결고리 없이 이어져 있다. 따라서 집중하여 읽지 않으면 문맥을 놓치기 쉽다. 불친절하지만 집중과 열독을 유도하는 글쓰기 전략이다. 친구 김우송은 조연을 맡을 인물이어서 서두에 그의 존재를 확인해놓으면 나중에 소환하기 쉽다.

이어서 기사는 위의 편의점 컨설팅 장면보다 더 과거 즉 대과거를 보여주었다. 장영우는 25년 전에 당시 1등 조선회사인 현대중공업에 입사했으며 정년 5년을 앞두고 명퇴하면서 편의점을 내기로 아내와 결정했다. 그런 다음에 기사는 다시 과거로 돌아와 아래와 같이 편의점 운영에 애를 먹는 상황을 보여준다. 인근에 새 편의점이 들어오면서 매출이 줄기 시작했고(①번 단락) 직접 야간근무를 해도 사정은 나아지지 않으며(②번과 ③번 단락) 위약금 때문에 계약을 해지할 수도 없었다(④번 단락). 이런 위험 요소들이 모두 플롯 전환점이다. 이 부분은 상승 단계다.

① 두 달 전 20m 앞에 씨유 편의점이 들어오면서 안 팔리는 삼각김밥이 1.5배 늘었다. 장 씨의 저녁메뉴는 다양해졌고 폐기비용은 75만 원으로 뛰었다. 전자레인지에 30초 돌린 삼각김밥의 비닐 포장을 벗기며 장 씨는 '일배식품 주문량을 반으로 줄여야겠다' 고 생각했다. 낮에 통화한 본사 매니저의 말을 곱씹자니 목구멍에 밥덩이가 걸린 것 같 았다. 330ml짜리 커피우유를 부어 위장으로 밀어냈다.

② 매니저는 매출이 계속 부진하면 본사가 가맹 해지를 요구할 수 있다고 했다. '나도 그만두고 싶다고!' 상소리와 함께 내지르지 못한 게 후회스러웠다. 편의점 생활 1년인 데 앞이 보이지 않았다. 6명이던 알바생을 셋으로 줄이고 밤 10시부터 아침 8시까지 야 간근무를 도맡아도 소용없었다. 월 수익 500만 원을 보장한다 했던 본사 직원을 찾아 가 뺨을 갈기고 싶은 마음이었다.

③ 한 달 매출은 2,000만 원 정도였다. 상품 대금을 빼고 본사에 가맹 수수료 35%를 떼 어주면 300만 원 남짓이었다. 인건비와 월세, 시설유지 보수비 등을 제하면 한 달에 150만 원이 남는다. 정부가 정한 4인 가족 최저생계비 167만 원에도 못 미친다. 이마저 도 라이벌 편의점이 생기면서 100만 원 안팎으로 줄었다. 손님은 늘지 않고 그대로인 데 비슷한 가게가 나란히 있으니 매출이 쪼그라드는 건 당연했다.

④ 차라리 접자 싶어 깨알 같은 글씨의 가맹계약서를 들여다봤다. 매출 부진과 개인 사 정으로 계약을 중도 해지하면 매달 걷어가는 가맹수수료 1년치와 시설투자비를 위약 금으로 내야 한다. 얼추 5,000만 원이다. 계약서에 도장 찍을 때는 왜 이런 말이 눈에 들어오지 않았을까.

이어서 기사는 아래와 같은 하드 팩트를 제공하며 장영우 개인의 경험을 사회적 맥 락으로 확대한다.

베이비붐 세대의 퇴직을 계기로 반퇴 세대가 출몰하면서 편의점, 치킨집, 빵집 등 프랜 차이즈 가맹점이 급증했다. 소비자에게 익숙한 브랜드 이름을 쓸 수 있고 본사 지원을 받는다는 이유로 가맹점은 손쉬운 창업으로 인식된다. 하지만 무턱대고 달려들었다가

손해를 보거나 폐업하는 사례가 적지 않다. 공정거래위원회가 3만여 개의 편의점 실태를 조사한 결과 일 매출이 100만 원 이하인 매출 부진 점포는 2004년 13.1%에서 2011년 25.8%로 2배가량 증가했다.

처음에 오달란 기자는 이 기사를 장영우 1인의 스토리로 작성하여 기사가 단조롭고 답답한 느낌을 주었다. 그래서 아래와 같이 조언해 주었다.

• 주인공인 편의점 점주를 객관화하는 방법을 모색해보자. 그저 점주의 사연을 늘어놓으면, 그간의 기사와 크게 다르지 않게 된다. 점주가 이러저러한 어려움에 부닥쳤다는 것을 점주가 고용한 아르바이트 직원이나 편의점 본사 사람, 점주의 친구, 가족 등의 입을 빌어 전달하자.

• 초고는 사실상 1인 기사다. 주인공 점주 외에 조연과 엑스트라로 누구를 기용할 것인지 생각해보자. 예컨대, 주인공이 편의점을 운영하면서 알게 된 업계 동료나 다른 지역의 점주 등 동병상련할 수 있는 사람을 조연으로 설정할 수 있다.

기자적 상상력을 발휘해보라고 조언했더니 오달란 기자는 수정 원고에 장영우의 친구이자 역시 명퇴자인 김우송을 조연으로 삽입했다. 위 문단 직후에 이어진 아래 문단이 바로 그 대목이다. 김우송의 코멘트(①번 문장)는 치킨집과 관련한 하드 팩트를 매우 자연스럽게 노출했다. 이렇게 기사는 다시 한 번 주인공 개인의 경험을 사회적 맥락으로 확대했다.

생전 장 씨와 가깝게 지낸 김우송 씨는 현대자동차에 자동차 변속기를 납품하는 중소기업을 나와 치킨집을 차렸다. 장 씨의 편의점에서 한 블록 떨어진 상가였다. 퇴직금 1억 2,000만 원은 고스란히 가맹계약금으로 들어갔다. 누구나 알 만한 A급 치킨집은 아니었다. 그런 곳은 창업비가 3억 원을 넘는다. 김 씨는 5번 정도 서울 본사에 올라가 닭 튀기는 법을 배웠다. 요새 사람들이 좋아한다는 파닭, 간장치킨 만드는 법도 익혔다. "많이는 아니어도 세 식구 먹고살 정도는 벌 줄 알았어요. 눈에 뭐가 씌었던 게지. 3년 안에 망하는 치킨집이 절반이라는데, 그런 뉴스가 귀에 들어오질 않더라고." (①)

전국의 치킨전문점은 약 3만 6,000개다. 베이비붐 세대 퇴직과 맞물리면서 10년 전보다 2배 가까이 늘었다. '반퇴 종목'으로 치킨을 선택한 이들이 많았다는 얘기다. 경쟁이 치열하다보니 폐업하는 곳이 많다. 2002년부터 10년간 문 닫은 치킨집이 5만 곳에 이른다. 치킨집의 평균 생존기간은 2.7년으로 전체 개인사업자의 3.4년보다 짧다.

여기까지가 200자 원고지 23.2매짜리 원고의 75% 지점이다. 나머지 공간에 위기, 절정, 하강 단계를 모두 넣어야 하는데, 절정의 장면은 이미 맨 처음에 보여주었으므로 나머지 두 단계만 보여주면 된다. 주인공 장영우가 생활고를 못 이겨 자살했다고 하지만, 지금까지 내용으로는 무언가 부족해 보인다. 즉 자살의 정당화 과정이 조금 더 필요하다. 실제로 편의점주 가운데 자살했던 사람은 "사장님이 왜 자살할까?"라는 식의 의구심을 불식할 정도로 곤경에 처해 있었다. 기존 기사에 그런 사정이 잘 드러나지 않았을 뿐이다. 이 원고는 장영우와 김우송의 과거 술자리 장면을 통해 그런 속사정을 보여주었다. 장영우는 가정과 회사에서 오는 이중의 경제적 압박에 시달리고 있었다. 이런 요소들이 플롯 전환점이며 여기가 위기 단계다.

"형님, 무슨 과외비가 그리 비싸요? 마누라는 애 고3 되면 시간 없다고 겨울방학 때 서울로 논술학원 보낸대요. 지금도 다달이 100만 원 들어가는데, 200을 더 내놓으래. 하루 100마리 튀기면 가능할까? 형님은 회사 다닐 때 둘 대학 보내놨으니 걱정 없겠수."

"이 사람아, 대학 가면 끝인가. 작은애가 대학원 가겠대. 대기업 몇 군데 떨어지더니 취업 생각은 접었나봐. 아들놈은 내년 가을에 결혼한다고. 애들 엄마는 서울에 아파트 전세라도 얻어줘야 하는 거 아니냐는데…. 못해도 3~4억은 있어야겠지."

"도대체 언제가 끝이요? 언제쯤 되면 돈 걱정 자식 걱정 안 할 수 있는 거요?"

"나도 자네도 죽어야 끝나지 않겠나. 설마 관 속에 들어가서도 '일수' 걱정하고 있진 않겠지."

잔을 털어 넣은 장 씨의 입가에 씁쓸한 미소가 떠올랐다. 일수는 편의점 업계의 은어이다. 편의점 점주는 매일 매출액 전부를 본사로 송금해야 한다. 본사가 편의점에서 파는 상품을 원가로 공급하고, 가맹점의 매출 총이익을 받은 뒤 수수료 35%를 떼고 나머지를 정산해 점주에게 지급한다. 계산대에 쌓인 돈을 은행에 가서 부치기만 하면 될 것 같지만 장사가 안 되다보면 큰 압박으로 다가온다. 인건비나 생활비가 급해 수십만 원을 빼서 쓰기도 하는데 그러면 신용카드 현금서비스를 받아 비는 돈을 채워야 한다. 일수는 장 씨를 끊임없이 괴롭혔다.

이어서 엔딩이 나온다. 이미 소개했듯이 속편을 예고하는 형식이다.

장 씨의 유골은 토요일 오전 울산 하늘공원에 안장됐다. 같은 시각 서울 강남의 한 건물에서는 편의점 가맹사업 설명회가 열렸다. 350석 규모의 강당을 500여 명이 가득 메웠다. 아웃도어 등산복을 입은 50~60대 남성이 대부분이었다. 앞쪽 화면에는 최근 5년간 편의점 매출 추이를 나타내는 그래프가 띄워졌다. 머리에 화살표를 얹은 붉은 선은 오른쪽 상단을 향해 거침없이 뻗어가고 있었다.

기자의 습작 기사 중에서 이야기 5단계 분석에 가장 적합한 예가 있어서 소개한다. 한때 거의 모든 언론사는 출산율 저하를 주제로 대형 시리즈물을 기획했다. 사람들이 아이를 낳지 않는 원인을 거슬러 올라가보면, 감당하기 어려운 교육비 문제가 있으며 그전 단계에는 영유아의 양육 문제가 있다. 양육비를 벌어보려고 맞벌이를 하려니 아이를 맡길 데가 없고, 아이를 유아원이나 보모에게 맡기자니 맞벌이로 번 돈이 거기에 다 들어간다. 아이 양육을 위해 부모 중 한 명 특히 어머니가 직장을 그만두면, '경단녀' 신세가 되기에 십상이어서 그러지도 못한다. 사실, 결혼 이전부터 문제다. 집을 마련하기 어려우니 결혼은 언감생심이다. 아니 그 이전에, 직장 잡기가 이렇게 어려운데 어떻게 결혼을 생각할 수 있겠는가? 이런 이슈 각각이 뉴스의 주제다. 실제로 그간의 신문 보도는 출산율 저하라는 대형 어젠다를 대여섯 개의 소주제로 나누어 며칠에 걸쳐 시리즈 형태로 다루었다. 당일의 소주제도 서너 개의 기사로 쪼개어 여러 지면에 분산하여 게재했다. 사안이 중대한 만큼 크고 화려하게 보도하고 싶었을 것이다. 그러나 몇 가지 생각해볼 문제가 있다.

사안을 여러 개의 소주제로 나누고, 한 소주제를 다시 여러 개의 기사로 쪼개는 것은 분석 지향적이다. 출산율 저하의 경우, 어떤 젊은이는 직장을 갖지 못해서, 다른 젊은이는 집을 마련할 길이 없어서, 어떤 부부는 양육비를 대지 못해서, 또 다른 부부는 경력 단절의 걱정 때문에 아이를 낳지 않을 수 있다. 하지만, 이렇게 각자가 제각각의 이유를 가진 경우보다 한 사람이 여러 이유를 지닌 경우가 더 일반적이다. 즉 한 젊은 이는 직장이 없고, 집 살 재력은 더 없어서 결혼할 엄두를 내지 못하며, 결혼을 하더라 도 양육비나 교육비를 대지 못해 아이 낳을 생각을 아예 하지 않는다. 말하자면, 기자 입장에서 출산율 저하를 분석하면 그 원인을 여러 개로 나눌 수 있겠지만, 독자 즉 시 민 입장에서는 혼자 여러 이유를 동시에 지니고 있는 것이다. 더욱이, 그렇게 기사를 날짜별로 나누고 지면별로 쪼개어 보도하면, 독자는 여러 지면을 뒤져서 기사를 찾아 서 읽고, 다음날에도 기사를 연속해서 읽어야 사안의 전모를 알 수 있다. 그러나 과연 독자가 그런 사람들인가?

사안을 나누고 쪼개는 것은 쉬운 일이다. 그 정도의 분류는 일반 독자도 할 줄 안다. 사안을 합치고 종합하는 것은 어려운 일이다. 그 일을 기자가 해야 한다. 이재경 이화 여대 교수는 사안을 나누고 쪼개는 식의 신문 편집을 '모자이크식 편집'이라고 하면 서, 그 관행이 한국 기자들의 종합적 사고력을 떨어트렸다고 지적했다(이재경, 2006). 모자이크식 편집으로 얻을 수 있는 것은 하나도 없다. '종합'은 종이 매체 본래의 강 점이며, 단편적 이미지와 영상이 판을 치는 디지털 모바일 시대에 예전보다 훨씬 더 강조되는 신문의 고유 기능이다. 그것을 애써 경원하는 신문사와 기자가 안타깝다.

출산율 저하를 보도한 기존의 시리즈 기사를 수습기자에게 주고 내러티브 기사로 바꿔보라고 했더니 아래와 같은 원고를 써냈다. 이야기 5단계 구조를 가르쳐주지 않 았는데도 놀라울 정도로 정교하게 내러티브 포물선을 그려냈다. 원고는 아래와 같이 시작한다.

위기

모든 일은 사우디아라비아 한복판 작열하는 태양 아래 받은 전화 한 통으로 매듭지어 졌다. "그만하자. 넌 너무 부담스러워." 지구 반 바퀴를 넘어 들려오는 목소리는 두바 이의 열기를 모두 얼리고도 남을 만치 냉혹했다. 지난 6년간 연애가 꿈결처럼 느껴질 정도로. 정신이 번쩍 났다. 전화는 속절없이 끊겼다. 혜진 씨는 고층 아파트 투명한 창 밖으로 비춰진 두바이 시내를 하염없이 내려다보았다. 어느덧 태양이 지고 석양이 비

칠 때까지. 그녀 나이 서른둘. 선택을 해야 할 나이였다. 결혼을 하려면 지금이어야만
했다.

기사는 서른둘의 혜진이 국제전화로 이별 통보를 받은 장면에서 시작한다. 이 주인
공은 26세에 연애를 시작하여 29세에 사우디아라비아로 발령받아 1년째 일하면서 통
장에 1억 원을 모아놓은 여성이다. 무슨 사연인지 몰라도, 6년간 사귀었던 남자친구는
결별을 요구했으며 혜진은 결단을 내려야 한다. 시작부터 위기 단계다.

기사는 발단 단계로 돌아가기 전에 위기 단계를 조금 더 보여준다. 정확하게 말하
면, 위기의 직전 단계 즉 상승 단계의 끝자락이다. 아래에서 보듯이, 상황은 주인공을
압박해온다. 남자친구의 전화가 뜸해졌으며 동시에 '듀오'의 전화도 줄었다.

위기 직전, 상승 끝자락

빗발치게 걸려오던 '듀오'발(發) 전화가 서서히 줄기 시작할 때는 서른 즈음부터였다.
지금은 그녀가 기백만 원을 주고 신랑감을 구하러 나선대도 '듀오'가 나서서 제발 참아
'듀오'를 외칠 판이었다. 실제로 그녀에게 전화를 걸어왔던 조인숙 매니저(52)는 20대
중후반 때처럼 열띤 목소리로 가입을 권유하지는 않았다. "사실 혜진 님도 잘 아시겠
지만, 결혼 시장에선 좀 더 어리시고 매력적이신 분들이 조금 선호되는 경향이 없지 않
아 있기는 있어요. 전문직 종사하시는 남성 회원님들은 더 특히 그러시구요. 혜진 님이
좀 더 어렸을 때 오셨으면 참 좋았을 텐데…." 그 말을 듣는 순간 기분이 확 상했던지
라, 그녀는 "저 사귀고 있는 사람 있거든요" 하고 쏘아붙이고는 전화를 뚝 끊어버렸다.
그래놓고도 슬그머니 매니저 번호를 휴대폰 연락처에 저장해놓았던 건 그의 전화가 뜸
해지면서 마음이 불안했기 때문이다.

이제 독자의 이해를 위해 발단 단계를 시작하며 이야기의 배경을 깔아놓아야 한다.
아래와 같이 두 사람의 만남, 취직, 사랑의 맹세와 같은 보편적인 청춘남녀 이야기가
나온다. 이 단계의 마지막에 집을 마련하기 어려워서 결혼을 미루었다는 부분이 그다
음 단계인 상승 단계와의 연결고리다.

그는 청춘의 일부였다. 타임(TIME)지를 같이 읽자는 이름 아래 모였지만 실은 술만 푸던 동아리에서 그를 처음 만났다. "자기는 깡촌 출신이니 안주로는 새우깡만 먹는다며 소주잔을 기울였어요. 같은 과 남자였는데 그게 얼마나 멋있어 보이던지." 그녀는 연신 쑥스럽게 그를 회상했다. 그를 만나 처음으로 순대국밥을 먹었고 5평짜리 자취방을 찾아가 밥상을 차렸다. 30여 년간 대기업 회사원으로 일하며 외동딸을 부양한 아버지께도 드린 바 없는 치성이었다. 남자는 그녀와 같은 나이였으나 취업이 그녀보다 늦었다. 그래도 남자를 채근하지 않았다. "혜진이가 그 남자랑 데이트할 때는 새로 산 옷도 안 입었어요. 싸게 먹는다고 학교 앞에서 먹기도 했고." 혜진 씨와 제일 친한 회사동료 현정(33) 씨의 증언이다. 혜진 씨 밑에서 일하고 있는 남자 후배인 종헌(28) 씨도 당시를 떠올리면 혜진 씨가 안쓰럽다. "혜진 선배는 솔직히 회식도 잘 못 참석했죠. 남자친구분이 좀 극성맞았거든요. (그분이) 밤 시간에 다른 동료분들한테 화내고 그러시니까. 저도 혼난 적 한 번 있어요.(웃음)" 그중에 혜진 씨가 가장 견디기 힘들었던 건 그가 낙담해 있을 때였다. "그가 최종면접에서 연거푸 낙방을 할 때마다 몸 둘 데를 모를 것만 같았죠." 아직도 그때를 떠올리면 마음이 아프다.

드디어 온 그의 취직. 영원을 약속했었다. 수포교 앞에서 그와 "우리 사랑 영원하자"며 동전을 던졌었다. 불과 4년 전이다. 둘은 결혼을 미루기로 했다. 서울 살기에는 돈이 모자랐다. 성북구에서 스마트부동산을 운영하고 있는 여혜숙(55) 씨는 "서울에서 집 한 채를 마련하려면 강북에서도 3억이 넘는 돈이 필요해요. 사회 초년생한테는 조금 힘든 돈이죠"라고 말한다. 당시 혜진 씨 경우도 마찬가지였다.

기사 서두의 결별 통보 장면을 상기하면, 두 사람 사이에 심각한 갈등이 있었을 것으로 예상할 수 있다. 모든 이야기는 갈등과 해소의 구조를 지닐 수밖에 없다. 혜진과 남자친구의 갈등은 아래와 같이 복잡하게 얽혀 있어서 풀기가 쉽지 않다. 여기가 상승단계다.

남자는 희망에 부풀어 있었다. "우리 둘 다 대기업 사원이니까 금방 모으겠다"라며. 헌데 아니었다. 남자만 바라보는 입이 많았다. "남자친구가 서울 소재 사립대학을 나왔거든요. 대출받은 학자금이 남아 있었어요. 취직을 한 뒤엔 그것부터 갚아나가야 했어요. 동시에 부모님 용돈을 다달이 꼬박꼬박 드려야 했고 동생도 대학을 서울에서 다니고 있어서 동생 용돈도 들어갔어요. 본인 생활비도 감당해야 했고." 그러고 나니 정작 그에게 남는 돈이 없었다. 저축은 엄두를 낼 수 없었다. 제아무리 대기업 사원 월급 통장이라도 퍼 가는 곳이 많은데, 우물이 마르지 않을 리 없었다. 이제는 혜진 씨도 기다림에 지치기 시작했다.

그때 돌파구가 생겼다. 사우디아라비아였다. 서른을 코앞에 둔 나이였지만, 선택의 여지는 별로 많지 않았다. "새로 진출하는 지부에는 미혼 인력이 제격이죠. 가정이 있으면 선뜻 가기는 어려우니까. 그런데 여자들이 가는 경우는 별로 없어요. 우선은 일이 너무 힘들어서 체력적으로 고되고, 또 다들 시집이 걸려 있다 보니까. 월급은 많이 주지. 거의 배 가까이 뛰지. 근데 우리 혜진 씨 같은 경우는 케이스가 좀 특별하죠. 본인이 자원한 거니까." 삼성중공업 사우디아라비아 지부장 김성택(50) 씨의 전언이다.

그녀 얼굴은 매일 젖어 있다. "첫날은 남자친구가 너무 보고 싶어 우느라 얼굴이 젖었는데, 다음 날부터는 땀으로 흠뻑 젖었어요." 오히려 고생을 말할 때 담담한 표정이다. 제일 힘든 건 여자에 대한 차별적인 시선이었다. 그럴수록 그녀는 살아남기 위해 안간힘을 써야 했다. "마담은 술에 잔뜩 취해서 들어오는 날이 많았어요. 안쓰러워서 그만 먹으면 안 되느냐고 했지만, 성공하려면 마셔야 한다고 했지." 그녀가 머무는 34층 방을 청소하는 메이드 아피파(44)는 혜진 씨가 고군분투했던 장면들을 이렇게 회상했다.

사랑은 공기 중에 분자처럼 흩어졌다. 부인할 수 없다. 그녀는 점점 욕심이 났다. 일에, 자리에, 성공에. 이제는 노력이 결실을 조금씩 맺고 있다. 바이어 중 한 명인 모하메드(38)는 혜진 씨에게 마음을 열었다. "처음 그녀를 봤을 때, 이 일을 할 만한 사람은 아니라고 생각했어요. 솔직히 삼성에서 우리를 무시한다고 생각했지. 왜 우리 파트너로 조그만 여자를 보냈느냐고 항의를 했으니까. 그런데 막상 일을 같이해보니까 다르더라고. 누가 사우디 정착 2년 만에 건설 수주 8건을 완수하겠어요."

상승 단계에 플롯 전환점이 집중적으로 배치되어 있다. 혜진뿐 아니라 남자친구에게 기인하는 갈등의 요소들이 곧 플롯 전환점이다. 위에서 발견된 플롯 전환점은 모두 5개다.

> - PP1: 남자친구는 취직했지만, 학자금 빚과 부모님 부양 및 동생 뒷바라지에 시달린다.
> - PP2: 혜진은 지치기 시작한다.
> - PP3: 모든 면에서 놓칠 수 없는 사우디 근무의 기회가 혜진에게 왔다.
> - PP4: 혜진은 사우디에서 능력을 인정받고 차별을 이기려고 술을 마셔가며 고군분투한다.
> - PP5: 혜진은 괄목할 만한 성과를 냈으며 사랑은 부서지기 시작한다.

서두에 위기 단계를 보여주었지만, 위의 상승 단계로 곧바로 연결되지는 않는다. 서두의 위기 단계에 이르려면, 여기에 위기의 요소를 더 보여주어야 한다. 그래서 아래와 같은 내용이 연결된다.

위기

그즈음 통장 잔고에 1억 원이 찍혔다. 남자친구는 전화를 걸지 않고 이메일을 보냈다. 약간 불안한 마음이 들었다. 이메일에서 남자친구는 "내 여자가 나보다 돈을 더 많이 버는 건 좀 그래. 내가 더 노력할 테니까 돌아오면 안 될까"라고 했다. 답장하기를 눌렀다. 커서가 깜박일 때마다 그녀는 고민했다. 다시 돌아갈까. 지금이라도? 하지만 그때는 1년 만에 건설 수주가 30% 넘게 확장됐고, 매출도 400억 넘게 신장된 때였다. 한국으로 돌아갈 이유가 없었다. 눈을 감았다. 오른쪽 위 X표 아이콘을 눌러 답장하기 창을 닫아버렸다. 남자친구는 한 달이 넘게 전화를 걸어오지 않았다. 그녀의 전화를 받지도 않았다. 그 후 남자친구는 의례적인 안부 인사 몇 번만 걸어왔다. 그 결과가 이별이다.

위기 단계에도 플롯 전환점 3개가 있다.

> • PP1: 남자친구는 전화 대신 이메일을 하며 혜진의 귀국을 종용했다.
> • PP2: 혜진은 남자친구의 이메일에 응답하지 않았다.
> • PP3: 결국 의례적인 안부 인사만 있었을 뿐 남자친구는 전화를 하지 않았다.

여기까지가 200자 원고지 20매 분량 기사의 80%에 해당한다. 나머지 20% 분량에서 절정 단계와 해소 단계를 처리해야 한다. 서두의 위기 장면에서 보았듯이 혜진은 어떤 결정이든 내려야 한다. 황홀한 두바이, 삼성 마크가 새겨진 중장비, 승진 축하에 이은 그녀의 선택, 즉 손가락에서 약혼반지를 빼는 장면이 절정에 해당한다.

절정

새벽 2시가 넘었다. 그녀는 잠을 이루지 못하고 와인을 꺼내 들었다. 두바이는 황홀하다. 맞은편에 빌딩이 쑥쑥 올라가고 있다. 그녀가 따낸 사업 건으로, 삼성(SAMSUNG) 마크가 새겨진 중장비들이 낮이면 자재를 나른다. 내 인생도 누군가 쑥쑥 지어 올려준다면 좋을 텐데. 어느 정도는 이별을 예감했다 해도 지난 시간과 인연에 허탈하다. 그때였다. 다시 전화벨이 울린다. 회사다. "혜진 씨, 축하해. 승진 확정이다." 부장의 전화였다. 이제는 다른 느낌으로 눈앞이 망연해진다. 그 순간 반쯤 망설이다, 조금은 과감하게 왼쪽 약지에서 반지를 뺐다. 혜진 씨는 남은 와인을 잔에 따라 원샷하고 이제는 좀 편안하게 잠에 든다. 약간은 홀가분해진 마음으로. 그래. 됐다, 하는 생각과 함께.

기사를 읽으면서 이야기를 어떻게 끝맺을지가 시작보다 더 궁금했다. 원고의 맨 마지막에 있는 혜진의 코멘트가 이 이야기의 대단원이다.

다음날 아침, 이제는 나혜진 대리가 아니라, 나혜진 과장이다. 입사 5년 만에 이룬 성취. 회사에 같이 들어온 동기들을 모두 제친 쾌속 승진이었다. 서른을 코앞에 두고 면사포를 쓰는 대신에 공사판에서 안전모를 쓰기로 선택한 덕이 컸다. 전화벨이 다시 울린다. 이번엔 조인숙 매니저다. 특유의 콧소리가 섞인 끈적끈적한 목소리가 전화선을 타고 넘어온다. "혜진 님! 가입 생각해보셨어요? 이제는 더 늦으시면 곤란하실 텐데…." 순간, 혜진 씨의 동공이 좁아들었다. 표적을 확신하는 매의 표정처럼.

"아뇨. 생각 없습니다. 결혼 안 합니다. 앞으로도."

혜진 씨 등 뒤로 황무지 사이에서 빌딩이 솟아나는 두바이가 광활하게 펼쳐졌다.

〈200자 원고지 20매〉

위 기사의 내용 전개를 내러티브 포물선으로 나타내면 〈그림 15〉와 같다. 기사는 스토리의 중간 지점쯤 되는 위기 단계에서 시작하여 발단으로 되돌아왔다가 다시 발단-상승-위기-절정-하강의 전 단계를 거친다.

위 기사에 주제문이라 할 만한 문장은 없지만, 주제가 감지된다. 강렬한 내러티브 덕분이다. 이 원고를 다 읽었을 때, 저녁 어스름에 한 여인이 호텔방 전면의 유리창에 서서 광활한 두바이를 내려다보는 장면이 떠올랐다. 결혼과 가정 대신 일을 선택해야 했던 그녀는 이 시대 수많은 보편적인 한국의 미혼 여성과 크게 다르지 않다. 많은 사람은 혜진처럼 복합적인 이유에서 결혼을 미루거나 포기하게 되고, 그래서 출산율은 더 떨어진다. 독자는 여러 원인을 쪼개어 분석한 기사보다 훨씬 더 자연스럽게 출산율 저하라는 사안을 알게 되고 그런 원인에 공감하게 된다. 사회적 사안은 이렇게 복합적이어서 해결 난망이다. 출산율 저하 문제가 꼭 그랬다. 그래서 정부가 아직도 이 문제를 풀지 못하는 것이다.

이 원고는 신문사 시험에 합격한 지 한 달도 안 된 수습기자가 한국언론진흥재단의 기본교육을 받으면서 작성했다. 언론계 대선배들의 너저분한 모자이크식 편집과 달리, 기사 하나로 사안을 흥미롭게 전달했다. 출산율 저하의 여러 요인을 한몸에 지닌 혜진을 주인공으로 설정하여 그의 이야기를 5단계 구조로 전개한 점은 놀라울 정도로 창의적이다. 기사는 주인공 혜진이 갈등과 질곡을 벗어나 광활한 두바이에서 희망찬

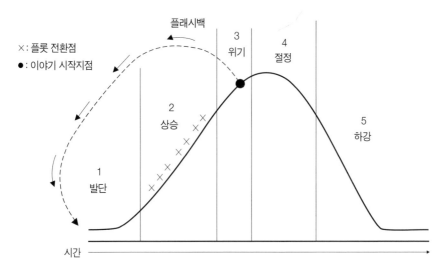

출처: Hart, J. (2011/2015). 〈소설보다 더 재밌는 논픽션 쓰기〉. 서울: 유유, 96쪽에서 인용.

〈그림 15〉 사건의 중간 지점에서 스토리를 시작하는 경우

미래를 꿈꾸며 끝났다. 세상과 인간을 바라보는 주인공의 시야가 넓어지고 깊어지는 장면이다. 이렇게 서사 속 인물이 내적 성숙을 이루는 엔딩을 '내화형' 결말이라고 한다(방현석, 2013, 103쪽). 사건의 중심인물(프로타고니스트, protagonist)이 역경을 헤쳐 나와 갈등의 해소에 이르는 과정을 보여주는 것이 스토리의 핵심이라면, 이 기사는 그 대표적인 예라 할 수 있다. 정독한 사람은 알겠지만, 이 기사는 혜진 1인 스토리가 아니다. 혜진이라는 인물을 조명하기 위해 그의 남자친구, 회사 동료와 후배, '듀오'의 매니저, 부동산 중개사, 삼성 사우디아라비아 지부장, 서울의 삼성 부장, 두바이 현지 바이어, 심지어 혜진의 호텔방 청소부까지 취재원으로 활용됐다. 이런 입체적 프로파일링도 놀랍다.

10장
왜 내러티브 기사인가?

2015년 서울 영등포 집창촌과 용산역 노숙인촌에서 며칠간 기거하며 르포 기사를 썼던 박유리 한겨레 기자는 2017년 9월 14일 한국언론진흥재단 특강에서 기자들에게 "왜 내러티브로 기사를 쓰려고 하는지 자문해보라"라고 말했다. 그것은 내러티브가 글재주 부리기가 아니며 공연히 기사를 다르게 써보는 것도 아니라는 뜻이다.

도대체 왜 기사를 내러티브로 쓰는가? 언뜻 이런 답을 떠올릴 수 있다. "주제가 무엇이든 독자가 기사를 더 재미있게 읽을 수 있도록 하기 위해 내러티브로 쓴다." 가장 단순한 차원의 답변이지만, 가장 중요하고 명쾌한 답변이다. 독자가 기사를 재미있게 읽는 것보다 더 중요한 것은 없다. 한국 기자들은 이 점을 그다지 중요하게 생각하지 않으므로 오히려 특별히 의미 있게 받아들일 필요가 있다. 또 다른 답변은 박유리 기자도 스스로 말했듯이, 주제 중에는 내러티브로 쓰지 않으면 기사화할 수 없는 것들이 있기 때문이다. "내러티브가 아니면 살리지 못하는 주제가 있다"라는 말도 같은 뜻이다(Kramer & Call, 2007/2019, 55쪽). 이문영 한겨레 기자도 2019년 3월 28일 한국언론진흥재단 특강에서 이와 비슷한 말을 했다.

스트레이트라는 형식으로는 도저히 쓸 수 없는 기사가 사실 많다. 손쉽게 "기사 안 된다"라고 말하며 버리는 주제가 많다. 그런 것을 기사로 쓰려면 기자와 언론이 태도를 바꾸어야 한다. 내러티브는 기사를 그저 다르게 써보는 것이 아니며 글자량도 아니다. "어떻게 하면 다르게 쓸 수 있을까"를 넘어 "이야기로 써볼 만한 것이 무엇인가"를 생각해보아야 한다.

혼히 "내러티브는 인간을 탐구한다"라고 말한다. 기사를 인간 탐구라고 생각하는 기자는 별로 없겠지만, 자신들은 매일 그 일을 하고 있다. 뉴스는 결국 인간의 일이다. 하지만, 기자들은 그것을 인간 중심으로 풀지 않고 사건 중심으로 풀었기 때문에 마치 인간의 일이 아닌 것처럼 생각하게 된 것이다. 사건에서 조금 더 들어가면 인물이 있고, 인물을 조금 더 들여다보면 인간의 본질이 나온다. 내러티브가 인간을 탐구한다는 말은 결국 인간 본질을 탐구한다는 뜻이다. 이와 관련한 경험 두 가지를 소개한다.

1. 인간의 본질 다루기

지난 학기에 기자 시험을 준비하는 학생에게 기사를 발제해보라고 했더니 한 학생이 노인 야학 아이템을 가져왔다. 학생은 최근에 만학도가 늘었다며 평생교육 시설에서 공부하는 노인이 10여 년 전보다 두 배나 증가했다는 통계도 제시했다. 노인들을 만나보면 공부할 기회를 놓쳤던 어린 시절의 아픔과 만학도끼리 함께 공부하는 즐거움을 들을 수 있다고 했다. 당장 "만학도가 늘었다"라는 스트레이트 기사가 떠올랐으며 만학의 즐거움을 주제로 미담 기사를 쓸 수도 있을 것 같았다. 하지만, 이 모두가 식상하다고 판단하여 학생과 함께 주제를 더 고민해보았다.

야학 노인들의 나이는 60대 이상이며 젊을 때 고생한 덕에 경제적으로 별 어려움이 없는 사람들이었다. 중학교나 고등학교 검정고시를 준비하는 노인도 있었지만, 그것은 재미 삼아 걸어둔 목표일 뿐이었다. 생업에 도움이 되고자 공부하는 것도 아니었다. 즉 노인들은 특별한 동기나 목적 없이 공부하고 있었다. 이들은 한글을 모르며 영어는 더 문맹이었다. 학생의 취재정보를 보니 노인들은 한글 받침 'ㅅ'과 'ㅆ'을 구분할 줄 알게 되어 기뻐했다. 간판 글자를 읽을 수 있고, 딸과 카카오톡을 할 수 있어서 기분 좋다고 했다. 한 노인은 자동차를 운전하면서 이제야 앞차에 적힌 'Baby in a car'의 뜻을 알게 됐다. "공부와 연애하는 기분이 든다"라고 말한 노인도 있었다. 이 노인들은 별다른 동기나 목적 없이 공부하는 사람들이므로 "왜 공부하는가?"를 가장 잘 탐구해볼 수 있는 대상이었다. 그래서 이런 주제를 생각해보았다. "인간에게 배움이란 무엇인가?"

이 질문을 다르게 표현하면, 사람은 왜 배우고자 할까 또는 인간에게 지식이란 무엇인가가 될 것이다. 이런 질문은 고상하다 못해 철학적이기까지 하다. 한국 기자들의 감각으로는 당연히 기사가 안 되는 주제다. 도저히 그 주제로 역피라미드 기사를 쓸 수 없기 때문이다. 하지만, 왜 그런 주제로 기사를 쓰면 안 되는지도 생각해볼 필요가 있다. 기사 주제에 특별한 제한은 없으며, 오히려 그런 근본적인 질문이 더 좋은 주제일 수 있다. 인간은 왜 사는가, 죽음이란 무엇인가, 사랑은 무엇이며 우정은 또 무엇인가…. 인간의 삶과 죽음, 희로애락은 최고의 기사 주제임에도 불구하고, 기자들은 그것이 역피라미드 구조와 어울리지 않으며 역피라미드 구조로 쓸 재간이 없으므로 주제로 간주하지 않았다. 내러티브로 풀어낸다면, 노인 야학을 '인간의 배움'이라는 주제로 충분히 기사화할 수 있을 것이다.

학생과 함께 트랜스젠더 기사를 기획할 때도 위와 유사한 경험을 했다. 중국 유학생이 한국의 트랜스젠더를 취재하여 왜 성전환 수술을 받으려고 하는지, 수술은 얼마나 힘든지, 성전환 후의 삶은 어떤지를 기사로 쓰겠다고 제안했다. 실명 보도가 원칙이라고 했더니, 학생은 얼굴과 신원을 공개하겠다는 트랜스젠더 4명을 확보해 왔다. 이제 기사는 쓸 수 있게 됐지만, 주제가 잡히지 않았다. 위에 언급한, 학생이 애초에 제안했던 주제는 각종 뉴스와 다큐멘터리에서 종종 보도됐다. 물론, 그 주제를 깊이 파고들 수 있지만, 그렇더라도 식상하기는 마찬가지다. 학생은 며칠간 트랜스젠더를 따라다니더니 "트랜스젠더는 어떻게 자기의 성 정체성을 찾아가는가?"라는 새로운 주제를 가져왔다.

트랜스젠더는 자기가 남자인지 여자인지, 왜 그리고 얼마나 그렇게 되고 싶은지 평생 고민하며 사는 사람들이다. 학생이 주목했던 것은 바로 그것이었다. 이 주제는 '트랜스젠더로 살아가기'나 '트랜스젠더의 고충'이라는, 별 고민 없이 떠올릴 수 있는 주제보다 더 묵직하고 의미심장하다. 트랜스젠더뿐 아니라 모든 인간의 삶이 정체성을 찾아가는 과정 아니던가? 그것을 죽을 때까지 찾지 못한다는 것이 안타까울 뿐이지만…. 트랜스젠더의 인생은 이중의 정체성 찾기라 할 수 있다. 먼저 자기의 성 정체성을 찾아야 하며 그다음에 인간으로서 정체성을 또 찾아야 한다. 이런 주제는 결코 역피라미드 구조와 어울리지 않는다. 내러티브가 아니면 풀어내기 어려운 주제다. 중국 유학생의 트랜스젠더 기사는 아주뉴스코퍼레이션이 발간하는 중국어 신문인 아주일보에 실렸다.

내러티브 기사가 인간을 탐구한다는 말은 사안 자체가 아니라 사안의 의미에 집중하여 보도하라는 뜻이다. 사안 속으로 쑥 들어가서 보다 근본적인 이슈를 고민하라는 것이다. 앞의 예처럼 야학의 노인을 통해 인간에게 배움이 지니는 의미를, 트랜스젠더의 고충에서 인간의 정체성 찾기를 주제로 뽑아내는 식이다. 이것을 다르게 표현하면, 기사가 무엇에 대한 것인가와 기사가 '정말로' 무엇에 대한 것인가를 구분하는 것이다(이샘물·박재영, 2020, 19쪽). 전자가 소재라면 후자는 주제라 할 수 있다. 예를 들어, 외딴 시골에서 혼자 환자를 돌보는 의사를 그냥 기사로 써도 좋지만, 그를 통해 도시와 시골의 의료 불평등을 끄집어내면 더 좋다. 전자가 '무엇에 대한'이라면, 후자는 '정말 무엇에 대한'에 해당한다. 회계사의 자금 횡령을 사건 기사로 쓰면 범죄에 대한 기사이지만, 횡령의 원인인 그의 사치와 허영을 중심으로 풀어가면 인간의 욕망에 대한 기사가 된다(이샘물·박재영, 2020, 206쪽 참조). 기자적 상상력을 조금만 발휘하면, 사건마다 이런 이면의 주제를 찾을 수 있다. 유죄의 누명에서 벗어나 무죄가 된 사람이 어떻게 두 번째 인생을 살아가는지, 사고로 남편을 잃은 아내의 홀로서기는 어떠한지, 승리자가 아니라 패배자의 어제와 오늘 등도 좋은 내러티브 주제다(Kramer & Call, 2007/2019, 72, 74, 519쪽 참조).

내러티브 글쓰기에 천착하면 그간에 보이지 않았던 많은 새 주제가 눈에 띄기 시작한다. 그 주제는 근본적으로 인간의 삶과 죽음, 사랑과 이별, 성장과 고통, 우정과 배신, 기쁨과 슬픔 등과 연관된다. 바로, 독자에게 친밀한 주제다.

> 친밀한 저널리즘(intimate journalism)-깊이 있고 지적이며 진지한 저널리즘-이라고
> 부르는 것은 평범한 사람들의 행동과 그들의 일상적인 삶, 우리 직업에서는 너무나 드

문 모든 것을 기록한다. 이런 이야기는 사람들이 자신의 삶에서 의미와 목적을 찾으면서 보이는 행동, 동기, 느낌, 믿음, 태도, 불만, 희망, 공포, 성취 그리고 열망을 기록한다. (Kramer & Call, 2007/2019, 493-494쪽)

인간의 본질이라는 것을 너무 부담스럽게 받아들이지 않아도 된다. 매일 많은 사건이 터지므로 인간의 본질을 발견할 기회는 많다. 다만, 그것을 포착할 줄 아는 눈이 필요하다. 동아일보 미디어연구소가 작성한 〈내러티브 리포트〉에 물에 빠진 아이를 구한 미국 시민들의 기사가 포함돼 있다. 이런 미담은 한국에도 있다. 작년과 올해만 보더라도, 새벽에 아파트에 불이 나자 맞은편 동에 거주하는 40대 남성이 화재 현장으로 달려가 창틀에 매달려 있던 20대 여성을 구했으며, 만삭의 20대가 지하철에서 갑자기 쓰러져 출산했는데 시민 두 명이 산모와 아기를 잘 간호하여 모두 무사했다. LG 같은 기업은 이런 위대한 시민들에게 'LG 의인상'을 주어 칭송하지만, 막상 언론은 시큰둥하다. 그래도 누군가 시상을 하니 기사를 쓰지, 그것마저 없다면 아예 보도하지 않았을 것이다. 아래와 같은 식이다.

LG는 포항시와 울산광역시에서 사고로 바다에 추락한 차량과 서울에서 화염에 휩싸인 차량에서 각각 운전자를 구조한 황홍섭(48), 김부근(56), 최창호(30) 씨에게 'LG 의인상'을 수여한다고 29일 밝혔다.

황홍섭 씨는 지난 19일 오후 6시경 포항시 북구 청하면 자신의 사무실에서 일을 하다 인근 방파제를 주행하던 한 차량이 추락방지구조물 사이로 다가가더니 갑자기 바다에 추락하는 것을 목격했다.

황 씨는 즉시 119에 신고한 뒤, 망치를 가지고 현장으로 달려가 바다로 뛰어들었다. 이어 가라앉고 있던 차량 조수석 창문 유리를 망치로 깨고 문을 열어 운전자를 구조하고 출동한 소방대원에게 인계했다.

황 씨는 응급구조사, 스킨스쿠버, 인명구조 강사 자격을 보유한 수난구조 분야의 베테랑으로, 평소 의용소방대원으로 활동해온 것으로 알려졌다. (뉴시스 2019.5.29.)

물에 빠진 아이를 구한 시민들을 다룬 미국 기사는 위 한국 기사의 내용과 매우 유사하다. 미국 조지아주의 작은 마을에서 한 할머니가 4살배기 손자와 차를 타고 목적지에 왔다가 급한 마음에 주차 브레이크를 걸어놓지 않고 차에서 내렸다. 차는 손자와 함께 경사로를 따라 저수지로 굴러 내려가 가라앉기 시작했다. 할머니의 비명을 들은 시민 7명이 저수지로 뛰어들어 17분간의 사투 끝에 아이를 구출했다. AP 통신의 첼시 카터(Chelsea Carter) 기자는 사건 발생 보름 후에 현장을 다시 찾아가 아래와 같은 리드를 썼다.

> 차 안으로 얼음장처럼 차갑고 껍찔한 저수지 물이 쏟아져 들어왔다. 뒤쪽에선 한 남자가 유리창을 깨기 위해 필사적으로 창문을 내리쳤다. 차에는 4살배기 소년 라이언 에슬먼이 갇혀 있다.
>
> 라이언을 구하기 위해 뛰어든 사람들은 어려움을 겪고 있었다. 한 여자는 얼굴을 바닥으로 향한 채 물 위에 떠 있었고, 한 남자는 의식을 잃은 채 수면 밑으로 가라앉았다. 용기 있게 뛰어들었던 경찰관도 물 밑에서 버둥대고 있었다. 뒷좌석의 머리 받침대를 부둥켜 쥔 라이언의 손가락 마디가 창백해졌다. 이제 물은 라이언의 목까지 차올랐다.
>
> TV에 방영되는 대부분의 사고는 마치 발레처럼 매끄러운 슬로모션으로 비쳐진다. 하지만 실제 현장은 정신을 못 차릴 만큼 허둥댄다. 라이언의 일생에서 가장 급박했던 몇 분이 그랬다. 그곳엔 17명이 있었지만 모두가 혼란에 휩싸여 있었다.
>
> 그 짧은 시간 동안 7명의 성인 남녀들(6명의 성인 남성들과 1명의 여성)은 4살배기 소년을 구하기 위해 스스로의 안전을 돌보지 않았다. 그들을 영웅이라고 부를지도 모르지만 그들은 처음부터 영웅이 되려는 생각은 없었다. 용기는 때로 의도하지 않더라도 생겨난다. (The Associated Press 1997.3.2.) (동아일보 미디어연구소, 2010)

카터 기자가 보름이나 지난 후에 사건 현장을 다시 찾아갔던 데에는 이유가 있었을 것이다. 보름 전에 사건이 터졌을 때는 그도 다급해서 스트레이트 기사를 송고했을 가능성이 크다. 그렇게 한숨을 돌리고 사건을 떠올려보니 이해가 안 되는 장면들이 있었다. 사람들은 왜 자기 목숨이 위태로운데도 남을 도우려고 할까? 카터 기자의 이 문제의식이 위 리드의 맨 마지막 문장에 나와 있다. 최수묵(2011)은 이것을 카터 기자가 찾아낸 '보석처럼 빛나는 모티프'라고 했다(43쪽). 기사는 다음과 같이 이어진다.

스포츠 코트를 벗어 던진 파운틴은 가죽구두와 타이 그리고 깔끔하게 다린 셔츠와 바지를 이미 괘념하지 않았다. 그는 연못으로 뛰어들었다. 물은 몸을 마비시킬 만큼 차가웠다.

"맙소사, 나는 성공하지 못할 거야." 차 쪽으로 가는 도중 이런 생각이 스쳤다. "제발, 제발!" 파운틴이 외쳤다.

이때쯤 자동차는 물속으로 모습을 거의 감췄다. 뒤창문과 트렁크만이 겨우 수면 위로 드러났다. 물은 라이언의 가슴까지 차올랐고 계속 불어났다. 매클렁은 망치로 차를 두 번 내리쳤다. 파운틴은 몸을 기울여 망치를 잡은 뒤 머리 위로 힘껏 올렸다가 사력을 다해 내려쳤다. 유리창을 깨기 위해.

조지아주 순찰원 웬델 매닝은 911 응급구조의 요란한 사이렌 소리를 들었다. 잠시 뒤 현장에 도착하자 그는 권총 벨트를 푸는 것과 동시에 차에서 내려 뛰었다. 파운틴이 유리를 내리치는 모습이 보였다. 파운틴의 친구 터커가 물에 떠 있기 위해 버둥대는 모습도 보였다.

매닝은 발목에 찬 권총집을 푸는 것도 잊은 채 저수지로 뛰어들었다. 얼음장처럼 차가운 물 때문에 그는 숨을 헐떡거렸다. 도저히 움직일 수 없을 것 같았다. 공황에 빠진 터커가 매닝에게 매달렸고, 그의 위로 기어오르려고 발버둥 쳤다. 이 때문에 두 사람은 모두 물 밑으로 가라앉았다. 매닝은 결국 그를 밀어내야 했다.

'대체 무슨 일이 벌어지는지'를 보기 위해 멈췄던 행인 찰리 모크는 이때 한 여자(샬린 팸)가 저수지 바닥 쪽으로 얼굴을 향한 채 떠 있는 것을 보았다. 모크는 물로 뛰어들어 그녀를 향해 헤엄쳤다. 그리고 그녀의 얼굴을 하늘로 향하게 한 뒤 목을 감싸고 물가 쪽으로 향했다.

순간 무언가 물속에서 물컹한 게 느껴졌다. 둑으로부터 15피트 떨어진 곳이었다. 손을 뻗자 한 움큼의 머리카락이 잡혔다. 그는 그것을 끌어당겼고, 축 처진 터커의 몸이 수면 위로 떠올랐다.

매닝이 호흡을 가다듬으면서 터커를 붙잡아 둑 쪽으로 헤엄쳤다. 모크와 매닝이 기슭으로 다가오자 사람들이 물 안으로 걸어 들어와 안전하게 끌어당겼다.

유리창이 산산조각 나자 물이 차 안으로 밀려들었다. 윈딕스 점원 파운튼과 백화점 슈퍼바이저 매클렁이 라이언을 차 밖으로 끌어냈다. 라이언을 등에 업은 파운튼은 깊게 3번 심호흡 한 뒤 개헤엄을 치기 시작했다. 매클렁이 옆에서 나란히 수영했다. 차가 물속에 완전히 가라앉았을 때, 그들은 차와 불과 2피트 거리에 있었다.

"이봐요, 아이 좀 맡아줘요. 도저히 못 하겠어요." 파운틴이 매클렁에게 말하며 라이언을 넘겼다. 그 둘은 극심한 근육통을 느꼈다. 움직이는 것 자체가 고통이었다. 사람들이 손길을 뻗어 그들을 기슭으로 당겨주었다.

의료보조원이 1분 넘게 가슴을 압박하며 심폐소생술을 한 뒤에야 대니얼 터커는 물을 뱉어낸 뒤 다시 숨을 쉬었다.

기사는 시민들의 구조작업을 숨 가쁘게 그린 뒤, 마무리로 들어간다.

이틀 뒤, 라이언을 구조한 사람들 대부분이 모였다. 이번에는 기념사진을 찍기 위해서였다. 라이언이 (자신을 살려낸) 망치를 들고 재롱을 부리는 동안 그들은 악수를 나누고, 웃으면서 그날 일을 다시 이야기했다. 대체 어떻게 그런 영웅적인 행동이 평범한 시민들에게서 나왔는지 놀라웠다. 파운틴이 말했다. "생각하지 마세요, 그저 행동하면 되는 거예요."

그리 대단해 보이지 않는 기사인데, 읽고 나면 여운이 남는다. 애초에 기자가 지녔던 의문 즉 "보통 사람들의 용기는 어디서 나오는 것일까?"에 대한 답은 위의 엔딩에 있다. 어려운 사람을 보면 신이 도와줄 것이라고 말하지 말고 직접 도와주라는 어느 현자의 말 그대로다.

'LG 의인상'을 보도한 한국 기사는 누구를 위한 것이며, 나아가 도대체 누가 볼 것인가? 그렇다면, 미국 기사는? 보통 사람들의 용기는 내러티브가 아니면 풀어내기 어려운 주제다.

이야기의 주제는 이미 말한 것처럼 용기와 희생, 배려, 용서와 같은 인간이 추구하는 보편적인 가치들이다. 뇌물수수 액수라든지, 사망자 숫자와 같은 통계와 수치가 아니다. 따라서 어린아이의 투병기를 취재할 때도 "그래서 죽었어, 살았어?"라고 묻는다거나, 입시생 이야기를 하면서 "그래서 어느 대학에 합격했는데?"라고 묻고, 대형 교통사고가 났을 때는 "몇 명이나 죽었어?"라고 질문해서는 주제를 발견할 수 없다. 이런 정보에 함몰될수록 이야기는 종말을 맞게 된다. 진정 이야기를 하고자 한다면 독자를 놀라게 만들기 위한 충격보다는 '마음에 여운을 주는 감동'부터 찾아야 한다. 그런 작은 감동이 바로 모티프다. (최수묵, 2011, 44쪽)

노래와 소설, 영화의 최고 인기 아이템은 사랑이다. 사람들의 최고 관심사가 사랑이니 뉴스도 사랑을 다루어봄 직하다. 사랑 역시 매일 어디에나 있지만, 그것을 포착하지 못하기 때문에 없는 것처럼 느껴진다. 삼각관계의 중고생 3명이 고민 끝에 동반자살을 시도했다면, 그 사건의 뉴스 가치는 제법 크다. 당장 보도해야 하므로 스트레이트 기사 형식의 리드가 필요하다. "10대 중고생 3명이 애정의 삼각관계를 풀지 못해 동반자살을 시도하는 충격적인 사건이 발생했다"라고 적으면, 별문제 없는 리드가 될 것이다. 이후의 전개는 예상하는 바와 같다. 사건 개요, 목격자 진술 등 사건 세부정보, 중고생들의 관계에 대한 정보가 이어질 것이며, 욕심을 내어 힘을 준다면 청소년 심리학이나 사회학, 가정학 분야의 전문가 코멘트로 기사를 마무리할 것이다. 하지만, 이런 사건을 통해 독자에게 전할 수 있는 것이 리드에 적혀 있는 그런 '충격'밖에 없는 것일까?

10대 3명의 동반자살 스토리는 앞의 4장에서 소개했던 바로 그 미국 기사 '사랑을 위한 죽음'에 나온다. 15세 절친 조시와 펙, 그리고 12세 제니가 주인공이다. 이들은 삼인방으로 불릴 정도로 친했지만, 삼각관계였다. 기사 앞부분에 이들의 관계가 그려져 있다.

가장 친한 친구이자 고등학교 밴드부 드럼 주자인 두 아이는 모두 사랑스럽고 생기 넘치며 나이에 비해 조숙한 금발 소녀와 사랑에 빠져 있었다.

제니는 7학년 체육 수업을 빼먹고 무스 브렌치 로드를 뛰어 내려와 건물 뒷문으로 미끄러져 들어왔다.

펙과 조시는 교실 한군데에서 불안한 모습으로 제니를 기다리며 옛날 교과서와 부서진 의자, 실험용 책상들을 어지럽히고 있었다.

먼저 조시가 떨리는 목소리로 말했다.

"만약 펙에게 가고 싶다면, 내 가장 친한 친구니까, 이해하겠어."

석 달 동안 제니는 조시와 데이트를 해왔다. 그녀가 수영팀에서 만난 조시는 수줍고 학구적이고 삐삐 마르고 어두운 빛깔의 머리카락을 가진 소년이었다. 그들이 진짜 데이트를 한 것은 일요일에 교회로 놀러가서였다. 조시는 물리를 제외하고는 모두 A학점을 받은 학생이었다. 그는 결국 낙제를 했고 아버지와 할머니를 실망시킬까 봐 죽을 만큼 무섭다고 제니에게 털어놓았다.

그리고 펙이 있었다. 그는 매우 시끄럽고 외향적으로 보였지만, 제니는 그에게 깊은 고통이 있다는 사실을 알았다. 1년쯤 전에 주정뱅이였던 어머니가 죽었고, 그는 아버지와 의붓어머니와 함께 살고 있었다. 연필로 책상을 쪼아대는(pecking) 신경질적인 습관 때문에 펙이라는 별명을 얻은 그는 전에 두 번이나 총으로 자신을 쏘려고 했다. 그러나 그때마다 손이 떨려서 총알이 그를 스쳐 지나갔다.

그들 셋이 이 무너질 듯한 교실에 함께 있는 까닭은 펙이 제니에게 최후통첩을 했기 때문이었다. 펙은 자신을 남자친구로 받아주지 않으면 자해하겠다고 했다.

소년들은 기다렸다. 그리고 제니가 느리게 대답했다.

"나는 평생 너의 친구가 될 거야, 펙." 제니가 말했다. "하지만 조시는 내 남자친구야."

조시가 무너지더니 울음을 터뜨렸다.

그들이 밖으로 나왔을 때, 그곳을 지나던 어른 한 명이 그들을 수상쩍은 눈으로 지켜보고 교장에게 알렸다.

학교 행정관은 조시와 펙이 수업을 빼먹은 것은 평소답지 않다고 생각했다. 그들은 모두 영리하고 인기 많고 예의 바른, 이전에는 문제를 일으킨 적이 없던 아이들이었다. 소년들은 학교에서 근신 처벌을 받았으며 수업을 빼먹었다는 통지가 집으로 갔다.

어린 삼인방에게 삶은 너무도 불공평하고 상처만 주는 것 같았다.

그날 밤 조시와 펙, 제니는 달아나기로 계획했다. 그들은 이 작은 마을에서 더는 살고 싶지 않았다. 아이들은 이 마을에서 오락실이나 블랙 나이트 드라이브인 식당을 어슬렁거리는 것 말고는 할 일이 없었으며, 가장 가까운 대도시는 좁고 구불구불한 길을 몇 시간이나 가야 나오는 테네시주 녹스빌이나 애틀랜타였다.

제니는 떠나기가 겁났다. 그러나 자기가 남는다면 조시와 펙은 자기가 없는 가운데

서로를 죽이거나 자살할 것이라는 사실이 두려웠다.

삶이든 죽음이든 함께하기로 그들은 동의했다. (The Associated Press 1996.6.2.)

셋은 도주하기로 마음먹고, 경찰에게 붙잡히게 되면 함께 자살하기로 약속했다. 펙은 집에서 아버지의 권총을 가지고 나왔다. 이들은 길거리에서 열쇠가 꽂혀 있는 자동차를 발견하고, 그대로 집어타고 달리기 시작했다. 그 와중에 아래 장면이 나온다.

그러나 대화는 곧 자살로 돌아갔다. 그들은 만약 경찰에게 붙잡힌다면 조시가 먼저 제니를 쏘고 그다음에 펙을, 그다음에는 조시 자신을 쏘기로 결정했다.

그러나 만일에 대비해서 소년들은 제니에게 총 쏘는 법을 가르쳤다. 그들은 말했다. 격철을 뒤로 당기고 방아쇠를 쥐기만 하면 돼. 네가 할 일은 그게 전부야.

해가 지고 어스름해지면서 비가 내렸다. 소년들은 허술한 피난처를 만들었다. 쌀쌀한 밤이 깊어가자, 소년들은 제니를 따뜻하게 해주기 위해 그녀를 껴안고 그녀 주변에 몸을 붙였다.

언제인가 제니가 스프링 노트를 꺼냈다. 무슨 일이라도 일어난다면 그들은 각자 메모를 남길 것이었다.

펙이 대문자 인쇄체로 썼다. "제니를 향한 조시의 사랑은 매 순간 깊어지고 있고, 그 사랑이 매 순간 나에게 상처를 준다. 사랑은 힘과 고결함을 주지만, 마음을 약하게 하기도 한다."

조시는 그들의 여행과 제니를 향한 그의 사랑을 한 페이지 반에 걸쳐 자세하게 썼다.

"당신이 이 글을 읽을 때쯤 나는 아마도 더 좋은 곳에 가 있을 거예요." 조시는 필기체와 인쇄체를 반반 섞어서 썼다. "아빠에게 미안하다고, 그리고 사랑한다고 전해주세요."

제니는 엄마에게 썼다.

"엄마 사랑해요. 그러니 내가 벗어날 수 있는 이 마지막 기회를 용서해주세요. 조시는 내 영웅이었어요. 나는 그 애를 사랑해요. 펙도 나의 영웅이었고 언제나 내 가장 좋은 친구일 거예요. 다시는 엄마를 저버리는 일이 없을 것이라는 사실을 알아주세요. 엄마를 사랑해요."

▌   제니는 소용돌이체 글씨로 서명했다.

　세 청소년은 결국 경찰에 쫓기게 되고, 약속했던 것처럼 조시가 먼저, 이어서 팩이 권총으로 자살한다. 이 기사 어디에도 학생들이 철없다거나 무모하다거나, 학교가 학생을 관리하지 않았다거나, 부모와 가정의 교육이 잘못됐다는 말은 나오지 않는다. 심지어, 그 흔한 "가정 교육이 중요하다"라는 전문가 코멘트도 없다. 팩의 아버지가 권총을 잘 간수하지 않았다는 지적이 기사에 없다고 비판한다면, 그것은 정말 이 기사를 모독하는 것이다. 그렇다고 세 청소년의 죽음을 미화하는 것은 아니다. 그저 보여줄 뿐이다. 10대 청소년은 왜 사랑하면 안 되며, 사랑하다가 왜 삼각관계에 빠지지 않겠는가? 청소년들보다 지식이 더 많고 인생을 더 잘 아는 어른도 자살하는 마당에 이들의 자살을 마냥 비하할 것은 아니다. 이들의 사랑은 아무런 사심과 가식이 없기에 어른들의 어떤 사랑보다 더 아름답고 순결하다. 기사는 그것을 보여주고자 했을 뿐이다. 윌리엄 워즈워스의 말처럼, 언제나 "아이는 어른의 아버지"다. 이미 언급했지만, 이 기사는 AP 기사다.

　앞서 5장에서 미국의 얼굴 기형아 샘 라이트너의 기사를 소개했는데, 한국에도 그런 사람이 있다. 광주광역시 광산구의 김여진은 불치병인 신경섬유종을 앓고 있어서 얼굴 전체에 혹이 퍼져 있다. 병명은 다를지 몰라도, 흉측한 외관과 그로 인한 마음의 고통은 샘 라이트너에 버금갈 것이다. 요즘에 그를 돕자는 공익광고가 텔레비전에 나올 정도로 가련한 모습이다. 김여진의 기사를 찾기가 어려웠는데, 4년 전에 나온 아래 기사가 그래도 소개할 만하다.

▌   광주 광산구 수완동에 사는 김여진(10) 양은 선천성 녹내장과 불치병인 신경섬유종을 앓고 있다. 얼굴 전체에 퍼진 혹 때문에 안경을 쓸 수도 없다. 학교에서 놀다가 친구들의 손이 닿기라도 하면 날카로운 통증 때문에 주저앉고, 제대로 볼 수 없어 넘어지거나 부딪히기 일쑤다.
　광산구가 "여진이의 얼굴을 찾아 달라"고 주변에 호소하고 나섰다. 신경섬유종은 계속 자라는 혹을 주기적으로 없애는 것만이 유일한 치료법이다. 더욱이 여진이의 한쪽 혹이 귀를 덮을 정도로 자라나 지금은 청력마저 위협하는 수준까지 악화하고 있다. 몸속 신경을 보존하면서 종양만 제거해야 하는 고난도 수술이어서 비용도 수백만 원을 넘어선다.

그런데 지체장애(4급) 아버지는 1년 전 암 수술을 받고 요양 중이다. 어머니가 틈틈이 식당에서 일하며 생계를 이어가는 형편이다. 광산구 쪽은 "기초생활수급세대지만 정부 지원만으로는 여진이네 가족에 닥친 어려움을 해결하기에는 턱없이 부족하다"고 밝혔다.

광산구는 지난해 8월부터 희망복지과 드림스타트팀을 중심으로 여진이를 돕기 위해 백방으로 뛰었다. 광산구는 사단법인 굿네이버스 인터내셔널에 사연을 전달해 도움을 청했고, 카카오 사회공헌 플랫폼 '같이가치 with kakao'도 모금운동을 펼치고 있다. 지난 1일부터 시작된 모금에는 9일까지 6,500만 원의 성금이 모였다. 카카오 사회공헌 플랫폼(together.kakao.com)에서 '여진이'를 검색하면 성금을 보낼 수 있다.

이동근 광산구 드림스타트 팀장은 "친구들과 잘 어울리며 노는 여진이의 꿈은 요리사다. 장애를 딛고 훌륭한 요리사가 되도록 많은 관심 부탁드린다"고 호소했다. (062)960-8390. (한겨레 2016.11.11.)

위 기사를 읽어보니 김여진의 사정이 정말 딱하다. 기사 마지막에 도움의 전화번호를 적어놓았듯이 이 기사는 공익적인 기사다. 당연히 이런 기사가 필요하다. 하지만, 조금만 상상력을 발휘해보자. 김여진은 학교에 다닐까? 친구가 있을까? 누구와 어떻게 지낼까? 무슨 생각을 하며 하루를 보낼까? 자기의 미래는 어떠할 것이라고 예상할까? 자기의 얼굴이 비정상적이라는 사실을 처음 알았을 때, 어떤 기분이었을까? 그리고 지금은 어떤 기분일까? 앞으로 자기의 기분은 어떠할 것 같을까? 이런 질문은 김여진에게 잔인할 수 있다. 그것을 피하려면, 질문하지 않고 지켜보면 된다. 김여진을 관찰하는 것이다. 누구도 이 취재를 하지 않았기 때문에 우리는 김여진을 모른다. 그의 내면이 얼마나 연약한지, 또는 정반대로 얼마나 강인한지를. 텔레비전 광고에 비친 그의 순박한 표정으로는 그가 보통 사람 같으면 천형으로 여길 법한 자신의 얼굴에 어느 정도 초탈한 것 같은 느낌을 준다. 만일 그렇다면, 누구보다 성숙한 정신세계의 소유자로 김여진을 기사화할 수 있을 것이다.

미국의 샘 라이트너 기사를 비평하면서 최수묵(2011)은 아래 대목을 특별히 강조하여 인용했다. 집에서도 그림자처럼 사는 샘이 많은 사람에게 얼굴을 내밀어야 할 날이 왔다. 학생과 학부모 1,500여 명이 모이는 학교 오픈하우스 날이다.

> 행사장으로 가는 길은 10대들로 가득했다. 학교 쪽으로 걸어가는 한 여학생이 보였다. 샘은 그녀를 짝사랑하고 있다. 물결치는 갈색 머리와 미소를 볼 때마다 샘의 손은 땀에 젖고, 심장은 두근거렸다. "안녕, 샘." 그녀가 먼저 인사를 건넸다. 샘은 고개만 끄덕였다. 샘의 부모는 그들이 나란히 걸을 수 있게 뒤로 몇 걸음 물러났다. 말은 대부분 그녀가 했다. 행사장을 두 블록쯤 앞두었을 때 사람들이 몰리면서 여학생이 옆으로 밀리고 뒤처졌다. 샘은 보조를 맞추기 위해 일부러 걸음을 늦추었고, 여학생은 잰걸음으로 샘에게 다가왔다. 샘은 여학생을 앞서 걷게 한 다음 뒤를 따랐다. (The Oregonian 2000.10.1.) (최수묵, 2011, 103쪽)

최수묵이 주목했던 부분은 샘의 태도다. "비록 얼굴 기형을 앓고 있지만, 샘은 여학생을 보면 가슴 설레는 14살의 사춘기 소년이다. 적극적으로 애정 표현을 하지는 못하지만 북적이는 인파 속에서 여학생을 보호하려고 애쓴다. 또 여학생이 자신과 함께 다녀 웃음거리가 되지 않도록 하기 위해 소녀가 앞서 걷게끔 배려한다. 직접 표현하지는 않았지만, 말과 행동을 보여줌으로써 샘의 따뜻한 성격을 간접적으로 드러냈다"(최수묵, 2011, 103쪽). 이 기사는 샘 라이트너를 도와주자는 공익적인 기사가 아니다. (샘의 집안 형편은 김여진처럼 딱하지 않다.) 이 기사는 한 편의 인간 다큐멘터리다. 얼굴이 상상할 수 없을 정도로 심하게 일그러진 소년의 삶에 대한 집념, 소년과 소년의 가족을 바라보는 사회의 편견, 그런 전쟁 같은 삶 속에서 장애 소년이 정상인보다 더 성숙하게 사춘기를 극복하는 과정을 담담하게 그렸다. 한국 기자들의 감각으로는 기사가 안 되는데, 내러티브로 풀어내 보니 훌륭한 기사가 됐다.

최근에 부쩍 늘어난 범죄가 존속범죄다. 연유가 어떻든 자식이 부모를 죽인다는 것은 상상하기 어렵다. 예를 들어, 아버지의 폭력 때문에 자식이 아버지를 살해했다면, 그 폭력의 수위는 우리의 어떤 상상도 초월한다고 봐야 한다. 그런 것이 흔히 말하는 가정폭력인데, 그간의 기사에는 잘 드러나지 않았다. 대개 기사는 존속범죄에 대한 법원 판결이 났을 때 보도됐다. 법원이 보도자료를 내면, 그것을 바탕으로 취재하기 수월하기 때문이다. 예를 들어, 올 초에 아버지를 살해한 30대 남성에게 집행유예를 내린 판결이 있었는데, 세계일보는 그 남성의 사연에 주목하여 리드를 "아버지를 폭행해 숨지게 한 30대 남성이 어릴 적 아버지로부터 심한 가정폭력에 시달려 온 사실이 알려져 안타까움을 자아내고 있다"라고 썼다. 이 사건은 아버지의 폭력이 원인이었고, 그것 때문에 아버지를 죽이고도 집행유예 처분을 받았으며, 그래서 기사로 보도됐다. 모든 것의 핵심이라 할 수 있는 아버지의 폭력은 아래와 같이 기사에 두 번 등장한다.

> 아들 이 씨도 어릴 적 여러 차례 아버지로부터 학대를 당한 것으로 전해졌다. 어머니 김 씨는 "딸이 '오빠가 아버지에게 맞아 머리에 피를 흘리고 있다'고 해 택시를 타고 집에 가니 아들이 무릎을 꿇은 채 머리에 피를 흘리고 있었다. 애 아빠는 술에 취한 채 빨랫방망이로 아이 머리를 계속 쥐어박고 있었다"고 말했다.
>
> 이어 김 씨는 "아들이 성장해 아버지보다 체격이 좋아진 이후에도 아버지가 폭력을 가하면 그대로 맞고 있었다"면서 "아빠가 (폭력을 휘두르는 등) 그래도 말대꾸하거나 대든 적이 없고, 속 한번 썩인 적이 없다"고 말했다.
>
> 〈중략〉
>
> 여동생도 어린 시절 아버지에게 여러 차례 폭행을 당해왔다고 주장했다. 여동생은 "중학교 때 늦게 들어갔는데 아버지가 쇠자를 가지고 오라고 해 가져다드리니 갑자기 종아리를 대라고 했다"며 "피멍이 들 때까지 맞았다"고 했다. (세계일보 2020.4.1.)

법원이 아들에게 집행유예를 내렸다는 점에서 아버지의 폭력은 살인을 부를 만큼 극심했다고 봐야 한다. 하지만, 기사에서 그것이 잘 느껴지지 않는다. 더욱이, 이 기사는 200자 원고지 12매로 판결 기사로는 상당히 긴 편인데도, 아버지의 폭력 실태에 대해서는 위 2.3매 분량밖에 없다. 이런 기사로는 가정폭력이 무엇인지 알 수 없으며 아들에게 내린 집행유예의 취지도 전달할 수 없다. 그래서 우리는 여전히 가정폭력의 실상을 잘 모른다.

아버지의 폭력이 홧김에 또는 술김에 나온 단순 폭력이 아니라 아버지 나름의 선의에서 나왔는데, 존속살해가 이루어졌다면 기사는 복잡해진다. 미국에서 대리만족의 꿈이 컸던 아버지의 폭력을 못 견뎌 아들이 아버지를 살해한 사건이 있었다. 운동선수

꿈을 이루지 못했던 아버지는 장남을 야구선수로 만들려고 했으나 실패하자 차남에게 매달렸다. 도대체 아버지의 대리만족 욕구가 얼마나 집요했기에 아들은 아버지를 살해하게 됐을까?

그는 아이의 식단을 제한했다.

그는 아침에 한 주먹이나 되는 비타민과 보충제를 아이가 복용하도록 했다. 저녁때에는 체중을 증가시키는 셰이크를 마시도록 강요했다.

마침내 버터필드 씨는 자기가 금지했던 음식을 랜스가 먹었는지 확인하기 위해 배설물을 점검하기 시작했다.

그리고 이 아버지는 아이에게 스테로이드를 복용시켰다.

버터필드 씨는 전문 트레이너와 의사의 말을 듣지 않고, 부상을 치료하는 자기만의 치료법을 고안해냈다.

아버지는 아들을 친구로부터 고립시켰다.

아버지의 생각에 여자아이들은 마음을 산만하게 하는 존재일 뿐이었다.

그의 빈틈없는 눈에서 어긋나는 것이 없음을 확신하기 위해서 아버지는 아들의 고등학교 축구 연습에 빠짐없이 참석했다. 버터필드 씨는 랜스의 스케줄이 그대로 유지될 수 있도록 하기 위해 가족의 매트리스 사업을 중단했다.

게임이 끝나서 팀원들이 모두 모여 승리를 축하하거나 패배를 애도할 동안에 버터필드 씨는 자기가 직접 제작한 비디오테이프를 보면서 랜스가 자기의 플레이를 관찰할 것을 고집했다.

랜스의 모든 사회생활을 가까이에서 감시하기 위해서 버터필드 씨는 자신의 빨간색 GMC 픽업트럭이나 렌트한 차에 올라타 그를 미행했다. (The Dallas Morning News 2002.9.15.)

이 정도로는 아버지를 살해할 수 없다. 랜스가 처했던 상황은 그 이상이었다.

버터필드 씨는 패들볼 라켓 한 쌍을 사서 검정 테이프로 단단하게 감쌌다.

학교가 끝나면 아버지는 매일같이 랜스의 궁둥이를 채찍질했다.

"이것은 네가 더 어릴 때 충분히 얻어맞지 않았기 때문이야." 이것은 버터필드 씨의 분노 사이사이의 나오는 주문 같은 말이다. "너 마마보이처럼 울 거야?"

랜스는 한 번도 눈물을 흘리지 않았다. 대신에 그는 아버지를 만족시키기 위해 더 열심히 운동할 것을 다짐했다.

버터필드 씨의 부인이 무슨 말을 하거나 간섭하려 하면, 그녀는 마치 신성 모독을 했다는 듯이 길고 신랄한 열변을 들었으며 가끔 밀쳐지거나 팔뚝으로 맞기도 했다.

구타는 한 달가량 계속됐다.

1995년 12월 27일, 랜스는 아버지의 명령에 따라 아침 달리기를 했다.

그는 별로 하고 싶지 않았다. 아버지에게 몸이 좋지 않다고 얘기했다. 그러나 아버지는 고집을 꺾지 않았다.

그리고 늘 순종적인 랜스는 뛰었다.

가는 길에 전 여자친구를 만나, 함께 뛰자고 요청했다.

둘은 버터필드 씨 때문에 헤어졌었다. 아버지는 여자친구와의 관계 때문에 미식축구 상급 학년의 전반 시즌에 랜스의 경기력이 떨어졌다고 확신했다.

그래도 예전의 여자친구가 집으로 돌아가기 전까지 랜스는 그녀와 약 1.6km를 함께 뛰었다.

랜스가 몇 백 미터 떨어진 집으로 향하기 위해 마지막 코너를 돌았을 때, 아버지가 차도에서 빨간 픽업트럭 위에 앉아 있는 것을 발견했다. 랜스는 아버지가 처음부터 그를 뒤쫓았거나 제멋대로인 아들을 찾기 위해 출발하려 하는 상태라고 추측했다.

"차도에서 그를 보는 것은 너무나 많은 기억을 불러일으켰습니다." 랜스는 말했다.

"저는 운동에 대해 생각하고 있지 않았어요. 저는 어머니가 혹사당하는 것을 봤어요…. 저의 집에서 한 블록 떨어져 사는 큰형과 그의 식구들이 우리 집을 피하는 것을 봤어요…. 저는 더는 가족이 아닌 우리 가족을 봤어요…. 저는 불행을 보았어요."

집으로 돌아와서 버터필드 씨는 랜스에게 자신은 샤워를 할 것이라고 말했다.

그의 아버지가 욕실에 가려고 복도를 내려갈 때, 랜스는 그와 반대 방향인 부엌으로 향했다.

물이 흐르기 시작하자, 랜스는 선반에서 가족이 보유하고 있는 38구경 연발 권총을 꺼내 자기 방의 옷장에 숨겨두었다.

이 기사의 주제는 존속살해가 아니라 '빗나간 부정(父情)'이다. 아버지의 무자비한 집착과 아들의 숨 막히는 고통을 위와 같은 내러티브로 보여주지 않고서는 이 주제를 제대로 전달할 수 없다. 이런 사건은 정도의 차이가 있을 뿐이지 지금도 우리 주변에 있다.

사건으로 따지면, 한국은 미국에 비할 바 아니다. 엽기적이거나 무차별적인 살해 사건은 미국에 훨씬 더 많다. 앞서 4장에서 언급한 조승희의 버지니아 공대 총기 난사 사건도 그런 예다. 총기 난사 사건이 발생하면, 대개 범인이 경찰에 사살되거나 자살하여 범행의 원인은 오리무중으로 빠진다. 범인이 죽었으니 경찰로서는 사건 종결이다. 범행의 원인에 관심을 둘 리가 없다. 정치인도 마찬가지다. 오직 언론이 범행의 원인을 알아보지만, 그 일은 녹록하지 않다. 범인이 죽었으니 취재는 난망이다. 취재 여건이 이렇게 안 좋을수록 미국 기자들은 더 집요하게 달려든다. 조승희 때도 미국 언론은 그가 왜 그렇게 극악무도한 짓을 하게 됐는지를 정밀하게 추적했다. 앞의 뉴욕타임스 기사는 그렇게 나온 것이다.

사건은 미국 시각으로 2007년 4월 16일 오전에 발생했다. 1주일 정도 지나면 사건의 충격과 혼돈은 대충 정리되며 기자들의 취재정보도 상당히 쌓인다. 조승희가 한국계였으므로 한국의 매체들도 이 사건에 비상한 관심을 보였다. 대리수치심(vicarious shame)이 발동한 탓인지 보도의 양은 한국 신문이 미국 신문의 두 배 정도로 많았다 (이완수·심재웅·심재철, 2008). 정말 묘하게도 양국의 신문은 4월 22일 "조승희, 그는 누구인가?"라는 식의 기사를 냈다. 범인을 조사하고 범행의 원인을 파악한 기사다. 조선일보 기사를 먼저 소개한다.

> 범죄자는 태어나는 것일까, 만들어지는 것일까. 버지니아 공대 총격 참사를 일으킨 후 자살한 조승희의 23년 인생을 '이스마일의 도끼(신의 처형 등으로 해석)'로 이끈 것은 무엇이었을까. 그의 역정을 되짚어보면 곳곳에서 그 '씨앗'이 자라고 있었다.
>
> 처음부터 조승희가 '왕따'인 건 아니었다. 서울 모 초등학교를 다니던 조승희의 담임은 "평범한 아이였다"고 기억한다. 고모는 "공부는 잘했지만 내성적이었다"고 그를 떠올렸다. 다만 외조모는 "말수가 워낙 적어 부모가 걱정했다"고 했다.
>
> 1992년 초등학교 2학년 때 미국으로 이민 온 조는 영어가 그리 필요하지 않은 수학

에선 '천재'로 통했다. 운동도 잘하고 똑똑한 모범생이었다고 한다. 하지만 친구는 거의 없었다. 그를 기억하는 한 동창생은 "그가 스스로를 격리시켜 친구들과 어울리지 않으려는 것 같았다"고 회고했다. 친지들은 그가 어릴 적부터 활달했던 누나와 달리, 워낙 말수가 적어 부모를 애태우기도 했다고 전했다.

그의 존재감은 점점 사라져갔다. 19일 페어팩스 카운티 교육청이 공개한 조의 중·고 시절 기념앨범(year book)에도 조는 외톨이였다. 다른 학생들과 달리 조는 1998년 중학교 1학년 때의 앨범에만 밴드부에 소속돼 단체 사진을 찍은 것이 있을 뿐 다른 아이들과 어울린 사진이 없었다. 300쪽이 넘는 두꺼운 고교 졸업앨범에 실린 그의 추억은 증명사진 같은 조그만 것 한 장밖에 없었다.

〈중략〉

중·고교를 함께 다닌 존 단토니오(D'Antonio)는 "5년 동안 그 친구 입에서 들은 단어가 50개도 안 될 것"이라며 "항상 카페테리아에서 혼자 밥을 먹었고, 너무 외로워 보여서 내가 슬플 정도였다"고 전했다.

〈중략〉

동창인 크리스 데이비스(Davids)는 "수업시간에 책을 읽으려 하지 않아 선생이 억지로 읽게 했는데, 그제야 입안에 무엇을 담고 있는 듯한 이상한 목소리로 책을 읽었다"며 "그러자 교실 전체가 웃기 시작했고 그에게 손가락질을 하면서 '중국으로 돌아가라'고 했다"고 전했다.

〈중략〉

그의 성격은 악화되기 시작했다. 불을 켜놓고 자고, 새벽부터 일어나 똑같은 음악만 반복해서 듣거나, 남는 시간엔 혼자 농구를 하고, 혼자 밥을 먹는 등 다른 친구들과 어울리려 하지 않았다고 한다. 교수들은 그에게 말을 걸면 최소 20초는 지나야 겨우 한마디 들을 수 있었다.

〈중략〉

지오바니 교수는 "그는 늘 모자와 선글라스를 쓰고 있어서, 매번 수업시작 전에는 그에게 모자와 선글라스를 벗으라고 잔소리를 해야 했다"고 말했다. 폭력적이고 외설적인 내용이 포함된 이상한 시를 자주 지어와 이를 고치라고 지시했으나 조는 세 차례나 똑같은 시를 그대로 제출하며 반항했다. (조선일보 2007.4.22.)

위 기사는 조승희가 어떤 사람인지 상당히 구체적으로 보여준다. 기사의 전체적인 내용은 한마디로 "조승희는 왕따였다"라는 것이다. 악한이라 하더라도 인물에 관한 기사인데, 역피라미드 구조에 주제 제시형 리드를 쓰고, 인물의 정보를 연대기 순서로 이어 붙였다. 그래서 딱딱하고 규정적으로 느껴진다. 이런 식의 구도와 느낌은 '그는 누구인가?'류의 기사에 천편일률적으로 나타난다. 대표적인 예는 초등학생 성폭행범 고종석의 기사다.

> 본지는 2일 아들의 범죄사실을 안 뒤 황급히 고향 전남 보길도를 떠나 전남의 모처에 가 있는 고종석의 부모와 이복 누나 등을 단독으로 만나 2시간가량 성장 과정에 대해 들어봤다. 또 고종석이 자랐던 전남 완도군 보길도 백도리에서 그의 성장 과정을 지켜본 이웃 주민 10여 명을 만났다.
>
> ◇도둑질해도 방치… "인정 베푼 것이 화 불렀다"
> "초등학교 2학년 때부터 손버릇이 나쁘다(도둑질을 한다)고 소문이 났어요. 근데 우리가 통제를 못 했죠."
>
> 고종석의 어머니(48)는 그가 어릴 때부터 동네에서 소문난 '문제아'였다고 말했다.
>
> 〈중략〉
>
> 고는 문제아로 소문나면서 마을의 불량배들과 어울리게 됐다. 아버지(54)는 "초등학교 6학년 때는 (환각을 위해) 부탄가스를 마신 적도 있고, 선배들과 같이 성인 비디오도 함께 봤다"고 말했다.
>
> 〈중략〉
>
> 누나는 또 "한번은 2010년 여중생을 납치·살해한 김길태 뉴스를 보다가 '저런 게 가능한가'라고 혼잣말을 하기도 했다"면서 "술을 마시고 들어온 종석이가 자는 내 가슴을 만지기에 혼을 낸 적도 있다"고도 했다.
>
> 〈중략〉
>
> 마을에서 쫓겨나고 가족과도 사이가 벌어진 고종석은 일정한 주거 없이 떠돌아다니면서 심리적 고립감도 심해진 것으로 보인다. 고종석은 3개월간 전남 순천에서 주로 머물며 일용직 노동일을 하면서 번 돈으로 모텔이나 찜질방에서 숙식을 해결했다. 모텔에서 자는 날이면 인터넷으로 아동 포르노물을 즐겼다고 경찰은 밝혔다. 경찰은 "고

종석이 아동 포르노를 보면서 '저런 행위를 하겠다는 의사가 쭉 있었다'고 말했다"며 "마을에서 쫓겨나 외롭게 생활하면서 이런 심리가 더 커져 범죄에 이르게 된 것으로 보인다"고 말했다. (조선일보 2012.9.3.)

위 기사는 한마디로 "고종석은 문제아였다"라는 것이다. 이런 인물 규정과 이후의 연대기식 정보 전달은 조승희 기사와 판박이다. 범인이 어떤 사람인지 아는 데 도움이 될지 몰라도 범행의 원인을 파악하기엔 역부족이다. 그러려면 범인의 내면으로 들어가야 하는데, 취재는 범인 주변 사람들의 단편적 인상 정보에 그쳤다.

앞의 조승희 기사가 보도된 당일 미국 뉴욕타임스도 조승희 기사를 썼다. 이 기사는 여러 면에서 우리가 흔히 예상할 수 있는 '조승희, 그는 누구인가?' 식의 기사가 아니다. 아래는 기사의 리드다.

애초부터 그는 말이 없었다. 그의 친구뿐 아니라 그의 가족에게도. 모두 이것을 알고 있었다. 조승희가 자란 서울에서 그의 어머니는 멍한 얼굴과 조용히만 있는 그의 음울함에 괴로워했다. 얘기 좀 해봐. 그녀는 아들이 말하기만을 바랐다.

"내가 그 애는 조용하고 행동이 조심스러운 좋은 소년이라고 그의 어머니에게 말했을 때 그녀는 순하기보다는 활발했으면 좋겠다고 말했어요." 서울에 사는 조 씨의 이모할머니 김양순(84) 씨의 말이다.

조승희가 8살이었을 때 그의 부모가 미국으로 이민 간다고 말하자 그의 친척들은 반겼다.

한 외삼촌은 "미국은 열린 사회이기 때문에 승희가 자신감을 얻는 데 도움이 될 거야"라고 말했다고 한다.

그렇지만 조승희의 어머니는 그가 여전히 침묵에 묻힌 인생이라는, 예전과 같은 우울한 이야기라고 사람들에게 말했다. 그의 어머니는 교회에서 아들이 바뀌기를 기도했다.

이제 세상은 조승희가 어떻게 눈 오는 지난 월요일 버지니아 공대에서 그가 자살하기 전에 27명의 학생과 5명의 교수를 얼마나 잔인하게 학살했는지 알고 있다.

누구도 그가 왜 그랬는지 이해하지 못했다. 금요일 그의 누나가 발표한 사과와 슬픔의 성명서를 통해 그의 가족도 스스로 황당함을 드러냈다. "함께 자라고 사랑했다. 그러나 지금 나는 이 사람을 알지 못했다는 느낌이다"라고 그의 누나는 말했다.

조사관, 친척, 급우, 교수 들을 인터뷰한 결과, 침묵에서 살인적인 분노까지 어떻게 진행된 것인지 어렴풋이 알아냈다. 그리고 얼마나 그가 치밀하게 마지막 몇 시간을 준비했는지도 알 수 있었다. (The New York Times 2007.4.22.)

이 기사의 키워드는 '침묵'이다. 제목에도 있고 첫 문장에도 있다. 기자가 이 기사를 썼던 취지는 위 리드의 끝에서 두 번째 문장 즉 "조사관, 친척, 급우, 교수 들을 인터뷰한 결과, 침묵에서 살인적인 분노까지 어떻게 진행된 것인지 어렴풋이 알아냈다"이다. 조승희는 자살했고 경찰은 사건을 종결할 것이므로 조승희가 왜 그런 짓을 저질렀는지 알아낼 책임과 의무를 질 사람은 기자뿐이다. 뉴욕타임스 기자는 그 역할을 자임하고 '조승희라는 인간의 악마성'을 조사하기 시작했다. 누구도 정확한 원인을 알 수 없지만, 뉴욕타임스 기자는 조승희의 극도로 침묵하는 성격에서 그의 악마성이 잉태됐을 개연성을 조심스럽게 제안했다. 뉴욕타임스 기자의 추론은 매우 조심스럽지만, 그가 제시한 증거는 더할 수 없이 명백하다. 조승희의 침묵이 어느 정도였는지를 뉴욕타임스 기사는 아래와 같이 보여준다. 침묵을 증빙하는 증거 포착력이 돋보인다. 모두 직관적 증거들이다.

부부의 아들은 너무 예의 바르고 착하지만, 기어들어가는 발음 때문에 깊이 걱정했다. 친척들은 벙어리나 정신적으로 문제가 있는 것은 아닐까 생각하기도 했다. 그의 삼촌은 "승희는 거의 말하지 않았고 친구들과 어울리지도 않았다. 그에게서 들을 수 있는 말은 '네'밖에 없었다"고 말했다.

〈중략〉

소녀들은 그의 동경 속 어디엔가 상상되었다. 하지만 항상 일정 거리를 두었다. 2학년 때 조승희는 그의 룸메이트에게 자신에게 여자친구가 있다고 말했다. 그녀의 이름은 젤리이며 우주에 살고 있는 슈퍼모델로 우주선을 타고 여행한다고 했다. 그녀는 오직 그의 상상세계 속에서만 존재한다고 했다.

룸메이트 중 1명인 앤디 코치가 어느 날 그들의 방으로 돌아왔을 때 조승희는 '쉬이'하며 그를 쫓아냈다. 그는 앤디에게 젤리가 거기에 있다고 했다. 조는 그녀가 자기를 스팽키라고 부른다고 했다. 스팽키젤리는 그의 메신저 아이디가 되었다.

〈중략〉

그의 저학년 룸메이트들은 그가 대개 위축되어 있기 때문에 그를 무시했다. 그가 말하는 것은 기괴했다. 코치 씨는 조승희가 추수감사절 휴가 동안 러시아 대통령 블라디미르 푸틴과 노스캐롤라이나에서 휴가를 보냈다고 자기에게 얘기했다고 말했다. 조승희는 자기가 모스크바에서 푸틴과 함께 자랐다고 했다.

수업에서 일부 학생들은 그가 농아자일 거라 생각했다. 한 급우가 한번은 '헬로'라고 말하면 10달러를 주겠다고 제의했지만 그는 아무 말도 하지 않았다. 그는 강의실에서 선글라스를 끼고 머리 위에 야구 모자를 눌러쓴 채 웅크렸다. 때때로 조승희는 자신이 화성에 살고 있으며 목성으로 여행을 다니는 인물로 그 스스로를 물음표 부호라고소개했다. 문학시간 출석부에 그는 이름 대신 간략히 물음표 부호를 적었다.

조승희는 범행 전에 자기의 범행 동기와 목적을 스스로 촬영하여 NBC에 보냈으며 NBC는 조승희의 신념에 찬 연설이 담긴 비디오테이프를 방영했다. 기사는 그 정보를 엔딩에 활용했다. 리드와 수미쌍관을 이룬다.

마침내 조승희는 입을 열었다. 하지만 그것은 수요일 NBC가 방송을 한 비디오를 통해서였다. 센트레빌의 한국 교회의 한 목사는 그의 가족과 함께 TV를 통해 그 테이프를 시청했다. 그는 한국의 중앙일보에 "우리 가족은 모두 그는 우리가 알던 조승희가 아니다. 그가 완벽한 문장으로 말하는 건 처음 봤다"고 말했다.

뉴욕타임스 기사는 몇 가지 생각거리를 던진다. 첫째, 이 기사는 '주제가 있는 범죄 기사'다. 범죄 기사의 주제는 그저 범죄사건 자체일 것 같지만, 그렇지 않다. 기사의 각을 '범인은 누구인가?' 또는 '조승희는 왜 그런 짓을 했을까?'로 좁히더라도 주제로서 충분하지 않다. 뉴욕타임스 기사는 그런 개방형의 의문을 주제로 잡는 대신 그의 '침묵'이 범행을 설명해주는 하나의 배경일 수 있다는 가설을 설정하고 입증했다. 즉 뉴욕타임스 기사는 침묵을 뼈대로 삼아 조승희라는 인물을 풀어갔다. 극도로 이례적인 침묵에서 그의 악마성을 읽어냈던 것이다. 이런 식의 키워드 설정은 앞의 5장에서 최병우 기자가 정전협정 기사를 쓰면서 '상징성'을 키워드로 설정했던 것과 유사하다. 두 기사 모두 '관점이 있는 뉴스'다. 이런 감각은 인물을 내러티브로 풀어내는 데 매우 유용하다. 예를 들어, 대통령 선거 때마다 주요 후보를 '그는 누구인가?'라는 식으로 조명하는데, 그런 기사를 쓴 어떤 기자도 키워드를 설정하지 않았다. 인물을 설명할 수 있는 한 단어는 무엇인지, 즉 어떤 단어로 그 사람의 일생을 풀어낼 수 있는지 고민하지 않았다. 기사에 작위적으로 키워드를 끼워 넣을 필요는 없지만, 관찰자라면 자기 나름의 관점에서 인물을 개념화할 수 있어야 한다. 그것을 특별히 잘해야 할 사람이 바로 기자다. 여러 기자가 한 인물에 대해 기사를 쓴다면, 각자 자기 나름의 키워드를 설정할 것이므로 기사는 달라질 수밖에 없다. 하지만, 한국 신문의 대통령 선거 후보 기사가 과연 그랬던가? 당장 지난번 대선 때 주요 후보의 보도를 들여다보아도 여러 신문의 기사는 대동소이하다. 키워드 감각이나 주제 의식이 없다고 보아도 무방하다.

둘째, 뉴욕타임스 기사는 수사관 이상으로 사건에 덤벼들어 원인을 캐보려고 했다. 그저 범인의 지인을 만나서 범인이 어떤 사람인지 물어보는 정도가 아니다. 누구도 그 일을 하지 않을 것이며, 따라서 범행의 원인은 영원히 묻힐 것이므로 기자의 이런 역할이 정말 필요하다. 예를 들어, 조주빈의 'n번방' 사건은 이 시대 한국 사회의 빗나간 성(性)을 극명하게 보여준다. 그래서 한국 사회가 왜 이 지경에 이르렀으며, 왜 그런 괴물을 잉태하게 됐는지에 대한 냉정한 조사연구가 필요하지만, 누구도 거기에 관심이 없다. 언론이 사회적 역할을 자임해야 할 지점이 바로 여기다. 미국 언론은 그 틈새를 파고들어 존재의 이유를 드러내고 대중의 지지를 얻는다. 이런 일에 굳이 탐사보도라는 부담스러운 명칭을 붙일 필요가 없다. 그런 일은 기자가 특별한 기회에 하는 것이 아니라 일상적으로 하는 것이다. 이런 인식이 한국 언론계에 확산해야 한다.

셋째, 위 기사는 '사건의 완결판'이다. 참고로, 이 기사는 번역 후 200자 원고지 40매에 달한다. 어떻게 미국 기자들은 저렇게 긴 기사를 쓰는지 궁금하다. 우선, 한국 기자는 큰 사건이 터지면, 새로운 사실을 입수해야 한다는 강박에 시달린다. 단독 기사나 특종 경쟁이 심해지는 것은 물론이며 매일 하나라도 새로운 정보를 수집하여 그것을 중심으로 기사를 쓴다. 이런 보도 방식은 독자가 매일 사건을 쫓아서 기사를 본다는 것을 전제로 하지만, 그런 독자는 많지 않다. 또한, 독자는 매일 새로운 정보를 잘 축적하여 사건을 종합적으로 이해한다는 것을 전제로 하지만, 그것은 독자의 역량을 과대평가한 것이다. 그래서 미국 기자들은 새로운 정보만으로 기사를 쓰지 않는다.

미국 기자들은 어제의 자기 원고를 컴퓨터 모니터에 띄우고 오늘 기사를 쓰기 시작한다. 당연히 오늘의 새로운 정보가 기사의 중심이지만, 기사 중간쯤이나 마지막 부분에 어제까지의 상황을 요약해준다. 또는, 어제까지의 상황을 기사 곳곳에 흩어 놓는다. 독자에게 최근 상황을 브리핑해주는 식이다. 그래서 미국 신문 독자는 큰 사건이 나면 언제 어느 기사를 읽더라도 그때까지의 사건 상황을 쉽게 파악할 수 있다. 하지만, 한국 기사는 어느 기사를 읽어도 '코끼리의 일부'만 만지는 꼴이다. 사건 발생부터 지금까지의 기사를 모두 찾아서 읽어야 사건의 전모를 이해할 수 있는데, 언론은 설마 독자에게 그것을 기대하는 것일까?

뉴욕타임스가 어떻게 사건 완결판을 만들었는지 기사를 통해 구체적으로 살펴본다. 먼저, 기사는 조승희에게서 일찌감치 문제의 징후가 발견되었음을 아래와 같이 보여주었다.

> 그는 여러 명의 진짜 여학생들에게 집착하게 되었다. 그들 중 2명은 조승희가 그들을 부르며 자기들 방에 나타나고 메신저로 괴롭힌다고 경찰에게 호소했다.
>
> 경찰은 그가 귀찮게는 하지만 위협적이지는 않다고 판단했다. 2005년 12월 두 번째 신고가 있고 난 뒤 경찰은 그에게 찾아가 그만하라고 얘기했다. 경찰이 떠나고 수 시간 후에 그는 스스로가 자살할 것이라고 암시하는 메시지를 그의 룸메이트 1명에게 보냈다. 학교경찰이 출동했고 조승희는 캠퍼스 밖 정신건강 기관에 의뢰되었다.
>
> 카운슬러는 강제적인 입원을 제시하였고 판사는 그를 위험인물로 간주하는 명령에 승인했다. 그는 버지니아 레드포드에 있는 캐릴리온 세인트 알반스 정신병원에 검사를 위해 보내졌다. 그곳의 의사는 조승희가 정신적으로 병이 있다고 하였지만 친절하고 위협적인 상태는 아니라고 했다. 그를 입원시키는 것보다 통원치료를 받도록 했다. 관계자들은 그가 외래치료를 받았는지는 모른다고 했다.

그의 범행 준비과정을 정밀하게 확인하여 아래와 같이 재구성했다.

그가 샀던 첫 번째 총은 월터 22구경 피스톨이었다. 그는 그것을 인터넷 총 사이트에서 주문하였고 2월 9일에 캠퍼스 근처 전당포에서 찾아갔다. 그렇다면 왜? 수사관들은 무언가 촉발시킬 만한 사건이 있었는지 찾기 위해 노력하고 있다고 말한다. 하지만 명백하게 계획이 꾸며졌고 움직임이 있었다.

3월 12일 익명의 상태에서 말했던 1명의 법률강화관리에 따르면 조는 로어노크 지역 공항에 있는 엔터프라이즈 렌터카 사무소에서 밴을 한 대 빌려서 거의 한 달 동안 가지고 있었다. 그다음 날 그는 로어노크 총기상에서 두 번째 총을 구입했다. 거기서는 버지니아 운전면허증, 영주권, 개인확인과 같은 세 종류의 확인이 필요하게 된다.

그는 그 가게에서 가장 잘 팔리고 표적발사와 개인방어를 위해 선호되는 9밀리 글록 피스톨을 571달러에 신용카드로 구입했다. 그는 총탄 50발을 구입했다.

3월 22일 조승희는 한 시간에 10달러 하는 로어노크에 있는 유일한 실내 피스톨 사격장이라고 광고하는 PSS 사격장에 나타났다. 조승희는 한 시간 동안 사격 연습을 했고 글록에서 네 종류의 탄창도 구입했다. 한 젊은 아시아인이 주차장에 세워둔 밴에서 셀프비디오를 찍는 것을 사격장 근무자들이 기억해냈다고 수사관들은 말했다.

다음 몇 주 동안 그는 나머지 쇼핑리스트를 작성했다. 수사관들은 그가 3월 31일과 4월 7, 8, 13일에 걸쳐 크리스천버그에 있는 월마트에 갔다고 말했다. 이때 그는 카고바지와 선글라스 그리고 22구경 탄약을 구입했다. 그는 또 사냥용 칼, 장갑, 통신장비와 아침식사용 스낵을 구입했다. 그는 이어 딕스 스포츠용품점에 들러 여분의 탄창을 구입했다.

당일의 범행 장면도 재구성했다. 이 내용은 사건 당일에도 썼겠지만, 사건 발생 6일이 지나면서 기자는 더 많은 정보를 더 정확하게 확인할 수 있었을 것이다.

9시 30분쯤, 조승희는 노리스홀 안으로 들어갔다. 그는 카고바지와 스웨터, 탄창조끼를 입고 국방색의 모자를 쓰고 있었다. 그는 총을 구입한 영수증이 들어 있는 가방을 메고 체인과 칼을 들고 있었다. 그의 한쪽 팔에는 아직 그 중요성이 밝혀지지 않은, 그러나 성서 구절을 암시하는 듯한 Ax Ismael이라는 이름이 새겨 있었다.

그는 체인을 풀어 안쪽에서 문고리를 감아 잠갔다. 출입구를 잠근 후 그는 계단을 통해 2층으로 그리고 교실로 올라갔다. [범죄의] 두 번째 시간이 시작됐다.

그가 이용한 계단은 7개의 교실이 있는 L자형의 건물 끝으로 향해 있었다. 2곳은 비어 있었고, 5곳(204호, 205호, 206호, 207호, 211호)은 수업 중이었다. 그는 방아쇠를 당기면서 그중 4곳을 다녔다. 법의학자들은 10분에서 15분여 사이에 그가 175발 이상을 쏴 30명을 죽였다고 밝혔다. 그것은 미국 역사상 최악의 학살이었다.

현장에 있던 첫 번째 경찰관은 샷건으로 문을 부수고 들어갔다. 조승희는 이 발포를 듣고 그가 이제 겨우 1번의 기회만 남았다는 것을 알았을 거라 수사관들은 추정했다.

뉴욕타임스는 기사 하나로 조승희는 누구이며, 왜 그리고 어떻게 범행을 저질렀는지 보여주었다. 한 인간의 내면에 잠재한 폭력성을 이렇게 거대한 내러티브 스토리로 풀어냈다. 이 이야기를 한국 신문사의 에디터에게 했더니, 그도 사건의 종합화에 동의한다면서 기자에게 그런 기사를 쓰라고 지시한 적이 있다고 말했다. 하지만, 담당 기자는 "이미 보도된 낡은 정보로 왜 기사를 쓰느냐?"라고 반문했다고 한다. 그 기자는 새로운 정보를 수집하기에도 바쁜데 중간종합 기사를 쓰는 것이 부담스러웠을 것이다. 한국 신문이 단편 정보 위주로 '뉴스의 파편화'를 낳는다면, 미국 신문은 '사건의 종합화'를 지향한다고 말할 수 있다. 매일 새로운 정보도 중요하지만, 독자는 때때로 여러 퍼즐 조각을 이어 붙인 큰 그림을 원한다.

2. 사회의 본질 다루기

이제 내러티브 기사가 사회의 본질과 관련한 이슈를 어떻게 다루는지 살펴볼 것이다. 사회의 본질이라고 해서 거창하게 생각할 필요 없이 사회를 움직이는 기제나 사회에 팽배한 인식 정도로 이해하면 된다. 예를 들어, 사회를 움직이는 기제 중 하나로 법이 있지만, 법이 언제나 정의를 실현해주는 것은 아니다. 법을 따르자니 정의가 무너지고 정의를 실현하자니 법을 어기게 되는 경우가 있을 수 있다. 이런 '법과 정의의 관계'는 한국 기자들에게 기사 주제로 인식되지 않았다. 그것이 난해하기 때문이 아니

라 그런 딜레마를 어떻게 기사화할지 난감하기 때문이다. 하지만, 법과 연관된 미국의
많은 기사는 기본적으로 법과 정의의 관계를 다룬다. 4장과 5장에서 그런 기사를 이미
살펴보았다. 부주의로 아들을 죽게 만든 아버지가 유죄판결을 받고 자살했던 사건이
그것이다. 판사는 법에 따라 그에게 유죄를 선언해야 했지만, 그 결과는 (다수가 예상
했듯이) 아버지의 자살이라는 비극이었다. 그 기사는 아래와 같이 법과 정의의 문제를
정면으로 건드린다.

> 분명히 웨이먼트[아버지]가 한 행동은 옳지 않은 것이었다. 그렇지만 분명하게 말하면
> 그는 끔찍한 실수를 저지른, 선량한 사람이었다. 그는 술을 마시지도, 마약을 하지도
> 않는 고지식한 사람이었다. 서른넷의 나이에 브렌다[이혼한 전처]를 만날 때까지 돈을
> 아끼려고 어머니 집에서 살았다. 신문 제목과 속삭임[웨이먼트를 헐뜯는 내용들]에도
> 불구하고 게이지[아들]의 죽음은 그 어떤 계획과도 연관돼 있지 않았다.
>
> 그를 용서하고 공감할 것인가, 아니면 비난하고 처벌할 것인가? (Los Angeles Times
> 2001.12.30.)

앞에서 이미 소개했지만, 이 기사의 엔딩을 다시 음미해보자.

> 그[힐더 판사]는 법률이 무엇을 할 수 있고, 무엇을 할 수 없는지 반성하고 있다. 그는
> 법률을 사랑하지만 경배하지는 않는다. 그는 법률이 모든 것에 대답할 수는 없다고 믿
> 는다. 불확실한 사안들에는 좋은 해결책이 없을지도 모른다. "흑이냐 백이냐를 항상
> 대답해야 하는 것은 아니다"라고 그는 말한다. "하지만 간혹 그것이 유일한 대답이 될
> 때도 있습니다."
>
> 그는 말한다. "폴 웨이먼트의 얼굴을 내 인생의 일부로 갖고 있는 것은 나쁘지 않습
> 니다."

어떠한 사안에 대해서도 절대적으로 옳다거나 그르다고 말하기 어렵다. 사회적 사
안은 대부분 회색지대에 존재한다. 이런 딜레마 상황을 어떻게 기사로 다룰 것인가는
기자들의 고민거리 중 하나다. 대개 '딜레마에 처했다'라는 사실을 주제로 잡아서 "이

러지도 저러지도 못해 난처한 상황에 있다"라고 하거나 "상반되는 두 의견이 대립하고 있다"라는 식으로 기사를 쓴다. 하지만, 위 기사처럼 적극적으로 딜레마 자체를 기사 주제로 삼을 수 있다. 딜레마를 던지고 독자에게 판단을 맡기는 것만으로도 기자는 훌륭한 임무를 수행한다. 사회의 내면을 파고들었던 미국의 많은 탐사보도가 바로 그 역할을 했다(이규연, 2015).

올해 MBC는 검찰 위주였던 법조팀을 법원 중심으로 바꾸었다. 서울지방검찰청과 대검찰청 담당 기자는 줄이고 서울지방법원과 대법원 담당 기자를 늘렸다. 이는 언론의 피의사실공표 논란 및 검찰의 언론접촉 제한령, 검찰-언론 유착 의혹 등에 따라 언론이 등 떠밀려 취한 조치다. 하지만, 언론은 이렇게 수동적이기보다 적극적으로 검찰 대신 법원을 중시할 필요가 있다. 수사보다 판결이 더 중요한데도, 언론은 검찰 수사는 장황하게 보도하고 법원 판결은 거의 보도하지 않았다. 기본적으로 판결은 법과 정의의 영역이므로 기사로서의 가치가 더 크고, 스토리도 더 풍부하다.

한국의 법원 취재 여건은 나쁘지 않은 편이다. 성범죄 사건을 제외하면, 공개 재판이 원칙이어서 기자는 판결과정을 볼 수 있다. 성범죄와 같은 민감한 사생활 사건의 경우에, 법원은 모두(冒頭) 발언만 기자에게 공개하고 그 이후의 절차는 공개하지 않는데, 이때에도 사건 당사자가 허락하면 기자는 법정을 참관할 수 있다. 국가안보와 관련된 사건은 차폐막을 친 가운데 기자에게 공개되기도 한다. 국민적 관심사급의 재판은 풀(pool) 기자가 돌아가며 전체 공판 내용을 공유하므로 재판과정을 보도하는 것이 예전만큼 어렵지 않다(김고은, 2020). 최근에 KBS가 '판사와 두 개의 양심'이나 '법원의 시간' 같은 코너를 만들어 법조 기사를 공판 중심으로 바꾸려고 노력하는 것은 고무적이다.

법과 관련된 딜레마 기사를 하나 더 살펴본다. 이미 세 명의 딸을 가진 극빈자 데보라는 네 번째 아이를 낙태하기 위해 병원에 갔다가 때마침 나타난 낙태 반대론자의 총격을 피해 겨우 목숨을 건진다. 그러나 그 사건으로 공포와 외상성 스트레스 장애에 시달린 그녀는 결국 낙태 결정을 내리지 못하고 딸(비비안)을 낳았지만 장애아였다. 이에 대해 데보라는 병원을 상대로 소송을 제기한다. 기사는 원하지 않았던 장애아 딸과 어쩔 수 없이 함께 살아가야 하는 데보라의 인생 아이러니를 담았다. 독자로서 기사의 아래 대목을 읽고 곰곰이 생각해보지만, 똑 부러지는 결론을 내리기 쉽지 않다.

그녀는 딸을 바라본다. 딸을 소중히 돌보고 있지만 그녀는 비비안이 태어나지 말았어야 했으며 샐비[병원에 침입해 난사한 낙태반대자]는 분노를 표출할 대상으로 브루클린의 병원을 택하지 말았어야 했음을 잘 알고 있다. 23세의 독실한 가톨릭 신자인 샐비는 태어나지 않은 아이들을 보호하기 위한 투쟁이자 사명이라며 살인을 정당화했다. 데보라 게인즈는 한때 딸의 출생을 신의 은총으로 생각하기도 했지만 지금은 샐비가 저지른 일이 악마의 소행이라고 확신하고 있다.

"하느님은 누구도 죽이지 않아요." 그녀는 말한다. "하느님은 병원에서 사람들에게 총질을 한 살인자를 축복하지는 않죠."

〈중략〉

그러나 어려운 문제는 여기서 끝나지 않는다. 비비안의 출생에 대한 책임은 누구에게 있는가? 그것은 온전히 데보라 게인즈 혼자만의 몫인가? 비비안의 아버지는 어떤가? 병원에게도 책임이 있다면 그것은 어느 정도인가? 주 정부의 경우는 어떤가?

데보라는 모든 법적 문제들을 완전히 이해하지는 못하지만 소송을 통해 자신의 책임을 전가하고 있다고 생각하지는 않는다고 이야기한다. "네가 아이들을 낳기로 결정했다면 그 아이들을 돌봐야 한단다." 그녀는 첫 아이를 임신했을 때 어머니가 들려준 말을 떠올린다.

〈중략〉

게인즈는 손목시계를 들여다본다. 비비안의 언니들이 학교에 간 첫날이다. 스쿨버스가 오고 게인즈와 세 딸들은 길가의 공원으로 간다. 엄마는 나무 벤치에 앉아서 딸들이 맑게 갠 오후에 뛰노는 모습을 바라본다. 소금 냄새가 섞인 바람과 함께 의문이 찾아온다.

이러한 아이러니에 대해 생각해본 적이 있었던가? 병원에서의 사건이 없었다면 비비안은 이 자리에 없었을 것이다. 그렇다면 어떤 느낌이었을까?

의문점들에 대해 곰곰이 생각해본다. 대답할 수 없다는 결론을 내린다. 물론 비비안은 이 자리에 없을 것이다. 그러나 고민할 이유가 무엇일까? 의미가 없는 것이다. 누가 역사를 바꿀 수 있을 것인가?

"다시 돌아갈 수는 없어." 그녀는 선택했다. 그녀 자신을 위한 선택이었다. 그녀에게 일어난 일들은 그녀가 통제할 수 없는 것들이었다. 가정(假定) 속에서 살 수는 없다. 그

가정들이 아이들을 길러주지는 않는다.

비비안이 태어나지 않았다면 그녀의 삶은 달라졌을 것이다. (The Washington Post 1998.9.27.)

초소형 미숙아를 살리는 일은 요즘 의학으로도 쉽지 않은데 무려 37년 전인 1983년에는 무모한 도전이었을 것이다. 1983년 6월 1일 미국에서 태어난 510g짜리 아이 멜리사는 105일간의 짧은 생을 살고 사망했다. 생명윤리로 보면, 어떤 어려움이 있더라도 멜리사를 낳고 살려야 하지만, 현실은 녹록지 않았다. 멜리사를 살려야 한다는 낙태반대주의자와 임신중절금지법 지지자들의 주장에 수긍하더라도 엄청난 병원비를 누가 감당할 것인가라는 질문을 받으면 막상 답하기 어려웠기 때문이다. 당시 하루 병원비는 5,000달러였는데, 부모의 의료보험으로는 턱도 없으며 결국 병원이 모든 비용을 대야 하는 상황이었다. 생명이 걸린 문제여서 담론화하기 어려운 주제이지만, 기사는 아래와 같이 조심스럽게 독자의 판단을 유도한다.

멜리사는 개척자였다. 5년 전이었다면 그와 같은 미숙아는 태어난 지 몇 시간 만에 죽었을 게 틀림없었다. 지금부터 5년이 지나면 의학은 그와 같은 아이를 더 쉽게 살릴 수 있을 것이다.

오늘날 멜리사와 같은 심각한 미숙아들은 의학적 사망상태에서도 생명을 유지할 수 있다. 그들의 생명은 수많은 관에 의지하거나 최신 의료기기, 24시간 의학적인 보살핌을 통해 몇 주, 혹은 몇 달 동안 연장된다. 이런 엄청난 노력에는 비용이 든다. 멜리사의 경우 20만 달러 이상이 들었다.

이러한 아기들을 키운다는 것은 어렵고도 근본적인 문제에 부딪힌다: 그들이 생명을 유지할 수 있는 한계는 어디까지인가? 수많은 비용에도 불구하고 그들의 생명을 유지해야 하는가?

멜리사 머리를 돌봤던 병원 관계자들에게 그 대답은 쉬운 게 아니었다. 비록 의사와 간호사들이 멜리사의 생명을 유지하기 위해 충분히 노력했지만, 그들 중 많은 이들이 개인적으로는 멜리사에게 들어간 돈과 시간이 통계적으로 더 살아 있을 가망이 높은 환자들을 위해 쓰였으면 좋겠다고 말한다. (The Dallas Morning News 1983.11.13.)

사회의 본질을 보여주는 또 다른 사례는 '사회적 낙인찍기'다. 살인자 혐의를 받았다가 나중에 누명을 벗게 된 사람은 과연 어떻게 살아갈까? 특히, 그 사람이 어린이라면? 미국에서 언어 장애를 지닌 7살 소년이 11살 소녀를 무참하게 살해한 용의자로 붙잡혀 기소됐지만, 소녀의 속옷에서 정액이 발견되면서 누명을 벗는다. 나이로 보아 소년은 정액 생성이 불가능했기 때문이다. 그러나 익명이긴 하지만 이미 범인으로 알려져버린 소년은 바깥출입을 꺼리며 평생 멍에를 짊어지게 된다. 경찰의 실수가 한 소년의 설익은 인생을 어떻게 영원히 망쳐버릴 수 있는지 상징적으로 보여준 사건이었다. 아래는 그 사건을 다룬 기사 초반부 대목이다.

> 경찰의 주장—7살 소년이 라이언을 돌로 내리찍어 자전거에서 떨어뜨리고 친구의 도움을 받아 그녀를 풀숲으로 끌고 갔다는 것—은 언어 장애가 있어서 어른들이 원하는 대답을 쉽게 해줄 수 있는 수줍은 소년에 대한 질문에 근거를 두고 있다. 이때까지 경찰과 시 당국은 소년과 소년의 부모에 대한 사과를 거부하고 있었다. 아직 수사가 진행 중이라며 더 이상의 답변을 회피했다.
>
> 그들이 정말 대답할 수 없는 주요한 질문이 있었다. 아마 아무도 대답할 수 없을 것이다.
>
> 어떻게 아직도 자기 엄지손가락을 빨고 있는 작은 꼬마가 살인 용의자로 지목된 후에 그의 일상의 삶으로 되돌아갈 것인가?
>
> 어떻게 그가 취조실의 건조한 인상과 지장 잉크의 얼룩과 짙고 오래된 의심을 떠내려 보낼 것인가? 그가 '비열한 경찰'이라고 부르는 어른들이 사과하지 않고, 그의 이름을 깨끗이 지우지 않으면, 어떻게 그가 술래잡기를 하고, 가게에서 사탕을 사먹고, 학교에 갈 수 있을 것인가?
>
> 단순히 혐의에서 벗어난다고 해서 이 낙인이 지워지지는 않을 것이다. (The Washington Post 1998.11.1.)

기사는 중반쯤에 소년의 어머니를 통해 주제를 한 번 더 강조한다.

> "허탈한 감정을 느껴요." 7살 소년의 엄마가 말했다. "왜냐하면, 그 아이는 이제 꼬리

표가 붙었어요. 그 아이는 미국 역사상 가장 나이 어린 살인사건 용의자일 거예요. 사람들이 말을 하진 않겠지만, 그렇게 생각할 것임을 나는 알아요."

그녀는 어두침침하지만 깨끗한 부엌에 앉아 있었다. 그녀의 딸아이가 식탁에 앉아 글자들을 베끼고 세며 놀고 있었다.

소년이 학교에 다니기란 쉽지 않았다. 그가 다니던 학교에서는 살인 용의자를 원치 않았고, 그래서 소년의 엄마는 15분 떨어진 다른 학교에 그를 다니게 했다.

아래는 기사 마무리다. 주제를 강화하는 장면을 남겨두었다가 엔딩용으로 잘 활용했다.

판사가 소년들을 자유롭게 한 뒤에도 그들은 마치 그들이 감시받는 것처럼 행동했다. 죄수가 너무 오랫동안 족쇄를 차고 있어서 자유롭게 된 뒤에도 뛰는 것을 까먹은 것처럼 말이다.

7살 소년의 엄마가 새 소식을 그에게 말해주었다. "넌 자유야. 밖에 나가 놀아도 돼."

그녀는 아이를 문 앞으로 밀었지만, 그는 꼼짝도 하지 않는다.

"가기시저요. 날속이려하는죠?"

그는 엄마의 다리를 붙잡는다.

한국 기자들은 위의 미국 기사 4개(부주의로 아들을 죽인 아버지, 낙태반대자의 난동 때문에 장애아 딸을 낳은 데보라, 초소형 미숙아 멜리사, 살인자 누명에서 벗어난 7살 소년)를 칼럼의 아이템으로 삼을 가능성이 크다. 기사로 쓰자니 '기사의 각'이 잘 안 나오기 때문이다. 사안을 역피라미드 구조에 넣어서 생각하는 한 기사로 구현할 방법은 요원하다. 위의 미국 기사처럼 그냥 내러티브로 풀어내면 될 일을 굳이 칼럼으로 쓰고 있으니 안타까울 뿐이다.

사회안전망은 시민의 일상적 안전과 직결되므로 뉴스 가치가 큰 주제다. 해당자가 소외계층이면 사회정의 측면에서 더 중요하게 다루어질 수 있다. 부모에게서 학대받거나 버려지다시피 한 아이들이 언론에 가끔 보도되어 시민들의 분노를 자아냈다. 아래는 2011년에 있었던 한 사건을 다룬 한국 신문 기사다.

> 2일 오전 2시경 서울 강남구 대치동의 한 고급 아파트 단지에서 남루한 차림의 10대 소녀가 경비원 B 씨에게 발견됐다. 소녀의 옷은 로빈슨 크루소처럼 다 해진 상태였고 오랫동안 씻지 못한 듯 몸에서는 심한 악취가 풍겼다. 2~3cm나 자란 손톱은 무엇을 긁었는지 몇 개가 깨져 있었고 까맣게 때가 끼어 있었다.
>
> B 씨는 소녀가 당시 단지에서 잇따라 발생한 도난 사건의 범인이라고 생각하고 경찰에 신고했다. 〈중략〉 하지만 경찰 조사 결과 소녀는 이 아파트에 살고 있는 주민인 A 양(14)이었다. A 양의 아버지는 현재 금융 관련 범죄로 복역 중이며 A 양은 아버지의 부인인 유모 씨(46)와 함께 살고 있었다. 경찰은 일단 A 양이 유 씨를 피해 집을 나와 단지 안에서 떠돌며 생활한 것으로 보고 있다.
>
> 〈중략〉
>
> 경찰은 "A 양이 유 씨의 자녀들과 어울리지 못하고 방황하다 결국 지난해부터 낮에는 인터넷을 할 수 있는 주민센터 등을 돌아다니고 밤에는 아파트 창고로 돌아와 잠을 자는 '창고살이'를 시작한 것으로 보인다"고 말했다. A 양이 살았던 창고는 일종의 공용공간으로 아파트에서 사용하는 각종 집기들이 보관돼 있었으며 크기는 한 사람이 겨우 누울 수 있는 정도였다. 〈중략〉 경찰에 따르면 A 양은 유 씨가 가끔씩 창고로 가져다 준 음식으로 생활을 했으며, 용변은 창고 안에 있던 밥솥에 본 뒤 옥상에 버렸던 것으로 알려졌다. 창고 안에서는 밥솥과 생수통이 발견됐다. (동아일보 2011.5.16.)

위 기사의 제목은 "이웃도 몰랐던 '창고 속 소녀'"인데, 이런 기사의 원조는 2008년 미국에서 보도됐던 '창가의 소녀'다. 아래는 그 기사의 리드다.

> 경찰관들은 정문을 통해 비좁은 거실로 들어섰다. "1주일이 넘게 시체가 부패한 것 같은 악취가 풍겼어요. 그것을 어떻게 말로 표현해야 할지 모르겠네요. 고양이와 개, 인간의 소변과 대변이 벽에 문질러 있고, 양탄자에 짓이겨져 있었어요. 실내는 모든 게 축축하고 부패했지요."
>
> 구부러진 금속봉에 너덜너덜 매달린 커튼은 담배 연기에 찌들어 누렇게 변색되어

있었다. 깨지고 때가 잔뜩 낀 창문 앞에 허드레 이불이 널려 있고 마루와 벽 천장에서 바퀴벌레들이 재빠르게 숨었다. "마치 달걀 위를 걷는 소리 같았어요. 바퀴벌레를 밟지 않고는 걸을 수가 없었지요. 바퀴벌레는 가구 속은 물론 전등 속, 심지어 냉장고 안에도 있었어요. 냉장고 말이에요!"

경찰관의 발아래 어둠 속에서 무언가가 꿈틀거렸다. 가늘지만 짙은 눈동자. 그러나 그 눈은 초점도 없고 깜빡거리지도 않았다. 아이는 경찰관을 바라보고 있지 않았다.

아이는 낡고 찢어진 매트리스 위에 누워 있었다. 야위고 긴 다리를 가슴에 웅크리고 말라빠진 팔로 얼굴을 가린 채. 늑골과 쇄골이 눈에 띄게 삐죽이 드러났으며 광택이 전혀 없는 검은 머리카락 사이로 이가 득실거렸다. 벌레에 물린 상처와 뾰루지들로 피부는 엉망이었다. 학교를 다닐 나이였지만 아직도 잔뜩 부풀어 오른 기저귀를 차고 있었다. (St. Petersburg Times 2008.8.2.)

이런 사건을 보도하는 취지는 분명하다. 사회의 보호 사각지대를 드러내서 정부가 안전망을 더 촘촘하게 짜도록 만드는 것이다. 이 취지를 살리려면 사각지대에 있는 시민이 어느 정도의 무관심 속에 얼마나 비참하게 생활하는지를 적나라하게 보여주어야 한다. 말하자면, 기자는 이 취지 하나만 생각하며 취재하고 기사를 써야 한다. 심하게 말하면, 그 외의 정보는 일절 기사에 필요 없다.

앞의 한국 기사는 이 건을 전형적인 사건 기사로 다루었다. 거의 모든 정보는 경찰조서에서 나왔다고 볼 수 있으며 마지막 부분에 경찰의 코멘트까지 포함된 것으로 보아, 기자는 범죄 사건처럼 이 건을 취재하고 보도했다. 이에 비해 미국 기사는 조사를 나온 경찰의 움직임을 지켜보면서 소녀의 생활공간을 그려주고 소녀의 흉측한 모습을 사실적으로 보여주었다. 기자의 오감을 동원한 정밀 묘사가 압권이다. "시각(바퀴벌레들이 재빠르게 숨는다), 청각(마치 달걀 위를 걷는 소리 같았다)은 물론, 후각(커튼은 담배 연기에 찌들었고)과 촉각(벽에 문질린 소변과 대변)까지 느낄 수 있도록 묘사했다" (최수묵, 2011, 210쪽). 이런 문장들은 모두 망가진 사회안전망을 고발하는 이 기사의 주제를 향하고 있다.

11장
내러티브 기사의 효과

내러티브 기사 효과에 대한 논의는 질적 연구와 양적 연구를 통해 축적되어 있다. 질적 연구는 내러티브의 효과를 이론적으로 논의하거나 기자들을 심층 인터뷰하여 얻은 결과이며 양적 연구는 주로 실험연구를 통해 내러티브 기사의 독자 효과를 분석한 것이다. 국내의 대표적인 질적 연구(박재영·이완수, 2008a, 2008b 참조)는 역피라미드 기사와 내러티브 기사의 차이를 이론적으로 논의하고, 한국의 기자들이 이 두 가지 기사 쓰기를 어떻게 인식하는지 종합적으로 파악했다. 질적 연구의 내용은 이 책에 부분적으로 소개되어 있으므로 양적 연구를 중점적으로 살펴본다. 양적 연구를 해외 연구와 국내 연구로 나누어 소개한다.

1. ASNE 연구[30]

양적 연구의 가장 대표적인 예는 미국신문편집인협회인 ASNE(1993)의 연구다. 이 연구는 여러 측면에서 획기적이다. 우선, 이 연구는 전통형(Straight Traditional), 서사형(Narrative Mode), 극명형(Radical Clarity), 관점형(Point of View)이라는 4개의 기사 스타일을 개발했다. 미국 플로리다주 일간지 세인트피터즈버그타임스(St. Petersburg Times)의 기자 4명은 실제 사건을 위 4개의 스타일로 각자 기사로 작성해 같은 날 신문의 서로 다른 지역판에 게재했다. 각 기자는 기사 스타일 4개 중 하나를 쓰도록 지정됐으며 자기의 스타일에 대한 교육을 받았다. 특정한 당일에 기자 4명은 동일한 취재 정보를 전달받아 자기가 써야 하는 스타일대로 기사를 작성했다. 연구팀은 다음날 오전에 구독자에게 전화를 걸어 설문조사로 반응을 수집했다. ASNE는 이런 실험 세팅으로 연구를 4회 수행했다. 즉 기자 4명은 서로 다른 날짜에 서로 다른 실제 사건을 대상으로 4번이나 기사를 작성했으며 연구팀도 독자 반응을 4번 조사했다. 따라서 이 연구는 기사 작성과 게재, 배포, 열독, 효과를 실제 상황에서 수행하고 조사한 거의 유일한 연구다.

이 실험 연구의 핵심인 기사 스타일을 이해하기 위해 위 4회의 연구 중 첫 번째 연구에 사용된 기사 4건을 소개한다(신명선·박재영, 2004, 19-29쪽 참조). 이 기사들은 크리스마스에 선물용으로 쓰이는 애완동물의 비극적 운명을 주제로 삼아 4개의 스타일로 작성됐다. 각 스타일의 기사는 실험조건을 맞추기 위해 '신기함이 사라질 때'(When The Novelty Wears Off)라는 동일한 제목 아래 비슷한 분량으로 작성되어 세인트피터즈버그타임스의 지역판 4개에 동일한 모양으로 편집되어 실렸다.

전통형

애완동물을 선물하지 말라는 동물보호가의 조언에도 불구, 애완동물은 여전히 선물용으로 인기가 높다. 잘 맞지 않는 넥타이나 스웨터 선물이 그렇듯, 이번 크리스마스 시즌에 많은 애완동물이 '반품'됐다. 그러나 넥타이나 스웨터와 달리, 개와 고양이는 다른 구매자를 기다리며 다시 진열되지 않는다. 대부분 철제 우리에서 죽음을 기다리며

---

30) 신명선·박재영(2004)의 연구를 참조했다.

연명한다.

"이들은 옷과 전혀 다르죠. 반품되는 물건이 아니에요. 생명체입니다." 파인레스시 (市) 동물보호협회 매리 샤보디는 이렇게 말했다. 지난해 동물학대방지협회에는 1만 4,500마리의 애완동물이 맡겨졌다. 이들 중 개의 54%, 고양이의 75%가 죽어야 했다. 동물보호협회에 들어온 1만 2,700마리의 절반가량도 그렇게 죽었다.

시 동물보호소에는 매년 약 1만 5,000마리가 들어오는데 그중 6,500마리는 개, 나머지의 대부분은 고양이라고 켄 미첼 국장은 말했다. 이들은 맡겨진 지 5일 후 치사량의 바르비투르산염 주사를 맞고 죽는다. 보호소 동물의 약 80%가 그렇게 독살된다. 미첼 국장은 "모든 동물보호소가 그런 숙명을 짊어지고 있다"고 말했다. 죽음을 앞둔 동물을 대하는 직원들의 고통은 이루 말할 수 없다.

천덕꾸러기 동물들은 이들을 선물로 받았던 어린이들이 봄방학을 마치고 학교로 돌아가는 이번 주부터 보호소로 오기 시작한다고 미첼 국장은 말했다. 선물용 애완동물이 보호소로 오는 기간은 6주에서 8개월까지 걸리기도 한다. 전국적으로 매년 1,300만 마리의 동물이 보호소로 들어오며 그 절반 이상은 독살될 수밖에 없다.

개와 고양이의 안식처를 찾아주는 시민단체 '방랑자의 친구들' 진 보모티 회장은 지난해 파인레스에서 3,600마리를 가정에 입양시켰다고 말했다. 그중 단체로 되돌아온 것은 40마리 미만이었다. 보모티 회장은 애완동물이 입양 가정에서 성공적으로 정착하는 것은 양심적인 판매자와 잘 교육받은 구매자 덕분이라고 말했다.

'방랑자의 친구들'은 애완동물을 선물로 보지 않는다고 보모티 회장은 말했다. 미국 최대 규모의 동물 순수혈통 등록처인 아메리칸켄넬클럽(AKC)의 홍보담당 수전 루스틱은 애완동물 판매자와 잠재적인 구매자들에게 선물용으로 애완동물을 매매하지 못하도록 캠페인을 벌이고 있다고 말했다. "그런데도 되돌아오는 동물은 해마다 늘고 있죠."

AKC는 되돌아오거나 길바닥에 버려지는 개의 숫자를 정확히 알지 못해, 전국 동물보호소와 시민단체의 통계자료로 그 규모를 추정할 뿐이다. 루스틱은 "AKC는 애완동물을 선물로 인정해서는 안 된다는 정책을 갖고 있다"고 말했다. "통계수치는 없지만 명확한 인과관계가 있는 셈이죠. 애완동물을 가지려면 동물에게 투자해야 하는 시간, 비용, 보살핌 등을 먼저 고려해야 해요. 반년 내지 8개월 정도의 시간이 동물을 위해 필요한 셈이죠."

애완동물을 원하는 사람은 평생 동안 그들을 책임져야 한다는 사실을 알아야 한다고 동물보호가들은 말한다. 경주용 개로 활약하다 은퇴한 그레이하운드의 입양을 돕고 있는 도로시 크로켓은 개 입양자를 조심스럽게 고른다고 말했다. "사람들이 사육장에 오면 나는 그들을 인터뷰하고 그들은 어느 개를 선택할지 정말 많은 시간을 보낸다"고 그녀는 말했다. 대체로 개가 주인을 선택한다. 작년에 입양된 개 70마리 중 되돌아온 것은 단 2마리였다고 도로시는 말했다. 그중 1마리는 집에서 길들여지기 불가능한 개였다.

동물보호가들은 애완동물과 주인의 궁합이 도저히 맞지 않으면 그들이 다른 가정에서 살 수 있는 기회를 주라고 권한다. "주인과 동물은 서로에게 적응할 수 있는 시간이 필요하다. 자녀에 대한 인내심만큼 동물에게도 인내를 보여라. 그러나 포기하기로 결정하면 주저하지 마라. 동물은 어릴수록 더 잘 입양된다. 동물을 길거리에 버리지 말고 좋은 주인을 찾아주려 애써라." 동물보호가들의 조언이다.

전통형 해제

전통형은 신속하고 효과적인 정보 전달과 습득을 목표로 하는 역피라미드 구조를 취한다. 기사의 리드에 주제가 드러나 전체적인 내용을 감지할 수 있도록 설계됐다. 단, 위 기사는 한국 언론의 전형적인 역피라미드 구조와 조금 다르다. 애완동물의 '독살'이 키워드 중 하나인데 리드에 포함되어 있지 않다. 이 기사의 한국식 리드는 "크리스마스 선물로 쓰이는 애완동물들이 주인에게서 버림받아 독살되는 비극적인 운명에 처해 있다"쯤 될 것이다. 위 기사는 역피라미드 구조이면서도 정보를 조금 늦추어 주는 식으로 작성됐다고 말할 수 있다. 리드 이후의 기사 전개는 애완동물의 독살이라는 충격적인 주제, 통계수치에 의한 애완동물의 수난 과정 일반화, 전문가 인터뷰 내용, 애완동물에 관한 조언 등으로 정보의 중요도가 주제에서 점점 멀어진다.

3년 전 크리스마스이브에 레슬리 스티븐스는 마지못해 스크루지 놀이를 해야 했다. 그러나 그 때문에 생후 9주의 새끼 고양이 펌킨은 갠디가(街) 숲속에서 스티븐스에게 발견되어 새로운 삶을 찾게 됐다. 개와 고양이의 안식처를 찾아주는 시민단체 '방랑자의 친구들'의 자원 봉사인 스티븐스는 펌킨에게 유아용 우유와 닭고기 국물을 먹였다.

얼마 후 한 남자가 두 살배기 딸에게 고양이를 사주려고 스티븐스를 찾아왔을 때에도 펌킨은 조금 아파 보였다. "사실 그 부녀(父女)는 날 좋아하지 않았어요. 내가 펌킨을 크리스마스 선물로 가져가지 못하게 했거든요." 스티븐스는 "그 딸아이가 너무 거칠고 무서워 보여서 펌킨을 데려가지 못하도록 아빠를 단념시켜야 했다"고 말했다. 그 후에도 펌킨을 탐냈던 사람들은 많았지만 그때마다 스티븐스는 그들을 만류했다.

펌킨은 크리스마스 시즌에 수많은 애완동물들이 직면하는 죽음의 운명에서 벗어났던 셈이다. 동물보호단체의 직원들은 개와 고양이와 같은 애완동물이 '12월의 충동' 때문에 너무 자주 거래된다고 말했다.

애완동물은 크리스마스 연휴의 와자지껄한 집안 분위기 속에서 사람들에게 곧잘 잊혀지고, 그런 무관심은 감시의 소홀로 이어진다고 동물보호가들은 말했다. 결국 새로 입양된 많은 애완동물과 주인은 동거의 첫발부터 잘못 디뎌 동물들이 반환되는 결과를 낳고 있다.

애완동물을 입양할 때 컨설팅부터 받아야 한다는 조언이 반복되고 있지만 사태는 악화일로다. 파인레스시(市) 동물보호협회 릭 샤보디 회장은 "매년 상황이 더 나빠진다"고 말했다. 세인트피터즈버그시(市) 동물학대방지협회(SPCA) 게일 레시어 회장은 크리스마스 후 15마리가 되돌아왔다고 말했다. 반환 이유는 "보살펴줄 여력이 없어서", "키우던 다른 개가 좋아하지 않아서", "더 넓은 정원이 없어서", "크리스마스 선물을 뜯어먹어서" 등으로 다양하다.

실례로, 6개월짜리 황색 래브라도 사냥개 제이크는 아이들에게 너무 사나웠다. 독일산 잡종 셰퍼드 칩은 1.2m 높이의 담장을 훌쩍 뛰어넘어 옆집으로 들어가 크리스마스 휴일에 화끈한 볼거리(?)를 선사했다.

레시어 회장은 이번 달에 적어도 70마리의 크리스마스 선물용 애완동물이 SPCA에 반환될 것으로 내다봤다. 레시어 회장은 "이는 동물보호소 직원과 애완동물, 주인 등 3자 모두에게 고통스러운 일"이라고 말했다. "모두 마음에 상처가 입게 되죠. 대개 울음바다가 되곤 합니다."

파인레스시 동물보호소 켄 미첼 국장은 매년 약 1만 5,000마리가 보호소에 들어온다고 말했다. 맡겨진 지 5일 후, 대부분은 치사량의 바르비투르산염 주사를 맞는다. 보호소에 들어오는 동물의 80%가 그렇게 죽는다.

SPCA와 파인레스 동물보호협회에 반환되는 개와 고양이의 절반 이상이 독살되고 있다. 동물보호소 직원들은 크리스마스 시즌에 받은 애완동물에 대한 신기함과 귀여움이 사라지는 향후 몇 달간 동물 반환은 계속 증가할 것으로 내다봤다.

세인트피터즈버그에서 집 잃은 고양이를 보호해 '고양이 보모'로 불리는 스티븐스은 "자녀에게 그렇듯 애완동물에게도 책임이 따른다"고 말했다. 펌킨은 결국 한 여고생에게 입양됐다고 스티븐스는 말했다. "그녀는 만신창이였지만 지금은 너무나 잘 살고 있죠." 그 여고생이 아니라 고양이 펌킨을 두고 한 말이다.

서사형 해제

서사형은 줄거리가 있는 이야기 구조를 띤다. 가장 두드러진 특징은 '스토리의 개인화'이다. 위 기사는 스티븐스와 고양이 펌킨의 우연한 만남으로 시작되어 둘 사이의 경험 및 여러 관련 사례를 소개하면서 애완동물의 수난이라는 주제를 일반화한다. 이어서 독살이라는 충격적인 정보와 함께 긴장감을 높이고 다시 레슬리와 펌킨으로 돌아와 잔잔한 여운을 남기며 끝난다. 단편 소설 같은 분위기와 수미쌍관이 돋보인다. 이 기사에는 "애완동물을 이렇게 대해야 한다"라는 식의 도덕적이고 규범적인 내용이 없다. 마무리 역시 흔히 말하는 '힘주기' 식이 아니다. 그러나 그 덕에 오히려 독자가 그런 도덕적인 느낌을 강하게 받는 묘한 효과가 있다. 그 효과의 매개체는 레슬리와 펌킨이다.

한번 가정해보자: 친구가 귀여운 강아지를 크리스마스 선물로 주었다. 대부분의 사람들이 당면하는 문제는 그 사랑스러운 강아지를 키우기 힘들다는 것이다. 직장에 나간 온종일 개를 집안에 가두어 두는 것은 너무 혹독해 보인다. 특히, 개가 마루에 오줌을 싼다면? 그것 말고도 이유는 많을 것이다.

이제 당신은 어떻게 할 것인가? 파인레스시(市)의 많은 사람들이 이번 크리스마스 시즌에 이와 비슷한 일을 겪고 있을 것이다. 결국 그 귀여운 놈을 동물보호소로 데려갈 수밖에는 없다.

이번 주부터 애완동물 반환이 밀려들기 시작할 것이라고 동물보호소 직원들은 화난 얼굴로 말했다. 크리스마스에 애완동물을 선물로 주지 말라는 조언에도 불구하고 이런 시나리오는 향후 몇 달간 계속될 것이다.

애완동물을 선물로 주는 관행은 여전히 사그라들 기미가 없어 보인다. 파인레스시 동물보호협회 릭 샤보디 회장은 "매년 상황이 더 나빠진다"고 말했다. 동물보호소 직원들은 크리스마스에 선물로 받은 애완동물에 대한 귀여움과 신기함이 사라지는 향후 몇 달간 동물 반환은 계속 증가할 것으로 내다봤다.

매년 전국에서 1,300만 마리의 동물이 보호소로 들어온다. 그중 약 800만 마리가 독살된다는 것이 미국 동물보호협회의 통계다. 파인레스에는 세인트피터즈버그 동물학대방지협회(SPCA)와 시 동물보호소 등 2개의 대형 보호소가 운영 중이다. 시 동물보호소에는 매년 약 1만 5,000마리가 들어오며 이 중 약 6,500마리는 개, 나머지의 대부분은 고양이라고 켄 미첼 국장은 말했다. 동물 대부분은 맡겨진 지 5일 후 치사량의 바르비투르산염 주사를 맞고 죽는다. 보호소 동물의 80%가 그렇게 독살된다.

지난해 SPCA는 1만 4,500마리의 동물을 받았다. 이 중 개는 절반이 조금 넘는 숫자가, 고양이는 약 75%가 독살됐다. 동물보호협회에서는 1만 2,700마리의 절반 이상이 그렇게 죽었다. 켄 미첼 국장은 "이는 모든 동물보호소가 짊어지고 있는 숙명"이라고 말했다.

어떻게 애완동물을 수렁에서 건져낼 것인가?

－크리스마스 선물로 애완동물을 주어서는 안 된다. 애완동물을 꼭 선물하고 싶다면 다음 사항부터 점검해보자. 선물을 받을 사람이 정말 애완동물을 원하는지 확인해야 한다. 정말 그렇다면, 그가 원하는 품종, 색깔, 암수 등 특성을 미리 고려해야 한다. 그에게 애완동물을 고르도록 하는 게 가장 좋은 방법이다. 세인트피터즈버그 수의사 하비 페이트리지는 "내 경험으로 보면 그렇게 하는 것이 최선"이라고 말했다. "언제가 SPCA에서 내 처가 강아지 한 마리를 보고 당장 데려왔죠. 나는 죽어도 갖고 싶지 않은 놈이었는데 말입니다."

－도저히 키울 수 없다고 판단되면 덜컥 포기하지 말고, 새 환경에 적응할 수 있는 기회를 애완동물에게 주어야 한다. 그러나 너무 오랫동안 그런 기회를 줄 필요는 없다. 개는 어릴수록 다른 새로운 환경에 적응하기 쉽기 때문이다. 키울 수 없다고 결정하면, 개에게 맞는 새 주인을 찾아주려고 노력해야 하며 결코 길바닥에 내다 버려서는 안 된다.

－애완동물을 선물할 때, 미래에 발생할 최악의 상황을 고려해야 한다. 주인에게 버림받은 애완동물이 동물보호소로 들어오면 누구도 데려가지 않을 가능성이 커지며 결국 죽음을 맞게 된다.

극명형 해제

극명형은 독자의 이해도를 최대한 높이는 데 중점을 두는 기사 스타일이다. 정보를 신속하고 효과적으로 전달하거나 사안을 재미있는 스토리로 구성하는 것은 극명형의 목표가 아니다. 그래서 극명형의 기사는 사안을 이해하는 데 필수적인 배경 정보부터 제공한다. 위 기사의 첫 두 단락은 애완동물이 수난을 겪게 되는 이유를 설명하면서 독자를 주제 쪽으로 인도한다. 마치 무언가를 배우려는 사람에게 차근차근 가이드를 해주는 형식이다. 이후의 내용 전개는 일반적인 기사와 유사하다. 극명형의 또 다른 특징은 기사의 무게 중심을 마무리에 둔다는 점이다. 위 기사의 엔딩은 애완동물을 수렁에서 건져내기 위한 처방을 구체적으로 제시하면서 기사의 의도를 명확하게 드러냈다. 그런 점에서 기사의 무게 중심을 리드에 두는 전통형과 정반대다. 극명형은 사안을 명료하게 전달하고자 하므로 행간의 의미를 되새기도록 하는 식의 글쓰기는 철저히 배제한다.

관점형

귀여운 동물들은 크리스마스 시즌에 유난히 사랑을 듬뿍 받는다. 큰 눈과 펄럭이는 귀를 가진 강아지와 부드러운 털의 고양이들.

그들은 새 세상에 태어난 아이와 같다. 크리스마스트리를 넘어뜨리거나 가구를 갉아대거나 다른 개를 화나게 하는 것은 모두 그들이 의도하지 않은 일이다. 그들은 가격표도 떼지 않은 크리스마스 선물 꾸러미를 뜯어먹는 것이 나쁜 짓인지도 모른다. 그들은 칠면조 요리가 그들이 아니라 당신을 위한 저녁 메뉴라는 사실을 전혀 '이해하지' 못한다.

이런 무지 때문에 그들이 철창에 갇힌다면 그것은 잘못된 일이다. 독살되어서는 더더욱 안 된다. 그러나 크리스마스 시즌이 끝나면 선물용으로 팔렸던 애완동물들은 동물보호소로 되돌아와서 그런 운명에 처한다. 마치 선물용 스웨터나 넥타이가 몸에 맞지 않거나 어울리지 않아서 반품되는 것처럼.

라고시(市) 동물학대방지협회(SPCA)의 예를 보자. 크리스마스 후 지금까지 15마리의 애완동물이 들어왔다. 내년 1월 말쯤 되면 70마리로 늘 것이다. 애완동물을 키우는게 무엇을 뜻하는지 모르거나 관심조차 없는 사람들 때문이다. 애완동물은 크리스마스 선물로 적합하지 않다는 동물보호가들의 꾸준한 조언에도 불구하고 많은 동물들이 가정에 선물로 들어왔다. 이번에도 대다수는 '말썽꾸러기'라는 이유 때문에 보호소에 되돌아올 것이다.

황색 사냥개 제이크는 입양된 집에서 심하게 까불고 뛰어다녔다는 죄로 지금 보호소의 철제 우리에 갇혀 있다. 같은 처지의 친구들도 많다. 담장을 뛰어넘었던 셰퍼드 칩, 크리스마스 선물을 뜯어먹었던 앤지 등.

세인트피터즈버그시(市) 동물학대방지협회(SPCA) 게일 레시어 회장은 "동물은 으레 그렇다"고 말했다. "살아 숨 쉬는 생물과 함께 생활하려면 많은 책임이 뒤따른다"고 그는 덧붙였다. 그러나 그런 일들은 애완동물에 대한 귀여움과 신기함이 사라질 때쯤이면 떠안기 싫은 잡일이 되고 만다.

1991년 12월에 290마리의 개가 SPCA를 통해 가정에 입양됐는데 입양됐던 개는 대부분 크리스마스 시즌에 다른 가정에 선물로 주어졌다고 레시어 회장은 말했다. 그해 12월에만 49마리가 되돌아왔으며 그다음 해 1월에 되돌아온 개는 52마리였다.

파인레스시(市) 동물보호협회 릭 샤보디 회장은 "마루에 오줌을 싸고 가구를 갉아대기 시작하면서 문제는 불거진다"고 말했다. "그놈들이 주인에게 착한 어린이로 보이지 않으면 곧바로 여기로 되돌아오게 되어 있죠." 매년 되돌아오는 개 때문에 힘이 쭉 빠진다고 릭 샤보디 회장은 말했다.

"동물에게는 연민의 정을 느끼고 사람들에게는 화가 치민다"고 샤보디 회장은 말했다. 꼭 동물을 선물해야 한다면 선물을 받을 사람과 먼저 상의해보라고 그는 말했다. 더 좋은 방법은 동물이 아니라 상품권을 선물로 주는 것이다.

동물이 보호소에 맡겨지면 목숨은 풍전등화와 같다. 매년 SPCA에 맡겨지는 개의 절반 이상, 고양이의 75%가 독살된다. 동물보호협회에서도 절반 이상의 동물이 그렇게 죽는다.

파인레스시 보호소에 들어온 동물의 운명은 더 모질다. 매년 들어오는 1만 5,000마리 중 80%가 독살된다. 미국 동물보호협회 본부에 따르면, 보호소에 들어오는 순간 동물의 생존 확률은 절반 이하로 떨어진다.

친구나 조카를 위해 특별한 크리스마스 선물을 계획하고 있다면, 우선 생각해보아야 할 것이 있다.

-선물로 받은 스웨터는 잘 맞지 않으면 가게 진열대로 되돌아갈 수 있다. 그러나 동물은 보호소로 돌아간다. 제이크나 칩이 어디에 있는지 확인해보라. 그들은 지금 철제 우리에서 새해를 보내고 있다.

관점형 해제

관점형은 가장 낯선 구조이며 또 가장 모호한 구조다. 관점형은 기자의 관점이 강하게 투영된 스타일이다. 대표적인 예는 앞 기사 세 번째 문단의 "이런 무지 때문에 그들이 철창에 갇힌다면 그것은 잘못된 일이다. 독살되어서는 더더욱 안 된다"라는 문장이다. 관점형의 또 다른 특징은 기사 마지막 부분에 요지를 담는다는 점이다. 이는 극명형과 비슷하지만, 전통형이나 서사형과는 다르다.

앞의 네 가지 기사 스타일에서 한 가지 공통점이 발견된다. 전통형(역피라미드형)을 제외한 서사형(내러티브), 극명형, 관점형은 기사의 리드만으로는 전체 내용을 감지할 수 없도록 설계되었다. 특히, 서사형과 극명형의 리드는 "도대체 이 기사가 무엇을 말하고자 하는 것인가?"라는 의문마저 들게 한다. 여기에 '신기함이 사라질 때'라는 제목까지 얹어놓으면, 이런 기사 스타일이 노리는 효과는 더욱 분명해진다. 기사의 처음부터 독자의 궁금증을 유발하고 눈길을 잡아두는 것이다.

이 연구의 독자 반응 조사에서 아래와 같은 다섯 가지 주요 결과가 발견됐다(신명선·박재영 2004, 29-30쪽 참조).

- 전통형은 독자에게 썩 매력적이지 못하다. 특히, 신문을 잘 보지 않는 독자에게 더욱 그렇다. 고졸 이하의 독자에게는 가독성이 거의 없다.
- 서사형은 대단한 잠재력을 지니고 있다. 모든 독자 집단은 서사형을 다른 스타일보다 좋게 평가했다. 이 스타일은 더 잘 읽히며 정보 전달력도 훨씬 더 크다.
- 나이가 많고 충성도가 높은 독자와 여성 독자는 덜 까다로워서 다양한 기사 스타일을 거리낌 없이 받아들인다. 신문이 사로잡고자 하는 젊은 비독자는 서사형과 극명형을 선호한다.
- 관점형은 일반적인 기사 스타일과 동떨어진 탓인지 또는 너무 생색내는 듯한 문체 때문인지 대다수 독자에게 호소력이 없으며 잠재력도 작다. 단, 교육 수준이 낮은 독자의 선호도는 높다.

- 교육 수준이 낮은 사람들을 미래의 독자로 만들고 싶다면 전통적인 역피라미드 스타일의 기사에 대해 재고해 보아야 한다. 그들은 오히려 나머지 스타일의 기사에 더 호감을 보였다.

2. 해외 연구[31]

켈리와 동료들(Kelly, Knight, Peck, & Reel, 2003)의 연구

이들의 실험연구에 사용된 기사 주제는 범죄와 환경이었으며 기사는 실제 사건의 정보를 활용하여 스트레이트 형식과 내러티브 스타일로 작성되었다. 피험자는 대학원생 117명이었으며 각 피험자는 총 4개의 기사(주제 2개×스타일 2개) 가운데 1개를 읽고 조사에 답했다.

우선, 기사 주제와 관계없이 내러티브 스타일은 기사의 정보성, 정확성, 신뢰성 면에서 스트레이트 형식보다 좋은 평가를 받았다. 반면에 흥미성 측면에서는 스트레이트 형식의 기사가 더 좋은 평가를 받았다. 저자들은 스트레이트 형식의 기사는 흐름이 빨라서 시간이 많지 않은 독자가 재미있게 읽을 수 있다면서 이런 생활 습관이 기사의 흥미성과 연관된다고 밝혔다.

주제별로 분석한 결과를 보면, 전반적으로 내러티브 스타일의 기사가 더 좋게 평가됐다. 내러티브 스타일의 범죄 기사는 역피라미드 형식보다 기사의 명확성과 역동성에서 더 좋은 평가를 받았으며 내러티브 스타일의 환경 기사는 정보성, 명확성, 신뢰성에서 더 좋은 평가를 받았다.

저바(Zerba, 2008)의 연구

이 연구에 사용된 기사 주제는 살인, 테러 용의자의 재판, 이라크 선거였으며 기사의 구조는 전통형과 내러티브 스타일이었다. 피험자는 대학생 58명이었으며 각 피험

---

31) 이용건(2011)과 박재영·정세훈·곽민영(2011)의 연구를 참조했다.

자는 전통형(통제집단)과 내러티브 스타일(실험집단) 중 하나를 읽었다.

전반적으로, 내러티브 스타일이 전통형보다 더 나은 평가를 받았다. 예를 들어, 내러티브 살인 기사는 전통형보다 흥미성, 배움, 즐거움 측면에서 더 나은 평가를 받았고, 내러티브 스타일의 이라크 선거 기사는 전통형보다 이해도, 흥미성, 즐거움 측면에서 더 나은 평가를 받았다. 그러나 테러 용의자 재판 기사에서는 두 스타일의 차이가 발견되지 않았다.

이 연구에 사용된 기사 주제 3개가 모두 경성 이슈(hard issue)라는 점에 주목할 필요가 있다. 경성 이슈의 가장 중요한 속성은 사건 발생과 함께 당장 기사를 써야 하는 보도의 시급성이다(Tuchman, 1973). 경성 이슈의 기사에서 모두 내러티브 스타일이 더 좋은 평가를 받은 점을 들어, 저바는 경성 이슈의 기사를 잘 읽지 않으려는 젊은 독자의 기대치를 높이고 열독을 장려할 수 있는 도구로서 내러티브 글쓰기가 필요하다고 주장했다.

탠커드와 헨드릭슨(Tankard & Hendrickson, 1996)의 연구

이 연구의 특징은 기사 문장을 '보여주는(showing) 문장'과 '말하는(telling) 문장'으로 나누어 여러 효과를 측정했다는 점이다. 보여주는 문장은 세부 정보와 함께 장면을 묘사하는 문장이며 말하는 문장은 세부 정보 없이 결론을 제시하는 문장이다. 피험자는 대학원생 80명이었다.

이 연구에서 보여주는 문장은 말하는 문장보다 흥미성 측면과 정보성 측면에서 더 나은 평가를 받았다. 그러나 명확성과 신뢰성 측면에서는 두 문장 간에 차이가 없었다. 연구자들은 보여주는 문장이 말하는 문장보다 더 재미있고 정보 전달도 더 잘하지만, 언제나 명확하거나 믿을 만한 것으로 인식되는 것은 아니라고 결론 내렸다.

도노휴(Donohew, 1981)의 연구

이 연구는 실제 사건이었던 한 대량 자살사태를 주제로 삼아 전통형과 연대기 내러티브 스타일로 기사를 만들었다. 또한, 기사 문장의 동사를 두 종류(수동적 동사와 능동적 동사)로 나누고 인용구도 두 종류(직접 인용구, 간접 인용구)로 나누어 실험 기사를 제작했다. 피험자는 18~22세 120명이었으며 8개의 기사 유형(기사 스타일 2개×동사 종류 2개×인용구 종류 2개) 중 하나에 응답했다. 기사 스타일, 동사, 인용문은 모두 기자가 기사를 작성하면서 스스로 선택하고 통제할 수 있는 요소들이다. 말하자면, 기자가 마음만 먹으면 당장 그런 식으로 기사를 쓸 수 있다는 뜻이다.

피험자 반응은 환기(arousal)를 중심으로 측정되었는데, 이것은 일종의 자극으로서 독자가 기사를 끝까지 읽어야 할지 결정하는 데 중요한 매개 역할을 한다. 환기는 생리 반응과 정서 반응으로 측정했다. 생리 반응은 피험자의 피부에 전극을 붙여서 자극에 따른 신체 변화를 직접 측정했으며 정서 반응은 기사를 읽은 후의 기분을 설문조사로 측정했다.

먼저, 내러티브 스타일은 전통형보다 환기의 생리 반응에서 더 강한 효과를 나타냈다. 또한, 내러티브 스타일에 직접 인용구가 사용된 기사에서 정서 반응이 훨씬 더 높게 나타났으며, 내러티브 스타일에 직접 인용구 및 능동적 동사가 사용된 기사에서 정서 반응이 훨씬 더 높았다. 이 연구는 독자를 환기하거나 자극하는 데 한계가 있는 전통형의 기사를 줄이고 내러티브 스타일로 전환할 필요가 있다고 제안했다.

노블로치(Knobloch, 2003)의 연구

이 연구는 기사의 흐름을 구성하는 요소로 도입(initiating event), 부연(exposition), 복잡성(complication), 절정(climax), 결과(outcome)의 5개를 설정하고, 이 요소들이 배열되는 순서에 따라 아래와 같이 3개의 기사 스타일을 개발했다. 아래의 복잡성은 '상황을 더 복잡하게 만드는 문제'라는 뜻이다. 선형담론구조는 연대기 형식의 내러티브 스타일과 거의 동일하다.

① 역피라미드 구조(Inverted Pyramid Structure): 도입, 결과, 부연, 복잡성, 절정
② 축약형 내러티브(Structure with Omission): 결과, 부연, 복잡성, 절정, 도입
③ 선형담론구조(Linear Discourse Structure): 도입, 부연, 복잡성, 절정, 결과

기사 주제는 화학물질에 중독된 소녀, 파업으로 멈춘 케이블카, 양조장 붕괴 사고였다. 독특하게도, 이 연구는 기사의 구조 외에 기사의 편집 양식에 따른 독자 반응의 차이도 알아보았다. 편집 양식은 기사 양식과 소설 양식의 두 가지였다. 기사 양식은

실험물을 최대한 진짜처럼 보이도록 하려고 기사를 실제처럼 쓰고 편집도 그렇게 한 경우다. 소설 양식은 오히려 실험물을 기사처럼 보이지 않도록 하려고 소설처럼 쓰고 편집한 경우다. 기사 양식의 실험물에는 신문사 로고와 기자 이름을 써놓았으며 소설 양식의 실험물에는 출판사의 로고와 저자 이름을 명시했다.

주요 발견사항을 보면, 선형담론구조는 역피라미드 구조나 축약형 내러티브 스타일보다 더 많은 긴장감을 불러일으켰다. 또한, 선형담론구조와 축약형 내러티브 스타일은 역피라미드 구조보다 읽는 즐거움이 더 크게 나타났다. 하지만, 편집 양식에서는 차이가 발견되지 않았다. 기사 양식이든 소설 양식이든 긴장감, 호기심, 정보성, 읽는 즐거움 측면에서 아무런 차이가 없었다. 즉, 사람들은 기사를 읽을 때나 기사 같은 소설을 읽을 때나 정서적으로 비슷하게 반응했다. 이 연구는 정보의 정확성이나 신뢰성 등은 측정하지 않았다.

3. 국내 연구[32]

유선영과 이오현(2001)의 연구

이 연구는 ASNE의 연구 설계를 거의 그대로 국내에 적용하여 대학생을 대상으로 수행됐다. 기사는 역피라미드형, 서사형(내러티브 스타일), 관점형, 정보형의 4개로 작성됐다. 전체적으로, 관점형과 서사형은 정보형이나 역피라미드형보다 더 좋은 점수를 받았다. 특히, 서사형은 흥미와 감정 개입, 몰입의 힘이 가장 강한 것으로 나타났다. 역피라미드형은 정보와 사실 위주로 되어 있어서 결론이 없으며, 목적과 의도가 가장 불분명하며 가장 이해하기 어렵고 기계적인 느낌을 주는 것으로 평가됐다.

곽민영(2011)의 연구

곽민영의 박사학위논문은 기사 주제 4개, 기사 구조 2개의 실험설계로 피험자들의

---

32) 이용건(2011)과 박재영·정세훈·곽민영(2011)의 연구를 참조했다.

기사 평가와 효과를 분석했다. 기사 주제는 천안함 희생자 장례(정치 기사), 한국은행의 기준금리 인상(경제 기사), 소녀들의 성매매 기사(사회 기사), 올림픽 남자육상 100m 결승전(스포츠 기사)이었다. 기사 구조는 역피라미드 구조와 내러티브 스타일이었다. 피험자는 대학생 193명이었으며 각 피험자는 기사 8개(주제 4개×구조 2개) 중에서 1개를 읽고 답했다.

기사에 대한 평가 항목은 흥미도, 신뢰도, 기억의 3개였다. 기억 변인은 자유 회상과 단서 회상으로 나누어 측정됐다. 자유 회상은 피험자가 기사를 읽고 기사와 관련하여 생각나는 대로 모두 적어내도록 한 후에 그 답변을 내용 분석하여 기억의 정도를 측정했다. 단서 회상은 기사 내용과 관련된 질문 10개를 피험자에게 주고 응답을 점수화했다. 주요 결과는 아래와 같다.

- 기사 흥미도는 내러티브 스타일이 역피라미드 구조보다 더 높게 나타났다. 기사 주제별로는 정치, 경제, 사회 기사에서 모두 내러티브 스타일 기사의 흥미도가 더 높았지만, 스포츠 기사에서는 기사 구조의 차이가 발견되지 않았다.
- 신뢰도는 (기사 구조에 따른 이해도나 인지 욕구를 통제한 상태에서) 역피라미드 구조가 내러티브 스타일보다 더 높게 나타났다. 기사 주제별로는 스포츠 기사에서만 역피라미드 구조의 신뢰도가 내러티브 스타일보다 더 높았다.
- 단서 회상 기억은 내러티브 스타일이 역피라미드 구조보다 더 높았다. 기사 주제별로는 사회와 스포츠 분야에서 내러티브 스타일의 단서 회상 기억이 더 높았다.

이용건(2011)의 연구

이용건 매일경제신문 기자의 석사학위논문은 스포츠 기사(2001년 미국 프로야구 월드시리즈 7차전)를 세 가지 구조(역피라미드 구조, 연대기 내러티브 스타일, 개인화 내러티브 스타일)로 작성하여 실험을 수행했다.[33] 피험자 243명은 세 가지 기사 중 하나를 읽고 흥미성, 몰입도, 정보성에 관한 질문에 답했다.

---

33) 이 실험 기사 중 역피라미드 구조와 개인화 내러티브 스타일은 본서 60-64쪽에 소개되어 있다.

이 연구에서 두 가지 내러티브 스타일의 기사는 모두 역피라미드 구조보다 흥미나 몰입을 유도하는 데 더 효과적이었다. 그러나 정보성에 있어서는 기사 구조에 따른 차이가 발견되지 않았다. 역피라미드 구조와 내러티브 스타일 간에 뚜렷한 차이가 없었으며, 두 가지 내러티브 스타일 사이에서도 별 차이가 없었다. 또한, 두 가지 내러티브 스타일은 흥미성, 몰입도, 정보성에서 유의미한 차이를 나타내지 않았다.

박재영, 정세훈, 곽민영(2011)의 연구

이 연구는 유기 동물(기획 기사), '묻지마' 살인(범죄 사건), 한국 프로야구 경기(스포츠)를 주제로 역피라미드와 내러티브 스타일의 실험용 기사를 제작했다.[34] 피험자는 성인 280명이었다. 주요 연구결과를 요약하면 아래와 같다.

이 연구에 사용된 각각의 기사에서 역피라미드 구조와 내러티브 스타일의 차이가 뚜렷하게 나온 것은 아니다. 그러나 기사 3개의 분석 결과를 종합해보면, 두 구조의 차이는 비교적 명확하게 드러난다. 역피라미드 구조는 객관성, 명확성, 객관적 이해도에서 내러티브 스타일보다 더 좋게 평가됐으며 내러티브 스타일은 흥미성, 몰입도, 정서 반응, 주관적 이해도에서 역피라미드 구조보다 더 좋게 평가됐다.

이 연구의 주목할 만한 특징은 기사의 구조가 독자의 태도 변화와 행동 유발에 직접적으로 영향을 주는지를 알아보았다는 점이다. 하지만, 그런 직접적인 영향은 발견되지 않았다. 그 대신, 몰입도나 객관성 인식을 통해 태도 변화와 행동 유발에 간접적으로 영향을 준다는 사실을 발견했다. 일종의 매개 효과를 발견한 것이다. 구체적으로, 역피라미드 구조는 객관성을 증가시켜 태도 변화와 행동 유발을 촉진하며 내러티브 스타일은 몰입도를 증가시켜 태도 변화와 행동 유발을 이끄는 것으로 나타났다. 다시 말해, 기사의 구조는 태도 변화나 행동 유발에 직접적으로 영향을 미치지는 않지만, 기사 주제와 내용에 따라 몰입도 또는 객관성에 의해 매개되어 태도를 변화시키고 행동까지 유발하는 간접적인 효과를 낸다고 말할 수 있다. 사실, 기사 하나로 수용자의 태도와 행동이 곧바로 변하기를 기대하기는 어렵다. 따라서 이 연구가 기대에 못 미치는 결과를 냈다고 말하기는 어렵다. 오히려 간접적인 경로를 밝혀낸 점을 중시하

---

34) 이 실험 기사들은 모두 본서 290-310쪽에 소개되어 있다.

고, 거기에 가치를 둘 필요가 있다.

4. 소결

국내외 여러 연구를 검토했지만, 내러티브 기사와 역피라미드 기사의 우열은 뚜렷하게 나타나지 않았다. 연구결과가 일관적으로 나오지 않은 것은 오히려 정상적이다. 원래 글은 어느 하나가 다른 것보다 월등하게 좋거나 나쁠 수 없다. 각각의 글은 나름대로 매력이 있다. 국내외 연구결과를 종합하지 않고, 연구별로 제시했던 것은 각 연구에서 발견된 결과를 취사선택하여 선별적으로 활용할 수 있도록 하기 위해서였다.

이미 여러 번 언급했듯이, 역피라미드 기사는 다른 스타일의 글에서 도저히 찾을 수 없는 여러 장점을 지닌다. 따라서 그것을 백안시할 필요는 전혀 없다. 내러티브 기사라고 해서 마냥 좋기만 한 것은 아닐 것이다. 특히, 글 읽기는 습관의 영향을 많이 받으므로 지금까지 역피라미드 기사에 적응해온 한국 독자들은 내러티브 기사가 어색하고 불편할 수 있다. 다시 말하지만, 이 책의 취지는 역피라미드 기사가 과다한 상황에서 대안이 될 만한 새로운 글쓰기를 모색하는 것이다. 그 수요에 도움이 되기를 희망한다.

12 장

내러티브 기사의 실행

실제로 내러티브 기사를 쓰려고 할 때, 적잖은 난관에 부딪힌다. 기자 자신의 개인적 장애물도 있고 회사의 구조적 장애물도 있다. 아래 내용은 그간에 기자들과 함께 내러티브 기사를 연구하고 워크숍을 통해 직접 기사를 만들어본 경험에서 얻은 도움말이다.

1. 서론

가장 확실한 한 가지

한국의 기자와 언론사의 미래를 생각할 때, 가장 확실한 것 한 가지는 기사를 지금처럼 만들면 안 된다는 것이다. 동의하고 싶지 않지만, 이대로 가면 미래는 뻔하다는 것을 모두 알고 있다. 그렇다면, 대안은? 곧바로, 무엇이든지 실행해야 한다. 변화로는 안 되며 혁신이 필요하다. 소소한 변화는 독자가 알아채지도 못한다.

몇 가지 의문

많은 기자와 언론사 간부를 만나면서 한국 언론에 대해 아래와 같은 의문을 지니게 되었다.

- 언제까지, 독자가 어떤 뉴스를 원하는지 알아보려고 하지 않은 채 기사를 만들 것인가?
- 언제까지, 누구나 다 아는 (출입처 배포) 정보를 기사로 단순 가공하는 일에 몰두할 것인가?
- 언제까지, 낙종을 신경 쓰며 타 매체의 기사에 연연할 것인가?
- 언제까지, 단독 보도와 특종에 최고의 가치를 둘 것인가?
- 언제까지, 사장이나 에디터(부장), 출입처 사람들, 타사 기자들 보라는 식으로 기사를 쓸 것인가?
- 언제까지, 기사를 천편일률적으로 쓸 것인가?

상황이 이러한데, 열심히 일하는 기자를 독자가 알아주지 않는다고 볼멘소리 할 수 없다.

2. 한국인의 뉴스 소비

포털에서도 많이 안 본다

포털이 독자와 광고를 다 빼앗아갔다고 말하지만, 그렇지 않다. 사람들은 포털에서도 뉴스를 별로 안 본다. 〈마켓링크〉가 보유한 20~59세 패널 2,000명의 2020년 8월 넷째 주 휴대전화 로그데이터를 보면, 한국의 성인은 하루에 휴대전화를 3시간 20분 동안 이용하며 그중에 네이버를 29분 20초 동안 이용했다.[35] 네이버에서 뉴스를 본 시간은 6분 20초이며 이 시간에 읽은 뉴스는 8.9개다. 휴대전화 이용 중 뉴스 이용이 차지하는 비중은 3.1%이며 네이버 이용 중 뉴스 이용이 차지하는 비중은 21.6%이다. 사람들은 온종일 휴대전화를 들여다보지만, 뉴스는 거의 보지 않으며 네이버에 들어와서도 80%의 시간을 뉴스 외의 콘텐츠에 소비한다. 사람들이 문자 텍스트로 된 뉴스를 소비하는 사실상의 유일한 통로가 포털임을 고려하면, 이 통계수치는 기대 이하다.

스캐너 독자

네이버에서 6분 20초간 기사 8.9개를 읽으려면 여간 서둘지 않으면 안 된다. 사람들이 앱이나 웹을 통해 뉴스를 읽는 패턴은 두 가지다. 첫 번째는 '기사 제목→댓글→리드'의 패턴이다. 기사 제목을 본 사람들은 대부분 곧바로 댓글을 본다. 그다음에 리드를 읽어준다면 고맙다. 두 번째는 '댓글→기사 제목→리드'의 패턴이다. 기사는 안중에 없고 일단 댓글부터 보는 사람들도 많다. 이들은 댓글을 보며 기사를 읽을지 결정한다. 리드를 읽어준다면 역시 고맙다. 사람들의 스캐너(scanner) 성향은 점점 더 강해지고 있다. 기사를 읽는다기보다 그저 눈으로 훑으면서 손가락으로 화면을 내리거나 넘기기 바쁘다. 대학생들은 기사가 재미가 없고 의미도 없으며, 정보도 없고 함의도 없다고 말한다. 읽으나마나인데 왜 기사를 읽겠느냐고 되묻는다. 독자가 기사를 읽지 않는다면, 어떤 효과도 기대할 수 없다.

기사 완독률

얼마만큼이든 기사를 읽는 것이 우선이겠지만, 더 중요한 것은 기사를 '끝까지' 읽는 것이다. 독자가 기사를 완독해야 기자와 언론사에 대한 신뢰도와 충성도가 생긴다. 제목을 보고 리드를 보는 것만으로는 이런 효과를 기대하기 어렵다. 기사 완독은 유료화의 필수조건이다. 기사 완독을 조사한 연구를 보면, 자기가 구독하는 신문의 1면 머리기사를 "전부 읽었다"라고 응답한 독자의 비율은 29.2%이며 사회 1면 머리기

---

35) 〈마켓링크〉는 패널의 휴대전화에 특정 앱을 설치하여 패널이 휴대전화를 작동할 때마다 실시간으로 로그데이터를 수집한다. 따라서 사람들의 휴대전화 이용을 실제 그대로 파악할 수 있다. 이에 비해 그간의 모든 뉴스 이용 조사는 설문조사였으며 설문조사는 응답자의 자기 보고(self-report)이므로 부정확하다. 휴대전화의 로그데이터에 기반한 뉴스 이용 수치가 책으로 소개되는 것은 본서가 처음이다. 여기에 소개된 뉴스 이용 수치는 네이버에서 1초라도 뉴스를 본 사람을 대상으로 했으며 뉴스를 전혀 안 본 사람까지 포함하면 수치는 더 작아진다.

사의 이 비율은 30.5%다. 반면에 1면 머리기사의 "제목도 안 읽었다"라고 응답한 비율은 18.8%이며 사회 1면 머리기사의 이 비율은 32.8%다(박재영·전형준, 2006). 신문 1면은 반강제적으로 독자에게 노출되는 곳이며 사회면은 독자가 즐겨 찾는 곳인데도 그런 지면의 머리기사조차 완독률이 높지 않다.

신뢰도

이런 상황에서 기자와 기사에 대한 신뢰도는 실망적이다. 가장 최근의 수용자 조사에서 언론인에 대한 신뢰도는 5점 만점에 2.76점이었으며 신문 기사 신뢰도는 5점 만점에 3.21점이었다(정재민, 2020). 언론인 신뢰도는 중립(3점) 이하이므로 사람들은 언론인을 "신뢰하지 않는다"라고 해석해야 한다.

광고 시대의 종말

제프 베이조스(Jeff Bezos)가 2013년 워싱턴포스트를 인수한 후 3년간의 변화를 조사한 '베이조스 효과'(The Bezos Effect) 보고서에서 두 가지가 눈에 띈다. 첫째, 베이조스는 신문사를 인수하고 "누가 어떤 기사를 어떻게 읽는가?"에 가장 큰 관심을 가졌다. 소비자를 파악하지 않고 제품을 만드는 것은 그에게 어리석은 짓으로 비쳤다. 사업가다운 안목이다. 둘째, 베이조스는 "광고는 끝났다"라고 결론 내렸다. 로스앤젤레스타임스의 지면 광고는 독자 50만 명을 기준으로 5만 달러에 달하지만, 로스앤젤레스타임스닷컴에서는 7,000달러로 뚝 떨어지고, 구글을 거쳐 로스앤젤레스타임스닷컴으로 들어오면 20달러밖에 못 받는다. 한국의 광고 상황도 이와 비슷할 것이다. 아니, 더 악화했을지 모른다. 기자들은 자기 신문 1면 하단 광고의 광고료가 얼마인지 알면 기절할 것이다. 회사는 그런 정보를 구성원들에게 공개해야 한다. 그래야 기자들이 현실을 직시할 수 있다.

3. 뉴스 제작의 대원칙 2개

무조건 다르게 쓴다

함께 취재하는 타 언론사의 기자와 비슷하게 기사를 쓰면 자기 기사는 독자에게 절대로 기억되지 않는다. 기사 작성의 제1원칙은 "무조건 다르게 쓴다"이다.

무조건 읽도록 만든다

기사는 누군가 읽지 않으면 무용지물이며 사회적 낭비다. 독자가 기사를 계속, 끝까지 읽게 만드는 것이 관건이다(Kramer & Call, 2007/2019). 기사 작성의 제2원칙은 "무조건 읽도록 만든다"이다.

4. 언론사에 퍼진 미신

역피라미드 구조가 기사 쓰기의 정답이다?

많은 기자는 역피라미드 구조가 기사 쓰기의 '정답'이라고 믿고 있으며 연차가 높은 기자는 더 그런 것 같다. 또는, "기사는 이러해야 한다"라는 고정관념을 지닌 기자도 많다. 하지만, 정작 역피라미드 구조를 개발한 미국 기자들은 한국 기자들보다 유연하고 개방적이다. 역피라미드 구조는 분명히 여러 장점을 지닌다. 하지만, 역피라미드 기사는 매체를 불문하고 기사 장르와 관계없이 너무 만연하다. 기사가 이렇게 천편일률적인데 어떻게 독자를 매료할 수 있겠는가? 다양성은 글쓰기에도 중요하다. 내러티브 기사를 늘리면, 전체적으로 기사는 다채로워질 것이다. 글쓰기에 정답 같은 것은 없다.

기사가 길면 안 본다?

한국에 기사의 길이와 독자의 기사 열독을 과학적으로 조사한 연구는 없다. 따라서, 긴 기사를 안 본다는 주장은 검증되지 않은 미신에 불과하다. 하지만, 그런 주장이 나올 만한 배경은 있다. 짧은 기사도 잘 안 보는 현실을 고려할 때, 길게 쓰면 더 안 볼 것이라는 주장은 충분히 설득력이 있다. 그런 점에서 기사가 길면 안 본다는 말은 맞는 말이다. 단, 그 이유는 기사가 길기 때문이 아니라 기사를 지금처럼 쓰기 때문이다. 이 차이를 분명하게 자각해야 한다. 기사를 지금과 같이 쓰되 더 길게 쓰면, 독자의 외면을 더 많이 받을 것이다.

"한국 사람들은 바빠서 긴 글을 잘 안 본다"라는 주장도 긴 기사에 반대하는 논리 중 하나다. 이 습관을 고려하여 기사를 짧게 만들어야 한다는 것이다. 그렇게 서비스를 잘해주면, 독자가 고마워하며 기사를 더 자주 더 많이 보게 되는가? 전혀 그렇지 않다. 기사를 짧게 쓰면, 독자가 기사를 집중하여 읽지 않게 되며 사안을 종합적으로 이해하는 기자의 역량도 약화한다(Kovach & Rosenstiel, 2007/2014). 사람들이 바쁘더라도 기사를, 특히 긴 기사를 읽도록 하는 것을 목표로 삼아야 한다. 그러려면 기사를 지금과 다르게 써야 한다.

해외에는 사람들이 긴 기사를 더 많이 읽고 시청한다는 조사 결과가 여럿 있다. 모바일 기기를 사용하는 미국인의 61%는 스마트폰에서 긴 기사를 읽으며, 73%는 태블릿으로 긴 기사를 읽는다(Kovach & Rosenstiel, 2007/2014). 미국에서 45초 미만의 짧은 뉴스를 많이 내보낸 지역방송사는 점차 시청자를 잃었으며 2분 이상짜리 뉴스를 많이 내보낸 지역방송사의 시청자는 늘었다(Kovach & Rosenstiel, 2007/2014). 영국 일간지 가디언의 '파이어스톰'(Firestorm)은 영어 9,000여 단어의 기사인데, 두 달 동안 75만 명이 보았다. 가디언 독자는 평균 5분간 뉴스에 체류하지만, 파이어스톰 기사에는 17분간 머물렀다(안수찬, 2015a).

뉴욕타임스가 자사 기자들에게 공개한 독자의 'U자형' 기사 열독 패턴도 참조할 만하다.[36] 〈그림 16〉에서 보듯이, 뉴욕타임스 독자는 짧은 기사와 긴 기사를 많이 읽으며 중간 크기의 기사를 적게 읽는다. 이 조사는 최근에 수행됐지만, 뉴욕타임스는 이미 오래전부터 짧은 기사와 긴 기사를 양산하는 전략을 취해왔다.

뉴욕타임스 기사를 국문으로 번역했을 때, 200자 원고지 2매(영어 단어 135개) 이

---

36) 최상훈 뉴욕타임스 서울 특파원이 2020년 5월 27일 저자와 대면 인터뷰에서 밝힌 내용.

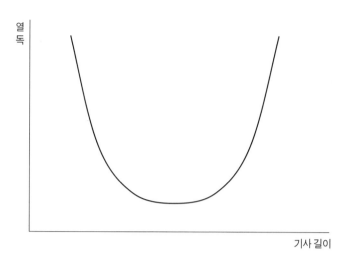

〈그림 16〉 기사 길이와 열독의 관계

하의 기사는 조선일보보다 더 많으며 10매(영어 단어 676개) 이상의 기사는 조선일보보다 훨씬 더 많다(〈표 1〉 참조). 뉴욕타임스는 짧게 쓸 것과 길게 쓸 것을 뚜렷하게 구분하는 '선택과 집중' 전략에 충실하다고 말할 수 있다. 이에 비해, 조선일보는 2~4매와 4~8매의 기사가 많다. 대개 지면 머리기사의 분량이 6매 내외임을 고려하면, 조선일보는 중간 크기의 기사 쓰기에 최적화되어 있다고 볼 수 있다. 취재 인력과 에디터의 운용도 6매짜리 기사에 맞춰져 있다.

내러티브에 적합한 아이템은 따로 있다?

내러티브 글쓰기에 적합한 아이템이 따로 있다고 오해하는 사람들이 있다. 이들은 내러티브 스타일은 인물 기사나 르포 기사에 적합하고, 행정 기사나 발표 기사에는 전

〈표 1〉 기사 길이별 비율(%)

원고지	2매 이하	2~4매	4~6매	6~8매	8~10매	10매 이상
뉴욕타임스	26.0	13.9	7.1	6.9	8.3	37.9
조선일보	19.4	31.6	24.5	11.4	7.8	5.2

출처: 박재영 (2004). 〈신문 지면의 구성 요소〉. 서울: 미디어연구소, 109쪽에서 인용.

통의 스트레이트 형식이 적합하다고 말한다. 그러나 기사 스타일은 기사의 내적 속성보다 외적 환경에 더 좌우된다. 취재 시간이 부족하고 지면 공간이 작으면, 기사를 내러티브 스타일로 쓰고 싶어도 쓸 수 없다. 사실, 이 오해를 불식하는 것이 글쓰기 변화의 관건이다. 인물 기사나 르포 기사는 내러티브를 구사하기에 수월하고(또는 기자들이 수월하다고 느끼고), 여타 기사는 그보다 더 어려울 뿐이다. 다시 말해, 내러티브에 수월하지 않은 아이템이 있다는 것(또는 기자들이 그렇게 느끼는 것)이 진실인데, 내러티브에 적합하지 않은 아이템이 있다고 오해하는 것이다. 어떤 아이템도 내러티브로 쓸 수 있다. 오히려 역피라미드 스트레이트로 써야 할 것 같은 아이템을 내러티브 스타일로 쓰는 것이 내러티브 기사를 확산하는 데 긴요하다.

재미와 정보의 관계에 대한 오해

몇몇 기자는 내러티브 스타일이 재미를 주지만, 정보 전달에 미흡하다고 말한다. 반대로, 역피라미드 구조는 재미는 조금 없더라도 정보를 잘 전달한다고 주장한다. 정말 그렇게 생각한다면, 둘을 합쳐서 재미와 정보를 모두 잡으면 된다. 말하자면, 기자들은 재미와 정보를 모두 잡으려고 노력하지 않았던 자신을 반성할 필요가 있다. "사람들은 정보와 스토리텔링 둘 다를 원한다"(Kovach & Rosenstiel, 2007/2014, 287쪽). 정보는 남아돌고 재미있는 콘텐츠는 넘쳐 나는 이 시대에 한국 신문이 과연 그런 뉴스 서비스를 하고 있는가? 기사는 오히려 그와 정반대, 즉 기사처럼 고매한 물건에 재미와 같은 저급함은 끼어들 필요가 없다는 분위기에서 만들어지는 것 같다. 언론의 고담준론은 모두 잊고 그냥 재미 하나만 목표로 삼아도 충분한데, 언론은 재미를 추구하면 정보를 잃는다고 생각했다. 재미와 정보는 하나를 얻으면 나머지를 잃는 관계에 있지 않다. 둘을 동시에 잡을 수 있지만, 그렇게 하기가 어려우니 아예 재미를 도외시했던 것은 아닐까?

대통령 기사는 준엄해야 하고 연예인 기사는 발랄해야 하는 것이 아니다. 대상이 무엇이든 사안이 어떠하든 콘텐츠를 보는 재미가 있다는 것이 중요하다. 양식은 변함 없이 뉴스의 정통을 따르되 이런 감각으로 뉴스를 만들어보자는 뜻이다. 단지 독자가 재미있게 읽도록 하려고 기사를 내러티브로 쓰는 것도 좋다. 사람들은 단순히 읽는 즐거움 때문에 신문을 좋아한다(Schudson, 2011/2014). 재미와 정보라는 '두 마리 토끼'

를 모두 잡을 수 있다.

과연 특종은 얼마나 중요한가?

사회의 물줄기를 바꾸는 거대한 특종도 있지만, 인지조차 되지 않는 소소한 특종도 많다. 전자는 당연히 사회적으로 의미 있지만, 후자는 대개 에디터(부장)나 출입처 사람들에게, 또는 타 언론사 기자들에게 중요할 뿐이다. 최근에는 사소한 정보 하나라도 혼자 획득하면 '단독 기사'로 보도하지만, 그 효과가 별로 없다는 것을 모두가 안다. 디지털 모바일 시대에 특종이 유지되는 시간은 수 초도 안 되며, 독자들은 누가 어떤 특종을 했는지도 모른다. 독자는 특종에 관심 없다. 무엇보다도, 독자는 특종에 감동하지 않는다.

포털 페이지뷰는 수익을 안겨주는가?

포털의 뉴스 페이지뷰(PV)가 중요하더라도 거기에 지나치게 매달릴 필요는 없다. 기사 내용이 좋아서 페이지뷰가 많다면 당연히 바람직하지만, 자극적이거나 선정적인 내용 때문에 페이지뷰가 많다면 오히려 언론사 이미지만 나빠진다. 무엇보다도, 페이지뷰가 많다고 돈을 버는 것이 아니다. 페이지뷰가 많은 기사에 값비싼 광고가 많이 붙어야 하는데, 현실은 그렇지 않다는 것을 모두가 안다. 정말 뉴스로 돈을 벌고자 한다면, 페이지뷰에 관심을 두지 않아야 한다. 페이지뷰는 적더라도 독자에게 좋은 인상을 남기는 기사가 결국 돈을 벌어줄 것이다.

단문이 좋다?

짧은 문장이 좋다고 하여 극단적인 단문을 사용하는 기자나 칼럼니스트가 있다. 이들은 한글을 망치고, 학생들에게 잘못된 글쓰기를 가르쳐준다. 단문이 미와 힘을 발휘하려면 주변에 장문이 있어야 한다. 장단의 조화가 글을 풍성하게 만들고 글의 리듬을 살린다. 단문만 있다면, 앙상한 나뭇가지만 있는 꼴이다.

형용사와 부사의 사용을 자제하라?

영어 글쓰기 책에 있는 이 말을 한국 기자들도 종종 한다. 이 말은 맞지만, 그 이유는 한국 기자들이 생각하는 바와 조금 다르다. 한국 기자들은 형용사와 부사가 주관적이므로 사용해서는 안 된다고 알지만, 원래 이유는 그런 품사들로 인해 독자가 주어와 동사, 목적어로 표현된 인물의 행동에 집중할 수 없기 때문이다(Kramer & Call, 2007/2019). 즉 형용사와 부사는 문장에서 내용을 이끄는 요소의 힘을 약화하므로 사용하지 말라는 것이다. 그 배경을 잘못 이해했더라도 한국의 기자와 에디터가 형용사와 부사를 자제하는 것은 좋은 관행이다. 하지만, 그로 인해 깊이 취재하지 않는 폐해를 낳았다는 것이 문젯거리다. 주관적인 표현을 쓰려면 그 표현을 입증할 수 있을 정도로 깊이 있게 취재해야 하는데, 그런 표현이 금지되다시피 하니 취재를 피상적으로 해버리는 것이다. 형용사와 부사를 쓰지 말라는 준칙은 얕은 취재의 방패막이 되었고, 그 결과 겉핥기식 보도가 만연해졌다(박재영, 2020a). 오히려 형용사와 부사를 자신 있게 쓸 수 있을 정도로 깊이 있게 취재하는 새로운 관행이 필요하다.

여건을 탓하기만 한다

언론사 간부든 현장의 기자든 모두 사람이 부족하고 돈이 없어서 무언가를 하고 싶어도 못 한다고 말한다. 네이버나 유튜브 때문에 일이 안 된다는 말도 한다. 뉴욕타임스를 거론하면, 짜증을 내며 그런 신문과 한국 신문을 동등하게 비교할 수 없으며, 미국 독자와 한국 독자는 다르다고 말한다. 한국의 대다수 언론인은 회사 여건과 미디어환경을 탓하며 무엇이든지 안 된다고 방어할 생각만 한다.

독자는 이런 말을 듣고 어떻게 반응할까? 기자들의 안타까운 처지를 알게 된 독자는 기자에게 어떤 말을 해줄까? 독자는 언론의 딱한 사정을 감안하여 기사가 조금 불만족스럽더라도 이해해줄 것이라고 기자는 기대하는 것일까? 그래서 독자가 기자들을 이해해주면 기사가 개선되고 문제가 해결되는가? 나아가, 갑자기 기자가 많아지고 돈이 생기면, 기사는 자연스럽게 좋아지는가? 아무런 준비와 경험과 노하우가 없는데…. 아무리 암울하더라도 여건 탓만 하며 끌려다닐 수 없다. 기자들은 자기 언론사와 기사에 문제는 없는지 냉정하게 물어보아야 한다.

패배주의

언론사에 인턴을 갔던 대학생들에게 무엇을 배웠느냐고 물어보면, "기자들에게서 기자 하지 마라는 말을 들었다"라고 답한다. 특강을 하러 온 언론사 간부들은 학생들에게 자기가 일할 때는 그나마 나았는데 지금은 상황이 너무 안 좋아져서 기자를 희망하는 후배들이 안쓰럽다고 말한다. 기자들은 자기가 현재의 언론을 만들어놓고도 어서 언론을 떠나고 싶어 하며 주변 사람들에게 기자를 권하지도 않는다. 언론계에 패배주의가 팽배해 있다.

이샘물 동아일보 기자는 미국 버클리대학교 저널리즘스쿨 석사과정 때 한 모교 출신 기자가 특강을 하면서 "앞으로 기자의 역할과 기자라는 직업은 더 중요해질 것"이라고 말하자, "미국의 언론 상황이 안 좋은데 왜 그렇게 말하느냐?"라고 되물었다.[37] 그러자, 그 기자가 이렇게 답했다고 한다. "우리라도 그렇게 말하지 않으면, 정말 아무도 언론에 관심을 두지 않을 것이다." 한국의 상황은 미국보다 훨씬 더 안 좋다. 정치인, 행정부, 경찰, 검찰, 판사, 학자 심지어 시민도 언론 편이 아니다. 오히려 기자를 '기레기' 취급한다. 누구도 기자에게 관심 없고 기자를 편들지 않는다. 가만히 앉아서 누가 도와주거나 이해해주기를 기대할 수 없다. 기자 스스로 언론의 중요성과 기자의 필요성과 언론의 자유를 주장해야 한다. 앞으로 언론은 나아질 것이라는 자기 세뇌와 확신이 필요하다. 자기가 하는 일을 긍정하는 것 외에 할 수 있는 일이 뭐가 있겠는가?

기사 품질이 좋아진다고 독자가 기사를 더 보는가?

기자들에게 내러티브 글쓰기가 기사의 품질을 높인다고 말하면, 몇몇 기자는 그래서 독자가 기사를 더 많이 보게 되느냐고 되묻는다. 독자는 어떻게 해도 기사를 잘 안 볼 것 같은데, 애써 내러티브로 기사를 쓸 필요가 있느냐는 뉘앙스를 풍긴다. 또는, 그저 기사 잘 쓰는 것이 언론 위기 처방에 얼마나 도움이 되느냐고 반문하는 기자도 많다. 신뢰도 하락과 같은 언론 위기의 원인은 복합적이므로 기사 잘 쓰는 것만 생각해서는 안 된다는 것이다. 이런 주장은 일리 있다. 하지만, 기자 선에서 할 수 있고, 또 해야 할 일은 역시 기사를 잘 쓰는 것이다. 그 외에 기자로서 할 수 있는 일은 별로 없다. 내러티브 기사를 선보이지도 않았는데, 독자가 어떻게 반응할지 걱정하기보다 일단 내러티브 기사를 시도해보는 것은 어떨까?

---

37) 이샘물 기자가 2020년 11월 15일 저자와 전화 인터뷰에서 밝힌 내용.

못 하는 게 아니라 안 하는 거다

기사를 읽다 보면 "더 잘 쓸 수 있는데…"라는 생각이 들 때가 많다. 한국 언론은 더 잘할 수 있으며, 그것은 그리 어렵지 않다. 돈과 사람이 있어야 할 수 있는 것이 있으며 그런 것 없이도 할 수 있는 것이 있다. 당장 할 수 있거나 바꿀 수 있는 것은 곧바로 실행할 필요가 있다. 자기가 책임자 자리에 있을 때, 할 수 있는 일을 해야 한다. 무언가를 못 하는 경우가 있겠지만, 혹시 안 하고 있지는 않은지 생각해볼 일이다.

5. 뉴스 인식 혁명

오직 독자만 생각한다

교과서 내용처럼 언론의 숭고한 사회적 역할을 생각하며 이 말을 하는 것이 아니다. 순전히 언론사의 비즈니스를 위해 이 말을 강조한다. 앞으로 한국 언론은 결국 뉴스를 직접 판매해야 하며 그것을 살 사람은 독자다. 그래서 어느 때보다 더 절실하게 독자 중심적 사고가 요구된다. 독자 중심적 사고를 독자가 원하는 뉴스의 생산으로 이해할 수 있지만, 그것은 단순히 독자들이 클릭하는 뉴스가 아니라 깊이 있게 소비하는 뉴스를 만든다는 뜻일 것이다. 에디터가 선호하는 뉴스나 출입처에 영향을 줄 수 있는 뉴스보다 독자가 좋아할 뉴스가 더 중요하다.

뉴스의 새 목표, 고객 감동

정보 전달이나 사건의 인지는 뉴스의 목표로 충분하지 않다. 이 시대 그리고 미래의 독자는 그 이상을 언론에 기대하며 요구한다. 독자는 언론과 교감하고 싶어 하며 기사에 공감하고 싶어 한다(박재영 외, 2016). 특종만으로는 독자를 감동케 하기 어렵다. "아~, 역시 기자구나!"라는 감동을 주는 기사가 필요하다. 디지털 모바일 시대이며 이미지 시대이기 때문에 감동을 주는 기사가 더 필요하다. 감동을 주는 기사는 감동적인 사연이 아니라 감동적인 글에서 나온다. 감동적인 글은 좋은 글발이나 미문이 아니고 사실 정보 및 사실 정보의 구성에서 나온다.

십수 년 동안 기사를 쓰면서 거듭 확인한 일이 하나 있다. 독자가 바라는 것은 정보가 아니라 공감이라는 점이다. 〈중략〉 독자가 원하는 것은 자신을 이입하여 공감할 수 있는 어떤 타자다. 그 공감은 때로 분노, 때로 웃음, 때로 울음이다, 공감은 아무 때나 아무렇게나 이뤄지는 게 아니다. 공감하기 위해 필요한 정보가 있다. 독자는 기자에게 "타자, 이웃, 세계와 공감할 수 있도록 정보를 정돈해 달라"고 요구하는 것이다. 기자들은 지금까지 '정보'에 방점을 뒀다. 앞으로는 '공감'에 주목해야 한다. (안수찬, 2013, 60-61쪽)

'우리만의 기사'

대다수 기자는 배포된 정보나 모두가 아는 정보를 기사 형식에 맞도록 기계적으로 조립하는 단순 가공에 몰두한다. 기사는 역사의 기록이라고 생각하며 당일 사건을 모두 챙기려고 한다. 여기에서 벗어나 '우리만의 기사'를 개발할 필요가 있다. 공통상품보다 고유상품을 만드는 쪽으로 전략을 바꾸는 것이다. 고유상품은 단독 보도나 특종을 뜻하지 않는다. 오히려 단독 보도나 특종을 강조하면, 새로운 정보 외에는 중요하지 않다고 오해하게 된다. 새로운 정보는 당연히 고유상품이지만, 고유상품의 위력은 누구나 아는 사안이나 이미 보도됐던 사건을 전혀 다르게 쓰는 데서 더 크게 발휘된다. 한국 언론의 수많은 기획 기사, 특히 언론상을 받은 기사들은 좋은 아이템을 발굴하고서도 새롭게 또는 깊이 있게 다루지 않았다. 그 바람에 독자는 사안을 막연히 알고 있을 뿐 실상을 모른다. 사안의 껍질을 벗겨서 속을 드러내야 한다(박재영, 2020a). 이렇게 뉴스의 부가가치를 높이려면, 새로운 사실의 입수 못지않게 새로운 접근방식이 필요하다. 취재 기법, 시각, 글쓰기의 측면에서 타 매체가 넘볼 수 없는, 그래서 대체 불가능한 기사를 만들어야 한다. 그것이 차별화다. 내러티브 글쓰기는 그런 킬러 콘텐츠를 만드는 데 기여할 수 있다.

완독

"반드시 독자가 내 기사를 끝까지 읽도록 만들겠다!" 미국 기자들은 오로지 이것만 생각한다(이샘물·박재영, 2020). 원래 이것이 기사 작성의 제1원칙이지만, 한국 기자들은 그런 말을 들어본 적이 없다. 이 원칙은 기사 유료화의 핵심적 원동력이다.

'야마'라는 단어를 없애야 한다

이것은 이 말이 일본어이기 때문이 아니다. 이 단어가 한국 기자들의 사고를 제한하며 뉴스 인식을 편협하게 만들기 때문이다. 야마는 '무엇을 쓸 것인가?'라는 의미밖에 담지 못하는 단어다. '그것을 어떻게 쓸 것인가?'라는 의미는 전혀 전달하지 못한다. 한국 기자들은 기사 아이템을 의논하면서 야마를 승인받으면 그것으로 끝이다. 말하자면, '무엇' 이후의 단계인 '어떻게'에 대해서는 아무런 관심이 없다. 해외의 기자들은 '무엇'에 해당하는 넛(nut)이라는 단어 외에 '어떻게'에 해당하는 앵글(angle)이라는 표현을 사용하지만, 한국 언론계에는 앵글에 해당하는 작업용어가 따로 없다. 야마라는 단어는 한국 기자들이 무엇 이상을 생각조차 하지 않음을 방증한다. 한국 기자는 야마에 갇혀 있다고 말할 수 있다.

'어떻게'가 핵심이다

한국 언론은 '무엇'에 치중한 나머지 '어떻게'를 도외시했다(박재영 외, 2013). "어떻게 보도할 것인가?"는 "어떻게 취재할 것인가?", 나아가 "기사를 어떻게 쓸 것인가?"와 직결된다. 이것은 단순히 글재주의 문제가 아니라 사안을 바라보는 관점, 사안에 접근하는 방식, 취재의 폭과 깊이, 글 쓰는 스타일을 결정하는 중대 변인이다. "뉴스의 품질은 주제가 얼마나 심각한지가 아니라 어떻게 다루어지는지에 의해 결정된다"(Kovach & Rosenstiel, 2007/2014, 289쪽). 그래서 "무엇인가를 알아냈을지라도 그 정보를 다른 사람에게 효과적으로 전달하는 방법을 찾는 순간까지 만족하지 않는 사람이라면, 그는 기자다"(Kovach & Rosenstiel, 2007/2014, 290쪽). '어떻게'는 디지털 시대에 오면서 더 중요해졌다. 뉴스 범람의 시대에 사실 전달 위주의 기사, 사실만 있고 맥락이 없는 기사, 경직되고 정형화된 기사 스타일은 독자의 관심을 끌기 어렵다.

'뉴스'가 아니라 '이야기'라 부른다

기사를 영역하면 뉴스 아티클(news article)이지만, 영어권에 사는 누구도 그렇게 말하지 않는다. 기자, 학자 심지어 일반 시민도 뉴스 스토리(news story) 또는 그냥 스토리(story)라고 한다. 모두가 뉴스는 곧 스토리로 알고 있다(Kramer & Call, 2007/2019). 한국 기자들도 기사를 '이야기'라고 생각하면 어떨까? '오늘 어떤 기사를 쓰지?'가 아니라 '오늘 사람들에게 어떤 이야기를 들려주지?'라고 생각하기 시작하면, 기사에 대한 감각이 많이 달라진다. 친구에게 말하듯이, 자기가 일상적으로 사용하는 단어와 표현으로 자유롭게 기사를 써보자.

스토리는 널려 있다

주변의 모든 것이 스토리다(Hart, 2011/2015). 기자들이 지닌 전통의 '동물적인 뉴스 감각'을 버리면, 오히려 더 많은 뉴스거리가 눈에 보이기 시작한다.

6. 취재 혁명

인터뷰 코멘트에 집착할 필요 없다

저널리즘은 점점 더 질문은 많이 하고 관찰은 적게 하는 쪽으로 변했다(Kramer & Call, 2007/2019). 취재원의 코멘트는 기사에 필요하지만, 그것은 그의 주장(의견)일 뿐이어서 삼각확인을 거쳐서 검증된 후에야 믿을 수 있다. 이처럼 인터뷰 코멘트는 증거력이 약한데도 한국 기자들은 '취재는 곧 코멘트 따기'라고 할 정도로 코멘트에 집착한다. 인터뷰 코멘트에 대한 한국 기자들의 의존도는 실제로 매우 높다. '이달의 기자상' 기획 부문 수상작 가운데 '당사자나 관계자의 증언'만으로 주제를 입증한 기사의 비율은 21.9%였지만, 미국 퓰리처상의 탐사보도 부문 수상작 가운데 그런 기사는 하나도 없었다(남재일·박재영, 2020). 미국 기자들은 인터뷰 코멘트를 그다지 중시하지 않는다.

글의 힘은 인터뷰 코멘트와 같은 의견 정보가 아니라 '내가 직접 본 것'과 같은 사실 정보에서 나온다. 게이 탤리즈(Gay Talese)는 기자의 질문이 "취재 대상의 거대함을 앗아간다"라고 말했으며 워싱턴포스트의 캐서린 부(Katherine Boo)는 취재원을 식당에 데려가 인터뷰를 하는 것이 "저널리스트가 할 수 있는 것 중 최악의 일"이라고 했다(이샘물·박재영, 2020, 62쪽). 인터뷰 만능주의를 탈피할 필요가 있다. 인터뷰 없이 어떻게 기사 주제를 부각할 수 있을지 고민해보자. 톰 프렌치(Tom French)는 "입을 다물고 눈과 귀와 마음을 여는 것을 배울 때, 우리는 지구에서 가장 숙련된 인터뷰어도 절대 발견하지 못할 것을 발견한다"라고 말했다(이샘물·박재영, 2020, 72쪽).

관찰과 장면

최고의 취재 수단은 관찰이다(Kramer & Call, 2007/2019). 한국 언론의 가장 취약한 부분이기도 하다. "누군가의 손이 떨린다는 얘기를 듣는 것과 손이 떨리는 것을 직접 보는 것은 완전히 다른 일이다"(Kramer & Call, 2007/2019, 109쪽). 기자가 현장에서 직접 보고 느낀 바를 그대로 전해주는 것 이상으로 감동을 줄 수 있는 것은 없다. 관찰은 로봇 저널리즘 시대에도 기자의 고유성을 보장해준다. 원천 보도(original reporting)의 요체이기도 하다(안수찬, 2020b).

취재원의 표정, 태도, 행동 및 공간에서 포인트를 포착하라. 그러려면, 기자는 현장에 오래 머물러야 하며 게이 탤리즈의 말처럼 '벽에 붙은 파리'가 되어 대상을 관찰해야 한다(Kovach & Rosenstiel, 2007/2014, 313쪽). 기사 주제를 잘 부각할 수 있는 장면을 찾아라. 그러려면, 때로 관찰의 위치를 바꾸어야 한다(Kramer & Call, 2007/2019). 질문은 최소화, 관찰은 최대로!

직관적 증거

무엇을 보여주면 독자가 기사 주제를 금세 알아차릴 수 있을까? 무엇을 보여주면 독자가 단번에 기사 주제를 간파할 수 있을까? 심중보다는 '손으로 만질 수 있는' 물증이 필요하다. 그중에서도 보는 순간 그 의미를 바로 알 수 있게 해주는 직관적 증거는 더 좋다.

발품 저널리즘

기자의 전문성은 현장성이다. 현장이 내러티브의 영감을 준다. 발품 저널리즘(legwork journalism)의 미덕은 시대와 장소를 불문하고 영원하다(Kramer & Call, 2007/2019). 하지만, 요즘의 취재는 불필요한 속보 경쟁에 매몰되어 '디지털 마와리'로 변질됐으며 책상에서 모든 것을 해결하는 '손품 저널리즘'이 대세가 됐다(박재영·허만섭·안수찬, 2020, 70쪽). 취재의 방향을 현장 쪽으로 되돌려야 한다.

대안 제시 강박증에서 벗어나자

"비판만 하지 말고 대안도 제시하라"라는 말은 썩 그럴듯해 보이지만 저널리즘 원칙에 어긋나는 말이다(박재영, 2020b). 기자는 대안을 제시하는 사람이 아니며 대안을 제시할 수 있는 역량을 갖춘 것도 아니다. 그간에 기사에 제시됐던 대안은 대부분 대중요법적이어서 문제점의 근원적 해결에 도움이 되지 않았다. 그러다 보니 알 만한 독자는 대안을 읽고 오히려 맥이 빠진다. 기자의 역할은 대안을 모색할 책무가 있는 사람을 다그쳐서 그가 책무를 다하도록 만드는 것이다. 내러티브 기사는 실태를 적나라하게 드러내므로 자연스럽게 원인이 규명되고 대안도 나올 수 있다. 이에 비해 역피라미드 기사는 원인과 대안을 별도로 취재하여 기사에 추가하므로 실태와 연계성이 떨어진다. 역피라미드 기사가 '겉핥기'라는 비판을 받는 이유는 이 때문이다(박재영, 2020b).

전문가 코멘트는 불필요하다

전문가의 도움말은 기자가 사안 자체를 잘 몰라서 배우려고 할 때 필요하다. 하지만, 일반적으로 기사에서 전문가 코멘트는 전문가의 권위를 얹어서 기사의 권위를 높이고자 사용된다(남재일, 2004). 이런 전문가 코멘트는 불필요하다. 지금도 많은 기자가 그런 무의미한 일을 하느라 시간과 에너지를 낭비하고 있다. 전문가는 지식은 많을지 몰라도 현장을 모르기 때문에 오히려 기자보다 덜 전문적이다. 현장을 지키는 한, 기자가 가장 전문적인 사람이다. 전문가에게 들으려 하지 말고 자기가 본 것을 그대로 보여주라. 그것이 가장 전문적이다.

지인을 취재하라

취재원을 만나면, 곧바로 그의 지인도 취재한다. 지인 취재는 기사의 객관성을 높여주고 기사를 입체적인 내러티브로 풀어갈 수 있게 해준다.

내러티브는 좋은 취재에서 나온다

글 잘 쓰는 것과 내러티브 기사를 쓰는 것은 크게 관련 없다. 내러티브 기사에서 중요한 것은 글의 현란함이 아니라 글의 단단함이다(이샘물·박재영, 2020). 사실 정보들이 글을 단단하게 만들며, 그것들을 정교하게 구성하는 것이 기자가 지닌 내러티브 역량이다.

취재원의 마음 열기

내러티브 기사는 취재원의 내면을 다루므로 일차적으로 취재원이 마음을 열어주어야 한다. 그래서 훌륭한 내러티브 기자는 취재의 절대 시간을 취재원과 사귀는 데 쓴다. 취재원과 밥 먹고 술 마시며 '형님 아우' 관계가 되라는 말이 아니다. 취재원은 기자가 직업적 원칙을 지키면서 자신을 진정성 있게 대하고 있음을 느낄 수 있어야 한다. 취재원과 깊은 친교(accelerated intimacy) 없이 내러티브 기사를 쓰기는 어렵다 (Kramer & Call, 2007/2019, 90쪽). 아래는 한 미국 기자의 사례인데, 한국 기자들도 이렇게 할 수 있다.

> 2000년 예멘에서 미 해군 구축함 테러 사건이 발생했을 때, 워싱턴포스트 기자는 한 실종 병사의 어머니에게 전화를 걸고, 또 걸어서 '따님이 어떤 사람인지─어떤 사람이었는지가 아니라─를 워싱턴포스트 독자에게 알려주고 싶다'라고 말했다. 취재를 허락받은 기자는 다음 날 밤에 병사의 집에 도착하여 아무 말 안 하고 지켜보기만 했다. 떠나면서 딱 하나만 물었다. '내일 아침에 다시 와도 되나요?'(Kramer & Call, 2007/2019, 115-116쪽).

취재기자가 아니라 영화감독이다

내러티브 기사 쓰기는 '마음속에 극장 만들기'다(Kramer & Call, 2007/2019, 352쪽). 기자는 취재한다는 기분에서 벗어나 등장인물을 캐스팅하고 안무와 무대를 설정하고 카메라 감독까지 겸한다. 'PD가 되어 다큐멘터리를 찍는다면 어디에 카메라를 갖다 댈 것인가?'를 생각하며 취재하고, 또 그런 기분으로 글을 쓰면 자연스럽게 내러티브가 살아날 것이다.

취재가 아니라 리서치다

기자가 현장에서 보도 듣는 것 외에 책과 논문 등 관련 자료에서 정보를 수집하여 함께 버무리면 더 좋은 내러티브 기사를 쓸 수 있다. 이렇게 기사 내용을 입체화하면 내러티브의 수준은 더 높아진다. 이제 기자의 일은 '취재와 조사의 결합'이다(Kramer & Call, 2007/2019, 83쪽).

설문조사나 좌담은 불필요하다

신문은 종종 대형기획물을 보도하면서 설문조사나 좌담을 싣지만, 그런 기사는 아무 쓸모 없다. 기자들이 하는 설문조사는 편의적이고 비과학적이어서 오히려 진실을 왜곡할 수 있다. 좌담은 한마디로 신문지면 메우기다. 좌담 기사는 비용을 덜 들이고 손쉽게 만들 수 있는 만큼 재미없으며 보는 독자도 없다. 설문조사나 좌담에 투입되는 기자의 시간과 에너지를 현장 관찰에 쏟아야 한다.

기자적 상상력

작가에게 문학적 상상력이 필요하듯이 기자에게 기자적 상상력이 필요하다. 틀에 박힌 취재 방법, 타성에 젖은 글쓰기에서 벗어나 영화감독이나 소설가처럼 마음껏 상상력을 발휘하면 좋다. 그러려면 뉴스룸에서 누구나 마음 편하게 아무 말이든 자유롭게 할 수 있어야 한다.

내러티브 기사는 취재부터 다르다

그간에 했던 대로 취재해놓고 기사를 내러티브로 써보려는 것은 잘못된 발상이다. "내러티브는 씨앗(초점과 취재 단계)부터가 다른 독특한 장르"다(동아일보 미디어연구소, 2010). 취재 여건상 역피라미드 구조에 적합한 경우는 미련 없이 그렇게 기사를 쓰면 된다.

사안의 전모 취재하기

최수묵 한양대 미디어커뮤니케이션학과 겸임교수는 2020년 11월 12일 한국일보 특강에서 원뿔을 밑에서 보면 동그라미 모양이고 정면에서 바라보면 삼각형이라면서 사안의 한쪽만 보여주는 정파적 취재를 경계했다. 내러티브는 원뿔의 전모를 취재하는 것이다.

7. 글쓰기 혁명

몇 가지 자성

한국 기자들에게 몇 가지 자문(自問)해볼 것을 권한다.

> - 도대체 누구를 위해 이렇게 역피라미드 구조로 기사를 쓰는가? 그것은 기자인 나 자신을 위한 것인가, 제목 뽑는 편집기자를 위한 것인가, 아니면 에디팅을 할 선배나 부장을 위한 것인가?
> - 기사를 지금과 완전히 다르게 쓰면 왜 안 되는가?
> - "기자는 글로 승부를 내야 한다"라고 말하면서도 기자들은 정작 글에 대해 깊이 생각해보지 않았다. 기자들은 글보다는 팩트(facts)로 승부를 내고자 했다. 이제, 기자의 진짜 업으로 돌아와야 한다.
> - 한국 기자들은 기사 쓰기를 정식으로 배운 적이 없다. 선배에게 배웠다지만, 선배 역시 제대로 배운 적이 없다. 그런데 기자들은 자기의 글에 별문제가 없다고 생각한다. 심지어, 자기가 글을 잘 쓴다고 믿는다.
> - 기자는 왜 기사라는 글을 쓰는가? 기자는 자기 자신이나 특정 집단이 아니라 대중을 위해 글을 쓴다. 공급자가 아닌 소비자 중심적으로 글을 써야 하는 이유다. 소비자에게 새롭게 다가가기 위해 글의 파괴적 혁신이 필요하다(이규연, 2013).

흡인력 있는 글쓰기

독자는 기사에 흥미를 갖지만 오래 참지 않는다. 처음부터 독자의 발목을 갈고리로 잡아 걸어서(hooking) 기사 끝까지 끌고 가야 한다. 그런 흡인력이 기사 쓰기의 목표가 되어야 한다(Kovach & Rosenstiel, 2007/2014).

말로 이야기하듯이 글을 써라

내러티브 기사를 잘 쓰는 방법은 구어를 문어로 옮기는 것이다. 예를 들어, 친구에게 이야기하듯이 하는 말을 문어체로 바꾸면 된다. 모 논설위원이 하듯이, 글을 쓰기 전에 쓰고자 하는 내용을 혼잣말로 중얼대고, 그것을 그대로 타이핑한 후에 첨삭하는 것도 좋다.

영상을 떠올리며 글쓰기

기사의 구조에 대해서는 영화나 다큐멘터리에서 영감을 얻고, 기사의 문장에 대해서는 문학에서 영감을 얻을 수 있다. 자기가 좋아하는 영화를 떠올리면서 "어떻게 기사의 첫 장면을 열 것인가? 또한, 어떻게 닫을 것인가?"를 고민하는 것도 좋다. "도입과 마무리가 막힐 때마다 나는 어떤 '장면'을 떠올리려 애쓴다. 영화를 만든다고 상상한다. 전체 서사를 상징하는 특징적인 장면으로 무엇이 좋을지 고민한다"(안수찬, 2013, 56쪽).

시작 단계부터 마지막 단계를 생각하라

내러티브 기사는 처음부터 끝까지가 정밀하게 조립된 하나의 완결체다. 특히, 스토리를 열었다가 닫는, 기사의 처음과 끝이 매력적으로 짜여야 한다. 신춘문예 심사자들이 소설 작품을 평가하는 방식을 보면, 이 말의 의미를 알 수 있다. 심사해야 할 소설 작품은 많고 시간은 넉넉하지 않으므로 심사자들은 작품의 첫 부분을 먼저 읽어보고 흥미로우면 마지막 부분을 읽는다. 대개 소설의 첫 부분에 스토리의 지형이 나오며 마지막 부분에 스토리를 매듭짓는 작가의 역량이 드러난다. 심사자들은 소설의 처음과 끝이 괜찮으면 그때야 중간 부분을 읽어본다. 기사도 처음과 끝이 매력적이면 중간 부분도 그럴 가능성이 크다.

첫 문장과 마지막 문장을 결정하기 전에는 타이핑을 시작하지 마라

누구나 글을 쓸 때 제일 먼저 컴퓨터를 켜고 키보드에 손을 올려놓는다. 하지만, 컴퓨터를 켜지 말고, 먼저 머릿속에서 글을 써보기를 권한다. 기사의 첫 문장과 마지막 문장을 결정했다는 것은 기사를 거의 다 써놓았다는 뜻이다.

3초 규정

기자의 일은 독자를 사로잡는 것이다. 독자를 3초 안에 기사로 몰입시키지 못하면 그것으로 끝이다(Bloom, 2002). "어떤 기사에서든 가장 중요한 문장은 첫 번째 문장이다. 만약 이것이 독자들을 두 번째 문장으로 유도하지 않는다면 당신의 기사는 죽은 것이다. 만약 그 두 번째 문장이 독자를 세 번째 문장으로 유도하지 않는다면 이는 마찬가지로 죽은 것이다"(이샘물·박재영, 2020, 244쪽).

숫자 사용을 자제하라

설문조사나 통계분석에 기초한 기사는 대개 숫자를 중심으로 작성된다. 요즘 인기 있는 데이터 저널리즘도 마찬가지다. 하지만, 숫자가 난무하면 재미없는 기사가 되고, 가독성도 현저히 떨어진다. 숫자는 목적이 아니라 수단이다. 설문조사의 결과도 중요하지만, 그 결과를 토대로 취재의 포인트를 찾아내는 것이 더 중요하다. 즉 숫자에서 단서를 찾아내어 현장을 보여주는 것, '숫자 뒤에 있는 이야기'가 기사의 중심이다(Kramer & Call, 2007/2019, 491쪽). 숫자를 많이 사용할수록 기사는 힘을 잃는다. 숫자는 입증의 도구로써 간헐적으로 사용되어야 더 큰 효과를 발휘한다. 현장을 기사의 중심에 놓고 숫자는 현장의 지지 증거로 활용한다.

사례의 위계화

기사들은 대부분 사례(케이스)를 대등한 비중으로 병렬한다. 그보다는 사례의 경중에 따라 선택과 집중을 할 필요가 없다. 즉 사례를 위계화하여 주요 사례는 많은 분량으로, 그렇지 않은 사례는 적게 소개한다. 그래야 사례가 독자에게 더 강렬하게 전달된다.

모든 정보는 주제를 향한다

기사의 모든 정보는 주제를 향해야 한다. 즉 모든 것은 '주제를 향한 해바라기'다. 기사의 각 문장이, 각 문장의 단어들이 모두 주제와 직간접적으로 연관되어야 좋다. 그렇지 않은 단어와 문장은 덜어낸다.

나는 뉴스 피처에서 '눈(眼)'에 해당하는 주제란 빙빙 도는 지구본의 회전축과 같다고 비유하고 싶다. 그걸 중심으로 모든 것이 돌아가기 때문이다. 당연한 말이지만 뉴스 피처에는 기자가 말하려는 주제를 처음부터 끝까지 밀고 나가야 한다. 오프닝이건, 그걸 뒷받침하는 변주이건, 아니면 몸통이건 간에 그 모두는 주제를 드러내기 위한 것이다. 주제와 무관한 제2의 주제, 제3의 주제가 이유 없이 섞여들었다가는 큰일이다. 초점이 흐려지기 때문이다. (Freedman, 2006/2008, 202쪽).

'내러티브 지도' 그리기

게이 탤리즈는 기사를 쓰기 전에 내용을 전개할 순서를 그림으로 그렸다. 아래의

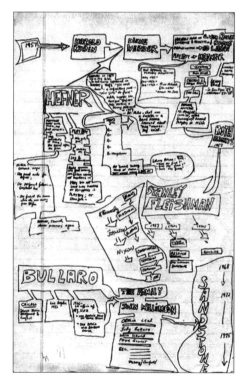

출처: Ellis, S. (2009/2016). 〈논픽션 쓰기의 모든 것〉. 서울: 다른, 232쪽에서 인용.

〈그림 17〉 게이 탤리즈가 〈이웃집 여자〉를 집필할 때 그렸던 내러티브 지도

〈그림 17〉은 그가 '이웃집 여자'(The Neighbor's Wife)를 집필할 때 그렸던 '내러티브 지도'다. 아래는 탤리즈의 말이다.

> 나는 영화감독처럼 장면으로 생각한다. 작가로서 나는 누구를 독자에게 처음으로 소개할지, 그다음엔 누구를 알리고, 또 그다음으로는 누구를 알리는 게 좋을지 생각한다 (글을 쓰기 시작하기 전부터 말이다). 타자기 앞에 앉기 전에 나는 장면에서 장면으로 인물에서 인물로 장에서 장으로 가는 과정을 지도로 만든다. 그 결과 영화감독의 스토리보드와 제법 흡사한 개요가 나온다. 나의 정신적 표지판인 셈이다. 독자를 위해 무엇을 비축해야 할지, 그리고 어떤 인물을 어디에 새워야 할지 상기하는 기록이다. (Ellis, 2009/2016, 231쪽)

지문 남기지 않기

기사는 기자 자신의 가치관이나 언론사의 가치관과 아무 관계가 없다. 내러티브 기사를 쓸 때는 기자의 주관을 반영하기 쉬우므로 이 점을 더욱 유념해야 한다. 아래의 조언은 한국 기자들의 정파적 글쓰기에 일침을 가한다.

> 글쓰기 고수는 쓸데없는 '나의 주관'을 집어넣으려고 끙끙대는 바람에 스토리라인이 뒤엉키게 하는 일이 없다. 다른 말로 바꿔 말하면, 고수는 자기 지문을 남기지 않는 법이다. 이야기를 잘 쓴다고 하는 것은 자기 목소리를 절제하는 것을 뜻한다. 자기 목소리보다 훨씬 우선하는 것이 이야기 속의 등장인물인데, 그것과 경쟁하려는 충동은 초장부터 눌러버리는 게 옳다. 소설 얘기가 아니다. 신문·방송에서 대부분을 차지하는 논픽션 글쓰기의 특징이 그렇다. 취재원(혹은 등장인물)의 목소리를 전하기에 앞서 자기 이야기를 억지로 끼워 팔려는 이가 있다면, 그는 하수에 불과하다. (Freedman, 2006/2008, 212쪽)

버리기의 미학

기자는 악착같이 정보를 수집할 줄 알아야 하지만, 과감하게 버릴 줄도 알아야 한다(Kramer & Call, 2007/2019). 모든 것을, 많은 것을 한꺼번에 다 전하려고 욕심을 내면, 어느 하나도 제대로 전하지 못할 수 있다. 적절하고 분명한 사례 몇 개가 의문을 남기는 수십 개의 사례보다 낫다. 한두 편의 완성도 높은 기사가 며칠에 걸쳐 보도되는 시리즈 기사보다 낫다.

8. 에디터의 변화

기사의 양식 파괴, 장르 파괴

기사를 양식이나 장르에 따라 구분 지을 실익은 별로 없다. 사안을 스트레이트 기사와 해설 기사로 나누어 쓸 필요가 없다. 주된 이유는 독자가 스트레이트 따로 해설 따로 식으로 사안을 이해하지 않기 때문이다. 이런 구분은 다분히 생산자 입장의 구분이다. 그렇게 따로 만드는 것이 수월했기 때문이기도 하다. 스트레이트 기사와 해설 기사를 한데 섞은 하이브리드형 해석적 보도(interpretive reporting)가 필요하다. 특히, 온라인에서는 기사가 개별 단위로 소비되기 때문에 스트레이트와 해설을 분리하는 틀에 박힌 접근 방식은 더는 유효하지 않다(김경모 외, 2018). 또한, 르포 기사라고 해서 현장 묘사를 잔뜩 집어넣고 일반 기사에는 구색 맞추기 정도로만 묘사할 일은 아니다. 현장을 관찰한 묘사는 어떤 기사에도 필수적인 요소다. 오히려 '모든 기사의 르포화'를 새로운 목표로 잡으면 좋다.

모자이크 편집은 금물이다

위의 기사 양식 파괴는 편집과 직결된다. 에디터들은 사안을 어떻게 해서라도 쪼개어 보도하려고 한다. 신문과 방송 모두 그렇다. 신문을 예로 들면, 1면에 스트레이트 기사로 전체 개요를 보도하고, 속 면에 사례 중심의 르포 기사나 해설 기사, 인터뷰 기사 등의 관련 기사를 싣는다. 해설 기사도 여러 종류다. 정치적 사안은 여당 반응, 야당 반응, 시민 반응, 해외 반응을 따로따로 기사로 만들어 게재한다. 방송도 마찬가지다. 주요 사안을 보도하는 첫 번째 블록은 대개 3~4개의 뉴스 리포트로 쪼개진다. 이런 '모자이크' 편집은 뉴스를 분절화하고 조립 공정화하며 기자들의 종합적 사고력을 떨어트린다(이재경, 2006). 기사를 여러 개로 쪼개면, 내러티브의 장점을 살리기 어렵다. 내러티브 기사는 한 개의 장문의 스토리다. 기사 쪼개기는 금물이며 실패의 지름길이다.

'종합선물세트'도 금물이다

기자들은 대형 사안을 기획할 때 종종 사안의 A부터 Z까지 알려보려고 욕심을 낸다. 그래서 현장에 들어가 며칠간 살아보고, 전문가와 함께 분석하고, 설문조사도 하고, 좌담도 하고, 대안을 알아보려고 해외 취재도 한다. 종합선물세트처럼 상자 하나에 모든 것을 담으려고 애쓴다. 다시 말해, 사안과 관련한 문제점을 최대한 많이 모아서 백화점식으로 나열한다. 이는 무엇이 문제인지 모두 보여줄 수 있지만, 어느 한 가지 문제점도 제대로 파헤치지 못한다. 기사는 그냥 "이래서 총체적으로 문제다"라는 느낌을 주는 데 그쳐서 비판이 무디고 포인트가 없어 보인다. 기사는 종합보고서가 아니다. 사안의 특정 부분을 입구로 삼아 속으로 파고들어서 지금까지 잘 알려지지 않았거나 기자 자신이 파악한 독특한 측면을 집중적으로 부각하는 것이 좋다. 사안의 모든 것을 한번에 다 전하려고 하면, 아무것도 제대로 전하지 못한다. 너무 많이 전하려고 하면, 오히려 기사의 초점을 흐린다. 불순물을 섞지 말고 오로지 주제에만 집중할 필요가 있다. 그래야 독자에게 차별적이라는 인상을 줄 수 있다.

내러티브 기사의 전제조건 두 가지

내러티브 기사를 쓰려면, ① 취재 시간이 많아야 하고 ② 지면 공간도 넓어야 한다. 이 두 조건이 충족되지 않는 상황이라면, 역피라미드 구조가 최선이며 최고다. 따라서 내러티브 기사를 원한다면, 에디터는 취재기자에게 이 두 가지를 제공해야 한다.

후배들에 대한 믿음

에디터는 후배 기자들을 믿고 그들에게 길을 터줘야 한다. 현장을 지키는 기자들에게 넓은 지면을 과감히 던져주고 "스토리 만들어 오라!"라고 주문해볼 필요가 있다. 기자들에게 마음대로 써보라고 하면 분명히 만족할 만한 작품을 만들어 올 것이다. 대학에서 기자 준비생을 가르친 경험에서 볼 때, 기자들의 글쓰기 재능과 실행은 기대

이상이다.

기사의 구조와 문체 개방

기사의 구조와 문체는 언론사에서 오랫동안 굳어진 문화 규범이므로 정책적으로 바꾼다고 해서 당장 바뀌지 않는다. 관행화된 규범은 나름의 장점도 지니므로 그 변화에 대해 기자들이 전적으로 동의하지 않을 수도 있다. 하지만, 현재의 기사는 구조나 문체를 논하기 어려울 정도로 천편일률적이다. 신문기자든 방송기자든, 신문사의 수습기자든 10년차 중견기자든 논설위원이든 쓰는 글은 똑같다. 내러티브 기사가 빛을 발하려면 기자 고유의 문체가 뒷받침되어야 한다. 기사의 구조와 문체를 과감하게 개방할 필요가 있다. 단, 글쓰기 변화는 기사 생산 마지막 단계의 사소한 변화가 아니라 그 전 단계인 취재, 취재의 전 단계인 뉴스 가치 판단 및 뉴스 인식과 연관되는 중대한 변화다. 따라서 새로운 글쓰기 도입에는 취재 시스템의 변화도 함께 고려되어야 한다.

내러티브 기사의 첨삭은 불가능하다

현행의 '데스크 보기'는 기자의 글쓰기 기량을 키우기보다 죽인다. 15년차 기자가 10년차 기자의 글을 첨삭하는 것은 코미디에 가깝다. 글쓴이의 고유함이 곧 글의 정수다. 내러티브 기사는 처음부터 끝까지가 하나의 완결편이어서 함부로 고치거나 잘라내기 어렵다. 특히, 직접 취재하지 않은 기자가 선배라는 이유로 후배 기자의 내러티브 기사를 뜯어고치는 것은 위험하기까지 한 일이다. 역피라미드 기사의 공정과 내러티브 기사의 공정은 본질적으로 다르다(동아일보 미디어연구소, 2010).

시의성은 중요하지 않다

이 말은 시의성은 여전히 중요하지만, 그것에 얽매이다가 좋은 기사를 놓치게 되므로 너무 집착하지 말라는 뜻이다. 이미 알려졌거나 보도됐던 아이템이더라도 언제든지 다시 기사로 쓸 수 있다. 사건이 터져서 속보가 필요하면 당장 스트레이트 기사로 쓰고, 며칠 뒤에 내러티브로 다시 풀어낼 수 있다. 오히려 당일 사건을 내러티브로 쓰려고 욕심내지 않는 것이 좋다. 하루 뒤에, 1주일 후에, 심지어 1년이 지난 후에 써도

된다. 미국 퓰리처상 수상작 중에 그런 기사가 많다.

사건의 종합판 만들기

미디어 신기술로 인해 실시간 뉴스 제공이 전례 없이 강조되고 있지만, 바로 여기에 신문 같은 명망 있는 매체가 노려야 할 틈새가 있다. 실시간 뉴스가 만연해질수록 뉴스는 퍼즐 조각처럼 파편화되어 대중에게 전달되며, 대중은 어렵사리 조각들을 맞추다가 '더 큰 그림'을 대신 그려줄 누군가를 애타게 찾게 된다. 이런 기능은 원래부터 신문의 몫이었으며 미래에 더욱 강하게 요청될 것이다. 사건이 터지고 시시각각 변하는 상황을 실시간으로 재빠르게 전달할 매체와 기자는 많다. 정통 매체라면 그런 파편적 보도는 그들에게 넘겨주고 사건의 종합판과 완결판 만들기에 치중해야 한다.

9. 실험정신

도전과 실험정신

내러티브 글쓰기에 왕도는 없으며 첩경도 없다. 직접 도전하여 경험하는 것이 최고다. 신문 지면의 실험실화, 플랫폼의 실험실화를 통해 문체와 기사 구조를 과감하게 실험해야 한다. 내러티브 글쓰기의 금언 중 하나는 "실패를 두려워하지 마라"이다 (Kramer & Call, 2007/2019, 352쪽). 성공하면 많은 것을 배우지만, 실패하면 모든 것을 배울 수 있다.

최근에 내러티브 기사에 도전하여 성공한 고무적인 사례가 있다. 동아일보는 코로나19 바이러스 확진자로 낙인된 사람들의 사회적 고립을 다룬 기사를 본편과 부속편으로 만들었다(동아일보 2020.8.29.a/b 참조). 보도 3일 만에 네이버와 다음, 동아닷컴을 합한 조회 수는 본편이 317만, 부속편이 226만으로 총 500만이 넘었다. 동아일보 역대 최고이며 타 언론사의 여타 기록과 비교해도 단연 압도적이다. 다음은 이 기획팀이 취재와 기사 작성 과정에서 유념했던 포인트다. 내러티브 취재와 작법을 제대로 지켰다.

먼저 낙인의 고통을 가장 극명하게 드러낼 수 있는 피해자 1명, 즉 주인공을 찾기로 했다. 주인공은 이름과 얼굴을 공개할 수 있는 사람이어야 했다…. 마지막 원칙은 '디지털 스토리텔링의 구현'이었다. 익명의 사례를 몇 개 모아 전문가 해석을 붙이는 기존 문법에서 탈피해 얼굴을 드러낸 피해자 1명의 이야기를 입체적으로 구현해보자는 취지였다. (동우 2010.10.8.)

이어서 동아일보는 2010년 10월 5~8일에 실종선고자를 추적한 '인간 증발' 기사를 4회 시리즈로 보도했다(동아일보 2020.10.5. 참조). 1회 기사는 1명의 스토리, 2회는 4명의 작은 스토리, 3회는 스토리가 없는 기사, 4회는 2명의 스토리로 구성됐다. 흥미롭게도, 매회 독자 반응이 달랐다. 동아닷컴(인터랙티브)과 네이버, 다음의 총합계에서 클릭 수가 많은 순위는 1회, 4회, 2회, 3회였다. 1명의 스토리로 작성된 기사(1회)의 클릭이 가장 많았으며 스토리가 없는 전형적인 기사(3회)는 가장 적었다. 그 차이는 3배에 달했다. 위 두 사례는 기자들이 자신 있게 내러티브에 도전해도 된다는 것을 보여준다.

내가 선구자다!

내러티브 기사에 관한 한, 자기를 가르쳐줄 선배는 없다. 자기를 이끌어주고 기회를 보장해줄 데스크도 없다(안수찬, 2020a). 자기 자신이 내러티브의 전도사이며 견인차이며 주역이다. 한국 언론사(史)와 교과서에 길이 남을 기사를 쓰겠다는 각오가 있다면, 내러티브의 선구자가 되기에 충분하다.

에디터 장벽

그렇더라도 에디터라는 관문을 넘어야 한다. 에디터는 현장 기자보다 더 넓은 관점에서 기사를 고려할 줄 아는 베테랑 게이트키퍼들이다(Kovach & Rosenstiel, 2007/2014). 따라서 그들을 경청할 필요가 있다. 한편으로, "항상 적은 내부에 있다"라는 말도 잊지 말아야 한다. 언제나 새로운 일을 하려고 하면, 많은 구성원이 그 배경을 의심하고 결과에 의구심을 가진다. 따라서 구성원들을 설득하는 것도 중요한데, 이는 말로 하라는 뜻이 아니다. 이들의 의구심을 불식하는 방법은 다음에 설명되어 있다.

첫 작품이 관건이다

특별취재팀까지 만들어 몇 달간 취재하여 기사를 썼는데 "정말 수고 많이 했다, 열심히 했다"라는 반응을 듣는다면, 그것은 실패했다는 뜻이다. 기사가 성공했다면, 누구든지 입을 다물지 못할 정도로 감탄할 것이다. 내러티브 기사는 첫 작품에 성패를 걸어야 한다. 구성원들이 그런 작품을 눈으로 보면서 "아, 이게 되네!"라고 수긍할 수 있어야 한다. 단, 내러티브 기사를 준비하는 기자는 서둘러 에디터에게 보고하지 않는 것이 좋다. 탐사보도의 금언 중 하나는 일의 80%가 완료되기 전에는 에디터에게 보고하지 말라는 것이다(Weinberg, 1996/2000). 내러티브 기사도 마찬가지다. 에디터에게 보고하면 기사 제출에 시달리게 되며, 그리되면 내러티브는 물 건너간다.

목표를 높게 잡자

뉴스 소비의 흐름을 바꾸고 자사 브랜드를 차별화하려면 압도적인 명품 기사가 필요하다. 한국의 뉴스 소비자는 그런 기사를 보지 못했다. 그래서 불행하다. 요즘 사람들은 눈이 높아서 좋은 것이 무엇인지 금세 알아채므로 이들의 안목을 믿고 뉴스를 만들어도 된다. 뉴스의 목표를 높게 잡을 필요가 있다.

보편성에 승부를 걸어라. 예외성에 목매면 실패한다

기자는 특별한 아이템을 찾으려고 애쓰기보다 매일 접하는 평범한 아이템에서 특별함을 찾아내려고 애써야 한다. 그 특별함은 대개 삶과 죽음, 사랑, 우정, 가족, 애증 등 인간의 보편적 가치와 연관된다. 기자가 일상적으로 접하는 사안이나 사건에서 보편적인 가치를 찾는 것이 핵심이다(Kramer & Call, 2007/2019). 임홍식 MBC C&I 대표이사의 말처럼 "결국 뉴스는 어떻게 하드(hard)한 소재를 소프트(soft)하게 만드느냐, 소프트한 이슈에서 하드한 메시지를 뽑아내느냐의 문제다."[38] 보편적인 질문에 인상적으로 답하거나 평범한 것을 특별하게 보이게 하는 것이 기자의 역량이다. 기사가 보편성을 담으면, 공감의 경계가 넓어지며 기사의 폭발력도 커진다.

---

38) 임홍식 대표이사가 2015년 어느 날 저자와 사석 대화에서 밝힌 내용.

내러티브는 결국 회사 DNA 바꾸기

내러티브를 시도한다는 것은 뉴스 인식, 취재, 글쓰기, 편집, 에디터 등 모든 것을 바꾼다는 뜻이다. 언론사의 DNA를 바꾸는 것에 버금가는 혁명이다.

10. 뉴스의 미래

기자 브랜드 시대

앞으로 기자 개개인은 언론사 못지않게 중요해져서 기자가 각자의 브랜드를 형성하는 시대가 될 것이다. 기자가 자기를 차별화하는 무기는 역시 글이다. 앞으로 글쓰기는 더 중요해질 것이다.

문자 세계의 수호자

모바일 시대, 영상의 시대가 가속화될수록 문자 텍스트의 고립은 심해질 것이다. 하지만, 거기에 문자 텍스트의 살길이 있다. 모두가 영상에 쏠리면, 문자의 중요도는 더 높아지고 문자를 잘 다루는 사람의 가치도 더 커질 것이다. 글은 말보다 더 오래 기억되고 영상보다 더 감각적이다. 언론은 인간의 글에 대한 근본적인 욕망을 충족시켜 주어야 한다. "디지털 모바일, 오디오 비주얼 시대라고 해서 크게 달라지는 않는다. 매체와 플랫폼에 관계없이, 기사는 글에서 시작한다. 글의 힘을 종교처럼 믿어야 한다. 글만으로 사람들을 놀라게 할 수 있다"(박재영 외, 2013, 96쪽).

팩션의 시대

소설과 저널리즘은 공통으로 인간의 내면을 조명한다. 그런 점에서 사실 정보(facts)에 이야기(fiction)를 가미한 팩션(faction)형 글쓰기를 새로운 목표로 설정해볼 만하다. 딱딱한 저널리즘 텍스트에 소설의 창작 기법을 접목하는 것이다. 저널리즘에 문학적 기법을 도입하는 것은 이미 오래전에 제안됐다(Freedman, 2006/2008). 한 예로, 이규연 JTBC 탐사팩추얼본부장은 2003년 중앙일보 탐사보도팀장 신분으로 미국 탐사보도협회(IRE)의 연례 세미나에 참석하여 시애틀타임스의 내러티브 기사 발표를 들었다. 발표 후 이규연 팀장은 시애틀타임스의 탐사에디터 제임스 네프(James Neff)에게 "한국에서 기사를 이렇게 쓰면, '소설 쓰네'라는 비판을 받는다"라고 하자, 네프는 "신문 기사보다 더 엄격한 역사적 사실도 내러티브로 기술하지 않느냐?"라고 반문했다.[39] 또한, 이규연 팀장이 내러티브 기사를 쓰는 방법을 물었더니 네프는 "미국 기자들은 내러티브 기사를 쓸 때 보통의 기사보다 2~3배 더 취재한다"라고 하면서 "내러티브 기사를 잘 쓰고 싶다면, 소설작법을 공부하라"라고 답했다.

공유와 에버그린 콘텐츠

이 시대 뉴스 소비의 새로운 키워드는 공유(sharing)다. 사람들이 SNS를 통해 링크를 걸어주는 뉴스가 어떤 뉴스인지 유심히 살펴보아야 한다. 대개 독자들은 행복, 화, 분노, 역겨움같이 정서적 반응을 촉발하고 몰입과 감동을 유발하는 기사를 공유한다(이샘물·박재영, 2020). 내러티브 기사가 그런 기사 아닌가? 디지털 모바일 기술 덕에 좋은 뉴스는 가만히 놔둬도 스스로 퍼지면서 발광한다. 예전의 아날로그 시대보다 뉴스를 알리기가 훨씬 더 쉽다. 요체는 뉴스를 잘 만드는 것이다. 그런 뉴스 중 일부는 당일 소비를 넘어 어느 때에도 즐겨 읽히는 '에버그린 콘텐츠'(evergreen contents)가 될 것이다(박재영, 2020a).

내러티브는 유료화 첨병

뉴스 유료화는 제품에 대한 중독과 충성심을 요구한다. 내러티브 기사의 강점인 몰입과 공감은 뉴스 중독과 충성심으로 이어질 수 있다. 그런 점에서 내러티브 기사는 신문 살리기의 한 방법이 될 수 있다(Kramer & Call, 2007/2019). 조회 수가 많은 기사와 독자들이 구독하고 싶은 기사는 서로 다를 수 있다. 따라서 어느 것을 지향하느냐에 따라 언론사가 중점을 두는 기사가 달라질 것이다. 하지만, 종국적으로는 구독 기사가 최종 목표임은 분명하다.

---

39) 이규연 본부장이 2020년 10월 28일 저자와 전화 인터뷰에서 밝힌 내용.

엄혹한 현실에 한가한 이야기 한다?

혹자는 요즘과 같은 정치 난국에 내러티브를 거론하는 것이 여유 잡는 소리라 할지 모른다. 하지만, 이럴 때일수록 전혀 다른 뉴스가 필요하다. 과연 독자는 언론의 극렬한 정쟁 보도로 무엇을 얻는가? 정파적 뉴스에 대한 독자의 피로감은 이미 극에 달했다. 이대로 가면 독자는 더 줄어들 것이다. 또한, 만일 이 정쟁이 다 사라지면, 그때는 자동으로 새로운 기사를 잘 쓰게 되는가? 정히 정쟁 기사가 필요하다면, 그것을 내러티브로 써볼 만하다. 정치인들의 말싸움으로 정치 기사를 만든다면, 내러티브 스타일이 제격이다.

저널리즘의 미래는 낙관적이다

이렇게 예측하는 근본적인 이유는 그간에 한국 언론이 시도한 것이 별로 없기 때문이다. 말하자면, 새롭게 할 수 있는 일이 많으므로 미래를 낙관해볼 수 있다는 뜻이다. 미국과 영국 언론은 상상할 수 있는 이상으로 많은 것을 시도했지만, 한국 언론은 할 수 있는 일이 아직 너무 많다. 그래서 걱정할 것 없다. 이제 실천하고 성과를 내는 일만 남았다. 그래서 희망적이다. 뉴스는 나아질 수 있다. 단, 우리가 특히 기자들이 그것을 원해야 한다.

| 참고문헌 |

국내 문헌

곽민영 (2011). 〈기사 스타일이 독자의 흥미, 신뢰도, 기억에 미치는 영향: 내러티브와 역피라미드 스타일 비교를 중심으로〉. 숙명여자대학교 대학원 정보방송학과 박사학위논문.

김경모·박재영·배정근·이나연·이재경 (2018). 〈기사의 품질: 한국 일간지와 해외 유력지 비교연구〉. 서울: 이화여자대학교출판문화원.

김경모·김지현·박재영·배정근·이나연·이완수·이재경 (2020). 텔레비전 뉴스의 품질: 국내외 방송사의 텔레비전 뉴스 비교연구. 서울: 이화여자대학교출판문화원.

김고은 (2020.5.20.). "재판 보도, 바꿔보자"… 이번엔 기대해봐도 될까요. 〈한국기자협회보〉.

김명환 (2008.12.26.). 최은희 기사, 얼굴에 먹물 바르고, 무청 파는 행랑어멈으로 변장한 뒤… 〈조선사보〉 1886호, 4.

김성희 (2007). 〈취재수첩보다 생생한 신문기사 쓰기〉. 서울: 랜덤하우스.

남재일 (2004). 〈한국 신문의 객관주의 아비투스: 형식적 사실주의의 전략적 의례를 중심으로〉. 고려대학교 대학원 언론학과 박사학위논문.

남재일 (2009). 한국 기획기사의 문제와 새로운 기사 쓰기 경향. 한국언론재단 〈기획기사 쓰기〉 강의자료.

남재일·박재영 (2007). 〈한국 기획기사와 미국 피처스토리 비교 분석〉. 서울: 한국언론재단.

남재일·박재영 (2020). 한미 탐사보도 성격 비교 연구. 〈언론과학연구〉, 20권 3호, 5-45.

동아일보 미디어연구소 (2010). 〈Narrative Report: 외국의 유명 사례 분석〉. 미출판 보고서.

동아일보 편집국 심의팀 (2005). 〈외국 신문의 리드 맛보기: NYT와 FT 중심으로〉. 미출판 보고서.

박성호 (2017). 〈공영방송 뉴스의 불편부당성 연구: BBC와 KBS의 선거보도를 중심으로〉. 고려대학교 대학원 박사학위 논문.

박재영 (2004). 〈신문 지면의 구성 요소〉. 서울: 미디어연구소.

박재영 (2006). 뉴스 평가지수 개발을 위한 국내 신문 1면 머리기사 분석. 김영욱 외. 〈한국의 뉴스미디어 2006〉 (147-220쪽). 서울: 한국언론재단.

박재영 (2019a). 인터뷰 기사와 진실 검증: 삼각확인 없는 기사, 저널리즘 원칙 망각한 것. 〈신문과 방송〉, 5월호, 92-96.

박재영 (2019b). 사실 기사와 의견 기사의 구분: 데스크 칼럼, 선진 언론에 없는 돌연변이. 〈신문과 방송〉, 12월호, 105-110.

박재영 (2020a). 겉핥기는 이제 그만: 독자는 사건의 '속살'을 원한다. 〈신문과 방송〉, 2월호, 58-60.

박재영 (2020b). 언론의 대안 제시: 세상을 바꾸는 원천은 '시민의 분노'. 〈신문과 방송〉, 6월호, 101-104.

박재영 외 (2016). 〈저널리즘의 지형: 한국의 기자와 뉴스〉. 서울: 이채.

박재영·이완수 (2007). 〈한국 신문의 1면 기사: 뉴스평가지수를 적용한 신문별, 연도별 비교(1990~2007).〉 서울: 한국언론진흥재단.

박재영·이완수 (2008a). 역피라미드 구조와 내러티브 스타일에 대한 기자와 에디터의 인식. 〈한국언론학보〉, 52권 6호, 123-145.

박재영·이완수 (2008b). 역피라미드 구조의 한계에 대한 이론적 논의. 〈커뮤니케이션 이론〉, 4권 2호, 112-154.

박재영·이재경·김세은·심석태·남시욱 (2013). 〈한국 언론의 품격〉. 파주: 나남.

박재영·전형준 (2006). 독자 중심의 신문 제작과 독자의 실제 열독률. 〈한국언론정보학보〉, 35호, 211-249.

박재영·정세훈·곽민영 (2011). 〈컨버전스 시대의 새로운 저널리즘 글쓰기〉. 서울: 뉴스통신진흥회.

박재영·허만섭·안수찬 (2020). 〈언론사 출입처 제도와 취재 관행 연구〉. 서울: 한국언론진흥재단.

박정자 (2019). 〈스토리텔링의 비밀이 된 아리스토텔레스의 시학〉. 서울: 인문서재.

방현석 (2013). 〈이야기를 완성하는 서사 패턴 959〉. 서울: 아시아.

송상근·박재영 (2009). 〈뉴 스토리 뉴 스타일〉. 파주: 나남.

신명선·박재영 (2004). 〈신문 기사의 텍스트언어학적 분석〉. 서울: 미디어연구소.

안수찬 (2013). 기자가 몰입한 만큼 독자는 공감한다. 김선정 외 12인, 〈나는 어떻게 쓰는가〉(31-61쪽). 서울: 씨네21북스.

안수찬 (2014). 대중과 교감하는 길, 내러티브. 〈방송기자〉, 9/10월호(20호), 16-19.

안수찬 (2015a). 세상을 바꾼 보도(2) 영국·호주 가디언이 빚어낸 수준 높은 멀티미디어 미학: 기사인 듯 다큐인 듯 장문기사의 새 모델. 〈신문과 방송〉, 2월호, 121-126.

안수찬 (2015b). 세상을 바꾼 보도(6) '분노의 포도'의 재림: 문학 저널리즘 계보 이은 2015년 퓰리처상 '피처 기사' 수상작. 〈신문과 방송〉, 6월호, 105-111.

안수찬 (2015c). 스타인벡과 헤밍웨이에 대한 오마주. 〈한겨레21〉, 1067호(6월 23일). (44-47쪽)

안수찬 (2020a). 내러티브 저널리즘의 시작: 기획과 취재. 한국언론진흥재단 〈2020 내러티브 기사 쓰기〉 강의자료.

안수찬 (2020b). 〈저널리즘의 새로운 과거와 오래된 미래: 복제보도와 원천보도〉. 고려대학교 대학원 미디어학과 박사학위논문.

유선영·이오현 (2001). 〈새로운 신문 기사 스타일: 역피라미드 스타일의 한계와 대안〉. 서울: 한국언론재단.

윤태영 (2014). 〈윤태영의 글쓰기 노트: 대통령의 필사가 전하는 글쓰기 노하우 75〉. 서울: 책담.

이규연 (2013) 대중의 마음을 움직이는 글쓰기. 이재경 (편), 〈내가 지키는 글쓰기 원칙〉(185-212쪽). 서울: 이화여대출판부.

이규연 (2015). 탐사보도 단골 화두 '딜레마와 선택'을 다룬 기사 두 편: 아들 숨지게 한 아버지와 사법부의 고민. 〈신문과 방송〉, 7월호, 106-109.

이샘물·박재영 (2020). 〈탁월한 스토리텔러들〉. 파주: 한국학술정보.

이숙정 (2020). 2019 10대 청소년 미디어 이용 조사: 10대의 미디어 이용 공식… 모바일+동영상+유튜브. 〈신문과 방송〉, 1월호, 43-51.

이완수·심재웅·심재철 (2008). 미디어 현저성과 프레임 변화의 역동적 과정: 버지니아 공대 총기 사건을 중심으로. 〈한국언론학보〉, 52권 1호, 386-412.

이용건 (2011). 〈스포츠 기사의 구조가 독자 효과에 미치는 영향: 흥미성, 몰입, 정보성을 중심으로〉. 고려대학교 대학원 언론학과 석사학위논문.

이재경 (2001). 한국 신문의 역피라미드 기사 도입과 정착에 관한 연구. 〈한국언론학보〉, 46권 1호, 413-440.

이재경 (2006). 한미 신문의 대통령 취재관행 비교: 조선일보와 뉴욕타임스. 〈언론과 사회〉, 14권 4호, 37-69.

임정섭 (2014). 〈글쓰기 훈련소〉. 서울: 경향미디어.

정재민 (2020). 2019 언론수용자 조사: 12.3% 역대 최저 종이신문 구독률에도 결합열독률은 되레 늘어. 〈신문과 방송〉, 1월호, 36-42.

정준영 (2004). 〈냉정 대 열정: 조선일보와 뉴욕타임스의 스포츠 기사 비교〉. 서울: 미디어연구소.

조해일 (1995). '매일 죽는 사람'. 〈한국소설문학대계〉, 65. 서울: 동아출판사.

최수묵 (2011). 〈기막힌 이야기 기막힌 글쓰기: 퓰리처상 작가들에게 배우는 놀라운 글쓰기의 비밀〉. 서울: 교보문고.

홍병기 (2018). 〈뉴스 동서남북: 한 권으로 읽는 한국 언론 명인 명문 열전〉. 서울: 아마존의나비.

해외 문헌

ASNE (1993). *Ways with words: A research report of the literacy committee*. Washington D.C.: The American Society of Newspaper Editors.

Bernard, S. C. (2007). *Documentary storytelling*. Routledge: London. 양기석 (역) (2009). 〈다큐멘터리 스토리텔링: 논픽션 영화를 더욱 강렬하고 극적으로 만드는 방법〉. 서울: 커뮤니케이션북스.

Bloom, S. G. (2002). *Inside the writer's mind: Writing narrative journalism*. Ames, IA: Iowa State Press.

Blundell, W. E. (1988). *The art & craft of feature writing*. New York, NY: Plume.

Boorstin, D. J. (1961). *The image: A guide to pseudo-events in America*. New York, NY: Atheneum.

Brooks, B. S., Horvit, B. J., & Moen, D. R. (2020). *News reporting and writing*. Boston, MA: Bedford/St. Martin's.

Brooks, B. S., Kennedy, G., Moen, D. R., & Ranly, D. (2002). *News reporting and writing*. New York, NY: St. Martin's.

Brooks, L. (2011). *Story engineering: Mastering the 6 core competences of successful writing*. New York, NY: Writer's Digest Books. 한유주 (역) (2015). 〈스토리를 만드는 공학: 소설 쓰기와 시나리오 쓰기의 6가지 핵심요소들〉. 고양: INFINITYBOOKS.

Donohew, L. (1981). Arousal and affective responses to writing style. *Journal of Applied Communication Research, 9*(2), 109-119.

Ellis, S. (Ed.) (2009). *Now write! Nonfiction: Memoir, journalism and creative nonfiction exercises from today's best writers*. New York, NY: TarcherPerigee. 안희정 (역) (2016). 〈논픽션 쓰기의 모든 것: 에세이, 여행기, 회고록〉. 서울: 다른.

Freedman, S. G. (2006). *Letters to a young journalist*. New York, NY: Basic Books. 조우석 (역) (2008). 〈미래의 저널리스트에게〉. 서울: 미래인.

Hart, J. (2011). *Storycraft: The complete guide to writing narrative nonfiction*. Chicago, IL: University of Chicago Press. 정세라 (역) (2015). 〈소설보다 더 재밌는 논픽션 쓰기: 퓰리처상 심사위원이 말하는 탄탄한 구조를 갖춘 글 쓰는 법〉. 서울: 유유.

Kelly, J., Knight, J., Peck, L. A., & Reel, G. (2003). Straight/Narrative? Writing style changes reader's perceptions of story quality. *Newspaper Research Journal, 24*(4), 118-122.

Kennedy, D. (1997). *The big picture*. London, UK: Simon & Schuster. 조동섭 (역) (2010). 〈빅 픽처〉. 서울: 밝은세상.

Kennedy, G., Moen, D. R., & Ranly, D. (1993). *Beyond the inverted pyramid: Effective writing for newspapers, magazines and specialized publication*. New York, NY: St. Martin's Press.

Knobloch, S. (2003). Affective-news theory: Effects of narrative structure on suspense, curiosity, and enjoyment while reading news and novels. International communication Association, Annual meeting. 1-32.

Kovach, B., & Rosenstiel, T. (2007). *The elements of journalism.* (3rd ed.). New York, NY: Three Rivers Press. 이재경 (역) (2014). 〈저널리즘의 기본원칙〉. 서울: 한국언론진흥재단.

Kramer, M., & Call, W. (Eds.) (2007). *Telling true stories: A nonfiction writers' guide from the Nieman Foundation at Harvard University.* New York, NY: Plume. 최서현 (역) (2019). 〈진짜 이야기를 쓰다: 하버드 니먼재단의 논픽션 글쓰기 가이드〉. 서울: 알렙.

McDonald, W. (Ed.) (2016). The New York Times Book of the Dead. New York, NY: Black Dog & Leventhal. 윤서연 외 (역) (2019). 〈뉴욕타임스 부고 모음집〉. 서울: 인간희극.

Mencher, M. (1994). *News reporting and writing.* Madison, WC: Brown & Benchmark.

Pötteker, H. (2003). News and its communicative quality: The inverted pyramid-when and why did it disappear? *Journalism Studies, 4*(4), 501-511.

Rich, C. (1994). *Writing and reporting news: A coaching method.* Belmont, CA: Wadsworth.

Rozelle, R. (2005). *Write great fiction: description & setting.* New York, NY: Writer's Digest Books. 송민경 (역) (2011). 〈소설쓰기의 모든 것 2: 묘사와 배경〉. 서울: 다른.

Schudson, M. (1981). *Discovering the news: A social history of American newspaper.* New York, NY: Basic Books. 박경우·여은호 (역) (2019). 〈뉴스의 발견: 미국 신문의 사회사〉. 서울: 커뮤니케이션북스.

Schudson, M. (2011). *The sociology of news* (2nd ed.). New York, NY: W.W. Norton & Company. 이강형 (역) (2014). 〈뉴스의 사회학〉. 서울: 한국언론진흥재단.

Tankard, J., & Hendrickson, L. (1996). Specificity, imagery in writing: Testing the effects of "Show, Don't tell". *Newspaper Research Journal, 17*(2), 35-48.

Tuchman, G. (1973). Making news by doing work: Routinizing the unexpected. *American Journal of Sociology, 79*(1), 110-131.

Weinberg, S. (1996). *The reporter's handbook: An investigator's guide to documents and techniques* (3rd ed.). New York, NY: Bedford/St. Martin's. 이용식 (역) (2000). 〈미국 기자들, 이렇게 취재한다〉. 서울: 학민사.

Wells, K. (Ed.) (2002). *Floating off the page: The best stories from The Wall Street Journal's "Middle Column".* New York, NY: Simon & Schuster.

Zerba, A. (2008). Narrative storytelling: Putting the story back in hard news to engage young audiences. *Newspaper Research Journal, 29*(3), 94-102.

경향신문 (2010.12.6.). 대담집 '진보집권플랜' 펴낸 서울대 조국 교수.

고대신문 (2014.9.29.). 그는 물었다. "왜 이 일을 하려고 하느냐?"

국민일보 (2020.3.10.). 텔레그램에 강간노예들이 있다.

국민일보 (2020.9.5.). 7개월째 거리에서 산다… 26살 노숙인 택용 씨 이야기.

뉴스1 (2019.11.30.). 독일 '쓰레기 제로' 슈퍼 오리기날 운페어파크트.

뉴시스 (2019.5.29.). 바다·화염에 뛰어들어 생명 구한 용감한 시민들에 LG 의인상.

동아일보 (2009.3.12.). "미안하다 딸아, 또 울고 말았구나".

동아일보 (2009.11.6.). 日 99세 의사 "밥상 받을 생각만 말고 일을 하세요" 히노하라 시게아키 박사 '장수 비결' 강연회.

동아일보 (2011.5.16.). 이웃도 몰랐던 '창고 속 소녀'.

동아일보 (2012.8.24.). 부모품으로 회귀… '연어族'이 늘고 있다.

동아일보 (2013.9.30.) 논픽션 드라마 두만강변의 배신 〈제1화〉 국경의 덫.

동아일보 (2019.8.20.). 고교 때 2주 인턴 조국 딸, 의학논문 제1저자 등재.

동아일보 (2020.8.29.a). "망해버려라, 당장 떠나라" 끝없는 비난… 갑자기 죄인이 됐다.

동아일보 (2020.8.29.b). 같은 시간 같은 숙소 머물렀다고… 어느 날 불륜커플이 됐다.

동아일보 (2020.10.5/6/7/8.). 증발을 택하다. 죽은 줄 알았던 동생이 살아 돌아왔다.

동우 (2010.10.8.). 경계를 뛰어넘는 콘텐츠 선보이는 동아미디어그룹: 차별화된 콘텐츠로 디지털 스토리텔링.

동우 (2019.10.10.). 동아일보·채널A 인사검증 보도 남달랐다.

서울신문 (2019.9.23.a). 코리안 드림의 배신: 비전문취업비자로 공장·농장서 일하던 네팔 이주민 죽음의 30% 자살 '이례적'.

서울신문 (2019.9.23.b). 월 300만 원 기대감 뒤엔 탈출구 없는 '주 60시간 노동' 절망감.

세계일보 (2020.4.1.). 폭력 부친 살해한 아들… "저 때문에 벌 받아" 어머니 오열.

연합뉴스 (2018.11.24.). 불타는 승용차에서 시민·경찰관 힘 모아 운전자 구조.

위클리조선 (2007.9.10.). 식당 들어서자 "무슨 일로…" 물건 집어들자 "비싸서 넌 못 사!" 1971호.

조선일보 (1924.10.15.). 최은희, 변장탐방 흑화장에 남루의.

조선일보 (1924.10.16.). 최은희, 변장탐방 처처의 위험지대.

조선일보 (1924.10.17.). 최은희, 변장탐방 賤待와 侮視.

조선일보 (1953.7.29.). '기이한 전투'의 정지, 당사국 제쳐 놓은 결정서로 종막.

조선일보 (1990.11.21.). 연쇄살인 발생 화성 태안읍, 밤길엔 장정들도 혼자 가기 꺼려.

조선일보 (1996.7.29.). 막판 20m '로켓 스퍼트'… 육상史 바꿨다.

조선일보 (2003.3.26.). "이라크군 박격포 사정거리 내" 美軍들 웃음도 말도 사라져.

조선일보 (2005.1.14.). 전 재산 기부 할머니 "건대 학생들한테서 번 돈, 건대 학생들에게 돌려주고 간다".

조선일보 (2005.4.11.). 쓰레기 분리수거 '극과 극' 주부 90% 동참…시청·사무빌딩은 엉망.

조선일보 (2005.5.11.). "치맛바람에도 철학이 있어야죠".

조선일보 (2007.4.22.). 초등생 땐 친구 없는 '수학 천재' 중·고생 땐 "발음이 어눌" 놀림당해.

조선일보 (2008.6.3.). 한국이 겸손해야 할 이유.

조선일보 (2010.2.27.). 행복한 대한민국 "고마워요 김연아" 세계新으로 金메달.

조선일보 (2011.6.14.). 황산 테러 2년… 다시 집 밖으로 나가 봅니다.

조선일보 (2012.9.3.). 무엇이 그를 초등생 성폭행범으로 만들었나.

조선일보 (2013.7.12.). "누굴 파악하는 데 딱 3초"… 얼음같이 꿰뚫어 보고 봄볕같이 어루만지다.

조선일보 (2014.4.21.). "웃고 나가더니 왜 이렇게 돌아왔어… 추웠지? 무서웠지? 엄마한테".

조선일보 (2014.12.13.). "매일 걷던 길인데…" 공포에 갇힌 수원.

조선일보 (2015.3.25.). "허물어 버려라" 한 리관유 집은 그냥 둬도 무너질 듯 초라했다.

조선일보 (2015.10.14.). 6년 前 악몽 딛고 범죄 피해자 돕는 박선영 씨, "내 얼굴의 황산테러 흉터가 범죄에 짓밟
    힌 분들 보듬어".

조선일보 (2015.12.11.a). 불야성 이뤘던 조선소… 배가 한 척도 없었다.

조선일보 (2015.12.11.b) 70% 할인에, 30만원어치 사면 제주항공권이 '덤'이라니….

조선일보 (2020.1.1.). 알코올중독 '6남매 아빠' 쌀 배달로 인생 2막 열다.

중앙일보 (2005.11.9.). 루게릭 '눈'으로 쓰다.

중앙일보 (2006.7.20.). 초미니 시골학교의 야무진 뒤집기.

중앙일보 (2010.4.24.). 배불리 먹는 게 소원이던 석희 씨, 못 배운 게 늘 한이던 종평 씨, 나랏일 하다 귀한 목숨 잃
    기는 마찬가지인데 세상은….

중앙일보 (2012.9.4.). "대낮에 낯선 사람이…" 나주 '고종석 트라우마' 해지면 인적 끊기는 거리.

중앙일보 (2014.10.18.). 걸그룹 공연 보던 16명 추락 사망.

중앙일보 (2020.1.16.). 기자 62년…그가 대한민국 외교의 역사였다.

중앙 SUNDAY (2007.5.2.). 건교부 직원 10여 명 '검은 돈' 받아 유흥비로. 제5호.

한겨레 (2011.5.17.). "난 한국인 무슬림이다".

한겨레 (2011.5.31.). 돌아오지 않는 강 ① 대통령 자전거 타던 날.

한겨레 (2015.1.28.). 몸 부서져라 일해도… 가난탈출 어려워졌다.

한겨레 (2015.3.9.). 젊은 무당의 간절한 기도… 문무대왕님 들어주시오.

한겨레 (2015.3.12.). 신도시에서 차 돌려 신시도로 오세요.

한겨레 (2016.4.25.a). 퇴출 소문 흉흉… "월급 나오기는 하냐"가 안부인사.

한겨레 (2016.4.25.b). '파산' 통영 이어 울산·거제서도… "최악이 다가온다".

한겨레 (2016.11.11.). 얼굴 전체에 혹… 10살 여진이의 표정을 찾아주세요.

한겨레21 (2007.1.26.). 세 차례 성폭행, 기억 안 난다? 제645호.

한겨레21 (2010.12.27.). 날치기가 엎은 아이들의 밥상. 제841호.

한국일보 (2015.4.29.). 남베트남 패망의 초침소리 생생.

한국일보 (2015.4.30.). 항복전야… 태극기 내려지는 대사관 앞 연신 카메라 셔터만.

한국일보 (2015.5.1.). 기적처럼 열린 탈출의 문… 절명 앞둔 사이공은 졸고 있었다.

한국일보 (2018.8.14.). 우리 시대의 마이너리티, 단 한 번의 실수로 전과자 낙인….

한국일보 (2019.2.11.). 우주망원경 허블의 '어머니', 어린 여성들에게 과학자의 꿈 북돋우다.

한국일보 (2019.6.4.). "아버지한테 매 맞다 죽고 싶다는 생각에 가출… 이젠 돌아갈 곳이 없어요".

Story of Seoul (2010.7.8.). 이야기가 있는 기사: 국내 신문 '내러티브 저널리즘' 확산.
(http://www.storyofseoul.com/)

Story of Seoul (2020.5.24.). 한국 제1호 대기자 김영희를 말하다(하).
(http://www.storyofseoul.com/)

Chicago Tribune (1999.8.15.). Man, we are the real police.

East Bay Express (2004.8.4.). The ten million dollar woman.

Esquire (1966.4.). Frank Sinatra Has a Cold.

International Herald Tribune (2006.10.18.). Crossing the Atlantic with a Koran in hand.

LA Weekly (2012.11.8.). The man who smelled too much.

Los Angeles Times (2001.12.30.). A father's pain, a judge's duty, and a justice beyond their reach.

Los Angeles Times (2007.4.25.). A deadly hush in Room 211–then the killer returned.

Los Angeles Times (2014.5.30.) California's Dust Bowl.

Los Angeles Times (2015.7.17.). Flames sweep over freeway; Motorists run for their lives.

Rocky Mountain News (2005.11.11.). Final salute.

St. Petersburg Times (1988.6.12.). A Cry in the Night.

St. Petersburg Times (1988.10.2.). Adventures in babysitting.

St. Petersburg Times (1997.10.29.). Angels & demons.

St. Petersburg Times (2003.2.28.). A gown for Lindsay Rose.

St. Petersburg Times (2008.8.2.). The girl in the window.

Sun Journal (2000.3.12.). Death of a lineman.

The Associated Press (1981.6.14.). The federal bureaucracy.

The Associated Press (1996.6.2.). Dying for love.

The Associated Press (1997.3.2.). The making of a rescue: 17 Minutes of terror.

The Associated Press (2006.7.23.). Slow death: What happens to mill towns and workers when industry moves on?

The Baltimore Evening Sun (1978.12.12.). Frightening journey through tunnels of the brain.

The Boston Globe (2001.1.7.). Strangers in a strange land.

The Boston Globe (2003.2.22.). In seconds, elation turned to horror.

The Charlotte Observer (2001.5.20.). A teacher, a student, a lesson about life.

The Charlotte Observer (2002.3.24.). Mark loves Heather.

The Daily Tribune (1995.8.2.). Property tax exemptions: Legal but terribly unfair.

The Dallas Morning News (1982.10.24.). Death of an American dream.

The Dallas Morning News (1983.11.13.). For Melissa's sake.

The Dallas Morning News (2002.9.15.). A father who pushed too far.

The New York Times (1958.8.31.). There is no news from Auschwitz.

The New York Times (1982.9.19.). Toxic shock.

The New York Times (1995.4.20.). In shock, loathing, denial: 'This doesn't happen here.'

The New York Times (1995.8.13.). All She Has, $150,000, is Going to a University.

The New York Times (2006.1.19.). Visit to Chinese anytown shows a dark side of progress.

The New York Times (2007.4.22.). Before deadly rage, a life consumed by a troubling silence.

The New York Times (2010.2.26.) Kim Yu-na Wins Gold in figure skating.

The New York Times (2011.3.23.). A lustrous pinnacle of Hollywood glamour.

The Oregonian (1996.11.24.). Diana's choice.

The Oregonian (2000.10.1.). The Boy behind the mask.

The Oregonian (2004.10.13.). After devastating car wreck right before his eyes, an officer reacts.

The Post-Standard (1984.5.12.). It fluttered and became Bruce Murray's heart.

The Sacramento Bee (1988.6.13.). Streets of San Francisco teem with teen runaways.

The Tampa Tribune (1990.9.2.). A town held hostage.

The Village Voice (1980.11.5.). Death of playmate.

The Wall Street Journal (1998.1.20.). Crime scene: Beyond statistics. A druggist confronts the reality of robbery.

The Wall Street Journal (1996.8. 날짜 미상). Why the girl scouts sing the blues.

The Washington Post (1998.9.27.). Deborah's choice.

The Washington Post (1998.11.1.). The accused.

The Washington Post (2013.11.9.). Too much of too little. A diet fueled by food stamps is making South Texans obese but leaving them hungry.

Time (1982.8.23.). Americana: A case of mommie dearest?